韓国財閥史の研究

分断体制資本主義と韓国財閥

鄭章淵
Jung Jang-Yeon

日本経済評論社

目　次

序　章　研究の方法と課題 …………………………………… 1

 1．問題意識　1
 2．財閥の概念定義　3
 3．時期区分について　5
 4．用語法について　9

第1章　分断体制資本主義の成立と財閥資本 ……………… 13

 本章の課題　13
 1．解放と分断体制資本主義の成立　15
  (1) 分断体制資本主義への視座　15
  (2) 解放直後の経済状況　16
  (3) 資本主義再編の"助産婦"——米軍政庁の成立——　20
 2．財閥資本形成の初期条件　27
  (1) (密)貿易　27
  (2) 帰属財産の払い下げ　30
  (3) 外国援助および政府資金融資　35
  (4) 官納事業　39
 3．「生成期」における財閥資本の諸類型　41
  (1) 類型化の意義　41
  (2) 諸類型の具体的事例　45
   ①政商資本型　45
   ②産業資本Ⅰ型　47

　　　　　③産業資本Ⅱ型　50
　　4．小　括　52

第2章　「開発年代」の到来と財閥資本 ……………………… 63

　本章の課題　63
　　1．「開発年代」前夜の経済状況　64
　　　（1）1950年代「援助経済」のメカニズム　64
　　　（2）張勉政権の経済政策　68
　　2．軍事政権の成立と財閥資本　71
　　　（1）政府＝財閥協力関係の構築過程　71
　　　（2）輸出産業育成策と「複線型工業化」の萌芽　75
　　3．1960年代における資本蓄積の契機　79
　　　（1）「日韓条約」の締結と外資導入　79
　　　（2）ベトナム戦争特需　86
　　　（3）政府系企業の払い下げと不実企業整理事業　94
　　　　　①セナラ自動車　96
　　　　　②大韓航空　98
　　　（4）国土開発事業　99
　　　　　①現代　101
　　　　　②双龍　103
　　4．「基礎形成期」における財閥資本の諸特徴　104
　　　（1）「新興財閥」の台頭　105
　　　（2）「国民企業」への変身　106
　　　（3）グループ中核部門の確立　106
　　　（4）「ワンセット主義」的な事業多角化　109
　　　（5）産業資本化の跛行的進捗　111

第3章　重化学工業化時代と財閥資本 …………………………123

　本章の課題　123
　1．分断体制資本主義の位相　125
　　(1) 1970年代の経済概況　125
　　(2) 経済危機の原因　128
　　(3) 分断体制資本主義の揺らぎと朴政権の対応　129
　2．財閥資本育成策の展開　133
　　(1) 財閥資本育成策の範囲　133
　　(2) 財閥資本育成策の内容　135
　　　①「8.3措置」　135
　　　②重化学工業化政策　137
　　　③総合貿易商社制度の導入　140
　3．財閥資本の蓄積メカニズム　144
　　(1) 政策金融への依存　144
　　　①1970年代における政策金融の展開　144
　　　②韓国産業銀行の機能　146
　　　③国民投資基金の創設　149
　　　④外資導入状況　151
　　(2) 企業の買収　159
　　　①不実企業の買収　159
　　　②防衛産業の育成と不実企業の買収　160
　　　③その他の企業買収の契機——総合貿易商社制度と中東建設出——　161
　　　④大宇の巨大財閥化と企業買収　164
　　(3) 中東建設輸出　167
　　　①中東建設輸出の背景と政府の対応　167
　　　②建設業者の進出状況　168
　　　③現代建設と美隆建設のケース　170

4．「発展期」における財閥資本の諸特徴　175
　　(1)　重化学工業分野への進出　175
　　(2)　巨大化と独占化の深化　179
　　(3)　資本蓄積の軍事的性格　182
　　(4)　全方位的多角化の開始　186
　　(5)　「族閥」によるグループ支配の変容　192

第4章　民主化の進展と財閥資本の新展開 …………………… 211

本章の課題　211
1．1980年代の財閥政策
　　　　　──"育成"から"規制"へ──　214
　　(1)　「新軍部」政権の経済政策　214
　　(2)　財閥政策の内容　217
　　　①重化学工業分野の投資調整　217
　　　②財閥資本の法的規制措置　220
　　　③不実企業整理事業と産業合理化政策　222
2．1980年代における財閥資本の多角化戦略　229
　　(1)　多角化の全体的状況　229
　　(2)　注目すべき多角化分野　233
　　　①金融業　233
　　　②不動産投資　241
3．1980年代における財閥資本の新展開　247
　　(1)　財閥資本の先端産業化　247
　　(2)　海外進出の胎動　259
　　(3)　財閥総帥の世代交代　268
4．小括──「成熟期」の財閥資本と
　　　　分断体制資本主義の変容──　277

(1) 「成熟期」における財閥資本の様相　277

　　　(2) 分断体制資本主義の変容　280

第5章　グローバライゼーションの進展と財閥資本 ………299

　本章の課題　299

　1．金泳三政権の財閥政策と財閥資本　301

　　　(1) 「文民政府」の財閥政策の内容とその特徴　301

　　　　①金泳三政権の経済政策　301

　　　　②金泳三政権の財閥政策　303

　　　(2) 財閥資本の対応　307

　2．「爛熟期」における財閥資本の様態　310

　　　(1) 財閥資本の全般的状況　310

　　　(2) 財閥企業の経営実態　314

　3．「爛熟期」における財閥資本の新展開　322

　　　(1) グループ体制の再構築と細胞分裂の始動　322

　　　(2) 巨大中核企業の出現と新産業への進出　330

　　　　①主要財閥の巨大中核企業　330

　　　　②新産業分野への進出事例　334

　　　(3) 金融分野の成長と金融財閥の出現　338

　　　(4) 海外進出の本格的展開　344

　　　　①海外直接投資の全般的状況　344

　　　　②財閥企業の海外進出事例　351

　4．小括──「財閥体制」の"進化"と分断体制資本主義──　358

　　　(1) 「財閥体制」の進化と矛盾　358

　　　(2) 「爛熟期」における財閥資本と分断体制資本主義　362

終　章　「淘汰期」における財閥資本と財閥問題の新地平…377

　　本章の課題　377
　　1．アジア通貨危機と財閥資本　377
　　2．財閥問題の新地平　384
　　3．財閥問題とグローバライゼーションの進展　388

あとがき　399
参考文献　403
索　引　417

序章　研究の方法と課題

1．問題意識

　本書は、解放後韓国経済の展開過程を財閥形成史の視点から分析を試みたものである。韓国財閥に関する先行研究は分析対象の性格上経営学的アプローチに依拠するものが多いが[1]、本書では、そこで得られた研究成果を踏まえつつも、あくまでも韓国経済の発展過程に関心が向けられる。その意味では、本書は単なる財閥史研究書の範疇に属さないことをあらかじめお断りしておきたい。

　韓国経済をとらえる包括的概念としては「分断体制資本主義」という用語を使用する。その意味するところは、解放後韓国経済の展開過程を分断体制資本主義の生成・発展・転化のプロセスとしてとらえることである。ここでいう「分断体制」には、後述するように、植民地統治終焉による朝鮮経済の日本経済圏（円ブロック）からの離脱と朝鮮半島の南北分断という二重の意味が付与されている。このような概念をわざわざ援用する理由は、初期条件として創出された「二重の分断」がその後の韓国経済の発展過程を基本的に規定する条件となってきた事実に着目し、そのことを韓国経済研究に明示的に取り込む必要性があると考えるからである。また、経済ではなく資本主義とするのは、韓国経済を発展の側面からとらえるばかりでなく、その発展が必然的にもたらす矛盾まで視野に入れて分析する必要があると思われるからにほかならない。韓国の経済発展は、これまで発展の側面を強調するNIEs論的な視角から分析される傾向が強かったが、アジア通貨危機の洗礼を受けて以降は発展と矛盾を同時にとらえる視点からのアプローチがますます重要性を増してきているといえる。

分断体制資本主義として発展してきた韓国経済の担い手として、ここでは財閥資本に注目する。1960年代以降の韓国経済の特徴としてよく政府主導型の経済発展が指摘されるが、韓国の場合、経済の現場には常に財閥（チェボル）と呼ばれる民間資本が存在してきた。政府が経済開発過程で果たした役割を強調する際にも、政府と実体経済を結びつける媒体として財閥資本の存在を無視することはできない。この点に、韓国経済の展開過程を財閥形成史の視点から分析する根拠が見いだせるのである。

　財閥に注目するもう一つの理由は、財閥の国民経済に及ぼす影響があまりにも大きいことにある。その影響には二面性が認められる。一つは、財閥が国民経済に占めるウエイトの大きさに由来する影響である。財閥は、経済発展の牽引車として極めて重要な働きをしてきた。「漢江の奇跡」といわれた韓国の経済発展は、政府と財閥の合作であるといってよい。政府は経済発展のパートナーとして財閥を育成し、その結果、財閥は国民経済の各分野で大きな比重を占めるようになったのである。今日、財閥のプレゼンスは、経済分野ばかりでなく、政治、文化、イデオロギーなど社会のあらゆる分野において看取できる。普段の国民生活において、いくつかの主要財閥が供与する物品やサービスを消費することなしに韓国での生活は一日たりとも成り立たないという話をよく耳にするが、三星だけで（2005年5月末時点）国家輸出の20％、税収の8％、売上の15％、そして利益の25％を占めるという事実を目の当たりにすると、「財閥共和国」、「三星共和国」といった俗耳に入りやすいレトリックが決して大げさではないことがわかる。もう一つは、その大きさゆえに国民経済に与えるネガティブな影響である。独寡占問題、資源の浪費、環境破壊、中小企業の支配と排除など、いわゆる「財閥問題」としてとらえられる諸問題をすべて指すものである。特に、国民の間では、財閥の成長や総帥をはじめとする財閥一族の蓄財がしばしば脱税や政経癒着といった不正な手段を通じて成し遂げられたのではないかという疑念が根強く存在し、財閥改革なしに韓国における経済民主化の進展はありえないという共感帯が広く形成されてきたのである。

　このように、韓国における財閥問題は韓国社会の発展にとって極めて実践的

な課題となっている。財閥研究もようやく90年代に入って本格的に取り組まれるようになり、その広がりは、学界や政策立案者の次元にとどまらず市民運動や労働運動あるいは在野の研究者にまで及んでいる。財閥を巡る議論の百家争鳴状況は、裏を返せば、それだけ韓国社会における財閥問題の深刻さとその重要さを示すものにほかならない。問題の所在を明確にするうえでも、現状分析ばかりでなく、財閥資本の生成・発展過程を歴史的にトレースする作業が不可欠なものと思われる。

2．財閥の概念定義

　韓国の財閥を表す場合、「企業集団」、「大規模企業集団」、あるいは単なる「グループ」といった用語が使用されてきた。これらの呼称は、主に、公正取引委員会などの政府関係文献や財閥団体および財閥傘下のシンクタンク、それに準ずる研究機関の研究者によって用いられる傾向が強い。それに対し、「財閥」という表現には、論者によって程度の差こそあれ、何らかの批判的な意味合いが込められており、財閥にまつわる諸問題を浮き彫りにするには都合の良い用語である。

　ところで、財閥という言葉は、戦前日本の財閥に由来することはいうまでもない。三井、三菱、住友をはじめとする日本の財閥は戦前植民地朝鮮に大挙して進出し、その存在感の大きさから当時の朝鮮人たちの間では豊かな先進国文明の象徴であると同時に日本による過酷な植民地統治のシンボルと見なされた。韓国における財閥とは、当初よりネガティブな響きを伴う言葉として受け止められたのである。ただし、今日の韓国における財閥と日本の旧財閥とでは漢字の名称は同じであるが内容的にはかなりの相違点がみられる。日本の財閥は財閥一族と専門経営者の役割分担は明確に線引きされていたのに対し、韓国の財閥の場合、総帥と呼ばれる財閥のリーダーとその一族が経営に深く関わるケースが圧倒的に多い。そのため、日本の財閥（Zaibatzu）と区別して、韓国の財閥は一般に「財閥」（チェボル；Chaebol, Jaebol）と呼ばれている。また、韓

国の財閥に似た形態として、アジアなど発展途上諸国にはいわゆる「ファミリービジネス」（family business）と称される現地企業集団が存在している。韓国の財閥と比較した場合、途上国のファミリービジネスの活動範囲がローカルなレベルにとどまりがちなのに対し、韓国の財閥企業のなかには先端産業分野で世界的な企業に成長したケースがみられる点に大きな違いがある。したがって、本書では、韓国の財閥をもっぱら「財閥」と漢字表記するが、常にハングル読みの「チェボル」として使用することにする。

　韓国における財閥の定義は、論者によって多少の違いはあるが、ほぼ「総帥を頂点とする族閥支配によって『船団式経営』や『タコ足経営』と呼ばれる多角的経営を行う企業集団」と要約できよう。総帥の地位は一般に創業者一族（特に創業者の息子および兄弟）によって世襲され、総帥以外の家族も特別な理由がない限り傘下企業の経営者か大株主となり、場合によっては分離独立して別のグループ集団を形成する。「船団式経営」や「タコ足経営」の意味するところは、前者が企業組織形態を強調する表現であるのに対し、後者は支配形態に重きを置いた表現というニュアンスの違いはあるが、いずれも、関連性の薄い業種分野に幅広く進出して大規模なコングロマリット的企業集団を形成している様子を示す言葉である。

　韓国財閥の最大の特徴は、総帥によるグループ支配が確立されていることである。総帥は、グループ内で中核となる企業の株式を所有して支配株主となり、グループ内部では、系列社間で相互投資や循環投資を行わせることによって全体の支配を実現してきた。一般にグループ全体に占める総帥個人の株式保有率は数％にすぎず、わずかな株保有で多くの企業に対する経営支配が可能となっている[2]。「所有と支配の乖離」状況はうかがえるものの、系列企業を通じた支配が実質的に可能である限り、所有と経営の未分化は依然として続いているといってよい。しかも長い間、企業の直接的な経営者でない総帥は企業が倒産しても商法上の経営責任を問われない特別な地位に置かれてきたのである。

　財閥の組織形態の特徴をみると、総帥を補佐する経営本部の役割が注目される。その呼び名は、かつての5大財閥をみても「会長秘書室」（三星）、「総合

企画室」(現代)、「会長室」(LG)、「企画調整室」(大宇)、「経営企画室」(SK)と様々であるが、機能的にみると企画、人事、財政、広報などグループにとって最も重要かつ統括的な役割を果たしている。通常、各財閥は系列企業の専門経営者のトップが一堂に会する社長団会議を設けているが、これら経営本部は、財閥全体の組織体系のなかで社長団会議の上位に位置し、総帥の意向を反映した基本経営戦略を系列企業に伝達する役目を担っている。アジア通貨危機を機に「グループ構造調整推進本部」に名称が改められたが、グループの頭脳としての役割に大きな変化はみられなかった。

また、グループ内部では、資金の融通や商品の取引に関して広く内部市場が形成されている。系列社への相互債務保証や商品取引については政府による厳しい監視が行われているが、公正取引委員会の定期的な調査報告からもうかがえるように、架空資本の創造や売り上げの水増しなど不当な内部取引のやむ気配は一向にない。こうした内部取引は、グループ全体の資産増大や業績の向上につながり、内外金融機関からの円滑な資金借入を可能としてきたのである。個別財閥としては、内部市場の形成は情報の非対称性の下で「規模の経済」や「範囲の経済」のメリットを享受できる合理的な選択ということになるが、国民経済全体の資源配分の効率性を考慮すると、財閥こそは貴重な資源を浪費する元凶以外の何ものでもないのである。

3．時期区分について

上述の定義に相当する財閥が出現した時期は、早くても経済発展が本格化する60年代以降、とりわけ重化学工業化政策が実施された70年代以降のことである。しかし、それら財閥の原型が形作られるのは朝鮮戦争後の50年代のことであり、財閥によっては事業開始の起源すなわち母企業のルーツを資本主義的産業化が開始される植民地時代に見いだすこともできる。ただし、解放以前に出現した財閥のうち今日まで存続しているのはわずか湖南財閥の三養（京紡）やビール製造で名を馳せた斗山くらいで、解放後は、朴興植率いる和信など有名

財閥の多くが激動する時代の波濤をまともにかぶり衰退の憂き目に遭った。また、周知のように韓国は、1945年8月15日の解放と同時に分断国家となり、限られた領域のなかで経済発展を余儀なくされた点を考慮すると、やはり解放を分析の出発点とするのが妥当であると思われる。そして、分析の到着点としては、さしあたり財閥資本の展開過程において一大転換点となったアジア通貨危機を設定する。したがって、本書の分析対象期間は、45年8月の解放から97年アジア通貨危機直後までの間ということになる。

　実際の叙述に当たっては、分析期間が半世紀を超える長期にわたるため、いくつかの時期に区分するのが適切であろう。その際、政権交代や経済計画の実施などをメルクマールとしながら、財閥の展開過程を基本的に規定してきた経済発展段階に沿って次の六つに時期区分する[3]。ただし、それぞれの時期の区切りは必ずしも厳密なものではなく、各時期の間には重複する部分、いわば前後する期間の「のりしろ」が存在していることを指摘しておきたい。

　第1期「生成期」（解放〜1950年代末）；解放を機に生じた日本経済圏からの離脱と国土の分断という制約条件の下で、米軍政および李承晩政権期に実施された帰属財産の払い下げや外国援助などを通じて、いわゆる「上から」の資本主義の再編が試みられた時期である。途中、1950年に勃発した朝鮮戦争は、解放直後から続いた韓国内の政治的葛藤を暴力的に解消するとともに資本主義のイデオロギー的支柱となった反共主義を社会的に定着させる契機となった。この時期には貿易業や軽工業分野の輸入代替工業化で成功を収める財閥が出現するが、それらは、植民地期より活動していた和信などの旧財閥と解放後に頭角を現した三星などの新興財閥であった。当時の蓄積パターンは、市場メカニズムを通じた資本主義本来の姿からほど遠く、もっぱら為替レート差（公定レートと市場レートの差）や政経癒着を通じたレント・シーキングに依存する傾向が強かった。いずれにせよ、この時期の特徴は、朝鮮戦争をはさんだ混沌とした社会状況のなかで玉石混淆ながらも財閥の簇生がみられたことである。

　第2期「基礎形成期」（1960年代）；61年の軍事クーデターによって成立した朴正熙政権の強力なリーダーシップの下で「祖国の近代化」をスローガンに

経済開発5か年計画が実施され、財閥が単なる私企業ではなく国家建設に寄与する「国民企業」への変身が求められた時期である。不正蓄財者処理事業を通じて政府と財閥の関係が再構築され、政府主導の輸出指向工業化政策に積極的に呼応した財閥のなかには自らの成長基盤を確保する財閥も現れた。この時期は、後に巨大財閥に成長する三星、ラッキー（現LG）、現代、双龍などが順調に発展する一方、和信や泰昌などかつて名声を博した有名財閥の衰退が決定的となった。そして、65年から本格化するベトナム戦争の最中、大韓航空（KAL）を傘下に持つ韓進に代表されるように、戦争特需を蓄財の梃子としたいわゆる「ベトナム財閥」が出現した時期でもある。

第3期「発展期」（1970年代）；70年代初めに政権発足以来最大の危機に直面した朴政権は、いわゆる「維新体制」を成立させて政権の立て直しを図る一方、「自主国防」と「先進国化」を目途とした重化学工業化政策を推進した。不実企業整理事業とそれに続く72年「8.3措置」（私債凍結を主眼とした経済安定・経済成長政策）で何とか危機を免れた財閥は、政府の要請に応えて懐妊期間が長くリスクも大きい重化学工業分野の投資に果敢に挑戦していった。折しも一大旋風を巻き起こした中東建設ブームで外貨を稼ぎ出しながら、政府の割り当てる投資プランを実践に移していったのである。また、日本の成功に倣った総合貿易商社制度の導入（75年1月）を機に各財閥の輸出が急増したのもこの時期の特徴であった。こうした経済活動を通じて、後に「5大財閥」や「ビッグ4」と呼ばれる三星、ラッキー金星（LG）、大宇、鮮京（SK）の成長が加速し、財閥ランキングのなかでほぼ不動の地位を確立するようになった。ただ、政府の重化学工業分野に偏重した資源配分は、重化学工業化政策に呼応できなかった財閥を容赦なく脱落させ、三護、和信、栗山などは経営破綻の運命をたどった。

第4期「成熟期」（1980年代）；前半期は、朴大統領暗殺後の政治的混乱のなかで権威主義体制を受け継いだ全斗煥「新軍部」政権によって民間主導型経済体制の確立が模索され、後半期は、軍人出身ながらも民主化の促進を約束（87年「6.29宣言」）して成立した盧泰愚政権の下で、プラザ合意後の「三低現

象」（ドル安・国際金利安・原油安）を追い風に再び韓国経済が跳躍を見せた時期である。この時期の財閥は、日増しに高まる対外開放圧力に加え、重化学工業化政策の破綻に伴う構造調整や本格的な独禁法（公正取引法）の制定（「独占規制および公正取引に関する法律」80年12月31日）などで苦境に立たされるが、「百貨店式」や「タコ足式」と形容された多角化経営を積極的に展開し、金融業や先端産業などの新分野へ大挙して進出していった。また、80年代後半期には財閥企業（製造業）の海外進出が散見されるようになり、財閥のなかには三星、現代、大宇、LGのように名実ともに巨大独占体として体勢を整えてくるものも現れてくる。この時期はまた、政府と財閥の関係でいうと、財閥が政府の庇護から自立することを促された時期でもあった。

第5期「爛熟期」（1990～1997年）；本格的なグローバリゼーション時代を迎え、金泳三政権（93年2月成立）によって推進された自由化政策の下で財閥側の企業経営に関する裁量権が増した時期である。国内では、中核事業の成長とともに金融業、情報通信産業、流通業などへの多角化経営が展開され、対外的には、先進国のほかに旧共産圏や発展途上諸国への海外進出が本格化するようになった。その結果、巨大財閥企業のなかには三星電子、現代自動車、現代重工業、LG電子などのように世界的にも名の知れたビッグビジネスに成長する企業も現れた。これら国際的信用度のある大企業は、国内で出資総額規制などの融資制限を受けながらも、海外金融資本市場では自己資金調達能力を高めていった。しかしながら、金政権の野放図な自由化路線は、マネー・ゲームの横行で増幅した国際金融資本市場の不安定化の波が「金融小国」を直撃する「21世紀型金融危機」を招来し、多額の対外債務（特に短期債務）を抱えた金融機関の破綻と財務構造の悪化した企業の連鎖倒産を誘発した。その過程で、鉄鋼財閥の韓宝や自動車メーカーの起亜をはじめ、多くの財閥（特に中小財閥）が破綻の憂き目に遭ったのである。

第6期「淘汰期」（アジア通貨危機直後）；いわゆる「IMF統治」下で経済全般にわたる構造調整が敢行され、巨大財閥を含むいくつかの財閥が破綻を余儀なくされた時期である。98年に成立した金大中政権は「国民の政府」を自任

して政府、金融、企業、労働市場の4大改革に取り組んだ。なかでも財閥改革は最優先の課題と見なされた。財閥改革の中身は、5大財閥に対してはいわゆる「ビッグディール」（事業交換）を通じて事業の専門化を図らせる一方、6大以下の財閥に対しては金融機関との間で「ワークアウト」（企業構造改善作業）を行わせるものであった。その過程で、大宇や現代などの巨大財閥が破綻もしくはグループ解体の運命をたどり、ここに、韓国財閥は一大淘汰期を迎えることになる。外資による敵対的M＆Aまで許された大競争時代を生き抜くには、旧来型の財閥体制ではもはや対応できないことが明らかになった。かくして財閥改革は財閥自身にとっても喫緊の課題となったのである。

　以上のように、解放後韓国財閥の展開過程を六つに時期区分して分析が試みられる。その際、第1期から第6期までの叙述は、それぞれ本文第1章から終章までに対応している。

4．用語法について

　本文の叙述に入る前に、本書で使用される漢字表記ついて若干言及しておこう。韓国と日本は同じ漢字圏であるが、漢字の使用法や表現に関して少なからぬ違いが存在する。漢字体については、原則的に日本での慣習に添って表するようにした。一例を挙げると、「取引」を韓国では「去来」と表現するが、本書では日本式に「取引」と翻訳してある（公正去来法 → 公正取引法）。なかには訳しにくい用語もあるが、その場合は、内容を汲み取って日本式に直してある（行態 → 行動もしくは形態）。

　また、韓国では旧漢字を使用しているため、該当箇所は日本の常用漢字に改めた。しかしながら、固有名詞であることを配慮して人名と企業名に限り韓国式の表記を行っている箇所もある。「現代綜合商事」などがその例である。ただし、旧漢字に不慣れな読者にとって難しいと思われる漢字に関してはその限りではない。例えば、「雙龍」は「双龍」、「韓寶」は「韓宝」などのようにできるだけわかりやすく表現した。また、固有名詞のなかでも地名や組織名など

は日本での用語法に従うようにした（全國經濟人聯合會 → 全国経済人連合会）。なお、人名や企業名など漢字が判明しなかった箇所についてはやむをえず片仮名で表記してある。

　以上の事柄を確認して、本論に入っていくことにしよう。

【注】
1) 財閥に対する理論的アプローチは、大きく分けて次の三つがある。一つめは、「効率性モデル」(the efficiency model)で、生産とサービスに対する未発達あるいは不完全な市場の文脈において利潤極大化動機を強調する理論である。コース（R.H.Coase）やウィリアムソン（O.E.Williamson）の取引費用論を援用しつつ、多角化など財閥の経営構造の分析に焦点を当てるところに理論的特色がある。二つめは、「依頼人－代理人モデル」(the principal-agency model)で、財閥総帥と一般株主との間に発生する「依頼人－代理人問題」や情報の非対称性を自らの利益のために利用する総帥の能力にまつわる問題に焦点を当てたものである。効率性モデルは財閥という企業形態が未発達な市場に合理的に適応した点を強調するが、このモデルは、財閥内部の非効率性の問題を指摘する。最後の三つめは、「政治経済アプローチ」(political economy approaches)と呼ばれるもので、財閥と政府の関係や財閥グループの進化に際して政策の役割を強調する理論である。この理論には多くのバリエーションがあるが、共通した特徴は、財閥の形成や多角化に対して政府の役割が決定的である点に注目するところにある。Lim, Wonhyuk, Stephan Haggard and Euysung Kim, "1 Introduction: The Political Economy of Corporate Restructuring," Haggard, Stephan, Wonhyuk Lim and Euysung Kim (eds.) *Economic Crisis and Corporate Restructuring in Korea: Reforming the Chaebol*, Cambridge, Cambridge University Press, 2003.
2) 公正取引委員会が2005年7月12日に発表した資産規模2兆ウォン以上の相互出資制限対象企業集団38グループの所有支配乖離度（議決持ち分率－所有持ち分率）と議決権乗数（議決持ち分率／所有持ち分率（％））に関する調査結果によると、平均所有支配乖離度は31.21％ポイントで、議決権乗数は6.78倍であった。このことは、株式1株で約7株の支配が可能なことを意味している。なかでも6兆ウォン以上の出資総額制限企業集団9グループの場合、同じく35.24％、8.57倍となり、1株で9株近い株式を支配する実態が明らかになった。

また、38グループの総帥の平均持ち分は2.01%にすぎず、グループ発行株式総数のわずか２％を所有するだけで巨大な企業集団を支配している計算になる。『ハンギョレ新聞』ホームページ（http://www.hani.co.kr/）、2005年７月12日参照。
3) 解放後財閥展開過程の時期区分に関しては、論者によって若干の違いがある。主要なものをいくつか紹介しておこう。
・李ハング；①「財閥の胎動」（1945〜1959年）、②「基盤造成」（1960〜1969年）、③「財閥育成本格化」（1970〜1979年）、④「巨大企業集団出現」（1980〜1989年）、⑤「韓国的財閥時代完成」（1990〜1997年）、⑥「拡張時代終焉」
李ハング〔著〕『韓国財閥形成史』比峰出版社、ソウル、1999年。
・李ジェヒ；①1950年代以前（1945〜1960年）¦成長領域：軽工業、成長源泉：為替レート差益（流通過程）、成長段階：産業資本（商人資本的性格）¦、②1960〜1970年代（1960〜1980年）¦成長領域：輸出軽工業、重化学工業、成長源泉：低賃金労働力（生産過程）、成長段階：産業資本¦、③1980年代以降（1980〜1997年）¦成長領域：全産業、資本輸出、成長源泉：国内および海外労働力（生産過程）、消費者および中小企業（流通過程）、成長段階：独占資本¦
李ジェヒ「第１章 財閥と国民経済」金大煥・金均〔共編〕『韓国財閥改革論――財閥を正してこそ経済が生きる』参与連帯参与社会研究所企画、ナナム出版、ソウル、1999年所収。
・趙東成；①第１期（1945〜60年）、②第２期（1961〜71年）、③第３期（1972〜79年）、④第４期（1980〜87年）、⑤第５期（1988年以降）
趙東成〔著〕『韓国財閥』毎日経済新聞社、ソウル、1997年。
・姜哲圭・崔廷杓・張志祥；①「原初蓄積期」（解放〜1961年）、②「土台形成期」（1962〜71年）、③「拡大成長期」（1972〜79年）、④「深化安定期」（1980年代）
姜哲圭・崔廷杓・張志祥〔共著〕『財閥――成長の主役なのか、貪欲の化身なのか』比峰出版社、ソウル、1991年。

第1章　分断体制資本主義の成立と財閥資本

本章の課題

　1945年8月の日本帝国の瓦解によってもたらされた植民地朝鮮の解放は、戦後世界冷戦の開始とともに米ソ両超大国のパワーポリティクスが貫徹する南北分断に取って代わられた。解放前後の錯綜した歴史過程から看取できるのは、朝鮮半島に二つの深い亀裂が生じたことである。一つは、植民地支配の終焉に伴う朝鮮経済の日本経済圏（円ブロック）からの離脱であり、もう一つは、南北分断による朝鮮経済の二分化である。この「二重の分断」が、解放後韓国経済の展開過程を規定する原初的条件となった。韓国経済を分析する際にはこの点を考慮したアプローチが必須になるものと思われるが、ここではとりあえず「分断体制資本主義」という枠組みを設定して財閥資本の分析に当たることにする。

　本章が分析対象とする時期は、解放から朝鮮戦争を経て1950年代末までの期間である。その間、米軍政（45年9月～48年8月）と李承晩政権（48年8月～60年4月）の下で韓国における資本主義の再編が試みられた。途中、50年に勃発した朝鮮戦争（50年6月～53年7月）は、南北双方に甚大な被害をもたらす一方で韓国社会に反共主義を根付かせる契機となった。こうした歴史的環境のなかで韓国の財閥資本は「生成期」を迎えたのである。

　財閥資本の生成を可能にした条件として、この時期にいかなる蓄積契機が創出されたのかが注目される。一般に、当時の資本蓄積の源泉は生産過程ではなく流通過程にあったとされる。とりわけインフレーションを通じた蓄積や為替

レートの格差すなわち過大評価された公定レートと市場レートの差を利用した蓄積が横行したことはよく知られている。そのため、多くの論者が当時の資本主義の基本的性格を商人資本主義と規定してきたのである。しかしながら、60年代以降の財閥資本の発展過程をみると明らかに産業資本的な性格が認められ、いくつかの財閥の場合、そのルーツは50年代にまでさかのぼることができる。ここでは、まず、インフレーションや為替差益を通じた蓄積を前提としたうえで、財閥資本形成の初期条件となった蓄積契機についていくつか主要なものを指摘する。そして、その後の産業資本主義的な発展との関連性に留意して50年代に出現した財閥資本の類型化を試みることにする。

　ところで、この時期の経済研究は、韓国経済分野にしろ財閥分野にしろ、いまだ手薄な状態にある。資料不足が最大の理由であるが、各論者の接近方法にも少なからず問題点が見いだせる。いわゆるNIEs論的アプローチでは経済発展の本格化した60年代以降の工業化期に眼が向けられ、それ以前の時期についてはしばしば「ゼロからの出発」や「保護主義的輸入代替工業化期」といった修辞句でネガティブに処理されてきた。そのNIEs論に多分に触発されたものと思われる「植民地近代化論」は、60年代以降の経済発展の高みから直接「30年代工業化」を評価するきらいが強く、当該時期の韓国経済史における位置付けは必ずしも明確ではない。また、80年代に入りマルクス経済学を中心に繰り広げられた「韓国資本主義論争」でも、この時期は60年代以降の本格的な資本主義発展を準備する「原蓄期」と見なされ、もっぱら発展段階論的な視点から抽象的に取り扱われる傾向にあった。ここでは、最近の韓国における財閥研究の成果を踏まえ、あくまでも財閥という資本蓄積の主体的視点から分析を試みる。経済活動の担い手に焦点を当てることで、当該時期の経済発展はより具体的に活写されるものと思われる。

1．解放と分断体制資本主義の成立

(1) 分断体制資本主義への視座

　ここでいう分断体制資本主義とは、単に「分断体制」という用語が一般的に示すような南北朝鮮の政治的、軍事的、イデオロギー的対立がもたらす弁証法的相互規定関係を意味するものではない[1]。解放に伴う朝鮮経済の日本経済圏＝円ブロックからの離脱と解放後の南北分断というもう一つの切断が、韓国における資本主義の再編とその後の発展過程を規定している事実を含意する用語として使用するものである。すなわち、単なる資本主義ではなく分断体制資本主義の成立という視座をわざわざ設定する理由は、地理的領域としての韓国経済の枠組みを暗黙の前提とした立論が多いなかで、改めて上記の「二重の分断」が韓国資本主義の発展に与えた決定的な影響を指摘することに少なからぬ学問的意義を覚えるからにほかならない。

　その際、留意すべきは、この「二重の分断」が双方の関係の単なる断絶を意味するのではなく、むしろ相互に関係し合っている事実を見落とさないことである。すなわち、韓国資本主義の発達過程を分析する際には、南北の相互規定性はもちろんのこと、解放前と解放後の間にも連続する面と不連続な面の二面性が認められ、両面を別個のものではなく相関的に捉えるアプローチが求められるのである。ここでは特に、歴史過程の明確な断絶が確認される解放前後史を歴史的な「経路依存性」という視点から両者の連続性に注目することにしたい。

　さらに、分断体制が戦後世界冷戦体制に直接的に規定されたことから、米・ソ対立を頂点とする体制間矛盾が韓国資本主義の発展に色濃く投影されてきたことはいうまでもない。この事実を捨象しないためにも、単なる（従属的）資本主義ではない分断体制資本主義という視座を提起するものである。その際、両者の関係について、世界システム論が想定する「国家間システム」（インタ

ーステイトシステム）ように、分断体制が世界冷戦体制に一方的に包摂された下位システムと見なすのではなく、この分断体制資本主義が従属的ながらもある種の内在的かつ自律的なメカニズムを兼ね備えた有機体として機能してきた側面を注視する。

　以上、分断体制資本主義への基本的な視座を確認した上で、解放後、財閥形成の枠組みとなった資本主義制度の再編過程について吟味することにするが、その前に解放直後の韓国経済がいかなる状況にあったのか、簡単に振り返っておこう。

(2) 解放直後の経済状況

　解放直後の南朝鮮[2]経済は先の「二重の分断」のために混乱状況に陥った。単に植民地権力の崩壊が混乱をもたらしたからではなく、植民地期に形成された奇形的な統制経済の諸矛盾が解放を機に一挙に表面化したせいでもあった。当時の経済状況の特徴についていくつかみてみることにしよう。

　何よりもまず指摘できるのは経済規模の縮小である。その直接的な原因は言うまでもなく南北分断である。分断直後の韓国は、およそ領土の55％、人口の44％を失うことになる。植民地時代の朝鮮経済は「日満鮮ブロック」（円ブロック）経済のなかで従属的な経済構造を内包していたが、「南農北工」という言葉が示すように当時の朝鮮国内においては跛行的ながらもそれなりに地域内分業関係が成立していた。その「南農」と「北工」の間が米・ソ両軍の進駐を機に寸断されたのである。もともと南朝鮮は、農業に関しては有数の穀倉地帯を抱えていることもあって北朝鮮より恵まれていたが、工業の面では北と比べて著しく不利な状況にあった。第1-1表は植民地期末期（1930年代末）における南北朝鮮の産業生産と資源分布状況を比較したものであるが、軽工業では南が勝っていても、重工業では北が優位であり、工業部門全体としても北が約6割の比重を占めている。また、鉄鉱石や石炭などの重要地下資源では北が南を圧倒しており、電力も同様な状況にある。このような傾向は、植民地期の工業化が本格化する1940年代に入ってからもあまり変化はなかったものと推測さ

第1-1表　植民地期末期南北朝鮮の産業生産および資源分布比較

(単位：％)

業　種		南朝鮮	北朝鮮	種　目		南朝鮮	北朝鮮
重工業	金　属	7.3	92.7	地下資源	鉄　鉱	0.1	99.9
	機械器具	69.4	30.6		有煙炭	0.5	99.5
	化　学	14.3	85.7		無煙炭	2.3	97.7
	小　計[1]	21	79		重石および水鉛鉱	21.5	78.5
					金銀鉱	27.3	72.5
					黒　鉛	29.0	71.0
軽工業	紡　織	76.8	23.2		金	29.3	70.7
	食料品	60.7	39.3	農産物	米　穀	69.2	30.8
	ガス電気	29.7	70.3		大　麦	85.7	14.3
					小　麦	38.9	61.1
	その他雑工業	63.9	36.1		粟	20.1	79.9
					大　豆	36.8	63.2
	小　計[1]	70	30		綿　花	77.3	22.7
				電力	出　力	14	86
総　計		40.6	59.4		電　力[2]	8	92

注）1）数値は暫定値、李憲昶〔著〕『韓国経済通史』法文社、ソウル、1999年、370頁、表10-2参照。
　　2）電力は年平均発電力。
　　3）工業は1937年度、地下資源は1939年度、農業は1936〜37年平均値、電力は1945年度。
出所）朝鮮銀行調査部『朝鮮経済年報』1948年版、ソウル、1993年復刻版、Ⅰ-102頁およびⅠ-322頁より作成。

れる。

　次は工業生産の萎縮の問題である。原因は、客観的には円ブロックの崩壊と南北分断による原資材・燃料供給[3]および販売ルートの喪失にあるが、直接的には日本人経営者や技術者（技術者総数の約80％）の引き揚げが工業部門の圧倒的比重を占めていた旧日本人所有企業における生産活動を麻痺させたことにあった[4]。米軍進駐後、これら企業は帰属財産として接収され、民間に払い下げられるまで管理人制度による経営がしばらく続けられるが、分業関係の崩壊と任命された管理人の経営能力のなさから経営に行き詰まる企業が続出した。また、南朝鮮における慢性的な電力不足も生産萎縮の原因となった。植民地時代より立地条件に恵まれた北朝鮮に電力設備が偏在していたことから、1945年時点での南朝鮮の発電能力は出力の14％、年平均発電力の8％を占めるにすぎなかった（第1-1表参照）。そして、北からの送電も南朝鮮における単独選挙

第1-2表　ソウル卸売物価指数（1936～1948年）

年　度	ソウル卸売物価指数	東京都卸売物価指数	
		統制物価指数	自由物価指数
1936年	100.0	100.0	100.0
1944年	241.1	213.6	213.6
1945年 3月	259.4	242.8	242.8
6月	272.4	280.7	280.7
9月	2,047.2	318.0	1,081
12月	4,359.2	536.0	1,352
1946年 3月	8,415	1,086	2,022
6月	12,058	1,411	2,022
9月	16,292	1,841	1,764
12月	25,563	2,138	2,476
1947年 3月	35,676	2,459	3,376
6月	37,249	3,170	4,541
9月	43,222	6,385	5,211
12月	58,305	8,149	5,914
1948年 3月	67,066	8,697	6,606

資料）朝鮮殖産銀行『殖銀調査月報』1949年、第4巻、第3号、7頁。
出所）兪光浩・鄭英一・李鍾熏・金栄圭・崔洸ほか〔共著〕『米軍政時代の経済政策』韓国精神文化研究院、京畿道城南市、1992年、94頁。

実施で南北の政治対立が決定的となった48年5月14日を最後に停止した。全体としての解放直後の萎縮状況は、南北合計で、製造業企業数の43.7％、鉱業企業数の95.6％、労働者数でみると、製造業の59.4％、鉱業の97.4％が減少している[5]。また、1939年と46年を比較した各主要工業分野の生産額の減退状況についてみると、食料品82.93％、化学76.18％、機械器具60.54％、紡織60.31％、それぞれ減少している[6]。

　全般的な生産停滞のなかで相対的な活況を呈したのは、主に生活必需品を生産した中小企業であった。具体的には、ゴム、製粉、精米、農機具など、極端な物不足と海外帰還者（46年8月時点で223万7000人帰国、全人口の11.5％）や北からの南下同胞（47年12月末時点で80万3434人）の急増で需要の増した生活必需品と当時の基幹産業である農業関連の諸分野であった。これら分野の企業は低技術・小資本で起業できるという共通の特徴を持ち、尽きない需要と物価の騰貴それに豊かな低賃金労働力の存在が企業経営の成功を約束したも同然

であった。帰属企業などの大企業が精彩を欠くなか、これら中小企業の健闘は特筆すべきものがあったが、本来脆弱な経営基盤に加え徐々に大企業の経営が回復してくると、多くの中小企業が市場から駆逐されていった。

　続いての特徴は物価高騰が起きたことである。第1-2表によると、ソウル市の卸売物価指数の推移は、1936年を基準（指数100）として、解放直前の45年6月が272.4、解放直後の同年9月には早くも2,047.2に跳ね上がり、その後一貫して上昇し、48年3月には67,066を記録している。東京都と比較した場合その高騰ぶりは明らかで、48年3月時点の物価指数（東京は自由物価指数）は何と10倍の開きがある（ソウル67,066、東京6,606）。このような狂乱物価の背景を需給関係からみると、既述のように生産萎縮などで極端な物不足状態にあったところに帰還者の急増などによって需要が増大したために物資の需給関係が逼迫したものと推測できる。原因については、通貨量、財政、為替レートなどの面から様々考えられるが、何よりも朝鮮銀行券の濫発によるところが大きい。朝鮮銀行券の発行状況は、1936年末を100として、解放直前の45年8月14日が2,809、解放直後の同年9月が4,133、そして47年12月には19,329にも達している[7]。

　通貨発行の増加傾向は解放前とりわけ太平洋戦争が勃発した頃からすでに始まっており、臨時軍事費の口実で朝鮮において朝鮮銀行券による物資購入が行われたことが主な原因である[8]。戦時インフレーションが解放後のハイパー・インフレーションに直結していった状況がうかがい知れよう。また、戦争末期から解放直後にかけての通貨濫発は、帰国を急ぐ日本人のため朝鮮総督府（阿部信行総督の指示）により意図的に行われたものである[9]。47年8月に朝鮮銀行が行った「ウェドマイヤー（Wedemeyer）特使に対する建議と報告」によると、45年8月15日から9月8日の約3週間に37億圓に上る通貨が新たに発行され、「退去日（本）人のための各種預金の無制限支払」に22億圓、「現地日（本）政府と軍部、その他公共機関、日（本）人私会社などの清算金支払」に15億圓がそれぞれ使われた[10]。植民地権力は、支配の終焉を迎えた後でも完全に駆逐されるまでは決して収奪の手を緩めることはなかったのである。

朝鮮銀行による通貨濫発は進駐した米軍側の対応の拙さによって助長された。当初米軍は、45年9月7日の「マッカーサー布告第3号」で米軍票を法貨として使用することを宣言したが[11]、朝鮮銀行券との交換による経済的混乱を懸念した星野朝鮮銀行副総裁の反対意見を受け入れ、宣言後10日も経たない9月16日に朝鮮銀行券の使用を認めたのである[12]。こうした米軍政庁の場当たり的な政策は、南朝鮮経済の混乱をますます増長させる要因となった。

　以上のように、解放直後の経済的混乱は、一面では南朝鮮経済に多大な損失をもたらしたが、他面では商才ある者に財閥への階梯を一気に掛け上がらせる機会を提供した。ただし、その前提条件として、南北分断という冷戦のせめぎ合いのなかで高まった南朝鮮の「革命的状況」を一掃し、資本主義の確立を保障する新たな国家権力の登場が待たれなければならなかった。その国家権力とは、韓国人自前の政府ではなく外国占領軍によって維持された軍政権力であった。すなわち、韓国における資本主義制度は、米軍政庁によって「上から」というより、むしろ「外から」再編されていくことになったのである。

(3) 資本主義再編の"助産婦"──米軍政庁の成立──

　解放後、朝鮮半島は、北緯38度線を境に北にソ連軍、南に米軍の進駐を受ける。表向きの目的は日本軍の武装解除と降伏条件のすみやかな履行にあったが、両軍の直接対峙という事態は朝鮮半島をして直ちに米・ソ冷戦の主戦場に変えさせた。ソ連は、ヤルタ協定に基づいて対日宣戦布告をするや否やソ連国境にほど近い朝鮮東北部の羅津や雄基を爆撃し、わずか2週間後の8月23日には平壌に到着した。その前日の8月22日にソ連軍第25軍司令官チスチャコフ大将と日本軍第34軍司令官櫛淵中将との間で降伏文書が調印され、ソ連軍の武装解除が38度線以北に限定されるということが明示された[13]。一方、米軍はソ連軍よりひと月ほど遅れて南朝鮮に到着し、9月8日にはソウルに進駐した（先遣隊は6日、本部は9日にソウルに進駐）。南朝鮮占領軍は沖縄に駐屯していたホッジ大将麾下の米陸軍第10軍第24師団であったが、その派遣は、日本軍の予想外に早い降伏のために急きょ決定されたもので、文字通り「スクランブル」

(緊急発進) さながらの進駐であった[14]。

　米軍は、9月7日に横浜で発表された「マッカーサー布告第1号」に基づいて直接統治方式による軍政の実施を宣布し、初代軍政長官にはアーノルド少将が就任した。彼は、9月20日に軍政庁の組織体系を発表し、米軍政庁こそが南朝鮮における「唯一の政府 (the only government)」であることを宣言した。また、10月5日には軍政庁の朝鮮人顧問団11名が任命されたが、呂運亨ら2名が拒否したため、彼らを除く金性洙ら韓国民主党 (以下、韓民党) メンバーを中心とする9人が参加した。朝鮮半島の戦後処理に関しては、第二次世界大戦中の連合国首脳会談でも取り上げられ、よく指摘されるように43年11月の「カイロ宣言」では「朝鮮人民の奴隷状態に留意し、やがて朝鮮を自由かつ独立の国たらしめる決意を有す」として、日本による植民地支配の不当性と朝鮮の独立が明記されていた。ところが、現地占領軍の言動はそれとはまったく正反対のものであった。占領軍責任者ホッジの発言などからうかがえるのは、朝鮮は「解放国」ではなくあくまでも敗戦国日本の一部として処遇され、朝鮮人は「解放民族」どころか米軍に従順で協力的な日本人とは対照的に「強情で (headstrong)、狂暴であり (unruly)、かつ手に負えない (obstreperous) 連中」と見なされた[15]。このような占領軍の姿勢は、極東戦略全体の利益 (特に対日占領政策) からソ連との国際協調主義路線をとっていた本国国務省の方針とも矛盾するものであった。一方、朝鮮半島の38度線分割案は8月10日夜から11日未明にかけて開かれた米国の国務省・陸軍省・海軍省三省調整委員会 (SWNCC: State-War-Navy Coordinating Committee) で決定され、トルーマン大統領承認後に直ちにソ連側にも通知された。最終的に一般命令第1号としてマニラにいたマッカーサーに伝達されたのは朝鮮が解放された8月15日のことであった[16]。皮肉にも朝鮮は、早くも開始された米・ソ両大国の角逐戦に巻き込まれ、民族悲願の「光復」を迎えたまさにその日に「分断」を運命づけられることになったのである。

　米軍の強硬姿勢は、ひとえに冷戦史観に基づいた対ソ戦略に由来するものであるが、そのような対応を米軍にとらしめた理由として、日本の植民地権力の

果たした役割には看過できないものがある。例えば、呂運亨率いる朝鮮建国準備委員会をはじめ、解放直後より活発に活動する朝鮮人の動向に懸念を抱いた阿部信行総督（第10代総督、朝鮮総督府最後の総督）は、米軍進駐前の８月28日に連合国最高司令官宛に電文を送り、「共産主義者と扇動家たちがこのような状況を利用して平和と秩序を撹乱している」として、治安維持の権限を要求した。同じく、朝鮮軍管区司令官上月良夫少将は、沖縄にいるホッジ宛の電文で「共産主義者と独立運動扇動家たちが今の状況を利用して平和と秩序を破壊しようと策動中である」として、一日も早い米軍の南朝鮮進駐を訴えている。これを受けて米軍は、前者に対しては「最小限の軍事力を存続させる権限を付与」すると、また後者には「京仁地区に日本軍隊の駐屯と権限を貴殿に付与する」と、それぞれ返答している[17]。もとより米軍は、先遣隊長のハリス准将と総督府側の遠藤政務総監との会談のなかでも言及されたように、実際の軍政統治に当たる民事要員スタッフの不足や後続部隊の派遣の遅れなどから朝鮮総督府を機構的にも人的にも利用する腹積もりでいたので、にわかに信じがたい敵国軍同士の「交歓」が可能となったものと推測される。また、ここから看取できるのは、日本の植民地権力が自らの延命のために最後まで努力した事実と、そのためには独立に向けた朝鮮人たちの真摯な努力を米軍に逆宣伝し、しかも、わずか半月前までは「鬼畜米英」の敵国軍であった相手とも協力関係を惜しまない姿勢に終始したことである。さらに見逃せない事実は、いわゆる「反共主義」は長い間韓国の国是となってきたが、半世紀に及ぶ解放後の歴史過程において、少なくとも権力の座にいた者として反共主義を掲げたのは朝鮮総督府が最初であったということである。この反共主義こそは、米軍と朝鮮総督府の「談合」の担保となり、ひいては、韓国における資本主義再編のためのイデオロギー的土壌を造成する強力な武器となったのである。

　ところで、米軍政の南朝鮮における最初の本格的な政策は、45年10月13日に三省調整委員会で決定された「初期基本指令」（「韓国の米軍占領地域内民間行政業務に対する太平洋方面米軍最高司令官に送る最初基本指令」）である。内容は、連合国による南朝鮮の信託統治成立まで実施される軍政庁の政治・経

済・財政に関連した基本政策と、それに関する米占領軍司令官の権限についての規定が含まれている。まず、米軍政の韓国に対する基本姿勢が明示され、韓国は「米軍によって占領された」地域で「敵国領土に対する軍事的占領軍の慣例的な権限を行使」するとしながらも、「占領軍の安全が保障される限り最大限に韓国を被解放国として待遇」するとした[18]。さらに重要なことは、この基本指令で初めて韓国の政治体制と経済体制の性格が明示された。それによると、韓国における独立国家の建設は欧米型の民主主義政府の樹立を意味し、その経済発展は私有財産の保護を前提とした自由経済の確立を意味した[19]。このように、あくまでも米軍政庁は韓国において欧米的な資本主義制度の確立を意図したが、実際の経済政策は経済混乱の収拾を当面の目的としたこともあって統制色の濃いものとなり、対ソ戦略を重視するあまり民主的改革が反故にされる面も多々みられた。

　続いて、米国が朝鮮における独立国家の樹立に向けていかなる政治的スタンスで臨んだのか、国内政治諸勢力に対する軍政庁の対応に焦点を絞って確認しておこう。解放直後の南朝鮮国内の主要な政治勢力は、①宋鎮禹、金性洙を中心とするいわゆる親日派を含む保守的な右派勢力、②呂運亨を中心とする社会主義的な中道左派民族主義勢力、③朴憲永を中心とする共産主義勢力の三勢力を挙げることができる。とりわけ活発な活動を展開したのが②の勢力で、指導者の呂運亨は解放とともに朝鮮建国準備委員会（以下、建準）を組織して来るべき独立国家の建設に向けて努力した[20]。呂は、同じく精力的な活動を展開していた③を中心とする共産主義者と協力し、米軍が仁川に上陸する前日の９月６日に「朝鮮人民共和国」の樹立を宣言した。それに比して①の右派勢力は、極右民族主義者の金九らによって中国の重慶で維持された大韓民国臨時政府（以下、臨政）の帰還と米軍の到着を待つ以外は取り立てて注目すべき活動はみられなかった。米国は極右と極左のいずれの勢力も認めない方針の下に、まずは朝鮮人民共和国を否定して軍政を布き、すでに共産主義者がイニシアティブを握っていた人民委員会（建準の後身組織）に解散命令を出して武力でもってこれを弾圧した。こうした米軍政庁の反共姿勢に鼓舞された保守諸勢力は、

9月16日に宋鎮禹を首席総務とする韓国民主党（韓民党）を結成した。後の独立国家の指導者候補として植民地期より著名だった人物は、臨政の金九と1919年の大韓民国上海臨時政府の樹立にも関与した李承晩であった。二人の候補者のうち、金九の親日派に厳しい姿勢は、韓国における政治基盤を親日派を含む保守勢力に見いだしつつあった米国の眼には極めて不都合に映った[21]。結局、米国としては、反共主義を重視する限り、名うての反共主義者であると同時に妥協的反日主義者であった李承晩を大統領候補として推すしか選択肢は残されていなかったのである。

　米軍政庁がこれほどまでに反共主義にこだわったのは、対ソ戦略上の理由からだけでなく、建国運動の主体となったこれら諸勢力の資本主義観に疑念を抱いたからでもあった。資本主義制度の根幹である私有制に関する各派の見解は、農地改革や重要産業の政策に明示されている。例えば、呂運亨らが宣布した朝鮮人民共和国の「施政方針」では、「2．日本帝国主義と民族反逆者たちの土地を没収して農民に無償分配する」、「3．日本帝国主義と民族反逆者たちの鉱山、工場、鉄道、港湾、船舶、通信機関、金融機関およびその他一切の施設を没収して国有とする」という文言が盛り込まれている。同じく、社会主義国家の建設をめざす共産主義諸派は「無償没収・無償分与」、「重要産業国有化」を主張した。また、中国で独立運動を展開した臨政グループも「三均主義」[22]を政治理念に掲げ、41年11月に発表された「建国綱領」の中で土地と主要生産機関の国有化を明記した[23]。このような私有制を半ば否定するような各派の主張は、植民地時代における朝鮮人たちの体験を反映するものである。すなわち、土地や産業施設の大部分が日本人や植民地支配に協力的な朝鮮人地主および資本家によって独占されていた状況からすると、解放後は、国民の多くがそれらを「国富」つまり国民共通の財産と見なしたのは当然であった[24]。換言すると、多くの朝鮮人にとって、当時の資本主義とは搾取と収奪をほしいままにした日本の帝国主義支配と同義であったのである。いずれにせよ、米軍政にとって、大韓民国樹立のための「制憲国会で資本主義を否定する発言まで出るほど基盤が脆弱だった資本主義経済体制」[25]を再建するためには、拠り所とすべき現地

勢力の選択基準としては反共主義をおいてほかに見当らなかったのである。

　南朝鮮において単独政府が樹立される契機となったのは、いわゆる「信託統治問題」である。朝鮮における信託統治は、45年12月のモスクワ外相会議（米・英・ソ三国外相参加）によって最終決定された。合意された「モスクワ協定」（12月27日発表）によると、民主的臨時政府樹立の下に米・英・中・ソによる５年間の信託統治を実施し、その臨時政府を樹立するために米・ソ占領司令部を代表とする共同委員会を設置することになった。即時独立を信じてやまなかった国内諸派は、当然ながら直ちに信託統治への反対を表明した。とりわけ金九の臨政グループは、協定発表の二日後（12月29日）には早くも信託統治反対国民総動員運動委員会を組織して「反託運動」を展開した。ところが、当初反対を表明した左派（特に朝鮮共産党）が46年１月２日になって突如、信託統治賛成に転じたため、「反託」と「賛託」が国論を二分するところとなった。その機に乗じて米軍政庁は、２月14日に「代表民主議院（Representative Democratic Council）」（議長李承晩、副議長金九、金奎植）を発足させて、右派保守勢力を束ねた。それに対し、朝鮮共産党や呂運亨率いる人民党などの左派グループは、翌２月15日に「民主主義民族戦線（民戦）」（議長団：呂運亨、朴憲永ほか２名）を結成してこれに対抗した。ここに、解放後南朝鮮における独立運動諸派の政治的亀裂は決定的となったのである。このような左右対決の政治状況下で開催された米・ソ共同委員会は、第２回委員会（46年５月21日）の決裂後、これといった成果も得ることなく事実上活動の幕を下ろしてしまう。

　米軍政側は、信託統治問題を巡る左右対決に手を焼き、独自に左右合作運動を展開するが、米側のもくろみは、呂運亨らの中道左派と朴憲永率いる共産党との関係を寸断することにあった。それと並行して、米軍政の「朝鮮人化（Koreanization）」すなわち間接統治への移行を期して、46年８月に「南朝鮮過渡立法議院」（軍政庁の立法機関）を開院した後、翌年47年２月10日に安在鴻[26]が民政長官に就任して「南朝鮮過渡政府」が樹立された[27]。そして、47年３月にトルーマン・ドクトリンが発表されると、対ソ政策で何かと齟齬を来すことの多かった米国務省と米軍政庁の言動も反共主義で一致するようになり、いよ

いよ同年9月に朝鮮問題は国連に上程されることとなる。ソ連の反対を押し切って決議された内容は、「国連臨時朝鮮委員団（UNTCOK）」の監視下に48年5月10日に朝鮮全域で選挙を実施するというものであったが、予想どおり、ソ連によって委員団の北への進入が拒否されるや、北緯38度線以南で単独選挙が実施された[28]。結果は、かねてより単独政府の樹立を公言（46年6月3日「井邑発言」）していた李承晩の大韓独立促成国民会議（55名）と韓民党（29名）が単独政党として全議席198のうち多数を占めた（無所属85名）。単独選挙に反対して南北協商運動を展開した金九は、結局、米軍政庁によって排除され、志半ばにしてテロの前に倒れる。また、左派も、軍政庁の切崩し工作や合党を巡る意見対立などにより呂運亨の人民党と朴憲永の共産党との協力関係が壊れ、特に後者（南朝鮮労働党に改称）[29]は、46年の「9月ゼネスト」、続く「10月人民抗争」の果てに非合法化されてしまう。

　以上のような米軍政期の政治過程から判明することは、米軍政庁の政治姿勢があまりにも対ソ戦略に左右されたため、将来、健全な民主主義を担って行くべき中道的な政治勢力を育むことができなかったことである。結局、反共主義を前面に掲げた李承晩と地主や資本家など親日派を多く含む韓民党勢力を対韓政策の拠り所としたため、農地改革などの民主改革も彼らの執拗な抵抗に逢着して十分な成果を上げることができなかった。「独裁と民主主義の蹂躙」という現代韓国政治史に色濃く影を落としてきた政治風土がこの時期に根付いてしまったといってもよい。その下で、米国が想定した欧米型の資本主義とはおよそ似つかわしくない資本主義制度が韓国に胚胎するにいたったのである。韓国の財閥は、まさにこうした反共主義に強く共鳴する政治的環境と未曾有の社会的混乱のなかで生成期を過ごすこととなった。このような体質が、その後の韓国資本主義の性格にも深く刻印されたことはいうをまたない。それでは、この生成期においていかなる歴史的諸条件が財閥資本を形成する契機となったのか、次にみていくことにしよう。

第1-3表　解放直後南朝鮮の貿易状況（1946年1月〜47年12月）

(単位：ドル)

	輸　　入	輸　　出
(1) 軍政貿易	198,850,240	―
・民間物資配給案による物資	180,000,000	―
・2500万ドル借款による物資	18,850,240	―
(2) 過政貿易	21,500,000	5,399,909
・対日貿易	21,500,000[1]	2,539,909[2]
・対米貿易	―	2,501,486[3]
・対香港貿易	―	358,514[4]
(3) 民間貿易	4,513,062	2,316,466
・圓　貨	2,256,531（千圓）	1,158,233（千圓）
・ドル貨	4,513,062[5]	2,316,466[6]
総　　計	224,863,302[7]	7,716,375[8]
	112,431,651（千圓）	3,858,188（千圓）

注）1）対日貿易の輸入は、1946年1月から47年4月までの連合軍最高司令部発表による。
　　2）、3）、4）1947年度中の輸出を計上したもの。
　　5）、6）、7）、8）米ドル貨対圓貨レートを500対1で計算。
出所）第1-1表と同じ、Ⅰ-127頁。

2. 財閥資本形成の初期条件

(1) (密) 貿易

　極端な物不足と生産低迷に見舞われた解放直後の韓国では、唯一の物資供給手段として援助を含む海外との貿易[30]があった。この貿易に携わった商人の中から後に財閥に成長する資本家が数多く輩出されたのである。当時の貿易は、取扱担当者の性格上、軍政貿易、過政（南朝鮮過渡政府）貿易、民間貿易の三部門に区分された。前二者は、いわゆる「官営貿易」の範疇に入り、民間貿易に比べて金額も大きかった（第1-3表参照）。しかし、解放直後に密貿易[31]が盛んに行われていた事実を勘案すると、民間貿易全体の規模は目に見える数字以上に大きかったものと推測される。

　解放後の貿易は、中国大陸と仁川との間の「ジャンク船貿易」が嚆矢となった。この貿易は、軍政庁の貿易行政体制が整わない前から自然発生的に始まっ

た密貿易であった。取り扱われた物品は、輸入品が天津、大連、青島など中国大陸に存在した日本軍用倉庫や日本商社倉庫から略奪された物資で、輸出品もまた南朝鮮にあった日本軍倉庫などから調達された化学工業薬品や海産物（イカ）などであったが、これらが主に物々交換方式で取り引きされた。46年の最盛期には約300隻のジャンク船が仁川に押し寄せて活況を呈したが、対中貿易では必ずしも緊急必要物資が輸入されたわけではなかった[32]。また日本との密貿易も盛んで、韓国から主に米が持ち出され、日本からは、みかん、セメント、苛性ソーダ、化粧品、医薬品などが持ち込まれた。このように、解放後の韓国の貿易は、いまだ「円ブロック」の残像が漂うなか、文字通り「日帝の遺産」の再分配から始まったのである。

　密貿易に手を焼いた米軍政庁は、46年に入ってから本格的な貿易行政の整備に取り掛かる。まず、同年1月3日に貿易に関する最初の法令として軍政法令第39号「対外貿易規則」を発布し、商務局の管轄下に軍政長官およびその代理者を権限者とする貿易許可制を実施した。その後、商務局の傘下にあった貿易課を局に格上げして軍政庁の貿易代行機関に指定した。同7月12日に発布された貿易局の「対外貿易規則」第1号に依拠して免許証が交付され、8月1日から翌年47年8月までに朝鮮人528名、中国人15名が免許を取得した。過渡政府樹立後は、47年8月25日に法令149号「対外貿易規則」によって過去の法制度が整理改正され、同時に、商務部令第1号「外国貿易規則」が発布された。外国商人の正式な入国許可も同年7月15日に実施された。また、46年10月8日に関税法（法令116号）の制定、47年6月16日に朝鮮換金銀行の設立によって、当面の貿易行政体制が整えられた[33]。こうして米軍政庁は、解放直後の物資不足に対処するため、対韓援助政策の一環として米国からGARIOA援助（45年9月～48年8月、4億3400万ドル）、民間物資配給計画、借款（OFLC、海外清算委員会）などによる物資導入を実施し、他方、韓国からは重石、黒鉛、銅などの戦略物資を排他的に調達した。

　また、民間貿易では、ジャンク船貿易の後は「マカオ貿易」、「香港貿易」が盛んになった[34]。マカオ貿易は、47年3月17日にマカオから英国船フェリオド

（もしくはペリオド）号が仁川に入港して以来、活発になった。マカオ貿易の名前の由来は、当時、英国の香港政庁が香港からの直接貿易を許可しなかったため、中国の荷主がマカオ向け輸出と偽装して仁川に輸出したことにあった。「マカオ」からは塩、生ゴム、洋服地、新聞用紙、時計などが輸入され、韓国からは火薬原料、米軍払い下げジープ、中古自動車などが輸出された。韓国の輸出品の中には植民地時代に小林鉱業（後の大韓重石）が生産した重石（フェロタングステン）や朝鮮火薬（後の韓国火薬）の火薬原料が含まれており、ここでも「日帝の遺産」が確認される。また、香港貿易は、英国の正式許可の下、47年8月27日に香港船アイビス号が釜山に入港して以来、開始される。48年4月には、貿易業者念願の韓国初の貿易船「桜島丸」[35]も就航して香港貿易に携わった。

　これら民間貿易に参画し、後に財閥に成長した業者には、朴興植（和信）、白楽承（泰昌）、李秉喆（三星）、薛卿東（大韓電線）、趙重勲（韓進）らがいる。朴興植は植民地期の39年4月にすでに和信貿易を設立し、解放後いち早く貿易業に乗り出した。解放後「最初の財閥」と称された泰昌の白楽承は、日本商社の対満州織物輸出の代行業で財を成すが、解放後はジャンク船貿易に関わり織物財閥の基礎をつくる。50年代以来、韓国で最も著名な財閥の三星財閥を築き上げる李秉喆も48年11月に三星物産公司を設立し、後に暁星財閥の総帥となる趙洪済とともに貿易業を開始する。また、北朝鮮の清津で水産業を営んでいた薛卿東も解放後船団を率いて南下し、貿易業に参画した。趙重勲は貿易業に直接関わったわけではないが、仁川に荷揚げされた物資の輸送で財閥化の基盤を築いた。彼ら民間貿易業者のなかには「ジャンク貿易に心を奪われているわが国貿易業界の秩序を立て直し、指導する機関」の必要性に駆られて、貿易協会の設立に向けて努力する者が現れた。こうして、47年7月31日、すでに設立されていた朝鮮商工会議所の会議室において韓国貿易協会の創立総会が開催され、初代会長には慶応大学とコロンビア大学で経済学を修め貿易の知識にも明るかった金度演が就任した。この貿易協会には、当時の名立たる貿易会社105社が設立当初の会員として名を連ねた[36]。

(2) 帰属財産の払い下げ

　財閥資本形成の二つめの契機は、当時、南朝鮮に存在した財産の80%以上を占めていたといわれる旧日本人所有財産の払い下げである。これら財産は「敵性財産（敵産）」や「帰属財産」と呼ばれ、農地、工場、鉱山、銀行、住宅などの不動産類から有価証券、金・銀、美術品、宝石などの動産類にいたるまでありとあらゆる財産が含まれていたが、主要なものは「帰属企業体」と「帰属農地」の二つであった。とりわけ工場などの帰属企業の払い下げは、払い受けた者を一夜にして資本家に転身させる物的基礎を提供した。同時にまた、その払い下げ政策が米軍政庁のイニシアティブで展開されたことから、韓国において「外から」資本主義を再編する手段ともなったのである。

　まず、米軍政庁が帰属財産を接収していった過程についてみてみよう。米軍政庁は発足間もない45年9月25日に軍政法令第2号（「敗戦国所属財産の凍結および移転制限の件」）を発令して、南朝鮮に存在していた敗戦国[37]財産を凍結した。この法律は、敵産を軍政庁に「帰属」させたのではなく、あくまでもその「保存」ないし「維持」を目的としたもので、しかも対象は公的財産に限られていた。私有財産に関しては、「マッカーサー布告第1号」で言及された私有制度の尊重を前提に、制限付きながらも売買を認めていた。そして、同年12月6日の軍政法令第33号（「朝鮮内所在日本人財産権取得に関する件」）によって、初めて日本人所有の財産を米軍政庁に帰属させたのである。ここでは、公的財産ばかりか私有財産も対象となった。方針変更の背景には、帰国を急ぐ日本人による財産売却が経済秩序を乱したこともあったが、何よりも旧経営陣が退去した帰属企業において労働者による自主管理[38]が自然発生的に行われていたからであった。その対象は、日本人から所有権を譲り受けた朝鮮人株主所有の企業にも及んだ。自主管理組織の数は正確にはわからないが、ある記録によると、45年11月4日現在で16の産別労組下に728か所が設置され、参加労働者は8万8000人に達したという[39]。こうした労働者の自主的な取り組みは、共産党ばかりか、解放直後に最も活発な運動を展開していた建国準備委員会（後

に人民委員会に改称）によっても認められた。実際の自主管理運動には運動を主導した主体の性格によって「体制内自主管理」から「革命的自主管理」まで様々なレベルがあったが[40]、特に全評（朝鮮労働組合全国評議会、45年11月結成）傘下の左翼系労働者によって工場が管理されるという現実は、南朝鮮の資本主義化を企図した米国にとって到底受け入れ難いものであった。逆に、自主管理労働者の立場からすれば、将来独立国家の共同財産となるべき国富が米軍によって一方的に"横領"されたことを意味したのである。

　次に、帰属財産（ここでは帰属企業を想定）の管理[41]についてみてみよう。軍政庁は、45年10月1日に財産管理課（後の管財処）を設置し、最高責任者には米国人財産管理官を任命した[42]。また、中央と道（日本の県に相当）に管財処が置かれ、それぞれ中央直轄企業体と地方管轄企業体を管理した。実際の企業経営は、米国人監督官が直接管理した重要企業を除き、47年6月29日の商務部通牒56号「敵産事業体管理人および共同管理人選定解任に関する規定」によって導入された管理人制度の下で、任命された管理人が当たった。管理人に選ばれたのは職員、株主、関連商人、米軍政官吏、商工業者、技術者、旧総督府官吏らであったが、任命に際しては保証金納付が義務付けられたため富裕層以外が管理人になることはまれであった。また、中小企業の管理人には職員などの縁故者が選ばれることもあったが、大企業の場合は労働者による自主管理運動が活発に行われたせいもあって外部から適任者が任命されるケースが多かった。結局、ほとんどの場合、植民地時代に何らかの形で企業経営に関わっていた人物が管理人に選定されたのである。この管理人制度も後に「理事会制度」（重役会制度）や「賃貸借制度」が導入され、徐々に朝鮮人による自主的経営を促す方向に移行していった。

　続いて、帰属財産の払い下げについてみることにしよう。米軍政庁は、北朝鮮における土地改革（46年3月5日実施）に対抗するために、帰属財産（動産類は先行的に払い下げ）のうち、農地、都市住宅および小規模事業体について払い下げを発表した。韓民党以外の政党・社会団体が反対を表明するなかでの断行であった。このうち、小規模事業体の払い下げに関しては、47年3月24日

付けの命令で、45年6月現在帳簿価格100万圓以下の事業体を払い下げた。払い下げ対象者は、優先権を付与された管理人や賃借人の縁故者たちであった。払い下げ条件は、売却代金の20％を契約時に納入し、残りは年利7分の10年分割償還とされた。軍政期の払い下げ実績は、件数では帰属企業体全体の13～28％、金額では0.5％にすぎなかった[43]。残り大部分は、大韓民国樹立後の48年9月11日に締結された「韓米財政および財産に関する協定」に基づいて李承晩政権に譲渡され、李政権の手で民間に払い下げられた。拠り所とされた法律は、49年12月19日に確定した「帰属財産処理法」と同「施行令」（50年3月30日制定）および同「施行細則」（5月27日制定）であった。この処理法の成立を巡っては、管理人や賃借人など縁故者に所有権を移転するという政府案と、農地改革で土地を処分された地主層に払い下げの優先権を与えようとする韓民党案の間で意見の対立がみられたが、結局、政府案の採用で決着した。また、重要産業の国有化については、それを求める声が強かった当時の状況を反映して同処理法にも明示された（第2章　国有と公有）が、朝鮮戦争を機に反共主義が社会的に浸透したこともあって民営化の気運が醸成された。すなわち、李承晩政権の「自由企業原理」（自由私企業主義）の下、54年11月29日のいわゆる「四捨五入改憲」[44]によって自由主義的な経済政策への修正が明示され、その一環として国有企業の民営化が推進されたのである。

　帰属財産全体の払い下げ過程についてみると、朝鮮戦争中の51年から急増し（50年＝件数704件、契約額945万4000ウォン[45]→51年＝件数5905件、契約額3843万6000ウォン）、53～59年間に総件数の86％、契約総額の68％が払い下げられている。帰属企業体に限ると、50年にいったん急増し、その後、件数のピークが51年の391件、契約額のそれは55年の11万3975ホァンであった[46]。いずれにせよ、朝鮮戦争を境に払い下げが本格化していったことがわかる。そして、63年5月29日の「帰属財産処理に関する特別措置法」の制定をもって払い下げ事業は一段落する。

　被払い下げ人の出身背景をみると、総人数723名のうち管理人経験者が449名で一番多く、第2位は日帝末期の企業関係者の200名、第3位は米軍政期の企

第1-4表　主要財閥の帰属企業所有状況

財閥名	代表者	企　業　名
三　　星	李秉喆	新世界百貨店（三越京城支店）、三星火災保険（朝鮮生命）
現　　代	鄭周永	仁川製鉄（朝鮮理研金属仁川工場；1978年買収）
Ｌ　Ｇ	具仁會	ＬＧ金属（朝鮮製錬チャンハン製錬所；1982年買収）
大　　宇	金宇中	韓国機械（1976年買収）
Ｓ　Ｋ	崔鍾建	鮮京織物（水原）
韓　　進	趙重勲	東洋火災保険（朝鮮火災保険）
双　　龍	金成坤	東京紡織所有紡績機2000錘と安養の朝鮮紡織（金星紡織を設立）
暁　　星	趙洪済	韓国タイヤ、大田皮革
韓国火薬	金鍾喜	朝鮮油脂（仁川工場）
斗　　山	朴斗秉	昭和麒麟麦酒
三　　護	鄭載護	朝鮮紡織
泰　　昌	白楽承	高麗紡織
大　　韓	薛卿東	郡是工業（大邱工場）
東　　洋	李洋球	小野田セメント（三陟工場）、東洋製菓
韓国生糸	金智泰	朝鮮絹織（旭絹織）、三和ゴム（三和護謨）、釜山日報、東邦製糸、大韓生糸
東国製鋼	張敬浩	三和製鉄（是川製鉄三陟工場）
大　　農	朴龍学	美都波百貨店（丁字屋）
碧　　山	金仁得	韓国建業（浅野セメント京城工場）
海運公社	金龍周	朝鮮郵船
東一紡織	徐廷翼	東洋紡績
大韓重機	金連珪	大韓重機
ヘ　テ	閔厚植ほか	永岡製菓
大　　成	金壽根	大成産業（朝鮮燃料の大邱煉炭工場、三国石炭の浦項工場およびソウル工場、大成炭座の聞慶炭鉱）
日新紡織	金ヒョンナム	全南紡織
新　東　亜	崔聖模	東亜製粉（朝鮮製粉）
白花醸造	姜正俊	朝鮮酒造（群山工場）

出所　李鍾宰〔著〕『財閥履歴書』韓国日報、ソウル、1993年、36～37頁、李ハング〔著〕『韓国財閥形成史』比峰出版社、ソウル、1999年、55～56頁より作成。ただし、LGとSKは現名称。

業主（管理人除く）132名で、純粋地主は23名にすぎない[47]。これより判明することは、管理人経験者が多いのは縁故者優先の政府払い下げ方針からして当然であるが、管理人経験のない米軍政期の企業家よりも植民地時代の企業経験者の方が多かったという事実である。また、処理法第15条で被払い下げ人の資格について「合法的で思想が穏健で運営能力がある」者と定められている点は、政府のイデオロギー的姿勢を物語るものである。帰属企業所有状況の具体的な事例については第1-4表の通りであるが、今日の主要財閥の大部分が払い下げの恩恵に与っているのがわかる。ただ、全工場の68％が深刻な被害を被った

朝鮮戦争の影響や経営破綻による事業整理などもあって、払い下げ企業総数約2700のうち今日まで残存しているのはわずか40～50にすぎない[48]。

　払い下げに際しては、しばしば情実が介入したことはいうまでもない。典型的な親日派資本家でありながら解放後に李承晩のスポンサー役を買って出た白楽承（泰昌）は、その見返りとして高麗紡織永登浦工場の払い下げを受けた。同じく与党自由党の財政部長を努めた経験のある薛卿東（大韓産業）は郡是工業大邱工場を払い下げられた。また、57年8月から本格化した銀行株払い下げ[49]の際に、入札順位が共に3位であったにもかかわらず、興業銀行（後の韓一銀行）が李秉喆（三星）に、貯蓄銀行（後の第一銀行）が鄭載護（三護）にそれぞれ払い下げられた[50]。結局、李秉喆は、一連の銀行株払い下げを通じて興業銀行（83％の株式所有）、朝興銀行（55％所有で最大株主）、商業銀行（33％が興業銀行信託部の持ち分）の三つの銀行を手中に収め、朴政権によって市中銀行株の国家還収命令が下されるまで、わずかな期間ながらも「金融コンツェルン」として韓国経済界に君臨したのである[51]。

　帰属財産の払い下げを受けること自体が大変な特恵であったといえるが、被払い下げ人にはそれ以外の恩恵も付随した。まず、払い下げ物件の政府査定価格が市場価格の4分の1から3分の1にすぎないところに、処理法第19条で「売却代金は一時全額現金納付を原則」としたが動産以外は「最高15年の期限で分割して代金を納付することができる」と定めたため、当時の激烈なインフレの影響で、それこそただ同然で帰属財産を手に入れることができた。また、同条には「帰属財産の売却代金は農地改革法による農地証券で納付することができる」とされており、地券保有者は帰属財産の購入に極めて有利な立場にあった。地券による帰属企業の購入は地主が産業資本家へ転化する道が開かれたことを意味したが、実際、購入者の大宗を占めたのは地主ではなく商人とりわけ貿易商たちであった。当時、早期の事業成功で現金収入のあった彼らは、証券市場などに出回っていた地券を額面額の20～70％の安値で買い入れたのである。他方、農地改革で地価補償対象となった朝鮮人地主の多くは50石未満の零細地主（84.2％）であり、彼らは生活費の補てんのために地券を手放さざるを

第1-5表　　外国援助受け入れ総括表　　（単位：千ドル）

年度	合計	GARIOA	ECA&SEC	PL480	ICA	CRIK	UNKRA
1945	4,934	4,934	—	—	—	—	—
1946	49,496	49,496	—	—	—	—	—
1947	175,371	175,371	—	—	—	—	—
1948	179,593	179,593	—	—	—	—	—
1949	116,509	—	116,509[1]	—	—	—	—
1950	58,706	—	49,330	—	—	9,376	—
1951	106,542	—	31,972	—	—	74,448	122
1952	161,327	—	3,824	—	—	155,534	1,969
1953	194,170	—	232	—	5,571	158,787	29,580
1954	153,925	—	—	—	82,437	50,191	21,297
1955	236,707	—	—	—	205,815	8,711	22,181
1956	326,705	—	—	32,955	271,049	331	22,370
1957	382,892	—	—	45,522	323,267	—	14,103
1958	321,272	—	—	47,896	265,629	—	7,747
1959	222,204	—	—	11,436	208,297	—	2,471
1960	245,393	—	—	19,913	225,236	—	244
1961	201,554	—	—	44,926	156,628	—	—
総計	3,137,300	409,394	201,867	202,648	1,743,929	457,378	122,084[2]

資料）韓国銀行『経済統計年報』1964年版。
出所）陳德奎・金學俊・韓培浩・金大煥ほか〔共著〕『1950年代の認識』ハンギル社、ソウル、1981年、176頁。ただし、1）と2）の数値は修正してある。

えなかったのである。

(3) 外国援助および政府資金融資

　韓国経済の発展過程において50年代がしばしば「援助経済期」と称されるように、米国[52]や国連によって供与された外国援助は、一面では対外的従属を強めるなど様々な副作用を伴いながらも、他面では経済発展に寄与するという両義的な結果を韓国経済にもたらした。この外国援助と援助の見返り資金（韓国では対充資金）を原資とする低利の政府資金融資が財閥生成の第3の条件となったのである。第1-5表によると、解放から1961年までに韓国に導入された援助総額は約31億ドルに上っている。そのうち朝鮮戦争以前に導入された援助の比重は18.5％にすぎず、大部分が朝鮮戦争以降とりわけ経済復興が本格化する休戦協定（53年7月）以降に導入されている。外国援助がいかに韓国経済に

おいて絶大な地位を占めたのか、一例をみておこう。例えば、53～61年間の公共援助による輸入額22億ドルは同時期の輸入総額31億ドルの71.6%を占めており、また、54～61年間の国内総投資額1823億ウォンに占める海外貯蓄の割合は68.7%を数え、無償援助を中心とした純移転は72.6%に及んでいる[53]。

　経済発展との関わりでこの時期に重要な役割を果たした援助は、UNKRA（国連韓国再建団）、ICA（国際協力庁）、PL480（余剰農産物援助）の三つである。それ以外の援助は、占領地域における秩序回復や戦時期の民生安定に資するために食糧や衣料や医薬品などの救援物資を供給したものである。UNKRA援助は韓国の経済復興支援のため米国（拠出率65.7%）を中心とする国連加盟支援国による援助で、金額こそ少ないが他の援助に比べて施設財が多く（64.5%）、聞慶セメント工場や仁川板ガラス工場といった近代的なプラントが建設されるなど、経済発展への寄与度が高かった。ICA援助[54]は米国援助で、前身のFOA（対外活動本部）援助と合わせて最大規模の援助（53～61年間援助総額の76.3%）を供与した。同援助は消費財の割合が大きく（ノン・プロジェクト援助が72.4%）、肥料、農産物、燃料のほか、原綿、小麦、生ゴムなどの工業原料が大量に導入された。また施設財については、鉱山部門や電力・交通機関などのインフラ整備、それに韓国の化学肥料工業の母工場となった忠州肥料工場などが建設された。PL（米公法）480援助は54年に制定された農業貿易開発援助法に基づく米国の余剰農産物援助で、韓国には56年から導入された。援助物資の内容は、小麦、大麦、原綿などであった[55]。これら援助の形態はほとんどが無償援助であったが、直接産業化に結びつくプロジェクト援助（各種産業施設の復旧建設に必要な施設財および技術の供与）よりも、消費財を中心とするノン・プロジェクト援助（産業施設の稼働に必要な原資材および一般消費物資の提供）が大宗を成していた。援助物資の構成からみると、金額の多い順から燃料・肥料（25.9%）、施設財（22.4%）、最終消費財（19.3%）、工業原料用農産物（16.8%）などとなっている[56]。

　援助物資のうち工業原料の配分は、実需要者への供給を原則に個々の企業ではなく業界団体（大韓紡織協会、韓国製粉工業協会、韓国製糖工業協会など）

に一括して供与され、当該団体に所属する各企業に分配された。例えば、当時最大の工業分野であった綿紡織工業の場合、業界団体の大韓紡織協会が援助原綿をまとめて受け入れ、各企業の業績や生産規模などに応じて分配した。援助によって民間人が工場を設立した事例を挙げると、李秉喆は100万ドルのFOA援助で三星の中核企業となる第一毛織を設立し、双龍の金成坤はUNKRA援助でグループ中核企業の金星紡織安養工場復旧資金を調達した。また、援助によって建設されたプラントを後日払い下げられたケースもある。UNKRA援助により建設された仁川板ガラス工場は、56年12月に崔泰渉（韓国ガラス）へ払い下げられた。同じくUNKRA援助63万1500ドルの支援を受けた三陟セメント製造公社（旧小野田セメント三陟工場）が同時期に李洋球（東洋製菓、後の東洋グループ）に払い下げられ、東洋セメントに改称した。東洋セメントは、その後もICA資金や韓国初の借款導入事例（59年）となったDLF（開発借款基金）214万ドルを導入している。さらに、聞慶セメント工場も56年10月に李庭林（開豊）らに1300万ドルで払い下げられて大韓洋灰となった。これらの工場は、いずれもグループ中核企業として成長していった。

　また、援助物資の販売代金である見返り資金は国家財政の財源を大いに潤したが、その使途については、事実上、米国の駐韓援助機関（経済調整官室、OEC）によって決められた。そのため、経済発展を急ぎたい李承晩政権と何よりも韓国の政治的安定と軍事力の確保を目指す米国との間で、見返り資金の使途や援助の内容（施設財と消費財の割合）についてしばしば対立する局面がみられた。見返り資金特別会計に計上された資金の歳出状況についてみると、55〜60年間に総計740億700万ウォン、内訳は、経済復興特別会計43.9％、一般会計27.5％、民間融資18.9％などとなっている[57]。また、53年以降本格化する財政投融資は固定資本形成において5〜7割を占めているが、53〜60年間の財政投融資の財源のうち見返り資金は69％を占めている[58]。見返り資金の民間への貸し付けを主に担当したのは、韓国の金融機関体系で「開発機関」と位置付けられる政府系の韓国産業銀行（以下、産銀）である。50年代に見返り資金の融資分のうち産銀を通じて行われた融資は7割を超えた[59]。融資される側にと

第1-6表　　韓国産業銀行の貸付金利体系（1957年末現在）

区　分	金　利	区　分	金　利
産業資金		見返り資金	
政府保証	10%以下	ECA見返り資金	7.3%
水利資金	4.7%	ICA見返り資金	
水利資金（8回国債）	3.7%	施設資金	（施設前）3％（施設後）8～12%
一般産業資金	15%以下	運営資金	8％
帰財中小企業資金	12%	UNKRA見返り資金	
帰財中小企業資金	10%	基幹産業資金	（施設前）3％（施設後）未定
		公共事業資金	（施設前）5％（施設後）7%
		民営事業資金	（施設前）8％（施設後）10%

注）「帰財」とは、帰属財産のこと。
資料）韓国産業銀行『韓国産業銀行十年史』81頁。
出所）李憲昶〔著〕『韓国経済通史』法文社、ソウル、1999年、412頁。

　っての見返り資金の魅力は何といってもその低金利にあった。第1-6表より明らかなように、57年末現在、産銀の一般産業資金の年利が15％以下であるのに対し、見返り資金の年利（施設前）は3～8％であった。非公式金融部門ながらも企業の資金調達市場として機能してきた私債市場の年利にいたっては、20～25％の高率であった。見返り資金の融資を受けること自体がいかに特恵であったか理解できよう。

　その他、政府保有ドル（外貨）の配分も財閥資本にとって貴重な蓄積手段となった。当時の外貨の源泉は援助ドル、国連軍貸付金償還ドル、重石ドルなどであったが、不足がちの外貨に対しては政府による厳格な管理が実施され、その使用には大統領の裁可を必要とした。そのため、大統領との情実関係を築くために民間人による激しいロビー合戦が展開された。言うまでもなく、外貨使用の恩恵に浴することは大変な特権であったが、過大評価された公定レートからも大きな利益を得ることができた。極端な例として、政府保有ドルを公定レートで配分され、それを実勢レートの反映した闇ドル市場で転売するだけで外貨保有者の懐には莫大な利益が転がり込んだのである。

　外国援助や政府資金融資の獲得を巡る民間人による政府要人への働き掛けは、基本的には資本（貯蓄）と外貨の不足という韓国経済を苦しめたボトルネックの反映であったが、他方ではそれが韓国社会の宿痾ともいえる政経癒着を生み

出す原因として作用した。また、政府要人側も政治資金捻出のために民間人を大いに利用し、持ちつ持たれつの相互扶助関係に身を委ねた。このため、李承晩政権時代には憲法改正や大統領選挙など主だった政治的イベントのたびに政治資金にまつわるスキャンダル事件が頻発した。一例を挙げると、58年5月2日に実施された第4回国会議員総選挙に絡んで「連繋資金事件」[60]なるものが起きた。この事件は、一言でいって、李承晩率いる自由党（51年12月23日に院内・院外自由党が結成、翌年再編）の選挙資金捻出のため産銀特別融資が悪用されたものであるが、結果的に、泰昌紡織、東立産業など12の自由党支持企業に総額39億ファンが融資され、そのうち15億ファンが自由党に流れたといわれている。このように韓国の財閥は、程度の差こそあれ、政経癒着という「羊水」の中で生成期を過ごしたのである。

(4) 官納事業

最後に、もう一つ見逃せない財閥生成の条件は、米軍と政府が発注した「官納事業」[61]である。この官納事業は、発注先や事業の種類によって、主に米軍を対象にした軍納事業と韓国政府を対象とした公共事業に分けられた。軍納事業の具体的な内容は、米軍基地の造成や軍事物資輸送から、食品、タイヤ、皮革、塗料、石けん、綿下着、毛布、靴下などおよそ軍隊が存在する限り必要と考えられる生活必需品にいたるまで、実に多様な分野にわたっていた。また、公共事業のなかで一番多かったのは道路、橋梁、建物など建設関連の発注であり、特に、朝鮮戦争後の復興過程で生まれた建設ブームによって建設業界は未曾有の活況を呈した。

まず、軍納事業に参画した業者たちの事例をみてみよう。食品関係では、崔聖模（世紀商事）、沈相俊（ハングム醬油）、全仲潤（三洋食品）などがいたが、なかでも、後に開豊グループを形成する李庭林は、好洋産業を設立して氷の軍納で1年間に25万ドル以上を稼ぎ出した。李は、朝鮮戦争中の釜山で米軍が氷まで日本から調達しているのを見て、米国から製造能力日産100トンの製氷機械を導入して53年8月から製造を開始した。そのほか、興亜タイヤ、韓国タイ

ヤ、鎮海化学、大韓インクペイントなども軍納の恩恵を受けた。また、軍需物資の輸送で活躍したのは韓進の趙重勲であった。趙は、自動車の故障で困っていた米軍将校夫人を助けた因縁から、56年11月に米軍軍需物資輸送権を獲得して軍需物資輸送を独占した。その結果、米軍用役の金額は、57年10万ドル、58年30万ドル、59年100万ドル、60年228万ドルと文字通りうなぎ登りに増加した。決め手は何といっても米軍との太いパイプであった。彼は、米軍人との関係を深めるために、米国留学経験のある弟重建の協力の下、自宅や別荘に米軍将兵を招いて頻繁にパーティを催した。こうして築き上げた米軍人との揺るぎないコネクションは、韓進が一大跳躍を遂げる契機となったベトナム特需を享受する際にいかんなく効力を発揮したのである。

　さらに、米軍基地造成に参画した業者のなかで最も有名なのは現代の鄭周永である。鄭は、46年4月にソウル市中区草洞の敵産土地200坪を払い下げ受けて自動車修理を専門とする現代自動車工業社を立ち上げた。その後、47年5月に同会社建物に現代土建社の看板を掲げ、50年1月には両社を合併して現代建設株式会社を設立した。現代建設が軍納事業に関与する契機は、米軍の自動車（ジープ）整備を通じて米軍兵器廠と少なからず接触もあったが、何よりも東亜日報の記者で英語を解した弟の仁永が米軍司令部の通訳に採用されてからである。自らの希望で工兵隊に配属された仁永は、米軍の仮宿舎を建設する業者を探していた上司のマカリスター中尉に兄の周永を紹介した。建設装備に関しては、国内生産はもちろん輸入も困難な時分に米軍第8軍の払い下げを独占して調達することができた。とにかく、朝鮮戦争中に臨時首都となった当時の「釜山では建設の仕事が山ほどあった」のである。その後、52年12月のアイゼンハワー大統領訪韓時の宿舎改装やアイゼンハワーが参拝した国連軍墓地の造成で米軍の信頼を勝ち取った現代建設は、それからは「指を差すだけで」米軍関係の工事を独占できたという[62]。

　続いて、政府公共事業についてみると、米軍発注の工事に比べ規模は小さかったものの、戦後の建設ブームのなかで、50年代半ば頃には1000社余りの建設業者がいたといわれる。そのなかでも、建設業界大手の5社である大東工業

(李龍範)、朝興土建（黄宜性）、極東建設（金用山）、三扶土建（趙鼎九）、現代建設（鄭周永）は、談合して発注事業を独占したので、当時「建設5人組」と呼ばれた[63]。この5社は、大工事の指名入札時に5社以上であれば指名入札に応じることができるという規定を悪用し、順番を決めて事業を請け負った。このアイデアを考え出したのは大東工業の李龍範社長であったが、彼が自由党国会議員でもあったので、この5社は自由党との特別な関係が取り沙汰されて「自由党5人組」とも呼ばれた。事実、大型の政府発注工事を受注すると、工事価格のうちの30％はあらかじめ自由党への政治資金として控除され、さらに20％を利益として除いた後、残り50％で工事を行ったという。とかく建設業界には談合と贈収賄にまつわるスキャンダルが付きものであるが、韓国ではこの時期に業界と政府との分かちがたい癒着関係が形作られたのである

また、軍納事業は、発注・受注関係において後のベトナム特需と基本的には同じ構図にあったといえ、米軍の需要に依存した産業構造が韓国経済に根付く原因の一つとなった。その担い手の少なからぬ部分が財閥として成長を遂げていったことを勘案すると、韓国の財閥は、その生成期より対米従属の属性を扶植されていたといってよい。加えて、韓国政府の発注事業の財源が米国の援助資金によって補てんされた事実を想起すると、このような韓国財閥の属性はなおさら際立つものと思われる。この点にも、われわれは、冷戦に深く規定されて産声を上げた韓国資本主義の根本的性格を垣間見ることができよう。

3．「生成期」における財閥資本の諸類型

(1) 類型化の意義

50年代の生成期に出現した主要財閥の一覧は第1－7表の通りであるが、傘下企業総数79社のうち明らかに製造業分野に属すると思われる企業は40社余りを数え、過半数を超えている。傘下企業の業種をみると、商社（貿易商社）を核としながらも、いわゆる「三白工業」の一角を占めた繊維（綿紡織）をはじ

第1-7表　　1950年代に設立された上位財閥の傘下企業（1960年現在）

財閥名	代表者	傘下企業群	企業数
三　星	李秉喆	三星物産、第一製糖、韓国タイヤ、安国火災、権栄物産、韓国機械、湖南肥料、三陟セメント、豊国酒精、朝鮮醸造、天一証券、東一紡織、暁星物産、東洋大理石、韓一銀行、朝興銀行、第一毛織、三岡油脂、チャンマラ社	19
三　護	鄭載護	三護貿易、三護紡織、朝鮮紡織、大田紡織、三洋興業、第一火災、第一銀行	7
開　豊	李庭林	大韓洋灰、好洋産業、起亜産業、開豊商事、大韓炭鉱、三和製鉄、大韓鉄鋼	7
大　韓	薛卿東	大韓産業、大韓紡織、大韓電線、大東製糖、大同証券、遠東興業	6
Ｌ　Ｇ	具仁會	半島商事、ラッキー化学、ラッキー油脂、金星社	4
東　洋	李洋球	東洋セメント、東洋製薬、東洋製菓、韓国製糖	4
極　東	南宮錬	極東海運、極東総商、韓国精油、韓国鋼管	4
韓国ガラス	崔泰渉	同和産業、韓国硝子、韓国硝子販売	3
東立産業	成昌熙	東立産業	1
泰　昌	白南一	泰昌紡織	1
三　養	金秊洙	三養社、京城紡織、全州紡織、三養製糖、東亜日報、中央学院、東亜放送	7
和　信	朴興植	和信産業、和信百貨店、新新百貨店、興韓紡織、興韓ビニロン	5
現　代	鄭周永	現代建設、金剛スレート	2
金　星	金成坤	金星紡織、双龍セメント	2
韓国生糸	金智泰	朝鮮絹織、韓国生糸、三和ゴム、釜山日報、文化放送	5

出所）李ハング〔著〕『韓国財閥形成史』比峰出版社、ソウル、1999年、73頁より作成。ただし、一部修正を加えてある。LGは現名称。

め、セメント、タイヤ、ガラス、製菓など軽工業中心の製造業分野に属する事業活動が目立っている。また、第1-8表からもほぼ同様な事柄が読み取れ、帰属財産払い下げと援助物資が財閥形成に寄与した事実も併せて確認することができる。資料の制約上、グループ全体の収益構造において果たして製造業の収益が非製造業のそれを上回っていたかどうか検証できないが、少なくとも企業数に注目する限り、当時の財閥資本はすでに産業資本的な性格を有していた印象を受ける。しかし、かつて厳密に定義された産業資本概念との対比で語られることの多かった初期財閥資本は、政経癒着を通じたレント・シーキングや不動産投機などの不生産的投資活動が際立っていたことから、「前期的」「政商的」「官僚的」「賎民的」「買弁的」といった否定的イメージの形容詞をかぶせ

第1-8表　1950年代の10大財閥の蓄積基盤（1961年現在）

財閥名（創立年度）	系列企業数	主　要　産　業	帰属財産払い下げ状況	援助物資配分状況
三　星（1938年）	13	貿易、食料品、繊維、金融	○	○
三　護（1950年）	7	貿易、繊維、金融	○	○
開　豊（1949年）	9	貿易、セメント、金融	×	○
大　韓（1946年）	5	貿易、食料品、繊維	○	○
Ｌ　Ｇ（1947年）	4	貿易、化学	×	○
東　洋（1953年）	4	セメント、食料品	○	○
極　東（1947年）	4	貿易、造船	○	○
韓国ガラス（1954年）	2	貿易、ガラス	×	○
東　立（1949年）	2	食料品	○	○
泰　昌（1916年）	2	貿易、繊維	○	○

出所）邊衡尹〔編著〕『韓国経済論』第3版、裕豊出版社、ソウル、1995年、74頁。ただし、LGは現名称。

られ、総じて「商人資本」の範疇で性格規定が行われた[64]。換言すると、財閥資本の早期独占化がおよそ正常な生産活動によってもたらされたものではないという認識から、もっぱらその「前近代性」に性格規定の照準が合わされたのである。

　言うまでもなく、資本の性格規定は当該時期の資本主義的生産様式を特徴づける最も重要な要素の一つである。最近の研究では、60年代以降に本格化した経済発展の高みから植民地期の資本主義発展が評価され、両時期をつなぐ中間項として解放から50年代末までの時期が産業資本の発展という視点から再照射される傾向がみられる。いわゆる「植民地近代化論」では、朝鮮における工業化が本格化する30年代にはすでに資本主義的産業化が開始されたという歴史認識が広く共有されているが[65]、この見解を敷衍すると、解放という歴史の断絶にもかかわらず、解放後の韓国における生産様式は当然ながら資本主義の範疇に属することになる。こうなると、むしろ解放前後期の資本のダイナミックな変容が資本主義という一つの色彩で塗りつぶされ、結果的にそこに描かれる資本主義発展像はみる者に静態的な印象を与えてしまいかねない。そこで、動態的な韓国資本主義発展像を活写するためには、何よりも資本蓄積の主要な担い

手である財閥資本の様態変化を実態に即してトレースすることが肝要と思われる。

まず、帰属企業という視点から解放前後期の資本の性格変化をみると、日本から移植された植民地独占資本が米軍への帰属そして李承晩政権への移譲によって一時国家資本化し、その後民間への払い下げを経て国内独占資本へと転化した。また、民族資本の観点からすると20年代に生成された民族資本の動向が注目されるが、日本の侵略戦争が本格化する30年代以降、三養や和信など比較的規模の大きかった民族資本は満州侵略に加担するなどして隷属資本化し、その他の中小零細民族資本は42年の企業整備令を機に統廃合されて植民地独占資本の傘下に組み込まれるか没落するかした。解放後、いち早く生産活動を開始した中小の民族資本は、いわゆる「民族経済論」[66]の拠り所として一時注目を集めたが、財閥資本の成長が本格化すると急速にその存在感を喪失していった。また、民族資本が植民地時代の隷属資本の反対概念として民族解放闘争勢力に含まれる政治史的概念であるとすると[67]、解放後韓国の政治経済体制の独立性や国内独占資本の対外従属性をどう評価するかによって意見の分かれるところであるが、少なくとも政治的独立を所与の前提とする限りにおいては、もはや民族資本の概念は成立しないことになり、単なる国内中小資本の概念に回収されてしまうだろう。

このような資本の性格規定にまつわるアポリアを回避するために、ここでは、財閥資本の基本的性格とその属性ないし性向を区別して論じることにしたい。その際、前提とする歴史的事実は、韓国の財閥資本が（国家）独占的、隷属的、官僚的といった属性を帯びながらも今日まで一貫して産業資本主義的な経済発展の担い手となってきたことと、現在の主要財閥の多くが50年代にその後の継続的発展のスタートを切ったということである。特に、生成期の財閥資本が産業資本化していったプロセスに注目して、便宜上、三つのタイプに類型化して分析を試みる。第1のタイプは、「権力密着型」ないしは「政商資本型」とでも呼ぶべき財閥である。「政商的」という属性は、多かれ少なかれ韓国財閥の成長過程において共通してみられるものであるが、ここでは、権力との密着度

が強すぎて政権交替を機に没落していった財閥資本を想定する。第2のタイプは、非産業資本から産業資本へ転化していった「産業資本Ⅰ型」である。このタイプの財閥は、商人資本として財閥の基盤を形成しながらもその後産業資本的な発展パターンをたどったもので、韓国財閥のなかで最も多いタイプと思われる。最後の第3のタイプは、創業時より製造業に従事して産業資本的な性格を有していたか、もしくは商人資本としての出自を持ちながらも解放後いち早く産業資本化していった「産業資本Ⅱ型」である。韓国財閥のなかでは少数派であるが、後に多角化しながらも総じて産業資本的な成長を遂げていった財閥である。それぞれのタイプについて具体例を挙げてみてみよう。

(2) 諸類型の具体的事例

①政商資本型

　生成期において最も典型的な政商資本型発展を遂げた財閥は白楽承の泰昌[68]である。泰昌は韓国における「最初の財閥」と呼ばれたが、どの財閥よりも早く財閥化できた秘訣は、経済的というよりも経済外的な理由にあった。すなわち、泰昌の急成長には、何よりも初代大統領李承晩との特別な関係が奏功したのである。

　泰昌財閥のルーツは白の父親の名を拝した白潤洙商店にあるが、第一次世界大戦中の1916年に同商店は大昌貿易に改称され、24年には中核企業となる泰昌織物が設立された。明治大学で法律を学んだ白楽承は、後継ぎの長男が死去したために四男末弟でありながら家業を継ぐことになった。植民地時代の主たる経済活動は太平洋戦争末期に携わった伊藤忠や丸紅の対満州織物輸出代行業であったが、その際、関東軍司令部憲兵隊に接近して織物輸出の独占販売権を手に入れた。織物輸出代行業の実態は、日本の商社が泰昌織物に反物を供給し、泰昌はこの反物に桜の花に「泰」の字を書き入れた商標を押して満州に再輸出するものであった。時にはそれらを関東軍憲兵隊の護衛の下に密輸出をすることもあった。現に、戦争末期に満州への密輸出が当局によって摘発されたが、公判途中で解放を迎え、押収された大量の織物は米軍政法務官の解除命令によ

り泰昌に返還された。

　解放直後、織物の売却金を元手に参画したジャンク船貿易で立ち直った白楽承は、李承晩への接近を図り、自ら進んで財政的支援を申し出た。当時の有力な保守政治勢力としては、金性洙の韓民党や金九の臨政グループなど李承晩派以外にも存在したが、その中で李を選択した白の政治的嗅覚には驚かされるものがある。その意味では、泰昌は経営能力よりも総帥の政治力を梃子にトップに上り詰めた財閥であるといってよい。泰昌の支援ぶりは徹底していた。47年8月頃、政治資金に窮していた李承晩に70万圜を提供したのを皮切りに、毎月の生活費として50万圜を李に提供し続けたのである。大統領就任後、李が白に提供した便宜には、帰属財産である高麗紡織永登浦工場（後の邦林紡績）の払い下げをはじめ、同企業の拡張資金として朝鮮殖産銀行（現韓国産業銀行）による500万ドルの外貨融資、傘下の大韓文化宣伝社に対する紅参（乾燥高麗人参）の独占販売権付与、帰属企業である朝鮮機械の管理権付与など、いずれも破格なものであった。その結果、泰昌はどの財閥よりも早く成長し、50年時点では泰昌紡織のほか泰昌工業、海田織物、大韓文化宣伝社、朝鮮機械などを傘下に置く国内最大の財閥に成長したのである。

　しかし、泰昌の栄華は長続きしなかった。あまりにも権力に接近しすぎたため、その政権が終焉を迎える時には運命を共にしなければならなかったのである。途中、「三粉波動事件」や「連繫資金事件」など、与党自由党の政治資金絡みのスキャンダル事件には必ずといってよいほど名を連ねたことも国民の指弾を集中的に浴びる原因となった。李承晩政権が崩壊する契機となった60年の「4.19」の直前に白楽承は死去し、軍事新政権下の不正蓄財者処理事業によって財産は国家に帰属することになった。第1-8表によると、61年の時点で泰昌財閥の傘下企業は泰昌紡織など2社にすぎず、目を覆うばかりの凋落ぶりである。結局、白家は母国での血統の維持さえままならなくなり、楽承の孫は日本へ帰化し、東レの株主として生計を紡ぐほか選択の道は残されなかったのである。

　泰昌の経験から得られる教訓は、財閥の成長にとって権力との一体化は短期

的にはメリットをもたらすかもしれないが長期的には必ずしもそうではないということである。植民地期に朝鮮総督府の経済政策に密着して活躍した和信や三養などの有名財閥が解放後に低迷したのもその一例である。こう述べると特恵に浴しながらも時の政権と一定の距離を置くことが有利なように思えるが、結局のところ、確かなことは、財閥の長期的かつ持続的な発展が政治的環境の変化ばかりでなく経済的環境の変化に十分対応できる基礎体力を涵養できた財閥に限られたという事実である。

②産業資本Ⅰ型

　既述のように、韓国の財閥のなかで最も多い発展パターンは商人資本から産業資本へ転化したタイプであるが、その典型例は三星[69]であろう。50年代に登場した財閥のうち大韓産業（薛卿東）、東洋（李洋球）、開豊（李庭林）などのように、かつての米穀商、卸売商、貿易商から解放後に産業資本に転化したものは多いが、三星ほどの成功例は他に類を見ない。

　「韓国的経営の天才」と称賛された創業者の李秉喆が事業を開始したのは植民地期にさかのぼる。李は、1910年2月に慶尚南道宜寧郡正谷面中橋里の富農の次男として生を受け、30年4月に早稲田大学専門部政経科に入学したが、病気（脚気）のため2年生の秋に中退した。帰国後、満26歳の時に事業家に転身し、父親の纘雨から譲り受けた米300石（5万圓相当）を元手に友人二人といっしょに馬山で協同精米所を開業した。精米業以外に運輸業と不動産業も手掛け、手に入れた資金で今日の三星物産の源流となる三星商会（資本金3万圓）を38年3月に大邱で設立する[70]。同商会は、満州や北京に青果物や乾魚類などを輸出し、麺類の製造も行った。43年には大邱で日本人経営の朝鮮醸造を買収して酒造業にも進出したが、解放を迎え、いったんは事業活動が中断する。活動が本格化するのは、ソウル上京（47年5月）後の48年11月に三星物産公司を設立してからである。同郷人の趙洪済（専務就任、後に暁星グループを形成）らとともに設立した同社は、いわゆる「マカオ・香港貿易」に携わり、香港、シンガポールなどの東南アジア諸国へイカや寒天などを輸出し綿糸などを輸入

する事業を開始した。後に輸入物資を鋼材などの原資材にも拡大し、対象国には米国などの先進国も含まれるようになった。その結果、同社は、創業わずか1年半で天友社や和信産業など当時の大手貿易商社を凌駕する会社に成長した。途中、朝鮮戦争の勃発でソウルからの撤退を余儀なくされるが、51年1月に臨時首都となった釜山でグループ中核企業に成長する三星物産を設立した。資金は朝鮮醸造が備蓄していた3億ウォンが充てられた。戦争混乱期にもかかわらず貿易にビジネスチャンスを見いだした三星物産は、古鉄を日本に輸出して香港から砂糖や肥料などを輸入することで業績を伸ばし、設立半年で10億ウォンの純利益を上げるとともに、さらにその半年後には資本金を当初の20倍に相当する60億ウォンに増やした[71]。

　商人資本から出発した三星が産業資本へ転化する契機となったのは、製糖業への進出であった。当時、外貨の制約や戦時インフレの悪影響を勘案して輸入中心の貿易業に限界を感じていた李は、53年に「わが国民が消費するものはわが国でつくらなければならない」[72]という固い決意の下、輸入代替製造業への転換を模索する。また、米国の援助政策が朝鮮戦争末期に従来の救護援助方式から防衛援助と経済再建計画の樹立へ転換し、韓国における「消費物資の自給体制の確立」が求められたことも、李が消費財製造業へ進出する環境を整えた[73]。業種の選択に当たっては、いずれも大きな需要が見込めた製紙、製薬、製糖の3分野の企画・見積もりを三井物産に依頼し、時間の節約のため三井からの回答が最も早かった製糖に決定した。そして、53年6月の発起人総会を経て、8月に第一製糖工業株式会社を釜山で設立した。資金の18万ドルは政府特別外貨貸付、不足分2000万ファンは商工銀行（後の興業銀行、韓一銀行）からそれぞれ調達した。遠心分離機など機械設備一式は、見積もりにも協力した大阪の田中機械から導入した。設備の組み立てには日本人技術者の協力が必須であったが、李承晩の日本人来韓禁止命令によりそれが不可能となり、韓国人技術者だけによる組み立て作業となった。作業途中で直面した度重なる困難は田中機械との国際電話を通じたやりとりで何とか克服し、11月には試作品がつくられるまでに漕ぎ着けた。国内随一の近代的な設備を擁した第一製糖は、外国

製品に品質が劣らず、しかも輸入価格の3分の1の安価な砂糖を製造したので、製品は飛ぶように売れた。当時、砂糖の輸入販売を手広く手掛けていた李洋球（東洋グループ総帥）らに販売を依託したこともあって、第一製糖の国内市場占有率は7割にも達した。その結果、製糖業の輸入代替は、第一製糖設立後3年にして早くも達成されたのである。

　製造業進出のもう一つの軸足は毛織物業への進出であった。当時、繊維分野には綿紡織の工場はいくつか存在したが、毛織物はもっぱら輸入に頼り手薄な状況にあった。未知の分野への進出について繊維業界や重役たちが疑問視するなか、商工部長官の勧めと支援の約束もあって、李は毛織物業への進出を決断した。そして、54年5月に払込資本1000万ウォンの第一毛織工業株式会社を大邱に設立した。機械設備は、当初マスタープランの作成を依頼した日本の大日本毛織から導入しようとしたが、政府の指示に従って西ドイツ（当時）のシュピンバウ（Spinbau）社製紡織機5000錘を含む1万錘の紡織機をFOA資金100万ドルで購入した。当時の韓国では毛織物業の分業体制が確立されておらず、製糸、染色、紡織などの各工程を一貫生産する工場を建てなければならなかったので、各設備は西独のほかに英、仏、伊などからも導入された。こうして第一毛織大邱工場は56年3月の染色工場の設立をもって完工し、5月から本格生産に入っていった。原料はICA資金を使用して英国や豪州から輸入された。製品の「ゴールデンテックス」が国民に浸透していったのは、品質はともかく英国製服地の5分の1という低価格によるところが大であったが、58年よりとられた梳毛糸を除外した毛織物に対する輸入禁止という政府の手厚い保護措置が奏功したためでもあった。

　このように、三星は第一製糖と第一毛織の竣工により韓国随一の産業資本としての面貌を整えるにいたるが、財閥の頂点に上り詰める発条となったのは、何よりも市中銀行払い下げを通じた金融業界の制覇であった。前述のように、興業銀行をはじめ、朝興銀行、商業銀行など四つの市中銀行の株式のほぼ半分が三星の所有となったが[74]、その銀行支配を梃子に、繊維、タイヤ、セメント、肥料、証券、保険などの分野にも進出を図った。また、57年1月に民間企業で

最初に人事公募採用制を導入したり、59年5月にはグループの頭脳として機能する秘書室を設置して、名実ともに三星は韓国第一の財閥に成長していった。その際、銀行払い下げ時にみられたように、当然ながら政府との情実関係が介在して新聞紙上を賑わしたこともあったが、不思議なことに当時の政治的スキャンダル事件に三星が表立って関与した形跡は見当らない。回顧録にも触れられているように[75]、反共主義を前面に掲げる李承晩への心酔には人後に落ちないものが感じられ、当然ながら李は李承晩の政治的支持者であったはずなのに、なぜ三星と李承晩との癒着関係は表面化しなかったのだろうか。理由として考えられるのは、泰昌の白楽承とは違って李の立ち回りがうまかったせいもあるが、それよりもなお、解放時に彼なりに「事業報国」を決意して経済活動に身を投じた経営哲学の違いにあったのかもしれない。製造業への進出のこだわりはそれを物語るものではなかろうか。

③産業資本Ⅱ型

　生成期に出現した財閥のなかで出発時より産業資本的な様相を呈していた財閥としては、三護（鄭載護）、韓国生糸（金智泰）、金星（後の双龍、金成坤）、鮮京（現SK、崔鍾建）などがある。三護は朝鮮紡織の払い下げを受けて国内最大の綿紡織業者となり、韓国生糸は朝鮮絹織（旧旭絹織）の払い下げや大韓製糸の買収を機に一大絹糸メーカーに発展し、また、金星は解放後最初の紡織会社である金星紡織を設立した。なかでも鮮京は、総帥の崔鍾建が技師として勤務していた因縁から帰属企業の鮮京織物を払い下げられ、後に巨大財閥に成長する礎を築いた[76]。ここでは、商人資本の出自を持ちながらも解放後いち早く産業資本へ転化し、その後一貫して化学分野を主力とする発展の軌跡を残したラッキー（楽喜）グループ（現LG、具仁會）に注目したい[77]。

　創業者の具仁會は、1907年に慶尚南道晋陽郡の中農の長男として生れた。最初の本格的な事業は、31年に弟の哲會と晋州で設立した具仁商会という反物（木綿）商であった。解放後、45年11月に釜山で朝鮮興業社を設立して対馬から木炭を輸入する事業や道庁から貨車を購入して運輸業にも携わったがうまく

いかなかった。転機は、釜山にあった化粧品メーカー興亜化学工業社の女性用クリーム（天津クリーム）の販売を手掛けたことであった。ソウルでの販売が好評を博したことから、具は自分でクリーム製造を行うことを決意した。こうして、具仁商会を処分までして調達した資金で47年1月に楽喜化学工業社を釜山で設立した。具仁會社長以下、副社長に哲會、販売責任者に仁會の姻戚で哲會の女婿の許準九、製造技術責任者に興亜化学工業社の社員だった金俊煥がそれぞれ就任した。49年には長男の滋暻を経営に参加させ、製品の品質向上のためソウル大出身の弟の泰會とともにソウルで化粧品研究所の運営に当たらせた。「ラッキー」という商標の付いたクリームは、透明で日本製香料を使用したこともあってよく売れた。

　次の転機は、プラスティック製造分野への進出である。丈夫なクリームキャップを製造することが目的であった。ちょうどその頃、具は三星の李秉喆から製糖事業への共同投資を提案されたが、それを固辞してまでの新事業への進出であった。朝鮮戦争中の52年9月、戦火を免れた釜山において化粧品事業で手に入れた3億ホァンを投じて東洋電気化学工業社を設立した。この合成樹脂工場では、キャップのほか、櫛、石けん箱、洗面器、食器などのプラスティック製品、後に歯ブラシの製造も行った。この事業の成功を機に、具は化粧品事業から撤退し、東洋電気化学を楽喜化学に吸収した。また、販売路拡大や原料などの輸入確保のため53年11月に楽喜産業株式会社が設立され、56年に同社はラッキーグループの中核貿易商社として機能する半島商事と改称された。さらに楽喜化学は、54年5月に米国企業から歯磨き粉配合機を購入して歯磨き粉の生産を開始した。楽喜製の歯磨き粉は、それまで塩で磨いていた庶民層に広く浸透したばかりか、やがて一部の富裕層が使っていた米国製のコルゲートも駆逐した。特に、軍納にも販路を見つけて販売量は急増していった[78]。

　その後、ラッキーの事業はPCBパイプ、オンドル部屋用のビニール製床敷き、ポリエチレンフィルムなどの生産にも拡大していくが、さらなる転機は何といっても電気・電子分野への進出であった。今日LGグループは同分野で三星と肩を並べる大企業に成長しているが、その嚆矢は、58年10月の釜山における金

星社の設立であった。同社は、翌年11月に国産ラジオ第1号である「A-501」の製造に成功した。ラジオ生産のきっかけは、当時、楽喜化学ソウル事務所の企画部長であった尹旭鉉の提案であった。尹の提案を受諾した具は、西独の技術者を雇い入れて同ラジオを制作させた。販売当初は不振を極め、倒産の危機すらささやかれたが、販売急増の転機は、朴正熙時代に入ってから開始された農漁村へのラジオ寄贈運動であった。運動の開始に際し、金星社はまずトランジスターラジオ「T-604」5000台を政府公報部に寄贈した。62年7月から本格化した同運動は、国民から寄付を募り、当時、朴政権が展開しようとしていた外国製品排斥運動や政府諸政策を全国民に広報する手段として農漁村にラジオを送るというもので、もともと具自身の提案によるものであった。もくろみは当たり、金星社のラジオは62年1年間で13万7000台売れ、売上額4億3100万ウォン、純利益7300万ウォンを稼ぎ出し、運動の終了する63年までには20万台以上を売り上げた[79]。このように金星社は、設立当初の危機を政府による事実上の特恵措置で乗り切り、その後「GOLD STAR」(95年にLGに変更)のブランド名で有名な世界的電気メーカーとして成長を遂げていくのである。

　産業資本的な成長をたどった第3のタイプの財閥も政経癒着と無縁ではなかった。帰属企業の払い下げの際に便宜をこうむった三護や韓国生糸などはもちろんのこと、ラッキーの場合も、UNKRA援助資金の確保のために具の弟平會の親友でUNKRA職員だった人物を重役として迎え入れたことなどは、そのことを例証するものである。いずれのタイプにせよ、韓国の財閥にとって飛躍の秘訣は、多かれ少なかれ政府高官との特殊関係がもたらす特恵にあったことは紛れもない事実である。

4．小　括

　本章を閉じるに当たり、これまでの分析で明らかになった事柄を簡単に整理しておこう。
　まず、韓国財閥の生成期を考察するに際し、単なる資本主義ではなく分断体

制資本主義の成立という視座からアプローチする重要性を提起した。その理由は、日本経済圏からの離脱と南北の分断という「二つの分断」が解放後韓国資本主義の再編過程に決定的な影響を及ぼしたからである。その際、解放前後期と南北朝鮮を通史的・相互連関的にとらえる方法論上の必要性にも言及した。このような視角から生成期の財閥について分析した結果、以下の事実が判明した。資本主義の再編に主導権を握ったのは、南朝鮮における「唯一の政府」を宣言して成立した米軍政庁であった。したがって、資本主義経済の担い手である財閥の生成に対しても米軍政庁が強い影響力を行使することになった。米軍政庁の政治姿勢は、北緯38度線を境にソ連軍と直接対峙したこともあって、当初より対ソ戦略を最重視した。朝鮮半島ではトルーマン・ドクトリンの発表前にすでに冷戦が表面化していたといってよい。同時進行した日本の占領政策と比較すると、韓国では米軍の進駐時から早くも「逆コース」が始まっており、米軍政庁が実施した諸改革もGHQによる日本の戦後民主改革と比べるとはるかに見劣りする内容となった。当時の米軍政庁の最大の関心事は、何よりも解放直後の南朝鮮社会に醸成された「革命的状況」を鎮静化することにあった。そのためには、日本の植民地統治の置き土産である強力な官吏機構を利用する一方、現地同盟者の選択基準として反共主義を踏み絵とした。韓国の反共主義は米国から持ち込まれたばかりでなく「日帝の遺産」として朝鮮総督府から米軍に"生前贈与"されたものでもあった。すなわち、米軍政庁の反共主義を前面に掲げた政治姿勢こそが、韓国における資本主義の成立に正当性を与えるとともに、本来ならば「民族反逆者」として処断されるべき親日派資本家を含む財閥の出現を可能としたのである[80]。

次に、財閥資本蓄積の初期条件として（密）貿易、帰属財産払い下げ、外国援助と政府資金融資、軍納事業の四つを取り上げたが、これらも「日帝の遺産」と米国の対韓政策に由来するものであった。解放後韓国の貿易は中国や日本との密貿易として始まるが、主な取扱品は日本の軍部や商社が遺棄した物資であった。次の帰属財産も旧日本人所有財産であり、密貿易とともに日本による帝国主義経営が図らずも残した「遺産」であった。また、外国援助と見返り資金

を主たる原資とする政府資金融資は米国の対韓政策と深く関わっており、軍納事業は米軍の韓国における駐留がもたらした"特需"にほかならない。いずれも戦後の冷戦体制を前提とした蓄積条件であり、その意味では、韓国における資本主義の再編は冷戦に深く刻印されたものであったといえる。これらの諸条件が政府の特恵措置として民間に付与されたため、蓄積機会の確保は何よりも政府高官との人的コネクションに左右された。資源や情報それに許認可権限を独占する政府が存在する限り、レント・シーキングは韓国財閥の不可欠な蓄積手段となった。

最後に、生成期の財閥資本を「政商資本型」「産業資本Ⅰ型」「産業資本Ⅱ型」の三つに類型化し、それぞれ泰昌、三星、ラッキーの具体例を挙げて検討した。類型化のメリットは、従来のように「商人資本」あるいは「産業資本」といった一面的で静態的な性格規定を避け、財閥資本のダイナミックな様態変化をとらえられる点にあった。また、資本の性格規定のアポリアを避けるため、便宜上、資本の基本的性格と属性を分けて考察した。「政商資本型」の有する政経癒着の属性は生成期の財閥に共通してみられたが、泰昌に代表されるようにあまりにも政権に接近しすぎた財閥は短命に終わった事実に留意すべきである。商業資本から産業資本に転化する「産業資本Ⅰ型」は、韓国の財閥のなかで最も多いタイプと思われるが、三星のように産業資本化へドライブをかけた財閥ほどその後の発展に成功する確率が高かった。また、当初より産業資本的な性格を有していた「産業資本Ⅱ型」は、ラッキーのケースに典型的にみられるように、有望分野への不断の投資に努めた財閥であるほど持続的な発展が約束された。ただ、韓国の財閥は発展過程において無原則な多角化経営を追求したため、しばしば関連性の薄い様々な分野の企業を傘下に置いている点を忘れてはならない。その意味では、財閥の全体像としては、生産、金融、流通、不動産など経済活動の各分野に比較的バランスよく進出している姿が認められる。このように、主要財閥は基本的には産業資本的な性格を有しながらも、実際のパワーの源泉は、根を広範囲に張り巡らして栄養分を吸い上げる巨木のごとく、多くの異なる分野に投資する財閥の懐の広さにあったといえる。そのような財

閥の様態は、一義的には財閥の内生的な論理によって生み出されたものであるが、60年代に入って推進された政府の財閥育成策との関係を抜きにしては考えられないものである。つまり、生成期とは異なる財閥と政府との新たな関係の構築が財閥成長の前提条件となったのである。この点を確認するためにも、政府主導型の経済開発へ大きくシフトする次の「基礎形成期」の分析が試みられなければならない。

【注】
1) 「分断体制」については、白楽晴〔著〕『分断体制変革の学びの道』創作と批評社、ソウル、1994年、同〔著〕『揺らぐ分断体制』創作と批評社、ソウル、1998年などを参照。
2) 以下、48年8月15日の大韓民国政府樹立までは基本的に南朝鮮と表記する。
3) 南朝鮮過渡政府『第2回南朝鮮労働統計調査結果報告』(1948年、23頁)によると、48年1月末時点で「休業原因別事業場数」238のうち資材不足96、燃料不足39を数え、全体の過半を上回っている(56.7%)。李憲昶〔著〕『韓国経済通史』法文社、ソウル、1999年、367頁、表10-1参照。
4) 1940年末、資本金100万圓以上の工場公称資本の94％を日本人が所有。朝鮮銀行調査部『朝鮮経済年報』1948年版(1993年復刻版)ソウル、Ⅰ-100頁、第3表参照。
5) 韓国貿易協会『韓国貿易史』ソウル、1972年、214頁、ただし、李鍾燻「米軍政の工業政策」兪光浩・鄭英一・李鍾燻・金栄圭・崔洸〔共著〕『米軍政時代の経済政策』韓国精神文化研究院、京畿道城南市、1992年所収、100頁参照。
6) 朝鮮銀行調査部、前掲書、Ⅰ-324頁、第40表参照。
7) 朝鮮銀行調査部、同上書、Ⅰ-320頁、第18表参照。なお、同統計の指数を計算し直したところ若干の違いが見つかったが、原典通りの数値を採用した。
8) 山辺健太郎〔著〕『日本統治下の朝鮮』岩波新書、1971年、206頁。
9) D.コンデによると、増発された紙幣は植民地行政政府首脳によって横領され、その資金で購入された米やその他の貨物は密輸船によって日本に運び込まれた。そればかりでなく、当時の朝鮮は大陸で日本人が略奪した数十億圓に達する通貨(朝鮮銀行券、台湾銀行券、横浜正銀行券、日本銀行券)の一大ダンピング市場と化していたという。Conde, David W., *An Untold History of Modern Korea*, 3vols, 1966,〔日本語訳〕D.コンデ〔著〕『現代朝鮮史①』岡倉古志郎〔監訳〕

太平出版社、1971年、186頁および194頁参照。
10) 韓国開発研究院『韓国経済半世紀　政策資料集』ソウル、1995年、72頁。なお（　）内は筆者。
11) 「太平洋米国陸軍総司令官布告」第3号の第1条「米軍票を発行して法貨として通用させる」。
12) 朝鮮銀行券の使用と併せて、50銭以下の日本銀行補助貨（50銭、10銭、5銭）の使用は許可された。李鍾鑢「米軍政経済の歴史的性格」宋建鎬・兪仁浩・陳徳奎ほか〔共著〕『解放前後史の認識』ハンギル社、ソウル、1979年所収、475頁参照。著者の名前の「鑢」という漢字が後の文献では「熽」に変わっているが、単なる誤植か改名によるものか判断できかねたのでそのまま表記してある。
13) ソ連軍による北緯38度線以北の占領計画が初めて日本軍に知らされたのは、8月21日、第34軍司令官櫛淵中将らが中国吉林省延吉に赴いてソ連軍第25軍参謀長との間で行なった停戦協定協議の場においてであった。森田芳夫〔著〕『朝鮮終戦の記録』巌南堂書店、1964年、167頁参照。
14) Cumings, Bruce, *The Origins of the Korean War:Liberation and the Emergence of Separate Regimes, 1945~1947*, Princeton, Princeton University Press, 1981,〔日本語訳〕B.カミングス〔著〕『朝鮮戦争の起源』第1巻、鄭敬謨・林哲〔共訳〕シアレヒム社／影書房、1989年、182頁参照。
15) B.カミングス〔著〕同上書、201頁参照。
16) 金雲泰〔著〕『米軍政の韓国統治』博英社、ソウル、1992年、27頁、注34参照。
17) 同上書、66頁および68頁参照。
18) 同上書、88頁参照。
19) 兪光浩ほか〔共著〕前掲書、105頁参照。
20) 呂運亨は、植民地末期（44年8月10日）に建準の前身組織である朝鮮建国同盟を結成した。その活躍ぶりは、呂が「思想犯前歴者として保護観察の対象にあった」にもかかわらず、8月15日の玉音放送当日の早朝、遠藤柳作朝鮮総督府政務総監より解放直後の混乱を回避するために治安維持を依頼された事実からもうかがい知れよう。森田芳夫〔著〕前掲書、67~72頁参照。
21) 米軍政庁は、軍政の実施に当たり日帝時代の官吏らの協力を必要視したので親日派に対して「包容」する姿勢をとった。例えば、日本の植民地支配に積極的に協力した地主、資本家、植民地機構官吏らは解放後「反民族行為者」として処断される対象となり、いったんは46年7月に過渡政府の下で親日派を裁く

第 1 章　分断体制資本主義の成立と財閥資本　57

　　　法律（「民族反逆者、附日協力者、謀利奸商輩に関する特別法」）が制定されたが、米軍政庁の反対で公布することができなかった。呉翊煥「反民特委の活動と瓦解」宋建鎬ほか〔共著〕前掲書所収、102頁参照。
22) 臨政の政治理念の「三均主義」は、趙素昂の発案によるものである。内容は、大同主義的理想社会＝完全均等の実現のために個人間の均等、民族間の均等、国家間の均等を通じて世界の均等へ発展させ、その具体的な方策として政治的均等、経済的均等、教育的均等の三均主義を提示する。金雲泰〔著〕前掲書、109～110頁参照。
23) 臨政の土地国有化論は、社会主義理念とは無縁のもので、儒学の「大同思想」や土地の国家管理を原則とした伝統的な「公田論」に由来するものである。姜萬吉〔編〕『韓国資本主義の歴史』歴史評論社、ソウル、2000年、198頁参照。
24) 私有制度の絶対的擁護者とみられた韓民党ですらも、初期の政綱政策では「重要産業の国有または統制管理」と「土地制度の合理的再編成」という項目を掲げていた。金基元〔著〕『米軍政期の経済構造』プルンサン、ソウル、1990年、14頁参照。
25) 同上書、196頁。
26) 植民地時代の抗日運動組織である新幹会（1927年２月結成）の幹部で、当初、呂運亨の建国同盟と建準に参加し、後に離脱して朝鮮国民党を創立する。
27) 47年５月17日法令161号により設置。政府といっても、司法権が軍政長官法律顧問によって制限されるなど、自律性を欠いたものであった。
28) 「4.3蜂起」の混乱により済州島での選挙は延期された。
29) 46年７月29日に北朝鮮で共産党が新民党と合党して北朝鮮労働党を創建したのに伴い、南でも同年11月23日に共産党が新民党および人民党分党派と合併して南朝鮮労働党を創建した。
30) 「対外貿易」とは南朝鮮と朝鮮以外の国家との間の貿易のことで、南北朝鮮間の貿易は「地域間貿易」とされた。47年８月25日に発布された南朝鮮過渡政府法令149号対外貿易規則の第15条より。
31) 韓国貿易協会『貿協五十年史』ソウル、1996年、353～354頁および李鍾宰〔著〕『財閥履歴書』韓国日報、ソウル、1993年、47～49頁参照。
32) 47年度対中国輸入額６億7227万9852圓のうち非緊急物資の落花生油が8294万8545圓で１割以上を占めた。朝鮮銀行調査部、前掲書、Ⅰ-131頁参照。
33) 同上書、Ⅰ-120～126頁参照。
34) 「マカオ貿易」「香港貿易」に関しては、李鍾宰〔著〕前掲書、47～56頁を参

照。

35)「桜島丸」は、帰属企業朝鮮郵船の管理人に任命された金龍周（三一商会）が朝鮮殖産銀行（現韓国産業銀行）から500万圓を借入して修理したもの。

36) 韓国貿易協会設立に関わった人物には、金度演のほかに早稲田大学とロンドン大学で経済学を学んだ李活（協会常務理事に就任）がいた。二人は共に南朝鮮民主議院の韓民党議員で特別経済委員会のメンバーとして経済政策の立案にも携わった。韓国貿易協会、前掲書（1996年）354～356頁参照。

37) 日本以外の敗戦国も含む。なお、旧日本軍の財産に関しては、別途、45年9月28日に発布された米軍政法令第4号で米軍（米国）所有下に置いた。

38) 労働者自主管理組織は、工場委員会、管理委員会、管理会、自治委員会、維持委員会、接収委員会、運営委員会など、企業によって様々な名称で呼ばれていた。自主管理の動きは、工場や商業会社に限られず、漁場、劇場、学校にまで及んでいた。金基元〔著〕前掲書、70～73頁参照。

39) 金基元は『解放宣言』第8号に依拠してこれら数字を引用しているが、「45年よりは生産令件が改善された46年11月でさえ工場労働者数が12万程度であるのを勘案すると、この数字は多少誇張されたものであるかもしれない」と述べている。同上書、75頁、注105参照。

40) 同上書、84頁参照。

41) かつて東洋拓殖株式会社が所有していた農地などの帰属農地は新韓公社が管理した。また動産は物資営団（物資統制社）の管理下に置いた。

42) 米軍政庁は間接統治への移行後もしばらくの間直接的な財産管理に固執したが、朝鮮人側の反発により47年3月31日の管財令9号に基づいて帰属企業体の監督権を朝鮮人側に移譲し、軍政側は韓米共同の生産委員会を新たに設置して米国人顧問による実質的な管理を行おうとした。

43) 李憲昶〔著〕前掲書、397頁参照。

44) 李承晩が永久執権をもくろんで大統領の再任制限を撤廃するため不正改憲したもの。改憲するには国会議員定足数の3分の2以上の賛成が必要であったが、投票の結果は203議席中135票の賛成で、必要票数の136票に1票不足したにもかかわらず小数点以下を四捨五入して改憲を強行した。韓国史事典編纂会・金容権〔編著〕『朝鮮韓国近現代史事典』日本評論社、2002年、377～378頁参照。

45) 韓国の通貨単位については、便宜上、米軍政期は圓、大韓民国樹立後はウォンおよびホァンと表示する。

46) 李憲昶〔著〕前掲書、398頁、表10-17参照。通貨単位に注意。53年2月15日

に100ウォン対１ホァン（圜）のデノミネーション実施。
47）金基元〔著〕前掲書、241頁、表81参照。合計が合わないのは重複のため。
48）李鍾宰〔著〕前掲書、37頁参照。
49）54年９月８日に銀行払い下げ方針が決定され、同年11月より入札が開始されたが６回とも流札の結果に終わっていた。
50）李の回顧録によると、彼の入札順位が３位であったにもかかわらず興業銀行株が払い下げられた理由として、「１位と２位応札者の株数はわずか50株と100株」で、「株が分散すれば金融市場の整備を期することができないので、まとめて払い下げようというのが政府の意図のようだった」からであるとしている。李秉喆〔著〕『湖巖自伝』中央日報社、ソウル、1986年、90頁。しかし、入札順位を無視した払い下げは公開入札の原則にそぐわないばかりか、一個人が複数の帰属財産を持つことができないという当時の法規定にも反するものであった。
51）李鍾宰〔著〕前掲書、112～115頁参照。
52）米国による対韓経済援助が本格化する契機は、48年12月10日に調印された「韓米援助協定」（「大韓民国と米合衆国間の援助協定」12月15日発効）である。同協定は、61年２月８日に締結された「韓米経済技術援助協定」（２月28日発効）に引き継がれた。なお、50年１月26日には「韓米相互防衛援助協定」が締結され経済援助と軍事援助が供与された。
53）李憲昶〔著〕前掲書、406頁参照。
54）ICAは、61年の新しい援助法（対外援助法＝FAA）の制定を機にAID（国際開発局）に改称されたため、ICAとその前身のFOAの援助をAID援助と総称する場合もある。
55）財務部・韓国産業銀行『韓国外資導入30年史』ソウル、1993年、72～76頁参照。
56）李憲昶〔著〕前掲書、405頁、表10-22参照。
57）経済企画院『韓国統計年鑑』ソウル、1961年、308頁参照。
58）李憲昶〔著〕前掲書、412頁、表10-22参照。
59）1954～60年間のICA、PL480、CRIK、UNKRA援助の見返り資金のうち18.7％が融資で支出されたが、このうち75％に相当する14.0％が産銀を通じて融資された。邊衡尹・朴東哲「韓国資本主義の発展過程」邊衡尹〔編著〕『韓国経済論』第３版、裕豊出版社、ソウル、1995年所収、73頁、注９参照。
60）「連繫資金」のアイデアは、当時の韓国産業銀行総裁具鎔書、財務部長官金

顕哲および自由党常務委員の間で練られたもので、そのからくりは次の通りである。まず、産銀が資金融資する業者の優先順位を自由党財政責任者と相談のうえ決定する。次に、産銀は韓国銀行（中央銀行、以下、韓銀）に支払保証をして各業者に融資を実行するが、その際、韓銀は直接融資できないため、産銀の支払保証を根拠に市中銀行が韓銀から再割引を受けた後、産銀管理勘定に入金させてから当該業者に融資した。最後に、融資を受けた業者はその一部を自由党に献金する。以上のように、与党、産銀、韓銀、市中銀行、選定業者の間で連繋して政治資金が捻出されたのである。李鍾宰〔著〕前掲書、109～112頁、姜明憲〔著〕前掲書、49～50頁および尹景徹〔著〕『分断後の韓国政治』木鐸社、1986年、162～164頁を参照。

61) 官納事業については、李鍾宰〔著〕同上書、104～109頁および李ハング〔著〕前掲書、67～68頁を参照。

62) 鄭周永〔著〕『今朝もときめきを抱いて』サムスン出版社、ソウル、1986年、35～39頁、同〔著〕『危機こそ好機なり』金容權〔訳〕講談社、2000年、46～54頁参照。真冬に芝生の代わりに麦の苗を植えた鄭のアイデアは、今でも語り草となっている。

63) この5社に大林産業を加え「建設6人組」とも呼ばれた。ただ、大林産業は李載瀅社長の兄が李承晩と対立した「族青系」の国会議員であったため自由党から遠ざけられた。鄭周永〔著〕同上書（金容權〔訳〕）、58頁および李鍾宰〔著〕前掲書、109頁を参照。

64) このような視角から財閥資本の性格規定を行っている文献として次のものを参照にした。朱宗桓〔著〕『財閥経済論』正音文化社、ソウル、1985年、同〔著〕『韓国資本主義史論』ハヌル、ソウル、1988年、谷浦孝雄「解放後韓国商業資本の形成と発展」陳徳奎・金學俊・韓培浩・金大煥ほか〔共著〕『1950年代の認識』ハンギル社、ソウル、1981年所収。

65) 安秉直・中村哲〔共編著〕『近代朝鮮工業化の研究――1930～1945年――』一潮閣、ソウル、1993年参照。

66) 朴玄埰〔著〕『民族経済論』ハンギル社、ソウル、1978年および同「解放前後の民族経済の性格」『韓国社会研究』創刊号、ハンギル社、ソウル、1983年6月を参照。

67) 梶村秀樹「『民族資本』と『隷属資本』」同〔著〕『朝鮮における資本主義の形成と展開』龍渓書舎、1977年所収参照。

68) ここでの泰昌に関する叙述は、李鍾宰〔著〕前掲書、62～64頁および李ハン

グ、前掲書、75～77頁を参照。
69) 三星に関する叙述は以下の文献を参照した。三星会長秘書室『三星60年史』ソウル、1998年、32～61頁、李秉喆〔著〕前掲書、1～86頁、李鍾宰〔著〕前掲書、116～118頁、李ハング〔著〕前掲書、77～87頁。
70) 「三星」の名の由来について李秉喆は回顧録のなかで次のように書いている。「『三星』の『三』は、大きいこと、多いこと、強いことを表すもので、わが民族が最も好む数字だ。『星』は明るく高く、永遠に清らかに輝くことを意味する。」李秉喆〔著〕同上書、34頁。
71) 三星会長秘書室、前掲書、45頁参照。また、三星物産の驚異的な業績には政府特恵が大いに寄与した。金融通貨委員会は、50年6月24日、生産財輸入を促進するために輸入品の船積書類を担保とした低利(年利5.1～5.4％)の輸入資金融資制度を導入したが、当時の三星の外貨貸付限度額は3万ドルから10万ドルに増加した。ただ三星は、同制度の趣旨に反して生産財よりも消費財の輸入に傾斜しがちであったという。李ハング〔著〕前掲書、80頁参照。
72) 李秉喆〔著〕前掲書、62頁。
73) 53年4月の「米国の援助政策転換に関するH. J. タスカー報告書および後続措置」より。韓国開発研究院、前掲書、140～141頁。
74) 李秉喆〔著〕前掲書、90頁。
75) 李秉喆は、46年の「10月人民抗争」鎮圧直後の大邱で李承晩と初めて対面するが、李承晩の単独選挙案の説明を受けて「すべての国民が物事の見極めがつかず右往左往している状況において、確固たる信念に生きる指導者がいるということは何と幸せなことかと思った」と回想している。この際、李秉喆は、李承晩の大邱歓迎委員会の一人として名を連ねたが、父親の李纘雨が李承晩と親交があったことから息子の李秉喆も李承晩と因縁を持つことができた。李秉喆〔著〕同上書、46頁。
76) 創業者の崔鍾建が鮮京織物に雇用された経緯と鮮京織物の払い下げについては、次の文献を参照した。鮮京グループ弘報室『鮮京四十年史』ソウル、1993年、128～152頁参照。
77) ラッキー(LG)に関しては、LG『LG50年史』ソウル、1997年、21～105頁、李ハング〔著〕前掲書、146～156頁および李鍾宰〔著〕前掲書、119～122頁を参照。
78) 李ハングは、楽喜製の歯磨き粉の販売が急増した理由について、社史には言及されていないが、55年から軍納が開始されたからであると推測している。李

ハング、同上書、149〜150頁の注14参照。
79) LG、前掲書、104〜105頁および李鍾宰〔著〕前掲書、204頁を参照。
80) 1948年9月22日に公布された「反民族行為処罰法」によって検挙され解放後財閥を形成した資本家には、検挙第1号となった和信の朴興植（49年1月8日逮捕）、三養の金秊洙、泰昌の白楽承がいた。前述のように、反民族行為者に対する処罰は南朝鮮過渡政府時代に実施が試みられたが、米軍政庁の反対で反故にされた経緯がある。その後、48年8月5日の制憲国会第40回本会議で再び発議されたが、途中、親日派の妨害や李承晩の非協力的態度で成立が遅れ、同年9月22日になってようやく公布に漕ぎ着けた。ところが実際の公判過程では法律の適用が骨抜き化され、結果的に、反民族行為特別調査委員会が取り扱った総件数682件のうち検察送致件数が559件だったのに対し、最終的な処罰者はわずか7名にすぎなかった。朴興植の場合も公民権停止2年という軽い求刑に対して即日無罪判決が下された。呉翊煥「反民特委の活動と瓦解」宋建鎬ほか〔共著〕、前掲書および許宗〔著〕『反民特委の組織と活動——親日派清算、その挫折の歴史』現代史叢書③、ソニン、ソウル、2003年を参照。

第2章 「開発年代」の到来と財閥資本

本章の課題

　韓国経済にとって「開発年代」の幕開けとなった1960年代は、財閥形成史の視点からみると「基礎形成期」に相当する。三星、現代、LG、SKの4大財閥をはじめとする主要財閥は、この時期に何らかの形で跳躍の足掛かりをつかんでいるのである。財閥資本の展開過程における60年代の特徴を一つ挙げるとするならば、それは、50年代に出現した財閥の隊列に韓進などの新興財閥が新たに加わったことである。

　開発年代を演出したのは朴正熙政権であった。軍事クーデター（61年「5.16」）という非合法的手段でもって政権を奪取した朴政権は、反共主義を国是として北朝鮮（朝鮮民主主義人民共和国）と対峙する一方、自らの正統性を経済開発に等値して最終的な政策目標を「祖国の近代化」に置いた。経済開発の基本方針としては、自由企業制度を原則としながらも「指導される資本主義」を標榜するアプローチが採用された。一般に政府主導型開発戦略と呼ばれる新しい経済運営方式は、政府による民間部門への介入を常態化させ、市場メカニズムを歪めてしまうこともしばしばであった。特に、民間企業に対しては「企業指導主義」が適用され、「企業家としての政府」（The Government as Entrepreneur）の役割が強化された[1]。そのため、朴政権は、インフラ部門をはじめとする基幹産業はもちろんのこと、本来、民間によって担われるべき一般製造業や市中銀行の経営まで手掛けることに躊躇しなかったのである。

　それでも韓国の場合、政府が民間に代わって経済活動の前面に立つことはな

かった。むしろ朴政権は民間資本の育成に余念がなかったといってよい。例えば、執権直後に財閥総帥の拘束という強硬手段で臨んだ不正蓄財処理事業も、時間の経過とともに当初の財産没収の方針から財閥に宥和的な投資命令へと後退し、結果的には、財閥資本を経済開発の不可欠なパートナーと見なした朴政権によって両者の協力関係を構築する契機として利用された。また、60年代半ばから本格化する輸出インセンティブ政策や新産業育成策は、一部の民間資本が財閥化する絶好の機会を提供した。様々な特恵措置が付与されたこれら諸政策は、単なる民間資本育成策ではなく財閥資本育成策として機能したのである。

　本章では、60年代を韓国財閥形成史における基礎形成期と位置付け、政府＝財閥間の新たな協力関係の構築過程と60年代特有の蓄積条件について主に考察する。その際、次の２点に留意する。一つめは、財閥資本の展開過程を歴史的にとらえるという本書のモチーフから、従来ほとんど顧みられることのなかった張勉政権の経済政策を再検討する。二つめは、朴政権が実施した財閥資本育成策にのみ焦点を当てるのではなく、韓国に特有な分断体制資本主義の論理として「日韓条約」とベトナム戦争という歴史的与件が資本蓄積に与えた影響にも注目する。このような分析を通じて、当該時期の韓国財閥資本の特徴を明らかにしようとするものである。

1．「開発年代」前夜の経済状況

（1）1950年代「援助経済」のメカニズム

　韓国経済は、50年代末期から60年代初頭にかけて未曾有の不況に見舞われる。基幹産業である農業の不振をはじめ、工業の過剰生産、中小企業の衰退、失業者の増加など、あらゆる経済分野の諸矛盾が一挙に表面化したのである。なかでも、社会的な関心を呼び起こしたのは「農漁村高利債問題」と「不正蓄財問題」であった。前者は、農村などに広く普及していた高利貸し制度が多数の債務不履行者を生み出した問題であった。また後者は、50年代に出現した財閥が

政経癒着を通じて不正に蓄財した問題であった。一方の極に「春窮（ポリコゲ）」に苦しむ絶糧農家が大量発生し、他方の極に豊かな生活を謳歌する一握りの財閥が鎮座する光景は、要するに当時の韓国社会が直面した貧富の格差問題であった。この二つの社会問題は、後にみるように自律的な経済循環を欠く50年代韓国資本主義の再生産構造に由来する矛盾にほかならなかったのである。

　50年代の韓国経済は、外国援助とりわけ米国の無償援助に依存した蓄積パターンがみられたことから、しばしば「援助経済」と称されてきた。そこには、論者によってニュアンスの違いはあるが、多かれ少なかれ外国援助が韓国の経済発展に貢献したという含意が込められている[2]。いわば経済発展の要因を外に求める援助肯定論である。こうした議論では、援助経済の破綻理由ももっぱら米国による援助政策の転換という外的要因に求められ、援助経済そのものに内在する「背理」が作用した側面は捨象されてしまいがちである。ここでは、特にその背理に着目して、50年代に根付いた経済循環のメカニズムについて素描してみることにしよう。

　50年代に韓国に導入された主な外国援助は、米国援助のICAおよびPL480と、国連援助であるUNKRAの三つである[3]。ICAは国際協力庁によって実施された消費財を中心とする援助であり、PL480は余剰農産物の援助である。UNKRAは国連韓国再建団による援助であったが、主たる拠出国は米国であった。援助は無償援助の形態で行われ、その内容は施設財よりも食糧や工業原料などの消費財が大宗（約8割）を成した。米国は援助を供給する見返りに受け入れ国に対して援助額に見合う現地通貨の積立てを義務づけた。そのため韓国政府は、供与された援助物資を民間に売却し、その販売代金を見返り資金特別会計に計上した。この見返り資金は、韓国政府の一般会計や財政投融資の財源となり、米国援助出先機関の監視の下に軍事費や開発資金として使用された。民間に払い下げられた援助物資は食糧や工業原料として消費される一方、施設財の方は工場建設やインフラ整備に投入された。特に、原綿、小麦、原糖は、50年代工業化の屋台骨となった「三白工業」（綿工業、製粉業、製糖業）にとって欠かせない原料となった。

第2-1表　1950年代主要経済指標（1953〜1961年）

年度	援助総額 （千ドル）	GNP （百万ドル）	1人当たり GNP（ドル）	実質経済 成長率(％)	投資率 (％)	物価上昇率 (％)
1953	194,170	1,353	67	—	15.4	—
1954	153,925	1,452	70	5.1	11.9	31.8
1955	236,707	1,395	65	4.5	12.3	62.1
1956	326,705	1,450	66	−1.4	8.9	34.0
1957	382,892	1,666	74	7.6	15.3	22.2
1958	321,272	1,875	80	5.5	12.9	−1.3
1959	222,204	1,949	81	3.8	11.1	1.3
1960	245,393	1,948	80	1.1	10.9	11.7
1961	201,554	2,103	82	5.6	13.2	14.0

出所）第1章、35頁、第1−5表および韓国財政40年史編纂委員会〔編〕『韓国財政40年史』第7巻、韓国開発研究院、ソウル、1991年、475頁より作成。

　このように、外国援助は、「カネ」の面では国家財政の歳入を補てんし、「モノ」の面ではインフラ整備や工場プラント建設に寄与するとともに食糧や工業原料の需要を満たすなどして、50年代の経済循環を円滑に機能せしめる絶対的な条件となった。援助経済期に出現した財閥のほとんどが、同業者のカルテル組織を通じて配分されるこれら援助物資と政府特恵融資を梃子に、昂進するインフレーションを味方に付けて資本蓄積を実現したのである。

　続いて、援助経済の背理の面についてみてみることにする。援助に依存する経済は援助の効果と不可分の関係にある矛盾を必然的に生み出すものである。いかなる矛盾が生じたのか整理してみよう。

　まず指摘すべきは、無償援助への依存が経済全体の対米従属性を深めたことである。言うまでもなく、援助経済は米国からの無償援助が遅滞なく導入されることを前提条件としてはじめて再生産が可能となる経済システムである。したがって、万一、無償援助が滞ると直ちに機能不全に陥る運命にあった。事実、米国の援助政策の転換によって57年を境に無償援助が減少に転じると、韓国経済のパフォーマンスも変調を来すようになった（第2-1表参照）。次に、韓国政府が援助を受ける代わりに自らの経済主権を喪失したのもまた問題であった。48年12月に締結された「大韓民国と米合衆国間の援助協定」（韓米援助協定）は、61年2月の新協定に取って代わられるまで米国による援助供与の法的根拠

となってきたが、米国政府が現地の「援助代表」を通じて韓国の経済政策の在り方に干渉できる道を開いた。特権的地位を付与された米国援助機関は、見返り資金の使用方法などの援助に関する事項だけでなく、均衡予算の維持や貿易規制など明らかに韓国政府の経済主権に関わる領域にまで強い発言力を行使することができた。さらに、朝鮮戦争中の52年5月に「大韓民国と統一司令部間の経済調整に関する協定」（マイヤー協定）が締結されたが、その際、設置が決められた「合同経済委員会（CEB）」は、統一司令部すなわち米国の韓国に対する統制力をさらに強める機能を果たした。米国は、援助の効率化を図るために何かにつけ韓国に対して経済の安定化を求めたが、57年に実施された財政金融安定化計画は、援助政策の転換と相まって、当時、景気下降局面に向かいつつあった韓国経済の破綻を決定づける因子となったのである。

さらに、大量に導入された援助農産物が韓国農業に悪影響を及ぼす問題が発生した。援助物資のなかには綿花、小麦、大麦、米などの農産物が数多く含まれており、しばしば国内需要を上回るほど導入された。それらが市場に一斉放出されると需給バランスが崩れ、国内農産物の相場価格は暴落した。当時の農民は、政府が強要する低穀価政策に加え、朝鮮戦争中に導入された臨時土地収得税をはじめとする様々な名目の税金が課せられていた。農地改革の分配農民にいたっては、さらに年収穫高の30％に相当する償還義務を負わなければならなかった。その結果、政府から賦課される農民の負担は年収穫高の過半を上回り、苛斂誅求が横行した朝鮮時代の年貢や植民地主制下の小作料率とさしたる違いはなかった[4]。しかも、政府への納入がほとんど現物で行われたため、農民はインフレーションによる負担軽減効果も享受できなかった。このような過重な農民負担は、当然ながら農家家計を圧迫し、農民の高利債への依存や小作制度の復活という事態まで発生させた。「春窮」が代名詞となった当時の韓国農村の疲弊は、政府による原蓄的収奪や凶作によってもたらされたばかりでなく、援助農産物が国内農業に与えた悪影響もその一因となったのである。

建国以来揺らぐことのなかった李承晩政権が60年の「4.19」（四月学生革命）で脆くも崩壊した背景には、以上のような援助経済の行き詰まりがあった。外

国の無償援助を起点とする経済循環に致命的欠陥があったとするならば、経済破綻の究極的な原因としては、やはり解放直後の軍政時代に由来する韓国経済の対米従属性を注視せざるをえない。その意味では、学生や野党政治家ら4.19の主導勢力が声高に主張した「自立経済の実現」という要求は首肯してあまりある。しかしながら、当時の韓国経済が直面した喫緊の課題は、何といっても端境期の飢餓に苦しむ農民や都市に溢れる失業者の救済であった。これは、ほかでもない、国民の「生存権の保障」に関わる問題であった[5]。前者の「自立経済の実現」は長期的かつ抽象的な課題であるのに対し、後者の「生存権の保障」は即時的かつ具体的な政策課題であり、両者を同時に解決することはそれこそ至難の業であった。当然ながら次期政権の正統性はこの難題に左右されることになった。次にみる張勉政権が朴政権に先んじて「経済第一主義」を堅持したのは、故なきことではなかったのである。

(2) 張勉政権の経済政策

李承晩政権崩壊後、許政過渡政府を経て正式に政権の座についたのは張勉民主党政権であった。張政権は李政権と同じ文民政権であったが、それまでの大統領制とは異なり内閣責任制を採用した。「第2共和国」の立役者となった張勉は、かつてソウルの神学校で教鞭をとったほどの敬虔なクリスチャンであった。政界との因縁は米軍政期の民主議院議員に選出されたことに由来し、李政権時代には外交畑で活躍して国務総理や副大統領を歴任した。48年12月に開かれた国連総会における韓国承認や朝鮮戦争時の国連および米国からの援助獲得は張の功業であるといわれている。

張の政治家個人としての華麗な経歴とは対照的に、張勉政権の歴史的評価は総じて低い。政権が短命に終わったことや軍事政権のネガティブ・キャンペーンが災いしているものと思われるが、張自身が植民地期にカトリック代表として親日行為を働いたことや5.16の際に首相の職務を放棄してソウルの修道院に身を隠したことなども微妙に影響しているのかもしれない。しかしながら、解放後の韓国経済の発展過程を通史的にとらえる場合、同政権の評価にはもう少

し客観性が求められて然るべきである。そこで注目されるのは、張勉政権が朴政権に先駆けて「経済第一主義」を唱えたという事実である[6]。ここでは、張政権の経済開発に対する積極的な姿勢を示す事例として「経済開発5か年計画」の立案と「国土建設事業」の実施について言及することにする。この二つの取り組みは、5.16後も中断されることなく引き継がれ、朴政権の経済政策の在り方にも少なからぬ影響を与えたのである。

最初に、第1次経済開発5か年計画についてである。張政権はこの5か年計画を執権直後の60年9月に政府施策として採用する旨を公表した。同計画は、李政権期の復興部長官の諮問機関である産業開発委員会（EDC、58年4月設置）が59年に作成した「経済開発3か年計画」（61年4月15日承認）を土台としながらも、それとは異なる内容を有していた。両者の基本的な違いは、3か年計画がヌルクセの「均整成長戦略」に依拠したのに対し、5か年計画は「不均整成長戦略」の提唱で名高いハーシュマン流の「戦略部門重点投資」戦略を採用した点にあった。張政権の計画は、61年3月に米国務省が派遣したチャールズ・ウルフ（RAND研究所所属の経済学者）の精査を受けた後、同年7月の韓米首脳会談を経て正式発表される予定であったが、不運にもクーデターに遭遇して日の目を見ることができなかった。しかし、その内容は、目標成長率が修正されるなど一部の変更はあったものの、朴政権の「総合経済再建5か年計画」（61年7月発表）に受け継がれ[7]、翌年62年1月に「第1次経済開発5か年計画（1962〜66年）」に改称されて正式のマスタープランとなったのである[8]。

次に、国土建設事業の実施が注目される。張政権は、米国からの要請もあって、61年の1年間に400億ホァンを投入して延べ4500万人を動員する国土開発計画を立てた。これが60年11月に発表された国土建設事業である。事業内容は、道路建設、農地開墾、資源開発、昭陽江ダム建設などが含まれていた。同年12月に補正予算を組んだ後、翌年61年の4月には国土建設事業特別会計法を制定して事業費用の確保と管理の枠組みをつくるとともに、同事業に対する米国の財政的な支援も取りつけた。

張政権はまた、この事業を汎国民運動として展開するために官民の協力体制

を築くことも忘れなかった。60年12月には国土建設本部が立ち上がり、企画、管理、技術、調査研究の4つの部署が設置された。本部長は国務総理、事務局長は復興部事務次官がそれぞれ兼任したが、本部長代理として実際の事業を管轄する企画部長には在野の知識人である張俊河が就任した。当時、張俊河は雑誌『思想界』の主筆として民主化運動の指導者的立場にあったが、彼の企画部長への就任は、張政権によって懇請されたものであった。理由は、反政府運動に積極的な学生や知識人の懐柔にあった。

　同事業の目的は、本来の国土建設もさることながら、何よりも当時最大の社会問題と化していた失業問題の解決にあった。特に「春窮」に苦しむ農民たちに公共事業の雇用機会を提供し、4.19学生蜂起の背景になった新規学卒者の失業問題の解消にも一役買うことが期待された。文字通りこの事業は、韓国版ニューディール政策であり、70年代に入って実施される農村セマウル運動の先駆けでもあった。

　鳴り物入りで始まった張政権の国土建設事業は、61年3月から本格化したが、その2か月後には早くも5.16を迎えることになる。ただ、事業自体は中断されずに朴政権によって引き継がれ、次のような成果を上げた。61年3月から12月までの事業別実績をみると、投入費用の多い順から、①水利148億ウォン、②治水62億ウォン、③都市土木46億ウォン、④道路42億ウォン、雇用人員の多い順では、①水利1286万人、②治水367万人、③道路319万人、④砂防245万人などとなっている[9]。朴政権は、張政権によって先鞭が付けられた国土建設事業を「祖国の近代化」の中心的な課題と位置付け、本格的な「国土建設総合計画」を立案する。その結果、国土建設事業は、もはや張政権時代のように官民挙げての国民事業ではなくなり、政府主導下にもっぱら財閥資本が担当する国土開発事業に変貌を遂げたのである。

　様々な取り組みを試みたにもかかわらず、執権後わずか9か月足らずで張政権は崩壊してしまう。文民政権にとって武装した軍人を相手になすすべがなかったとしても、あまりにも早すぎる終焉であった。軍事政権の台頭を許した原因は、与党民主党内の派閥争いで政権基盤が脆弱であったことや、南北統一運

動に発展した4.19後の民衆運動を抑制できなかったことなどが考えられるが、同政権の経済開発に対する基本姿勢が民衆に疑念を抱かせたことも一因であった。すなわち、61年2月に締結された「韓米経済技術援助協定」は、民衆の眼には過去に米国と結んだ不平等条約の焼直しと映り、「自立経済の実現」に向けた張政権の開発ビジョンは民衆の信頼を得るにはいたらなかったのである。結局、張政権は、経済自立化の道筋を立てられなかったばかりか「生存権の保障」にも十分に応えられないまま、歴史の表舞台から消え去る運命をたどることとなった。

2．軍事政権の成立と財閥資本

(1) 政府＝財閥協力関係の構築過程

　朴政権は、クーデター後、直ちに軍事革命委員会を設置して6項目にわたる「革命公約」を発表する。その第3項目に「この国のあらゆる腐敗と旧悪を一掃」するという文言が盛り込まれていた。財閥総帥などを不正蓄財者として処罰した「不正蓄財処理事業」は、この公約を実践に移したものであった。

　不正蓄財問題は朴政権になってはじめて浮上してきた問題ではない。それは、すでに李承晩政権時代から取りざたされており、60年3月15日に実施された正副大統領選挙の際の不正問題と絡んで一気に政治問題化した。4.19後に成立した各政権はこの問題の解決に向けて努力を傾けたが、いずれも十分な成果を得ることはなかった。本格的な取り組みは、財閥総帥の拘束という強権発動までして対処した朴政権によって試みられた。しかも朴政権は、この事業をただの社会浄化のイベントとして終わらせなかった。後述のように、不正蓄財処理事業を財閥との新たな協力関係を構築する機会として利用したのである。

　不正蓄財問題の特殊性は、それが単なる「経済非理」の問題で済まないところにあった。この問題の解決は、直接的には貧富の格差を解消する所得再分配効果が期待できたが、間接的には独裁政権の資金源を根絶する「政治非理」の

是正にもつながった。すなわち、経済的民主化と政治的民主化の両次元に関わる政策課題として提起されたのである。したがって、政権担当者にとっては、この不正蓄財処理事業こそは、4.19の際に民衆が掲げた「政治的民主主義」と「経済的平等」の要求を同時に満たすことによって、自らの正統性を国民にアピールするまたとない機会となるはずであった。ところが、当時の政権は、「国民の声」に従って財閥を厳罰に処すると政治資金源ばかりか国家建設の有力なパートナーを失いかねないというジレンマに陥った。この難問に各政権はどのように対処したのか、次にみてみることにしよう。

　不正蓄財問題に最初に取り組んだのは、李政権崩壊後成立した許政過渡政府であった[10]。許政権は、60年5月に開いた国務会議で脱税行為などの経済事犯の処罰について話し合い、不正蓄財問題を租税犯処理法に基づいて解決する方針を固めた。具体的には、6月1日から20日以内に、55年以降5年間の脱税額の80%以上を自己申告した者は罰金が免除されるというものであった。これほど軽い処罰であったにもかかわらず、期日までに申告した者は、三星財閥総帥の李秉喆らわずか9人で、脱税総額も36億8200万ホァンにすぎなかった。結局、許政権期には脱税額が調査されただけで、事業の遂行は次に成立する張勉政権に先送りされた。

　張勉政権は、成立直後の60年8月末に、財閥総帥24人46企業に対して罰金87億ホァンと追徴金109億ホァンの合わせて196億ホァンを通告し、1週間以内に納金するように命令した。財閥側はこれに猛反発し、期限内に納金した者は一人も現れなかった。そこで張政権は、61年4月に「不正蓄財者処理法」というより強力な法律を制定し、5月に設置された「不正蓄財処理特別委員会」の下で、2週間という自首期間を設定して問題の解決を図ろうとしたが、途中、5.16に逢着して中断を余儀なくされてしまう。

　朴政権は、この問題に対してより強硬な姿勢で臨んだ。クーデター後間もない61年5月28日に国家再建最高会議[11]の名で「不正蓄財処理基本要綱」を発表し、不正蓄財の疑いのある財閥総帥をソウル南山の麓にある小学校に設営した特別拘置所に連行したのである。この日連行された財閥総帥は、鄭載頀（三護）、

李庭林（開豊）、薛卿東（大韓）、南宮錬（極東）、李龍範（大同工業）、趙性喆（中央産業）、咸昌熙（東立産業）、崔泰渉（韓国ガラス）、朴興植（和信）の9人であった。また、当時、日本に滞在していた李秉喆（三星）、白南一（泰昌）、李洋球（東洋）の3人に対しては拘束命令が送付された。さらに、5月30日には李漢垣（大韓製粉）と金智泰（韓国生糸）らが拘束された。こうして、当時の主だった財閥総帥のほぼ全員が不正蓄財容疑者として当局に逮捕される事態となったのである。

また、6月14日には、いよいよ処理事業の基本法となる不正蓄財処理法が公布された。事業担当機関の不正蓄財処理委員会委員長には李周一陸軍少将が就任した。この法律で定められた不正蓄財者の範疇は以下の通りである[12]。

　①公有財産や帰属財産の売買を通じて1億ホァン以上の不正利益を得た者
　②不正な方法で10万ドル以上の外貨を貸し出されたり買い入れた者
　③金融機関から融資を受け、5000万ホァン以上の政治献金を提供した者
　④工事請負や政府購買で談合や随意契約を通じて2億ホァン以上の不正利益を得た者
　⑤外資購買外貨の配分を独占して2億ホァン以上の不正利益を得た者
　⑥2億ホァン以上の国税を脱税した者
　⑦財産を海外に逃避させた者

こうして調査された不正蓄財総額は、7月21日の中間発表時点で726億ホァンに達し、8月3日には財閥の所有する銀行株式の政府還収とともに83億1000万ホァンの追徴金が発表された。追徴金の主な対象者は、李秉喆24億ホァン、鄭載護10億ホァン、李庭林5億5000万ホァン、李漢垣4億ホァンなどであった。50年代に早くも財閥ランキングの頂点を極めた三星の李が不正蓄財の点でも別格で、全体の3割近く（28.9％）を占めた。ところが、12月30日に発表された還収額は42億2800万ホァンで、追徴金のおよそ半分、不正蓄財総額のわずか5.8％にすぎなかった。

　この数字をみる限り不正蓄財処理事業はとても成功裏に終わったとはいえないが、同事業の推進は思いがけない副産物を生み出した。問題の処理過程で朴

政権は財閥との新たな協力関係を構築できたのである。朴政権は、財閥総帥ら が全財産を国家に献納する宣言を出したこともあり、6月30日には全員を釈放 する。そして、当初の財産没収から財閥を来るべき国家建設のために利用する 方針に転じていく。そのような方針転換は財閥側からも積極的に働き掛けられ た。有力財閥のいくつかは61年1月に「韓国経済協議会」を結成し、集団的に 不正蓄財問題に対処しようとした。この協議会は、三養財閥総帥の金季洙らが 中心となって自主的に設立した組織であった。また、日本から帰国（6月26日） 後、初めて朴正煕と面会した李秉喆は、不正蓄財者の「頭目」としてホテルに 軟禁された身の上であったにもかかわらず、軍事政権の不正蓄財処理方法を批 判して財産没収の代わりに国家プロジェクトへの投資を提言した[13]。実際、不 正蓄財処理問題は、62年4月に「不正蓄財還収のための会社設立臨時特例法」 が公布され、李をはじめ多くの財閥総帥が願った会社設立による代納＝投資命 令へ方向転換されることになったのである。このような不正蓄財処理事業を巡 る朴政権と財閥の間のやり取りから判明することは、政府主導型の開発戦略を 前面に掲げた軍事政権といえども、実際の経済発展過程においては財閥の協力 を不可欠と見なしたために一定の譲歩をせざるをえなかったという事実である。

　また、不正蓄財処理事業と並行して財閥の組織化が図られた。朴政権はまず、 軍事革命委員会布告第6号で先の韓国経済協議会を解散させた後、61年7月17 日に新しい財界組織として「経済再建促進会」を組織させた。メンバーは不正 蓄財者として拘束された13人で、会長には李庭林、副会長には趙性喆と南宮錬 が就任した。同促進会は、翌8月16日に「韓国経済人協会」と改称され、会長 には韓国財閥の雄である三星の李秉喆が就任した。同協会は、政府の要請に応 え、セメントや製鉄などの基幹産業建設計画、蔚山工業団地建設案、外資導入 のための海外出張計画などを矢継ぎ早に提案した。朴政権もこれに応答して、 不正蓄財処理事業の基本方針を財産没収から会社設立による代納へ改め、64年 末までに工場建設を完了して全額株式で納入するよう命令を下した。13人の財 閥総帥は、こうして不正蓄財者から国家建設協力者に変身し、開発年代の主人 公として歴史の表舞台に復帰することができたのである。

不正蓄財者が経済開発を左右することに異議を呈した他の財界人たちは、別途「韓国経済協会」を結成して対抗しようとしたが、政府公認の組織に太刀打ちできるはずがなかった。彼らのうちの主だった人物は、結局、新組織の放棄と引き換えに韓国経済人協会への入会が許された。そのなかには、大韓商工会議所会長の宋大淳やラッキー財閥の具仁會ら著名人も含まれていた。その後、在日韓国人事業家であるロッテの辛格浩や坂本紡績の徐甲虎も加入が認められた。隊列が拡大した同協会は、68年に「全国経済人連合会（全経連）」に発展し、名実ともに韓国を代表する財界人組織として面貌を整えるにいたったのである。

(2) 輸出産業育成策と「複線型工業化」の萌芽

韓国において輸出産業育成の必要性が叫ばれたのは朴政権時代が最初ではない。これといった輸出品にも恵まれず恒常的な外貨不足に苛まれていた李承晩政権期にもたびたびその重要性が言及されていた。例えば、李政権末期に承認された「経済開発3か年計画」の「基本方向」においても「輸入代替産業と輸出産業育成で国際収支の改善」という文言が盛り込まれている。だが、この頃の輸出産業育成策は副次的な意味しか付与されておらず、あくまでも政策のプライオリティは輸入代替工業化に置かれていた。体系化された輸出産業育成策が開発戦略の前面を飾るようになるのは、やはり朴政権になってからである。

その朴政権も執権当初から直ちにこのような政策を実施したのではない。初期の経済政策は、基幹産業である農業の建直しが最優先課題となり、工業化戦略も化学肥料やセメントなどの分野における輸入代替工業化に照準を合わせたものであった。ところが肝心の開発資金の調達がままならなかった。米国の援助政策の転換で無償援助が大幅に削減されるなか、財界使節団を欧米に派遣して外資の誘致を図ろうとしたが目立った成果は得られなかった。また、62年6月10日に内資動員の起死回生策として抜き打ち的に実施された通貨改革も敢えなく失敗してしまう[14]。万策尽きた果てに、米国や国際援助機関の勧奨もあって打ち出されたのが輸出産業育成策であった。その意味では、朴政権の輸出ド

ライブ政策は消去法的な選択肢という色彩が強かったといわなければならない。曲がりなりにもこの政策が軌道に乗れたのは、強力なリーダーシップを発揮した軍事政権や有能な官僚組織の存在などの国内要因もさることながら、何よりも外資導入先の多角化を可能とした「日韓条約」と特需ブームを生み出したベトナム戦争という60年代の天佑を抜きにしては考えられないのである。

　それでは、朴政権の輸出産業育成策の立案過程についてにみてみよう。まず、62年初めにソウルのコリアハウスで開かれた経済懇談会が注目される。この会議は、今後の経済開発の在り方について財界人から広く意見を聴取する目的で国家再建最高会議議長の職にあった朴正熙自らの呼び掛けによって開かれたものであった。招待された財界人は、韓国経済人協会会長の李秉喆、大韓商工会議所会長の宋大淳、韓国貿易協会会長の李活など、約200名に上った。朴は、その席上で韓国ナイロン（後のコーロン）社長の李源萬が主張した輸出主導型開発戦略の有用性を認め、それを機に具体的な措置が講じられていく。63年12月には、早くも韓国産業工団の創設となって現れ、創立委員長には提唱者の李源萬が就任した。この工団は、ソウル近郊の九老洞につくられ、李自身が日本での事業活動の経験もあったことから在日韓国人資本の誘致が目指された。

　次に、64年5月3日に「単一変動為替レート制度」の導入が採択された。約1年間の準備期間と補完措置[15]を経て、翌年65年3月22日に実施に移された。目的は、公定レートと実勢レートの乖離の解消、すなわち通貨の過大評価を改め、輸出意欲の刺激と特恵による腐敗を根絶しようとするものであった。内容は、それまでの1ドル＝130ウォンから1ドル＝255ウォンを最低基準とする為替レートに変更するもので、為替レートを外貨準備の需給事情に合わせて伸縮的に運用することが目指された。実際は、しばしば通貨当局による行き過ぎた介入が行われて事実上のクローリング・ペッグ・システムとして機能してきたが、少なくとも65年以降は購買力パリティ指数で調整された実質レートがほぼ同一の水準を維持するように名目レートの変動を許してきた[16]。

　そして、いよいよ64年6月24日には、それまでの無秩序な支援策を改めてより体系化された輸出ドライブ政策として「輸出振興総合施策」が公布される。

主な内容について述べると、第一に、輸出産業育成のために、輸出特化産業の選定、輸出産業工業団地の造成、中小企業の輸出産業化、輸出産業用施設財の導入などが目指される。第二に、税制や輸出補償制度の改編の面では、以下の内容となっている。税制面では、外貨獲得所得に対する法人税および所得税の大幅減免、輸出補助金の所得減免のために輸出所得の範囲拡大、輸出商品および同原資材生産工場に対する減免制度の実施、輸出用で売買される国産および原料に対する源泉徴収税の廃止、輸出用原資材の関税および物品税の減免などが盛り込まれている。輸出奨励金支給の面では2億ウォンの範囲内で欠損品目に対する奨励金の支給など、鉱産物運賃コストの引き下げの面では輸出鉱石に対する鉄道運賃の割引など、となっている。第三に、輸出金融の拡大の点では、融資率の引き上げ（1ドル＝110ウォン～150ウォン、最高200ウォンまで引き上げ）、融資金利の引き下げ（0.35％～3.5％まで引き下げ）などである。その他、外国為替および貿易制度の改編や海外市場開拓の強化などの面でも、輸出増大に有効な措置が講じられている。これら政府によるインセンティブ政策は、「産業政策目標達成のための手段であり、同時に民間企業の収益性に影響を与えるあらゆる施策がここに含まれる」[17]ゆえに、財閥資本にとっては事実上の特恵措置となったといえよう。

　また、輸出促進のために制度・組織面での整備も行われた。まず、政府の輸出目標制度が導入され、主要品目別および輸出市場別の年間輸出目標が設定された。次に、62年に大韓貿易振興公社（KOTRA）が設立され、海外市場の情報を提供するなど民間企業の貿易活動を支援した。さらに、64年に輸出功労者に対する顕彰制度も導入された。輸出額1億ドル突破を記念して制定された「輸出の日」（11月30日、87年に「貿易の日」に改称）に輸出の拡大に貢献した貿易企業、代表者、従業員などを毎年表彰する行事である[18]。そして、65年には大統領自らが主宰する「月例輸出拡大会議」（後に「月例貿易拡大会議」に改称）が開かれ、輸出の督励や問題点の解決が図られた。同会議は、輸出をはじめとする貿易全般について官民が情報を共有できる貴重な場となった。

　ところで、これまでみてきた輸出産業育成策は、工業化戦略としてはいわゆ

る「輸出指向工業化（EOI）政策」と呼ばれている。確かに、韓国の輸出は60年代後半に著しく増加している（60年3300万ドル→65年1億7500万ドル→70年8億3500万ドル）が、それを担った産業分野は、繊維、合板、雑貨などの軽工業品であった[19]。しかし、67年から始まる「第2次経済開発5か年計画」の時期になると、軽工業分野の輸出産業のさらなる発展とともに、付加価値の増大のために産業構造の高度化が求められ、早くも重化学工業化が経済開発の日程に上るようになる。政府は優先的に育成すべき対象として7分野を選択し、それぞれ次のような特定工業振興法を制定した。機械工業振興法（67年）、造船工業振興法（67年）、繊維工業近代化促進法（67年）、電子工業振興法（69年）、石油化学工業育成法（70年）、鉄鋼工業育成法（70年）、非鉄金属製鉄事業法（71年）の七つである。これら振興法の効果はすぐには現れなかったが、70年代に入って開始される重化学工業化政策に先鞭を付けたという意味では評価される。また、この時期の重化学工業化はあくまでも当該分野の輸入代替を目的としたものであり、50年代の軽工業分野の工業化を「第1次輸入代替工業化」とすると「第2次輸入代替工業化」に相当する。したがって、60年代の韓国では、工業化政策の実態としては、いわゆる「複線型工業化」や「複線的成長メカニズム」の名で知られる輸出指向工業化と輸入代替工業化の併進する萌芽的な形態が早くもみられたのである[20]。

　以上のように、60年代の朴政権は、輸出産業育成策と選択的な輸入代替工業化政策の実施を通じて、製造業分野の発展を図っていく。その際のインセンティブ政策が実質的な特恵措置となり、それに与ることのできた民間企業のなかから財閥化を遂げていくものが現れてくる。そのなかには、50年代のうちにすでに財閥としての地位を確立していた企業もあり、60年代になってから新たに財閥化のチャンスを掌握する企業もあったが、いずれにせよ、その後の財閥資本の長期わたる成長過程の基盤を形成できたのがこの1960年代であった。

3．1960年代における資本蓄積の契機

(1)「日韓条約」の締結と外資導入

　多くの発展途上国にとって経済開発の最大のボトルネックとなるのは国内の貯蓄不足＝資本不足であるが、当時の韓国も例外ではなかった。解放直後より一貫して供与されてきた米国の無償援助で問題が解消されるかに思われたが、肝心の米国の援助政策が50年代後半期に転換されたため、依然として韓国は資本不足の状態から抜け出せないでいた。前述のように、執権当初の朴政権は開発資金の調達のために様々な措置を講じるが、思うような成果は得られなかった。内資動員の面では、不正蓄財還収金や通貨改革が期待されたが、前者はわずか40億ファンほどしか回収できず、遊休資金の調達をねらった後者にいたっては完全に失敗してしまう。また、61年7月に定期預金金利が引き上げられたり（年利10％→15％）、62年2月には「国民貯蓄組合法」の制定を機に国民貯蓄運動まで展開されたが、所期の目的は達成されなかった。結局、朴政権としては、残された資金調達の手段を海外からの資本導入に見いだすしかすべはなかったのである。

　経済開発を推進するうえで外資が不可欠であることは、誰よりも朴正熙自身が熟知していた[21]。また、財界人たちも、政府から提起される開発プロジェクトに呼応するには国内資金だけでは間に合わず、事あるごとに外資の必要性を訴えた[22]。そこで朴政権は、外資導入のために官民挙げての努力を傾注した。具体的には、政府レベルでは韓日会談の早期妥結が目指される一方、民間レベルにおいては財界人による借款導入外交が活発に展開された。

　まず、民間による外資導入の動きについてみてみよう。既述のように、朴政権は不正蓄財問題を投資命令という形で解決を図ろうとした。それを受けて財閥側は、韓国経済人協会での話し合いを通じて工場建設案をまとめた。建設対象の基幹産業としては、肥料、精油、製鉄、セメント、電気、化学繊維などが

挙げられたが、最終的に各分野の担当者は次のように決定した。肥料は李秉喆・鄭載護・金智泰、精油は南宮錬、製鉄は李庭林・李洋球・薛卿東、セメントは金成坤、電気は李漢垣、通信ケーブルは具仁會が担当することになった。この案は、個別に工場をつくるよりも集積効果と外資導入が期待できるとして、韓国南東部（慶尚南道）海岸に位置する蔚山工業団地の造成計画につながった。

各プロジェクトはいずれも巨額な資金を要し、工場の完成には外資導入が必須と見なされた。そこで、創設間もない経済人協会は、61年11月に外資導入のための使節団を欧米に派遣した。米国には、三星の李秉喆を団長に極東の南宮錬、大韓商工会議所会長の宋大淳らが派遣された。欧州には、開豊の李庭林を団長として中央産業の趙性喆、東洋の李洋球、ラッキー（楽喜、現LG）の具仁會、三星（後に暁星）の趙洪済らが向かった。米国では成果は得られなかったが、後ほど実現するガルフによる対韓投資のきっかけがつくられた。一方、欧州では商工部長官らの協力もあっていくつかの商談がまとまったが、具体的な外資導入交渉は後回しとなった。当時の韓国では外国借款の導入経験がほとんどなかったので[23]、初めての交渉団派遣で多くの成果を期待するのはだいぶ無理な話であった。

蔚山工業団地の起工式が62年2月に執り行われたこともあって各プロジェクトを担当する財閥の借款導入交渉は活発化するが、結局、当初の計画通りに工場が建設されたのはラッキーが請け負った通信ケーブル工場のみであった[24]。同工場は、西独ファマイスター社から500万マルク（125万ドル相当）の借款導入（62年4月16日調印）により建設されたものである。最も期待が寄せられた第3肥料工場の建設計画は、李秉喆の努力により神戸製鋼との仮契約まで済ませたにもかかわらず、結局「時期尚早」という理由で中断に追い込まれた[25]。不正蓄財処理のための投資命令は外資導入の不調により成功しなかったと判断せざるをえない。

他方で、朴政権は外資導入のための法整備に取りかかる。まず、李承晩政権末期に制定された「外資導入促進法」を補強するために、61年12月に「外資導入運営方針」を発表する。この「方針」では、善意の外国資本導入拡大と政府

支払保証による借款導入の拡大を一般原則に据え、運営方針としては、①民間外資導入の焦点を第2次産業に合わせる、②外国人投資家の企業経営参加を制限しない、③民間借款に対する政府保証は韓国産業銀行を通じて後取担保を取得するようにするの3点が盛り込まれている。それに基づき、62年7月には「借款に対する支払保証に関する法律」と「長期決済方式による資本財導入に関する特別措置法」が制定された。前者は、民間借款に対する政府による支払保証を立法化したものである。後者は、「促進法」に明文化されていなかった長期延べ払いによる資本財導入を容易にするための法律で、輸入相手国の長期輸出信用供与制度によって資本財を導入する際の法的根拠となった。その後、5か年計画に盛り込まれない事業への商業借款の導入を抑制する代わりにソフトローンの公共借款および非債務セクターの直接投資を増大する方針が確認されるなどの措置がとられるが、これら外資導入のための法的整備は、日本との国交正常化を経て66年に制定される「外資導入法」に収斂されていった[26]。

こうした努力が次第に実を結びはじめ、64年に入ってからは民間借款の導入例が散見されるようになる。まず、三星の李秉喆が64年8月に三井物産から4190万ドルに上る借款を導入する契約を締結した。朴大統領直々の依頼もあって再浮上した韓国肥料工場の建設のための借款であった。これは、外国民間借款導入事例の第1号となった。さらに、65年末までには21の工場が外国借款によって建設されることとなった。この時、双龍セメントによる三菱商事からの3815万ドル、韓一合繊による伊藤忠商事からの1950万ドル、暁星による伊藤忠商事からの641万ドルや西独からの208万ドル（東洋ナイロンの設立）などが導入された[27]。

このように、民間が先行する形で日本からの借款導入が進んでいくが[28]、本格的な日本資本の導入は、やはり65年の日本との国交正常化を待たなければならなかった。同年6月22日に「日韓基本条約」とともに締結された「財産請求権・経済協力協定」（大韓民国と日本国間の財産及び請求権に関する問題解決並びに経済協力に関する協定、65年12月18日発効）こそは、日本資本が韓国へ再進出していくメルクマールとなった[29]。この協定には、日本が韓国に総額5

億ドル（無償３億ドル、有償２億ドル）の政府資金を供与することがうたわれている。また、民間商業借款３億ドル以上を供与することも併せて合意された。無償資金３億ドルは、日本の生産物や役務の形態で10年間に3000万ドルずつ均等して供与するとされた。このなかには、それまでの韓国側の対日負債と銀行手数料が含まれた。有償資金（借款）２億ドルは、海外経済協力基金から供給され、承認された事業に必要な日本の生産物や役務の購入に充てられた。貸与条件は、年金利3.5％、７年据置の20年償還とされた。また、民間商業借款３億ドル以上には漁業協力資金9000万ドルなどが含まれており、67年には韓国側の要請で２億ドルが追加され５億ドル以上となった。

　朴政権は、政権を奪取するや否や日本との間で長年にわたり懸案となっていた「対日請求権問題」の解決に向けて動きはじめる。朝鮮戦争の最中に開かれた予備会談（51年10月）以来、植民地支配に対する歴史認識はもちろんのこと、賠償の名称、性格、金額、内容などについてことごとく対立してきた韓日会談を、韓国側の一方的譲歩によって妥結させたのである。むろん、日本の再侵略を警戒する国内の反対を押し切っての妥結であった。しかも、その手法は、正式な外交を通じてではなく腹心の金鍾泌中央情報部長による隠密外交で金額が決められる（金・大平合意）という極めて異例なものであった。産業化資金の調達を急ぐあまり、植民地支配や戦争被害の問題の解決をないがしろにしてしまい、結局、日韓双方が自己都合で解釈する形で決着がつけられたのである。韓国が主張した「財産・請求権」と日本側が譲らなかった「経済協力」という文言が並記されている経済協定こそは、韓日条約自体が急ごしらえの妥協の産物以外の何物でもなかったことを例証するものである。

　朴政権は、日本から流入してくる請求権資金を早期に使用するために、66年２月19日に「請求権資金の運用および管理に関する法律」を制定し、「請求権資金管理委員会」（第７条）と「請求権資金特別会計」（第６条）を設置して同資金の管理・運営に当たらせた。

　前者の委員会は、請求権資金の効率的な運用と公正な使用のための専担機関である。後者の会計は、請求権によって導入された原資材などの販売代金であ

るウォン貨を管理したり、産業施設財導入のための有償資金の元利金償還を管理する勘定が設けられており、別途、同年4月に制定された「請求権資金特別会計法」に基づいて運用された[30]。

　請求権資金の使用対象に関しては、無償資金が農林水産業・原資材・役務に、有償資金が中小企業・基幹産業・インフラ整備に、そしてウォン貨資金がこれら事業の支援に主に使われることになっていた。使用実績は、総額5億ドルのうち、農林水産部門の6600万ドル（13.2％）、社会間接資本部門・その他サービスの9000万ドル（18.0％）に対し、鉱工業部門には55.6％に相当する2億2780万ドルが投じられ、もっぱら工業化の要請に応える形となっている[31]。請求権資金が投じられた代表的事例としては、浦項綜合製鉄（現ポスコ）、京釜高速道路、昭陽江ダムなどがある。そのウエイトは、浦項が導入外資総額の23％、京釜が総工費の4.4％、昭陽江が総工費の32.1％を占めている。その他、港湾、鉄道、橋梁などの産業インフラ部門の整備・拡充にも使用された。

　この時期、日本以外の外資導入先として注目されたのは、韓国の伝統的な援助供与国となってきた米国からの借款と、66年8月に発足した「対韓国際経済協議体」（IECOK、創立総会は同年12月開催）である。米国は、61年9月に新しい援助法である対外援助法（FAA）を制定し、援助機関としてそれまでのICAに代えて国際開発局（AID）を立ち上げる。AIDは、米国の援助政策の転換を反映して無償援助ではなく開発借款を供与した。特に、ベトナム戦争への韓国軍派兵を約束した65年5月の「朴・ジョンソン会談」では、このAID借款1億5000万ドル（追加借款可）の供与が決められた。米国からの借款は、日本資本の進出が本格化した後も韓国の外資導入のなかで主要な役割を果たした。後者のIECOKは、米国を筆頭とする西側諸国と世銀およびIMFによる韓国専用の国際援助組織であるが、前出の韓米首脳会談の際に出された朴の要請にジョンソンが応えて設立されたものである。IECOKの設立には、援助先の多角化と米国援助の肩代りという政策的な意味合いが込められていた。

　それでは、改めてこの時期に導入された外資の全体像についてみてみよう。第2-2表によると、外資導入が本格化した1966～72年間に到着額基準で総額

第2-2表　形態別外資導入実績表（1966～1972年、到着基準）

	形態別合計	
	金額（百万ドル）	比重（％）
公共借款	1,130	26.4
商業借款	1,950	45.6
直接投資	227	5.3
銀行借款	205	4.8
その他	763	17.8
合計	4,275	100.0*

注）＊100％にならないのは、小数第2位を四捨五入したため。
出所）財務部・韓国産業銀行『韓国外資導入30年史』ソウル、1993年、108頁より作成。

第2-3表　国別外資導入実績表（1966～1972年、到着基準）

	順位	国名	国単位順位	
			金額（百万ドル）	比重（％）
公共借款	①	米国	685	60.6
	②	日本	256	22.6
	③	国際金融機関	152	13.5
商業借款	①	米国	607	31.1
	②	日本	531	27.2
	③	フランス	194	10.0
直接投資	①	米国	139	61.2
	②	日本	61	26.9
	③	パナマ	11	4.8

出所）第2-2表と同じ、110、116、121頁より作成。

42億7500万ドルが導入され、内訳は、公共借款11億3000万ドル（26.4％）、商業借款19億5000万ドル（45.6％）、直接投資2億2700万ドル（5.3％）、銀行借款2億500万ドル（4.8％）、その他（米国援助など）となっている。また、第2-3表より国単位（国際機関を含む）の導入状況をみると、公共借款は①米国6億8500万ドル（60.6％）、②日本2億5600万ドル（22.6％）、③国際金融機関1億5200万ドル（13.5％）、商業借款は①米国6億700万ドル（31.1％）、②日本5億3100万ドル（27.2％）、③フランス（イタリアとの合作借款を含む）1億9400万ドル（10.0％）、直接投資は①米国1億3900万ドル（61.2％）、②日本（在日韓国人による投資を含む）6100万ドル（26.9％）、③パナマ1100万ドル

第 2-4 表　主要商業借款導入事業　　　　　(通貨単位：百万)

借款導入者	推進事業	借款導入先	契約額（最終）*	確定年度
韓国肥料	尿素肥料工場建設	米国、日本	38米ドル	1965
湖南精油	第2精油工場（日産6万バレル）	米国	45米ドル	1967
京仁エネルギー	発電設備・精油工場	米国、英国	60米ドル	1969
双龍洋灰	大単位セメント工場（220万）	米国、日本	38米ドル	1967
双龍洋灰	セメント工場増設・工場建設	米国、パナマ、英国、フランス	27米ドル、75フランスフラン	1969
東洋ナイロン	ナイロン糸工場（日産7.5M/T）	日本、西ドイツ	15米ドル	1968
鮮京合繊	ポリエステル（日産24.5M/T）	日本、米国	16米ドル	1969
鮮京合繊	ポリエステル（日産10.5M/T）	日本	14米ドル	1972
コーロンポリエステル	ポリエステルフィラメント（日産17.5M/T）	日本、米国	17米ドル	1969
豊韓産業	織機導入（年産10,500千yds）	ベルギー	104ベルギーフラン	1970
韓一合繊	アクリル繊維（日産7.5M/T）	日本	20米ドル	1966
大韓船舶	新造貨物船導入	イタリア、英国	29米ドル	1967
汎洋商船	タンカー導入	米国	30米ドル	1971
三和運槽	大型タンカー導入	リベリア	37米ドル	1972

注）　*契約額は、本件推進事業と関連して契約した比較的大規模借款を表し、同期間中に借入者が契約した総額ではない。
出所）第2-2表と同じ、119頁より作成。

(4.8%) となっている。ちなみに対日請求権資金の導入実績をみておくと、同期間に総額2億1100万ドル（外資導入総額の4.8%）、内訳は、資本財9500万ドル (45.0%)、原資材8100万ドル (38.4%)、その他3500万ドル (16.6%) となっている[32]。これら外資は、とりわけ60年代の投資率を底上げするのに貢献した。第1次5か年計画期間 (62〜66年) は国内貯蓄率が年平均6.1%に対し海外貯蓄率は8.8%、第2次計画期間 (67〜71年) はそれぞれ13.1%に対し12.9%を記録している。

財閥資本の外資導入の事例として、この時期最も導入額が多かった商業借款のケースについてみてみよう。第2-4表が示すように、60年代後半期に、三星の韓国肥料（65年）、ラッキーの湖南精油（67年）、双龍のセメント工場（67・69年）、暁星のナイロン工場（68年）、鮮京のポリエステル工場（69年）、韓一合繊のアクリル繊維工場（66年）、コーロンのポリエステルフィラメント工場（69年）の建設のために、日本や米国などから巨額の借款導入が行われている。また、70年代前半までに外国借款を1億ドル以上導入した財閥は、韓進、現代、韓一合繊、韓国火薬、鮮京、双龍、暁星、新進であった。同じく5000万ドルから1億ドル未満導入した財閥は、ラッキー、コーロン、新東亜、三星、起亜であった。また、5000万ドル未満導入した財閥は、大農、錦湖、泰光、大韓通運などであった[33]。当時の名立たる財閥の多くが外国借款を導入していることがわかる。

　以上のように、外国資本は、工場建設や産業インフラの整備に投じられることで直接間接に財閥資本の蓄積に貢献してきた。しかし、外国資本の導入が様々な副作用を伴ったのもまた事実である。政府は、外資導入に際して厳しい許認可制を実施してきたが、そのことが一部の財閥による海外からの技術や特許の排他的占有を可能にし、結果的に外資にアクセスできない中小企業を市場から排除してしまうメカニズムが働いて各分野の市場構造にいわゆる「早期独占化」をもたらした[34]。また、60年代における外資導入の主要形態が借款という債務セクターであったため、早くも60年代末には元利金償還問題が浮上してきた。しかも、その表裏の問題として借款導入企業が経営難に陥るという不実企業問題が発生した。さらに、外資導入にまつわる「リベート問題」の頻発からもわかるように、国境をまたぐ政経癒着をいっそう深めたことも問題であった。これら諸問題は、ベトナム戦争を巡る東アジア情勢の激変と相まって、朴政権をして70年代初めに強権体制を成立せしめる背景となったのである。

（2）ベトナム戦争特需

　戦後日本の経済発展を引き合いに出すまでもなく、戦争が生み出す経済需要

は一国の経済発展にとって起爆剤になることがある。それが「特需」[35]と呼ばれるゆえんである。韓国経済にとってベトナム戦争がまさにそうであった。ベトナム戦争は、第二次世界大戦後に成立した冷戦体制の下で、米国が朝鮮戦争に続いてアジアに介入した熱戦であった。その期間は、米軍の本格的投入が開始された65年から73年の和平協定調印を経て75年4月のサイゴン陥落まで、実質、10年の長きにわたった。この「泥沼化」した戦争を遂行するために米国は1000億ドルを上回る巨額の戦費を投じなければならなかったが[36]、その一部が、米軍基地を抱えていた周辺親米諸国を中心に戦争特需というスピルオーバー効果となって波及していったのである。

韓国は特需享受国であるとともに参戦国でもあった。その派兵数は、65年2月の陸軍工兵大隊の派兵を皮切りに撤収する75年までに、2個正規師団、1個海兵旅団、1個建設工兵団、海軍支援部隊など、延べ31万名に上った。これは、米軍に次ぐ多さであり、第3位のタイ派兵数3万8000名の8倍を超える数であった。米国の数ある同盟国のなかで、いかに韓国のみが突出して大軍を送ったのかがわかるだろう。ベトナム特需とは、文字通り「血の代償」以外の何物でもなかったのである。

韓国軍のベトナム派兵は、形式的にはファン・ダン・ラン南ベトナム外相(当時)の要請によるものであったが、実質的には米国の依頼に朴政権が応えて実現された[37]。戦闘部隊の派兵は、前述の65年5月に開かれた朴・ジョンソン会談で決定されたもので、借款供与はそれに対する見返りの一つにほかならなかった。韓国軍派兵に対する米国側の見返りの全体像は、66年3月4日に作成されたいわゆる「ブラウン覚書」によって提示された。この「覚書」は、14項目にわたる韓国軍現代化作業とベトナム参戦による補償などの付帯条件によって構成されたものであるが[38]、特需との関連で重要と思われる事項についてまとめると、以下の通りである[39]。

　①韓国軍派兵に必要な純追加費用の全額をウォン貨で韓国政府予算に計上する。
　②駐韓米軍用物資について66会計年度に中止された品目と67会計年度計画

表に含まれる品目を韓国で調達する。
③駐越韓国軍の所用物資、用役、装備などと、駐越米軍および南ベトナム軍の所用物資などのうち一定品目を韓国から購買する。
④AID援助資金による南ベトナム農村建設、救護補給品などを最大限韓国から購入する。
⑤南ベトナム建設事業への韓国建設業者応札資格の付与や韓国人技術者の雇用拡大など、対韓国購買措置をとる。
⑥韓国の輸出振興のため技術援助を強化する。
⑦朴・ジョンソン会談で確認されたAID借款1億5000万ドルの早期使用とその他の追加借款の供与を約束する。

特需全体の規模は、1965年から72年までの累計で10億2200万ドルに達している。これは、同期間の対GNP年平均比率2.1%（67〜70年間平均では3.1%）、同じく輸出総額の24.3%（同じく35.3%）、外貨保有額の29.5%（39.7%）、外資導入総額42億8000万ドルの約4分の1（23.9%）に相当した。また、国際収支の項目からみた特需の特徴は、貿易収支の割合が27.7%に対し、サービス収支（貿易外収支）のそれが72.3%も占めている。「糸へん」景気、「金へん」景気と呼ばれた日本の朝鮮戦争特需が主に貿易収支の改善に貢献したのとは対照的である。

特需の内容については、第2-5表の通りである。具体的な項目は、南ベトナムへの輸出（物品軍納を含む）、建設および用役軍納、軍人および技術者の送金、その他（特別補償支援）となっている。1965年から72年までの累計で、最も多いのが用役軍納で2億3320万ドル（全体の22.8%）である。用役軍納の内容は、港湾での荷役および輸送を中心に、洗濯、軍服修理、写真現像、芸能活動など広範囲に及んでいる。第2位は、軍人送金の2億150万ドル（19.7%）である。同期間に韓国軍将兵に支払われた給与総額は2億3000万ドルで、送金額は給与総額の87.8%にも及んでいる。第3位は、物品軍納の1億8880万ドル（18.5%）である。中身は、野戦食、戦闘服、ジャングルシューズ、セメント、毛布などである。第4位は、技術者送金の1億6620万ドル（16.3%）である。

第2-5表　ベトナム特需項目別総括表（1965〜1972年）

(単位：百万ドル、％)

項　目	1965	1966	1967	1968	1969	1970	1971	1972	累計額	比重
用役軍納	—	8.3	35.5	46.1	55.3	52.3	26.5	9.2	233.2	22.8
軍人送金	1.8	15.5	31.4	31.4	33.9	30.6	32.3	26.8	201.5	19.7
物品軍納	2.8	9.9	15.9	32.4	34.2	57.3	21.2	15.0	188.8	18.5
技術者送金	—	9.1	33.6	33.6	43.1	26.9	15.3	3.9	166.2	16.3
輸　出	14.8	13.9	7.3	5.6	12.9	12.8	14.5	12.5	94.3	9.2
特別補償支援	—	—	4.6	4.6	10.8	15.2	13.9	12.0	65.3	6.4
建設軍納	—	3.3	14.5	10.3	6.4	7.4	8.3	3.1	53.3	5.2
保険金	—	1.1	4.6	4.6	3.8	2.1	1.3	0.7	19.4	1.9
合　計	19.5	61.1	151.3	168.6	200.4	204.6	133.3	83.2	1,022.0	100.0

出所）朴根好〔著〕『韓国の経済発展とベトナム戦争』御茶の水書房、1993年、19頁より作成。
なお、累計額および合計が合わない箇所があるが、原典のまま引用した。

　韓国人技術者は、韓国や米国系の企業に雇用され、基地建設や施設などのメンテナンスおよび補修に携わった。第5位は、南ベトナムへの一般商品輸出の9430万ドル（9.2％）である。主な輸出品は、鉄鋼製品、ディーゼルエンジン、電線、運搬用機械、セメントなどの軍事関連品目から綿織物、履物、合板、手芸品にいたるまで多種多様である。米国の援助資金によって裏付けられた韓国の対南ベトナム輸出は急増し、62年の時点で韓国にとって第9位の輸出国にすぎなかった南ベトナムが、わずか3年後の65年には米・日に次いで第3位の輸出国となった。また、66〜70年間の対南ベトナム貿易黒字も7000万ドルに上っている。そして、第7位（第6位は特別補償支援）は建設軍納で、5330万ドル（5.2％）を数えている。主な内容は、港湾浚渫や軍事施設の工事、病院など公共施設の建設であった。米国政府のバイ・アメリカン政策もあって、韓国建設会社の多くが米国企業の下請けとして事業に携わった。

　ベトナム特需の恩恵を受けた財閥企業は、以下の通りである。まず貿易に携わった企業として、三星物産、三護貿易、三養社、大韓農産、新星貿易、正金物産、同和産業、天友社、三都物産、暁星物産、永豊商事、建設実業、東亜貿易などがある[40]。大小を問わず、財閥系商社のほとんどがベトナム輸出に関わっているのがわかる。また、いわゆる「建設輸出」に携わった企業には、現代建設、三煥企業、大林建設、共栄土建、京南企業、漢陽建設、高麗開発、亜洲

土建、和一産業、復興建設などがある[41]。これまた、当時の主だった建設会社がベトナムでの建設事業に関係している。そして、軍事物資の荷役および輸送で活躍したのが韓進商事、大韓通運、京南企業などであった。そのほか、ベトナムへの繊維輸出でその後の成長の基礎を築いた大宇や、ジャングルシューズの製造を手掛けた国際商事、三和、錦湖など、ベトナム特需を梃子に財閥化の契機をつかんだ企業は枚挙にいとまがない。ここでは、典型的なベトナム財閥といえる韓進と現代について詳しくみておくことにする。

《韓進》

韓進の南ベトナム進出計画は、韓国軍の派兵が始まる64年に立てられた。その際、決定的な影響を与えた人物は、当時、経済企画院長官（副総理兼）の要職にあった張基栄といわれる。彼の助言を受けた趙重勲は、早速、翌年（65年）8月に英語に堪能な弟の重建とともに渡米して米軍物資輸送事業への参画を模索する。米国防省と接触する際、軍納事業で培った駐韓米軍第8軍将校らとの人脈が大いに役立った。その年の暮れに趙は、韓国用役軍納組合理事長の肩書きで用役軍納視察団を率いてベトナムを訪問し、事業拠点を韓国軍猛虎部隊の駐屯地にほど近いクイニョン港に決定した。そして、66年1月から契約交渉に入り、同年3月10日に駐越米軍軍需品輸送用役契約を締結したのである。国防省は契約に際して厳しい条件を提示した。それは、契約と同時に双方保証金として300万ドルを預け置き、しかも75日以内に必要な装備をすべて準備しなければならないというものであった。この難条件を解決できたのは、ひとえに張基栄のお陰であった。すなわち、彼の口利きで政府から600万ドルの支払保証を受けることができたのである[42]。また、装備調達の面では、日本の国際興業社長の小佐野賢治から協力を得ることができた。

66年4月27日から始まった事業の中身は、クイニョン港で荷揚げされた戦略物資や食糧を中部ベトナムで作戦展開中の5万名に上る米軍と韓国軍に陸上輸送することや、重要地点間で物資をピストン輸送することであった。具体的な作業内容は、港湾荷役、ターミナル運営、陸上輸送、内陸装置場運営、装備整備および渡船業務などで、66年から70年までに延べ6722人の韓国人労働者が投

入された。国内の軍納物資輸送で豊富な経験を積んでいた韓進はベトナムでもその実力をいかんなく発揮したが、海外の戦場における作業は常に生命の危険と隣り合わせであった。それでも1年の期限付きであった第1回目の契約を無事履行し、その後も契約は更新された。その結果、66年から71年までの5年間に韓進は1億5000万ドルの利益を稼ぎ出した[43]。この金額は、同期間の用役軍納累計額（2億2400万ドル）の3分の2（67.0%）を占めた。こうして韓進は、ベトナム特需で稼いだ資金を元手に、政府企業である大韓航空（KAL）の引き受けや東洋火災保険など有名企業の買収に成功し、70年代には三星、ラッキー金星（現LG）に次ぐ国内第3位の大財閥に成長した。韓進が「ベトナム商事」と揶揄されるゆえんである。

《現代》

また、当時、建設業を中核事業としていた現代も「ベトナム機会」をうまくとらえた財閥となった。現代建設は、それまで培った国内での軍納事業や海外建設事業の経験を基に、戦争の本格化した南ベトナムにおいて港湾浚渫工事から洗濯事業にいたる多くの事業を手掛け、後にグループが巨大財閥化する礎を築いた[44]。

韓国の建設業者によるベトナム進出の動きは、韓国軍派兵以前よりみられた。最初の事例は三煥企業であった。63年8月にサイゴン支社を設立した三煥は、ベトナム航空が発注したタンソニュット空港の一般旅客ターミナル建設に携わった[45]。現代建設も、受注には失敗したが、63年7月に5万ドル規模のサイゴン（現ホーチミン）上水道施設工事入札に参加した。そして、65年5月に鄭周永の弟の世永を初代支店長とするバンコク支店を開設し、9月には赤字を出したものの史上初の海外進出事例となったタイのパタニ・ナラティワット高速道路建設工事を受注した[46]。

韓国の建設業者がベトナム戦争の本格化する前から先を争って海外進出に打って出た背景には、次のような事情があった。一つは、政府財政能力の不安から建設分野の国内需要が見込めなかったことである。また、典型的な不正蓄財者と見なされた建設業者に対する国民的批判が国内の建設事業を大々的に展開

第2-6表　現代建設のベトナム工事実績

発注処	工事名	工　期	工事金額
RMK-BRJ	浚渫工事		
	・現代1号	1966*～1970年	9,143.4 千ドル
	・現代2号	1967～1969年	3,758.3 千ドル
OICC	トゥードック杭打工事	1967～1968年	177.6 千ドル
MWK	バンホイ埠頭工事	1967～1968年	56.95千ドル
MWK	カムラン小都市建設工事	1967～1968年	4,701.3 千ドル
工事小計			17,837.6 千ドル
			(4,341.6百万ウォン)
VPA	洗濯事業	1968～1972年	1,704.7百万ウォン
合　計			6,622.3百万ウォン

注）　*原典では1960年となっていたが1966年の誤りと思われるので訂正した。
出所）現代建設株式会社『現代建設50年史』ソウル、1997年、229頁。

することを躊躇させた。さらに、国内の軍納建設事業がバイ・アメリカン政策の影響で困難視されたことも海外進出を促す要因となった。当時の海外事業は業者の経験不足や米国政府による制約などでほとんどが失敗に終わったが、転機となったのは65年に入って本格化する米軍の対ベトナム軍事介入であった。

　ベトナムでの事業に韓国の建設業者が成功し始めるのは前述した「ブラウン覚書」が合意された66年からである。韓国軍ベトナム派兵の見返りの一つに韓国建設業者によるベトナム建設事業の参加が認められたため、バイ・アメリカン政策の影響を回避できるようになったのである。

　第2-6表から明らかなように、現代にとってベトナム建設事業のなかで最も重要な位置を占めたのは浚渫工事であった。最大の事業は、66年1月に500万ドルで受注したベトナム南部のカムラン湾浚渫工事である。この工事は米海軍施設処（OICC）の執行機関であるRMK-BRJから請け負ったもので、発注者は米海軍施設工兵団であった。工事に際しては、2250万馬力級の浚渫船（現代1号）を日本の野村商事から購入した。結局、3年半の長きに及んだ一連の浚渫工事は、途中もう1隻の浚渫船（現代2号）も投入され、カムラン湾、ビンロン、ブンタウ、ミトなどの地域で総計1346万8000m²を浚渫、埋立てする大規模なものとなった。その他、現代が手掛けたベトナムでの建設工事としては、

工事金額が最終的に505万ドル（当初470万ドル）に及んだカムラン小都市建設（1500世帯分の住宅および付帯施設建設）やバンホイ埠頭工事などがある。こうしたベトナムで培われた海外建設事業のノウハウは、その後、グアム、オーストラリア、パプア・ニューギニア、インドネシアなどへの進出の際にも活かされることになった。

また、現代はベトナムにおいてクリーニング事業にも進出した。当初は合弁事業（合弁相手はKB・KIM）として始められたが、派兵人員の増加とともに需要が増したため現代が合弁相手の資本を吸収して単独で運営するようになった。現代建設は1億100万ウォンを投じてナトゥラン、クイニョン、カムランに合わせて7か所の洗濯工場を設け、そこには16台の自動洗濯機、6台のディーゼル発電機、2台のスチームボイラーが設置された。クリーニング事業を通じて現代が得た収入累計は69～70年の3年間で約584万9000ドルに及び、これはタイのパタニ・ナラティワット高速道路建設工事の規模に匹敵する金額であった。

ベトナム進出の成功は、当然ながら現代に莫大な利益をもたらした。工事収入は1954万2000ドル、収益は28億200万ウォンに達し、66年から71年の間の建設会社の送金実績では、現代建設が1274万6000ドルで、全体の28.4％を占めた[47]。こうした資金を元手に、現代は、タイ高速道路建設の赤字を補てんするとともに、延期されていた丹陽セメント工場の拡張工事を再開したばかりか、67年12月に資本金5000万ウォンを投じて10万坪の工場敷地を有する現代自動車蔚山工場を立ち上げた。この現代自動車の設立こそは、それまで「土建屋」のイメージを払拭できなかった現代が経営多角化に本格的に取り組む嚆矢となった。また、68年1月に着工された京釜高速道路建設に現代が第一人者として参画できたのも、ベトナムをはじめとする海外での豊富な経験が政府によって高く評価されたゆえであった。その後、70年代の重化学工業化政策を梃子とした現代の成長過程については、改めて言及するまでもないであろう。

(3) 政府系企業の払い下げと不実企業整理事業

　開発年代の韓国の経済発展が政府主導型で推進されたことに異論を唱える論者は少ないものと思われる。市場メカニズムを重視する新古典派の経済学者といえども、韓国の経済開発における政府の役割を条件付きながらも認めざるをえなかったのは、例えば93年に発表された世銀レポートの『東アジアの奇跡』が示す通りである[48]。政府主導型の意味するところは、政府が民間に代わって経済発展をリードしたと同時に、政府部門の著しい肥大化がみられたことである。韓国の場合、政府が何らかの形で関わった分野は、かつて先進資本主義諸国でも一般にみられた電力・エネルギー、通信、運輸、教育などの社会間接資本部門にとどまらず、通常民間によって担当される製造業や金融の分野にまで及んだ。そのウエイトは、一時、国家資本主義の典型といわれたインドと比較しても遜色ないほどであった[49]。

　しかし、韓国は、そのまま政府部門を維持したのではなく、比較的早い時期から政府系企業の民営化に努めてきた。李政権時代の帰属企業の払い下げはいうまでもなく、政府主導型開発戦略を採用した朴政権下でも政府系企業の払い下げや不実企業の売却の事例がみられた。前者の政府系企業の払い下げは、経営不振に陥った政府系企業を特恵融資などの恩典を付けて民間に払い下げたものである。また後者の不実企業の売却は、経営不振に陥った民間企業を法定管理（会社更生法に相当）や銀行管理の下に置いた後、再び民間（外資を含む）に売却したものである。この政府系企業の払い下げと不実企業の売却は、いわば政府保証付のＭ＆Ａにほかならず、各財閥にとって資本規模の拡大と経営多角化のまたとない機会となった。

　60年代における政府系企業払い下げと不実企業売却の実例は、以下の通りである。まず、政府系企業の払い下げについて、対象となった企業は、セナラ自動車、韓国機械、大韓航空、大韓通運、海運公社、造船公社の６社である。公売入札の結果、セナラ自動車と韓国機械が新進自動車（金昌源）、大韓航空が韓進（趙重勲）、大韓通運が東亜建設（崔俊文）、海運公社が漢陽（金連俊）、

第2-7表　不実企業整理事業の内容（1969年）

整理事業 （発表日）	整理対象企業	引き受け企業ないし処分方法
第1次 （5月19日）	大韓プラスティック（任昌鎬） 共栄化学（金鍾壽） ※23社不実企業名簿発表	新東亜損保社（崔聖模）引き受け 新東亜損保社（崔聖模）引き受け
第2次 （6月14日）	仁川製鉄（李東俊） 三和製鉄（權五文） 韓国電気冶金（徐廷翰）	現代（鄭周永）引き受け ソウル銀行による公売 仁川製鉄が系列化
第3次 （6月24日）	天友社および系列5社（大成木材、 三益船舶、韓国畜産、朝鮮被服、 新進玩具）	天友社は存続、系列5社は朝興 銀行が引き受けた後に整理処分
第4次 （7月14日）	亜細亜自動車（李文煥） 韓国鉄鋼（申永述） 韓国製鋼（薛道植）	起亜自動車（金喆浩）引き受け — 韓国産業銀行管理
第5次 （7月19日）	三洋水産、三洋観光、三洋開発、 三洋航海（丁奎成） 天洋商事、天洋水産（郭容主） 大榮水産（安鍾妖） 三海水産（金泰善）	— — — —
第6次 （　ー　）	興南化繊（朴興植） 内外紡織（李淳熙） 造船公社（南宮鍊）	自救策提示
第7次 （8月14日）	東立産業（咸昌熙） 東洋化学 新興開発、新興水産、新興冷凍	三星物産（李秉喆）引き受け —

出所）李鍾宰〔著〕『財閥履歴書』韓国日報、ソウル、1933年、225～231頁および李ハング〔著〕『韓国財閥形成史』比峰出版社、ソウル、1999年、138～141頁より作成。

造船公社が極東海運（南宮鍊）に払い下げられた。また、不実企業の売却については、大韓プラスティック（母会社の大韓生命を含む）と共栄化学が新東亜火災（新東亜損保社）、仁川製鉄が現代、亜細亜自動車が起亜自動車、東立産業が三星物産へそれぞれ売却された。

　ここで「不実企業問題」について言及しておこう。この問題は、韓国産業銀行による立て替え払いが大量に発生した67年末頃から兆候がみられるようになり、69年になると、外国借款を導入した企業のうち85社が銀行管理下に置かれ、123社が経営破綻に陥っていることが判明した[50]。事態を重く見た政府は、大

統領の指示により直ちに「不実企業整理事業」に取り掛かった。69年4月に大統領府に設置された「不実企業整理調査班」の調査結果を基に、財務部などの実務官僚によって構成された「不実企業整理班」が実際の作業を担当した。

　その結果、大韓プラスティックをはじめとする30社が整理対象となり、作業が一段落する8月までに7次にわたる整理事業が断行された（第2-7表参照）。整理対象のなかには有名財閥の傘下企業も含まれており、天友社や和信はこの不実企業整理事業を機に転落の一途をたどった。整理方法は、対象企業の経営状況に応じて、融資支援、公売処分、合併、一定期間後に公売などの措置がとられた。また、売却の際には、長期低利融資、銀行債務の株式転換、当該分野の独占の承認などの恩典が付けられた。具体的な事例として、セナラ自動車と大韓航空の売却についてみておくことにする。

① セナラ自動車

　セナラ自動車は、62年1月に在日韓国人実業家の朴魯禎によって設立され、5月に公布された「自動車工業保護法」によって自動車組み立ての認可を受けた。工場は資本金1億ウォンが投じられ、仁川にほど近い富川に建てられた。この富川工場では、日産との技術提携により、ダットサン・ブルーバード（1200cc）がSKD方式[51]で生産された。ところが、稼働から1年程で生産中断に追い込まれ、メインバンクである韓一銀行の管理下に置かれた。破綻理由は、外貨不足下で組み立て部品を全量輸入に頼る生産方式に限界があったこともさることながら、63年に発覚した「セナラ自動車事件」が同社の没落を決定づけた。この事件は、60年代初めに立て続けに起こった「4大疑獄事件」の一つで、金鍾泌率いる中央情報部の政治資金捻出工作にセナラが加担したものであった[52]。

　破綻したセナラ自動車は、韓一銀行管理下に置かれた後、公売にかけられた。応札者は、新進自動車のほか、三美社（金斗植）、大東工業（李龍範）、永豊商事（張希炳）、韓進自動車（趙重勲）の5社であったが、2回の流札の末、最も応札価格の高かった三美社が落札した。ところが某所より強い圧力がかかり三美社の金斗植は購入をあきらめたため、結局、65年11月に「予定された脚本

通り」」[53] 新進自動車がセナラ自動車を引き受けることになった。引き受け価格は1億2500万ウォンであった。

　新進自動車は、57年3月に金昌源によって設立された民間車両整備工場として発足したが（当初の社名は新進工業社）、経営状態は芳しくなかった。その後、自動車車両組み立てを手掛けるようになるが、経営は一進一退を続けるばかりであった。転機は、政府による自動車産業育成政策によってもたらされた。朴政権は、62年頃から乱立する自動車メーカーを整理して国産化率を高めるために様々な政策を講じるようになる。特に、64年8月に発表された自動車工業総合育成計画は、新進がセナラを掌中に収めるのに有利に働いた。セナラ自動車を吸収した新生の新進自動車は、トヨタ自動車と技術提携および原資材導入契約を結び、66年には国産化率21％のコロナの生産に成功する。その後、コロナ以外にクラウン、パブリカなどの乗用車からバス、トラック生産まで手掛けるようになり、当時の新進自動車の国内市場占有率は80％にまで高まった。ライバルの現代自動車（68年11月コルティナ生産）や亜細亜自動車（65年7月フィアット生産）などは、新進に遠く及ばなかったのである。

　ところが新進の栄華は長続きしなかった。70年代に入ると、セナラ自動車といっしょに引き受けた韓国機械の経営不安が表面化し、肝心のトヨタとの技術提携もトヨタの中国進出との関連（周4原則）[54] で解消され、72年には新たに米国GMとの合弁企業であるGMコリアを設立する。この合弁事業も、燃費の悪い自動車しか生産できなかったため、第1次オイル・ショックの余波をまともにかぶり倒産してしまう。結局、GMコリアは韓国産業銀行の管理下に入り、社名もセハン自動車に変更された。

　もともと新進自動車は、政府と交わした国産化率向上の約束（68年までに80％以上に高める）を果たさず、国会においても輸入部品の市中横流し問題まで取りざたされるほど、経営の乱脈ぶりが問題視されていた。社長の金昌源は、会社の危機を経営努力ではなくもっぱら政府高官（特に李厚洛青瓦台秘書室長や金炯旭中央情報部長）との政治的コネクションで乗り切ろうとしたが、そのような経営手法にはおのずと限界があった。破綻へのプロローグは、69年に

500万ドルの現金借款が政治資金に流用されたという政経癒着の疑いがかけられたことであった。そして、75年の新進自動車販売社による偽装株式発行事件の発覚が決定打となった。韓国機械、京郷新聞、新源開発、新進アルミニウムなど12社を従えた新進財閥は、78年に主力企業の新源開発を三星に売却して短い財閥史に幕を下ろすこととなった。

② 大韓航空

　新進とは対照的に、大韓航空を引き受けた韓進は財閥化への階梯を一気に掛け上っていく。軍関連の荷役・輸送事業で跳躍のチャンスをつかんだ韓進にとって、大韓航空の買収は一流財閥への転身を約束する決定的な契機となった。大韓航空は、もともと62年4月に国営の航空会社であるKNA（Korean National Airline）として発足したが、経営不振のため68年4月に民営化の方針が出された。会社本体の価格はもちろんのこと、入札保証金だけでも1億4500万ウォンを要した高価な物件であったため、なかなか買い手が見つからなかった。そこで政府が売却先として目を付けたのがベトナム特需に潤う韓進であった。韓進グループの関係者の話によると、韓進に引き受けさせるに当たっては、政府高官による直々の慫慂があったという。中央情報部長の金炯旭や民主共和党議員の金成坤（双龍創業者）、それに大統領秘書室長の李厚洛らが、入れ替り立ち替りやってきて大韓航空の買収を勧誘したのである[55]。

　大韓航空の引き受けを受諾した趙重勲は早速KNAの財務状態の調査を開始したが、その債務が23億4000万ウォンに上ることが判明した。交渉の結果、買収額は14億5300万ウォンに決まり、債務もすべて韓進が負担することになった。返済条件については、返済期間は5年据置の10年分割償還、金利は据置期間が無利子で6年目から年利12％とされた。この条件は、当時の高金利状態や物価上昇率を勘案すると破格なものであった。「不実企業を引き受けること自体が相当な特恵であった」[56]という指摘は、韓進の場合も例外ではなかったのである。

　大韓航空の買収を機に、韓進は、輸送関連事業の垂直的な多角化を推し進め、

当代きっての総合輸送企業集団に成長する。まず、米空軍からバス80台の払い下げを受け、64年に大韓運輸を設立して高速バス事業に携わる。ちょうど韓国は高速道路建設ブーム（68年12月に京仁高速道路と京釜高速道路の一部が開通）を迎え、高速バスによる旅客運送の需要が大いに見込まれていた。また、68年4月の浦項綜合製鉄の設立に伴い、建設資材の運送や荷役事業にも関わった。大韓航空の関連事業としては、68年2月に韓国空港を設立して航空機の地上操業とその付帯事業に乗り出した。そのほか、同じく68年に韓逸開発を設立して建設業に進出したり、仁川に所在する仁荷大学を買収して育英事業にも進出したりしている。このように韓進は、輸送業を中心とする事業多角化を推進して今日10大財閥の一角を占めるにいたったのである。

(4) 国土開発事業

60年代における財閥資本の蓄積契機として、最後に、国土開発事業を指摘することができる。巨額の政府資金を投じて推進される国土開発事業は、道路、港湾、鉄道、発電所の建設のほかに工場団地造成、河川流域開発などを含み、民間部門への波及効果も絶大である[57]。関連分野は、建設業を筆頭に産業用機械や運輸装備などの製造業からセメントや鉄鋼などの素材産業にいたるまで多岐にわたっており、その産業連関効果は計り知れない。また、国土開発の本格化は地価上昇を当て込んだ不動産業ブームを巻き起こし、不動産の売買が財閥にとってかけがえのない蓄財手段となった。さらに、間接金融に依存した財閥が銀行融資を受ける際に有力な担保となったのも土地などの不動産類であった。このように、国土開発事業は60年代の財閥資本が成長の土台を築くうえで貴重な役割を果たしたのである。

韓国の歴代政権は国土開発事業を最優先課題と見なしてきた。理由は、国土開発事業が雇用機会を創出して失業対策になったこともあるが、何よりもそれが工業化の前提条件となるインフラ整備を意味したからであった。そのため朝鮮戦争後の復興期はもちろんのこと張勉政権時にも官民挙げて取り組まれたが、本格的に事業が展開されるのは「全国土の産業化！」[58]をスローガンに掲げて

経済開発に臨んだ朴正熙政権になってからであった。

　朴政権は、クーデター直後の61年5月18日に布告令第12号を発布し、張政権の国土建設事業を引き継ぐ意志を明らかにした。そして、朴正熙（国家再建最高会議議長）自らが政府各部署に「国土開発長期計画案樹立」を指示したのを機に、国土開発への取り組みは本格化する。早速実施されたのが関係官庁の改編措置であった。政府はまず、61年5月27日に張勉政権期に設置された国土建設本部を国土建設局に改称する。復興部が建設部に改編されたことに伴う措置であった。2か月後の7月22日には建設部が経済企画院に改組されたため、国土建設庁が設置された。国土建設庁はさらに翌年6月18日に建設部に格上げされ、ここに国土開発事業を推進する官庁体制が整うことになった。また、61年12月には国土建設団を結成し、兵役未了者を多数動員して河川工事や道路建設などの土木作業に当たらせた。こうして、63年7月31日に国土開発のマスタープランとなる「国土建設総合計画」が発表され、続く10月14日には「国土建設総合計画法」が制定された。

　こうした努力にもかかわらず、しばらくは国土開発事業の進捗はみられなかった。62年に始まる第1次5か年計画は「エネルギー源の確保」「社会間接資本の充実」「国土の保全と開発」など国土開発事業と関連する項目を重点課題に掲げたが、計画期間中の目立った成果といえば、春川多目的ダムや甘川火力発電所などの竣工、それに蔚山および九老の工業団地の造成くらいであった。原因は、ひとえに資金不足にあった。その資金不足が国内税制の整備と外資導入の増加によって解消されるにつれ、国土開発事業も本格化する。きっかけは、67年4月に朴正熙が大統領選挙公約として高速道路の建設をはじめとするインフラ整備を打ち出したことにあった。彼は、「近代化のためには幹線道路の高速化が必要であり、そうすることで都市と農村の距離が狭まり、農村近代化もなされていく」[59]と述べ、第2次5か年計画期間中に高速道路と港湾の建設、および漢江、洛東江、錦江、栄山江の4大江流域総合開発に着手することを宣言したのである。なかでも高速道路の建設事業は「祖国の近代化」のシンボルとなった。60年代に着工された高速道路は、ソウルと仁川を結ぶ京仁高速道路

(67年)とソウルと釜山を結ぶ京釜高速道路(68年)の2本である。ここでは、「檀君以来、最大の土木工事」[60]と称された京釜高速道路のケースを取り上げ、建設に参画した民間資本の財閥化過程を分析してみることにする。

① 現代[61]

　朱源建設部長官(当時)の回顧によると、韓国において高速道路建設計画が確定したのは、67年10月7日に開かれた党政会議の場であったという。朱長官が朴正煕の前で高速道路建設計画について詳細に説明すると、朴は、釜山＝馬山間は後回しにして大邱＝大田間を先に連結するように指示をした。建設費の見積もりについては、建設部、経済企画院、財務部、ソウル市、陸軍工兵監室、現代建設が試算することになったが、経済企画院が途中放棄したため残り5者によって行われた。結果は、建設部が650億ウォン、財務部が330億ウォン、ソウル市が180億ウォン、陸軍工兵監室が490億ウォン、そして現代建設が280億ウォンであった。最終的には、朴大統領自らの裁定により、唯一高速道路建設の経験を持つ現代建設の見積もりを中心に10%程度の予備費を上乗せして330億ウォンという金額が決められた。実際に要した総工費は、物価上昇と土地買収費用が加算されて430億ウォンに上った。

　現代建設が京釜高速道路の建設に参画する契機は、鄭の記憶によると67年11月に大統領主宰の夕食会に呼び出されたことであった。その席上で、朴は鄭に対して京釜高速道路の建設計画を持ち掛けた。民間業者の中で唯一現代建設が選ばれた理由は、前述のように現代だけがタイにおける高速道路建設の経験を有していたからであった。朴は、高速道路建設の必要性を縷々説明して、現代建設が京釜間に高速道路をつくるのに最小限の費用で最短期日内にできる方案を研究してみるよう命じたのである。命令を受けた鄭は、早速翌日から何人かの部下を引き連れ、ひと月かけてソウルと釜山の間をジープと徒歩で行き来しながら踏査を行った。その結果が上記の見積もりとなったのである。

　一方、高速道路建設構想は、67年12月に建設部が経済企画院と協議して作成した「国土圏域化計画」に反映され、「全国を一日生活圏に短縮する」京釜高

速道路建設計画に収斂していく。こうして68年2月1日に起工式が執り行われ、韓国の大動脈である全長4車線428kmに及ぶ京釜高速道路の建設が始まったのである。

　建設費用は政府資金のほか外資で賄おうとしたが、世銀のIDAにせよIECOKにせよ、計画そのものを問題視して協力に消極的であった。そこで、政府資金は道路整備事業特別会計を新設して石油類税、通行税、道路国債などで調達し、外資は対日請求権資金のうち有償借款を使用することにした。結局、総工費としては、68年2月1日の起工式から70年7月7日の開通までの2年5か月の間に、内資411億ウォンと外資689万7000ドルの合計430億ウォンが費やされた。この金額は、68年度本予算（歳出）額の約2割（19.4％）に相当するものであった[62]。

　建設工事には、民間からは現代建設をはじめ大林、東亜、三扶、極東、亜州土建、三煥など16社が参加し、公的機関からは陸軍建設工兵団3個大隊が投入された。工事の分担は、全体の5分の2を現代が施工し、残りを他の業者が担当した。具体的には、七つの全工事区間のうち、水原、天安、大田の三つの区間の128kmを現代建設が単独もしくは現代主導のコンソーシアムで請け負った。動員された労働力の延べ人数は、現場労働者540万人と技術者360万人の合計900万人に上った。これは、68年当時の全人口の約3割に相当する人数であった。そのうち現代建設の動員数は214万人で全体の4分の1近く（23.8％）を占めた。現代建設が担当した工事の進捗状況は、68年2月1日にソウル＝烏山間の第1区間38.6kmを着工、水原までは12月21日に、烏山までは12月30日にそれぞれ竣工した。大邱＝釜山間は68年9月15日に着工して翌年12月31日に終了した。小白山脈を貫通する唐堤トンネル工事のために最も難工事となった大田＝大邱区間は、69年3月1日に開始し、竣工式のわずか10日前の70年6月27日深夜にようやく完工した。多くの犠牲者を出しながらも最長3年という工期を5か月ほど前倒して京釜高速道路の全区間が開通したのである。

　この京釜高速道路の建設で、現代建設は総工費430億ウォンのうち87億9600万ウォンを手に入れたが、最終収益は3億3000万ウォン程度であった。これは

ベトナム特需で得た収益の11.8%にすぎない。しかし、現代が京釜高速道路建設への関与で得たものは数字では表せない価値があった。すなわち、現代建設が国内随一の建設業者として確固たる地位を築いたことは言うに及ばず、何よりも鄭自身が朴正煕の揺るぎない信頼を勝ち取ることができたのである。このことが後に現代を韓国随一の財閥に押し上げる原動力となったことについては、縷言を要しないであろう。

　現代は、本業の建設業だけが国土開発事業から恩恵を受けたわけではない。関連事業である丹陽セメント、京一運輸、金剛スレートなどにも波及効果が及んだのである。丹陽セメントは、AID借款を導入して設立されたセメント工場（64年7月完工）で、京釜高速道路建設の際には大量のセメントを供給した。そして、70年1月には現代建設から独立して現代セメントに成長する。特に、岩盤が弱く難工事となった唐堤トンネル工事の際に即乾性のある「燦強セメント」を生産して完工に貢献した話は有名である。68年2月に設立された京一運輸は道路建設などに必要な車両を供給する会社であったが、京釜高速道路建設で成長のきっかけをつかみ、70年8月には観光レジャー産業なども手掛ける金剛開発に発展した。58年8月に設立された金剛スレートは国内で最初に石綿スレート瓦を製造し、国土開発事業に伴う建築ブームに乗って成長した。そのほか、現代洋行や現代コンクリートなど建設関連事業を営む傘下企業も恩恵を享受できた[63]。

② 双龍[64]

　現代などの建設業者のほかに国土開発事業で巨大財閥化のきっかけをつかんだ企業家として、双龍財閥の金成坤がいる。金は、解放直後の48年に帰属企業の払い下げを受けて金星紡織を設立し、双龍を韓国有数の繊維財閥に育て上げた。60年代に入り、繊維産業の成長に限界を感じた彼は、セメント業中心の財閥へ変貌するためにグループ内の構造改革に取り組む。その中核を担ったのが62年5月に設立された双龍洋灰であった。双龍洋灰は、650万ドルに上る西独からの借款と技術協力を得て設立された韓国屈指のセメント会社で、国内の軍

納事業とベトナム特需(南ベトナムへのセメント輸出)を梃子に成長した。

　金成坤は、さらなるセメント事業の拡大のために世間をあっと言わせる行動に出た。67年10月にグループの中核企業で国内最大の紡織企業であった金星紡織と太平紡織を大農の朴龍学に売却したのである。こうして得た資金で、双龍洋灰寧越工場の増設工事を行う一方、工場建設資材やセメントの運搬のため同年12月に金星海運を設立し、67年には共同出資で設立したセメント袋用クラフト紙製造の三華製紙を買収して自らの傘下に収めた(75年に双龍製紙に改称)。

　このような双龍の繊維財閥からセメント財閥への華麗なる転身は、国土開発事業の本格化と軌を一にする形で進展した。それを可能にしたのは、金成坤が優秀な経営者であったからであるというよりも、彼の政治家としての手腕がいかんなく発揮された結果であった。すなわち、朴政権の下で国会議員や与党民主共和党財政委員長の要職を務めた金は、財界人の誰よりも早く政策決定の重要情報に接することができ、また時としてその政治力を駆使して企業経営を成功に導くことが可能な立場にいたのである。海運会社設立の際に政府による海運振興法制定の情報をいち早く手に入れ、企業設立に当たっては西独や日本の企業から借款を難なく導入できたのも、彼の政治家としての能力のなせる業であったといえよう。

4．「基礎形成期」における財閥資本の諸特徴

　本章のまとめとして、これまでの分析から明らかになった事柄を前提に1960年代における韓国財閥資本の諸特徴について整理しておこう。ここでは、何よりも60年代が財閥形成史の「基礎形成期」に相当する点を勘案して叙述することにする。その際、基礎形成期の前後の時期、とりわけ50年代までの「生成期」との違いに留意することが当該時期の財閥資本の特徴を際立たせるものと思われる。

第2章 「開発年代」の到来と財閥資本　105

第2-8表　10大財閥ランキング比較表

1961年現在	主要業種	1971年現在	主要業種
①三星	貿易、食料品、繊維、金融	①三星	貿易、食料品、繊維、電子、言論
②三護	貿易、繊維、金融	②LG	化学、電気、電子、精油
③開豊	貿易、セメント、金融	③韓進	航空、運輸、金融、建設
④大韓	貿易、食料品、繊維	④新進	自動車、機械
⑤LG	貿易、化学	⑤双龍	セメント
⑥東洋	セメント、食料品	⑥現代	建設、セメント、自動車
⑦極東	貿易、造船	⑦大韓	電子、電線、貿易
⑧韓国ガラス	貿易、ガラス	⑧韓国火薬	火薬、精油
⑨東立	食料品	⑨極東	造船、海運
⑩泰昌	貿易、繊維	⑩大農	繊維、糧穀貿易

出所）第1章、43頁、第1-8表および李ハング〔著〕前掲書、196頁より作成。ただしLGは現名称。

(1)「新興財閥」の台頭

　第一に、50年代に出現した財閥の隊列に「新興財閥」が加わったことである。特に、60年代の本格的な工業化時代を迎え、製造業を主力分野とする財閥の台頭がみられるようになった。第2-8表より50年代の10大財閥と60年代のそれを比較すると、60年代に新たにランキング入りしたのは韓進、新進、双龍、現代、韓国火薬、大農の6財閥であり、代わりに三護、開豊、東洋、韓国ガラス、東立、泰昌の6財閥がランキング外に転落した。基礎形成期に10大財閥のレベルで激しい新陳代謝が起こった事実を確認できよう。圏内に入った財閥の創業はいずれも60年代以前にさかのぼるが、本格的な事業展開は60年代に入ってからである。韓進、現代、双龍はベトナム特需と国土開発事業によって財閥化の基盤を形成し、新進、韓国火薬、大農は政府系企業の引き受けや企業買収を通じて勢力を拡大した。

　他方、新興財閥の台頭の陰でこの60年代に没落が決定的となった財閥も少なくない。解放前より企業活動を展開してきた和信（朴興植）や泰昌（白南一）をはじめ、海運業の極東（南宮錬）、解放後韓国を代表する貿易会社に成長した天友社（全澤珤）、中央産業（趙性喆）、東立産業（咸昌熙）なども不実化して衰退の一途をたどった。

これら圏外に落ちた財閥の主要分野が貿易や繊維であったのに対し、新興財閥のそれは、自動車、セメント、化学などの製造業分野を中心に、航空・運輸、建設などバラエティに富んでいる。このような財閥の主力分野の変化は、50年代の商人資本的性格から産業資本的性格への移行を鮮明化した60年代韓国資本主義の変容とほぼ軌を一にしているといってよい。

(2) 「国民企業」への変身

　第二に、財閥企業が単なる私企業から「国民企業」への変身を求められたことである。朴政権は、軍事クーデターで政権を奪取したという負い目もあって、何よりも経済開発を優先する政策を自らの正統性の証とした。経済発展で先んじた社会主義体制の北朝鮮に対しては、李承晩のような武力による「北進統一」路線ではなく、当面、北との「経済戦」に挑む「勝共統一」路線を掲げた[65]。その際、財閥は経済開発の重要な担い手と見なされたのである。そのため、特恵付与を含む一連の財閥資本育成策が講じられたことについてはすでにみた通りである。

　50年代の財閥は李政権が掲げた「自由企業原理」の下で比較的自由な経済活動を許された。ところが、朴政権が成立する60年代になると、政府主導型開発戦略の下に資源配分が制御されたため政府の提示する開発メニューから逸脱した企業経営は原則的に困難になった。各財閥は自己の利害関係を商量するだけでは済まなくなり、多かれ少なかれ「事業報国」に配慮した企業経営を求められるようになったのである。

　しかし、元来、自由競争の原理と相容れない朴政権の「企業指導主義」は、企業が事業報国に徹すれば徹するほど各分野における早期的な独占化を深化させるジレンマに陥った。要するに、朴政権が財閥企業に求めた国民企業への変身とは、政府保証付のさらなる財閥化にほかならなかったのである。

(3) グループ中核部門の確立

　第三に、将来、各財閥グループの中核部門となる分野への進出がみられたこ

とである。既述のように、朴政権は輸出産業の育成とともに新産業分野の開拓にも力を注いだ。それら新分野は、自動車、製鉄、造船、機械、電子、石油化学などの重化学工業分野に属する産業であった。そのうち巨額な初期投資を要する製鉄など一部の分野については政府自らが経営に乗り出したが、残りの大部分は財閥資本に事業化を委ねた。ここでは、60年代中にグループの中核部門を確立した財閥の代表的な事例として、ラッキー（楽喜、LG）の石油精製事業についてみておくことにする[66]。

　ラッキーが石油精製事業に進出する契機は、傘下の湖南精油が政府により第2精油工場の指定を受けたことにあった。朴政権は、5か年計画の実施とともに「主油従炭」のエネルギー転換政策を掲げ、62年に政府企業の大韓石油公社（油公）を設立した。油公は64年から正常稼働に入り翌年には早くも巨額の収益を上げたが、工業化の進捗に伴う石油需要の増加とともに第2精油工場を建設する必要性が出てきた。そこで政府は、65年5月に韓国南西部全羅南道の麗水に建設が予定された第2精油工場の実需要者を公募した。名乗りを上げたのは外国企業と提携した国内6業者であった。その6業者（カッコ内は提携先）とは、韓国火薬の東洋石油（米国スケリー、住友）、ロッテの東邦石油（伊藤忠）、坂本紡績の三南石油（米国のサンオイルおよびコンチネンタル）、大韓証券の三洋石油（日綿）、漢陽の漢陽石油化学（米国エッソスタンダード）、そしてラッキーの湖南精油（米国ソコニーモービル、三井）であった。激しい駆け引きの末、66年11月16日の政府発表で最終的に選定されたのはラッキーの湖南精油であった。

　ラッキーは、第2精油工場の応募に際し、グループ内に楽喜化学専務の具平會を責任者とする精油事業推進開発部を設置した。関係官庁や政府との渉外活動を担当したのは、社長の徐廷貴と具仁會グループ会長の弟で国会予決（予算決算）委員会委員長を務めていた具泰會であった。特に徐廷貴は、国会議員の経歴を持ち、朴正熙と大邱師範で同窓生という立場にあった。ラッキーが選定された理由は、何よりも計画そのものが他社より優れていたからであろうが、このような人脈が有利に作用したことは想像に難くない。ラッキーは、提携先

の三井が三星によって設立された韓国肥料の「サッカリン密輸事件」[67]に連座したため、最終的にカルテックスを選定した。こうして、第２精油工場である湖南精油は69年９月に稼働し、日産６万バレルの石油を精製した。同社は、71年には早くも民間会社売上額トップクラスの会社に成長した。このようにラッキーは、50年代に設立した金星社とこの湖南精油を両輪に化学工業と電気・電子工業を基軸とした事業化を展開し、大財閥化への階梯を着実に掛け上がっていった。

その他の事例として、現代の自動車工業と三星の電子工業への進出が注目される。これまでの叙述と重複する部分もあるので、ここではそれぞれについて簡略に触れておこう。

既述のように、現代は、建設業の成功で得た資金で67年12月に現代自動車工業を設立する[68]。米国フォードとの提携による設立であった。鄭周永はもともと自動車整備には精通しており、自動車産業への進出は「長年の夢だった」[69]という。しばらくの間は、最初に生産したコルティナの不評や合弁相手のフォードとの経営方針を巡る確執などで不振を極めたが、フォードとの合弁を73年に解消した後、三菱自動車の協力を得て75年に生産した小型乗用車のポニーが好評を博したのを機に、今日韓国を代表する世界的自動車メーカーにまで成長している。

また、三星も69年１月に三星電子工業を設立している。三星電子の本格的な成長は、77年12月に韓国半導体（78年３月、三星半導体に改称）を引き受けてからであるが、世界的な半導体ならびに総合電気メーカーに成長した同社の源流は、60年代末にさかのぼることができる。50年代までにすでに韓国随一の財閥に成長した三星であったが、60年代は、それまでに確立した分野の維持と多角化に努めることによって財閥ランキングの首位こそ死守できたものの、必ずしも事業が順調に進展したわけではなかった。何よりも、62年に長年苦楽を伴にした趙洪済と袂を分かったことが李秉喆にとって衝撃であった。持ち分問題を巡る対立が原因であったが、趙は、三星傘下にあった暁星物産などを率いて、別途、暁星グループを形成した。また、60年代初めに発覚した「三粉暴利事件」[70]

では、三星は規模の大きさゆえに社会的指弾を一身に浴びたかと思うと、政府に請われて設立した韓国肥料は「韓肥事件」（サッカリン密輸事件）を引き起こす始末で、当時の三星は、文字通り「罪閥」の汚名をほしいままにした。この事件を転機に、総帥の李秉喆は、韓国肥料の株式の51％を国家に献納するとともに、社会的責任を取ってしばらく経営の第一線から退いていたが、復帰後最初の事業がこの電子分野への進出であった。その後、同分野における三星の事業は、総帥二世代にわたる企業努力の結果、大成功を収めることになる。

(4)「ワンセット主義」的な事業多角化

　第四の特徴として、事業の多角化が進んだことである。韓国の財閥の特徴として、一般に「百貨店式」「タコ足式」「船団式」などと形容されるコングロマリット的な経営形態が指摘されてきた。これは、財閥資本が自己の隊列拡大を追求した結果もたらされた現象であるが、そのような兆候がこの60年代に顕著にみられるようになった。事業多角化のベクトルとしては、垂直的多角化と水平的多角化の二つがある。前者の垂直的多角化が中核分野の関連事業を中心に多角化経営が進展するのに対し、後者の水平的多角化は中核分野とは必ずしも関連のない分野に進出して経営の多角化が進むところに特徴がある。「百貨店式」などの表現は、後者のタイプの多角化を指すものである。確かに、韓国の財閥の場合、水平的多角化を通じて財閥化を遂げたものが多いが、なかには、垂直的多角化に近い隊列拡大を推進した財閥もある。それぞれのタイプの事例についてみてみよう。

　この時期にみられた水平的多角化の事例として、まず、大農のケースが取り上げられる。大農は、もともと50年代にはグループの母体となった大韓農産（55年4月設立）の事業を通じて肥料や食料などを輸入する貿易業に携わっていたが、60年代に入ると、製粉業や遠洋漁業や海運業なども手掛けるようになる。事業の本格的な拡大に転じるのは、前述のように、68年3月に双龍から金星紡織と太平紡織を買収してからである。それまでは、どちらかというと食品工業を中心とした拡大路線を走っていたが、双龍からの買収を機に、一気に他

分野への進出を図っていくことになった。その後、69年になって美都波百貨店の買収にも成功して小売業への進出を果たしている。

　また、三星も60年代に水平的多角化を推進した典型的な財閥であった。三星物産を中核に財閥化を遂げてきた三星は、50年代に第一製糖や第一毛織を設立して産業資本的な面貌を整えつつあったが、60年代に入ると製造業以外の分野にも進出していった。60年代における三星の製造業分野への進出例は、63年7月の大韓製油の買収、同年12月の味豊産業の設立、64年8月の韓国肥料の設立、67年2月のセハン製紙（後の全州製紙）の買収、そして上述した三星電子の設立くらいしかない。それに対し、非製造業分野への進出例は、63年2月の東洋TV放送の設立、同年2月の東邦生命、東和百貨店（後の新世界百貨店）、東南証券、東洋火災海上保険の買収、同年12月の同和不動産（後の中央開発）の買収、64年1月の三星奨学会の設立、同年7月の大邱大学の引き受け、65年2月の三星文化財団設立発表（認可は4月）、同年3月の中央日報社（韓国4大新聞の一つ）の設立、同年9月の三星文化財団による成均館大学の引き受けなどと枚挙にいとまがない。その進出分野は、金融・証券・保険業から小売業、不動産業、メディア産業、教育文化事業にいたるまで、実に多彩で広範囲に及んでいる。典型的な「百貨店式」経営であるといえよう。

　次に、垂直的多角化の事例についてであるが、前述した韓進が一つの典型例であろう。重複するので詳述は避けるが、軍納事業とベトナム特需で財を成した韓進は、68年に大韓航空の買収に成功して垂直的な多角化を本格化する。その後、64年に設立された大韓運輸が高速バス事業を展開する一方、68年設立の韓国空港は大韓航空の関連事業に携わった。また、ラッキーも化学分野を中心とする垂直的な多角化を推進した。もともと化粧品の販売から本格的な事業を開始したラッキーは、50年代より化学工業を中心とする多角化に取り組んできた。60年代には、既述のように化学工業の最も上流部門に位置する石油精製事業にまで進出した。それ以外にも、68年3月に米国コンチネンタル・カーボン社との合弁で韓国コンチネンタル・カーボンを設立した。同社は、仁川市に工場を建て、ゴム製品（タイヤ）の補強剤となるカーボンブラックを製造した。

しかし、垂直的多角化を推進した財閥であっても、関連のない分野に進出しなかったわけではない。むしろ、大いに進出したがゆえに財閥化を遂げることができたといってよい。例えば韓進は、総合輸送企業集団を形成したといっても、67年に東洋火災海上保険を三星から買収したり、68年には韓逸開発を設立して建設業に進出している。また、同じく68年には仁川市郊外に位置する仁荷大学を引き受けて育英事業も手掛けている。ラッキーの場合も、化学以外に電気分野における垂直的多角化に布石を打ちながら、それらの分野とは直接関連のない分野に進出していった。この時期、63年２月のラジオソウル（RSB）の設立（三星と折半投資）や翌年の国際新報の買収など、メディア分野における活発な事業展開がみられたのである。すなわち、韓国の財閥の場合、水平的系列化と垂直的系列化の２種類に明確に線引することは難しく、系列化の実態としては両者が混合しているケースが多いのである[71]。

(5) 産業資本化の跛行的進捗

最後に、本格的工業化時代を迎え、財閥全体としての産業資本化が進捗したことを指摘できよう。これまでみてきたように、50年代と比較して一段と工業化が進展した60年代には、製造業分野における起業ブームが起こった。この時、後にグループ内の中核企業に成長する企業も数多く設立された。製造業に携わる企業の設立は、少なくとも量的な意味においては各財閥の産業資本化を進展させるモメントになったといってよい。

また、輸出産業の育成を通じた工業化政策は韓国企業をして海外での激しい競争を余儀なくさせた。その国際市場のディシプリン効果が韓国資本の産業資本化を促す一つの要因となったのである。確かに韓国企業の輸出競争力は税制面や金融面での様々なインセンティブ政策によって底上げされてきたが[72]、究極的には、企業の国際競争力は独自の技術力や高い生産性それに卓越したマーケティング戦略によって支えられており、政府の恣意的な支援策によって左右される代物ではないといえる。このように、製造業製品の輸出を梃子とした工業化は、そのウエイトが産業構造のなかで高まるにつれて、韓国経済全体の産

業資本化を促進していったのである[73]。

　しかし、この60年代の工業化は、財閥資本が主体となりつつも政府による強いリーダーシップの下で推進されたものである。そこでは、依然として政経癒着を通じたレント・シーキング行為がみられたし、むしろ各分野において早期的な独占化が深化したことからもうかがえるように、その傾向は強まりこそすれ決して弱まることはなかった。新進自動車の破綻例や三星のスキャンダル事件はそのことを例証するものにほかならない。

　ところで、政経癒着の蔓延する社会はいわゆる「合成の誤謬」に陥りやすい傾向にある。個別企業にとっては、政経癒着が利益をもたらす手段となりうるが、社会全体としては、それが経済の非効率化を招いて貴重な資源を浪費する原因となる。韓国の場合、問題なのは、朴政権の強権体制が政経癒着に由来する「合成の誤謬」の表面化を抑制する機能を果たしてきたことである。この強権体制の長期にわたる維持を可能にしたのが北朝鮮との対峙であった点を勘案すると、ここにも分断体制資本主義の力学が貫徹している事実を看取できる。したがって、個別企業のレベルでみると、韓国では政経癒着が企業経営の不可欠な要素となり、それ自体がある種の効率性を生み出してきたとすらいってよい。改めて触れるまでもないが、財閥側にとっての政経癒着のメリットは政治家や官僚らが独占する情報に誰よりも早くアクセスできるところにある。これは、基本的には、財閥の経済力の弱さを政治力でカバーしようとするビヘイビアにほかならない。当時の韓国では、企業払い下げの際に落札できなくても有力政治家の口利きで当該企業を手中に収めた事例に事欠くことはなかったのである。

　しかし、政経癒着の横行した韓国といえども、政治力に頼り切った企業経営が成功した事例を筆者は寡聞にして知らない。先の新進のケースは典型的な失敗例であろう。新進の教訓は、政経癒着が過度に進むと、結局、財閥の短命につながるということである。政権側は格好の政治資金源として財閥を利用し、財閥側はますます政経癒着に依存した経営に傾斜するようになると、そこには、およそ経済原理の貫徹しない空間で企業経営を余儀なくされる事態が発生する

ことになる。政経癒着のスキャンダル事件が発覚するたびに、その存続がままならなくなった財閥の数は、わずか半世紀余りの韓国財閥史にもかかわらず、決して少なくないのである。

　いずれにせよ、長期にわたり成長を持続できた財閥は事業の節目節目に政経癒着を利用したとしても、その後の企業経営の成敗はもっぱら市場原理に左右された。韓国財閥の特徴をなす「タコ足経営」、相互債務保証、内部取引などの非市場原理的な行為の横行は、激しい財閥間競争を勝ち抜く手段として自然に財閥グループ内に根付いた慣習であり、取引費用（transaction costs）[74]の観点からすると効率的選択であったといえなくもない。しかし、大局的にみると、そのような性向が必ずしも財閥資本の永続的な強さにつながらなかったことは、通貨危機後の「財閥解体」の状況が雄弁に物語るものである。韓国における財閥の産業資本化とは、かくも矛盾に満ちたプロセスをたどるものであったのである。

【注】

1) Amsden, Alice H., *Asia's Next Giant: South Korea and Late Industrialization*, New York, Oxford University Press, 1989, p.79参照。
　「後発工業化」（late industrialization）の概念を韓国経済の分析に適用したアムスデンは、韓国経済の発展要因を分析する際に市場（価格）メカニズムを強調する新古典派（getting relative prices right）に対し、市場メカニズムを歪めた（getting relative prices "wrong"）ゆえに成功したと逆説的な表現を使って批判している。*Ibid.,* pp.139-155参照。
2) Anne O. Kruegerは、解放後韓国経済の発展過程を論じる際に、解放から50年代末までに供与された外国援助が韓国経済の復興過程に役立ったことを認めたうえで、韓国政府の為替レート過大評価政策と輸入代替工業化政策がマクロ安定を求める米国政府の意向と齟齬を来すようになったとしている。そして、60年代前半の過渡期を経て、それ以降は貿易（輸出）および援助に取って代った民間資本の流入が韓国経済の急速な発展を支えたと述べている。Krueger, Anne O., *The Developmental Role of Foreign Sector and Aid: Studies in the Modernization of the Republic of Korea: 1945-1975*, Cambridge, Massachusetts, Council on East Asian

Studies Harvard University, 1979参照。
3) 詳しくは、第1章、35～39頁参照のこと。
4) 李大根は、50年代の資本蓄積が政府による農業収奪によってもたらされたことに注目し、援助の効用を強調する「援助依存蓄積論」に代えて「農業犠牲蓄積論」を提唱している。このような主張は、援助経済の背理に焦点を当てた議論であるといってよい。李大根〔著〕『韓国戦争と1950年代の資本蓄積』カチ、ソウル、1987年参照。

しかし、最近の著書では、「韓国経済のNIEs化過程」において1930年代植民地工業化期と解放後の援助経済期がそれぞれ「第1次国際的契機」「第2次国際的契機」となったと評価され、「収奪」を強調した従来の主張が後景に退いている。同〔著〕『解放後・1950年代の経済──工業化の史的背景研究』三星経済研究所、ソウル、2002年参照。

5) 朴ドンチョルは、4.19の進歩性を認めつつも、その本質を「**完遂されなければならない未完の革命**ではなく**完遂されえないプチブルジョア運動**とならざるをえなかった」と規定し、その理由の一つに「民衆の生存権問題が第一次的な課題であったにもかかわらず、プチブルジョアジー主導の4.19はこの課題を受容する力量も姿勢も整えることができなかった」点を挙げている。朴ドンチョル「2章 韓国経済の流れ」韓国社会経済学会〔編〕『韓国経済論講義』ハヌル、ソウル、1994年所収、81頁。

6) ジャーナリストの李容遠は、61年2月27日に国土建設事業参加要員の研修を受けた若者2000名が終了式の後に市街行進を行ったのを取り上げて、「この日の市街行進は、張勉政府が掲げた『経済第一主義』の出発を知らせる『事件』であった」（17頁）と述べている。李容遠〔著〕『第2共和国と張勉』ポム社、ソウル、1999年、16～18頁および46頁参照。

7) 張政権の5か年計画の立案に産業開発委員会補佐委員として中核的役割を担った金立三は、40年近く大事に保管してきた「第1次5か年計画経済開発計画（試案）」と朴政権が61年7月22日の経済企画院発足の日に発表した「総合経済再建5か年計画」を比較し、その内容がそっくり同じで目標成長率（前者が6.1％、後者が7.1％）や表紙および総論の一部しか違わないと述べている。その「物証」として、金の「試案」の表紙には「檀記4294年5月、建設部」（檀記4294年は西暦1961年）と明記してあり、その建設部が実在したのは、復興部より改称された61年5月27日から経済企画院に変わった7月22日までの2か月足らずの間である。既存の計画を検討するだけでも最低1年は要するのに、数

百ページに上る膨大なボリュームの5か年計画が5.16後のわずか2か月余りの期間に作成できるわけはないと疑念を呈している。同上書、48～49頁参照。
8) もっとも朴政権の第1次5か年計画も、初期政策の失敗や米国の要求などもあって、64年からは下方修正された「補完計画」に取って代わられる。この補完計画の採用は、朴政権が本格的な「外向的開発戦略」へ転じたことを意味した。
9) 韓国開発研究院『韓国経済半世紀　政策資料集』ソウル、1995年、199頁参照。
10) 許政は、当時、李政権の外務長官を務めていた関係上、60年4月27日に李承晩が国会に大統領職の辞任書を提出したのに伴い、大統領代行に就任した。

　　許政は、釜山出身で、1919年の三・一運動に参加後、上海臨時政府の樹立にも関わった。植民地時代は、フランスや米国で亡命生活を余儀なくされたが、解放後、韓国民主党の結成へ総務として参画した。李政権期には、野党韓民党出身ながら大統領に重用され、外務長官以外に、交通・社会長官、総理代理、ソウル市長などの顕職を歴任した。
11) 国家再建最高会議は、61年5月19日に軍事革命委員会を改称して設置された最高権力機関で、63年12月の第3共和国の発足まで存続した。
12) 李鍾宰〔著〕『財閥履歴書』韓国日報、ソウル、1993年、139頁。
13) 李秉喆は、朴正熙と2回目に対面した際、「経済人たちに罰金の代わりに工場を建設させるようにして、その株式を政府に納付させるようにする方案を提議し」、「私の提案は、最高会議の議決を経て投資命令という法令で実現された」と述べている。李秉喆〔著〕『湖巌自伝』中央日報社、ソウル、1986年、116頁。

　　ちなみに、李は、不正蓄財問題の根本原因を「収益をはるかに上回る税金を徴収できるように規定されている戦時非常事態下の税制そのまま」であった当時の税法に求めている。同〔著〕113頁。
14) 朴政権は、62年6月10日に発布した「緊急通貨措置令」に基づき、通貨単位のホァン（圜）をウォンに切り替える10対1のデノミネーションを実施した。53年2月15日にウォン（圓）をホァンに100対1の比率で交換する通貨改革が実施されたが、それに続く措置であった。主な目的はインフレ防止とともに遊休資金や退蔵資金を吸収して産業資金に利用することであった。方法は、吸収された資金の一部を産業開発公社の出資株式に転換して産業資金化するというものであった。計画は極秘のうちに進められ、新紙幣の印刷はわざわざ韓国から遠く離れたイギリスで行われた。ところが当局の思惑とは裏腹に、結果は、

金額別申告額でみると、5万ウォン以下が46.5％を占め、1000万ウォン以上はわずか6.1％にすぎなかった。結局、この通貨改革はインフレ激化などの経済混乱を助長しただけに終わり、実施ひと月後の7月13日には封鎖預金の全面解除措置がとられた。

15) 補完措置の内容は以下の通りである。①貿易政策面における輸入の大幅な自由化（保有外国為替による輸入の77％を自動承認品目化）、②租税政策の面で不要不急な輸入や仮需要を抑制するための特関税法の制定と物品税法の改正、③物資需給の円滑化と財政安定計画の強力な執行、④外国為替市場の操作資金の確保（約6000万ドル）。経済企画院『開発年代の経済政策──経済企画院20年史』未来社、ソウル、1982年、40頁参照。

16) 車東世・金光錫〔共編〕『韓国経済半世紀　歴史的評価と21世紀ビジョン』韓国開発研究院、ソウル、1995年、44頁参照。〔英語版〕Cha, Don-Se, Kwang Suk Kim and Dwight H. Perkins (eds.) *The Korean Economy 1945-1995: Performance and Vision for 21st Century*, Korea Development Institute, Seoul, 1997.

17) 趙龍得〔著〕『韓国貿易成長論』法文社、ソウル、1996年、66頁。

18) 韓国貿易協会『貿協五十年史』ソウル、1996年、311〜312参照。

19) 輸出分野別割合の推移（60年、65年、70年）をみると、衣類0.0％→11.8％→25.6％、雑製品0.0％→5.1％→13.7％、木製品およびコルク製品0.0％→10.4％→11.2％、織物0.0％→6.0％→10.2％で、70年時点の分野別順位は、①衣類、②雑製品、③非食料原材料、④木製品およびコルク製品、⑤織物となっている。韓国貿易協会『貿易年鑑』各年度版参照。

20) 今岡日出紀は、韓国などほとんどの中進工業国において「輸出指向と輸入代替という本来異質な政策体系が併存していた」(153頁)事実に着目し、「労働集約的製品の輸出振興と後方連関産業の輸入代替化という投資需要誘発の複線的メカニズムによって経済成長が進む一方、輸出の急成長が経済成長への国際収支面からの制約条件を緩和する役割を果たした」(168頁)と述べている。今岡日出紀「第五章　輸出主導型成長と安定」篠原三代平〔編〕『第三世界の成長と安定』日本経済新聞社、1982年所収。今岡日出紀・大野幸一・横山久〔共著〕『中進国の工業発展』アジア経済研究所、1985年も参照。

21) 朴正熙は、自著の中で、第1次5か年計画を説明する際「われわれが持っているものはそのまま最大限に活用するが、それでも不足するものは（財源、技術、外国借款など）外資導入で埋め合わせなければならない」(97頁)と述べている。朴正熙〔著〕『国家と革命と私』地球村、ソウル、1997年（原版は63

年ヒャンムン社刊)。
22) 例えば三星の李秉喆は、回顧録の中で「後進性脱皮の近道は工業化」であると見なし、「国内には資本の蓄積がなく技術もないので、先進国から借款や投資の形式で資本と技術を導入しなければならない」と述べている。李秉喆〔著〕前掲書、123頁。
23) 韓国で初めて外国借款を導入したのは1959年の東洋セメントである。米国から214万ドルのDLF（開発借款基金）借款（公共借款）が米国から導入された。
24) ラッキーとしては、当時、人絹糸工場を建てたい意向を持っていたが、62年4月に国家再建最高会議の柳原植（軍人）商工分科委員長から具仁會が呼び出され、送配電用電線工場を建設するために1週間以内に借款導入契約を締結するよう命令された。こうして建てられたのが金星電線工場であり、後にLGグループの中核企業となる金星社の発展につながっていく。呉源哲〔著〕『韓国型経済建設――エンジニアリング・アプローチ』第1巻、起亜経済研究所、ソウル、1995年、22頁参照。
25) 李秉喆によると、その中断理由について「『外資5500万ドル、内資50億ホァンを投資して年産30万トンの大規模最新工場』を建設するという私の計画は、わが国の年間輸出額が1億ドル未満であった当時としては『時期尚早』にしかみえなかったのかもしれない」（李秉喆〔著〕前掲書、127頁）と、工場規模の過大さを理由に挙げているが、日本政府からも、63年4月30日に開かれた日韓事務レベル非公式協議で請求権問題の妥結後承認する予定であるという留保が求められた。太田修〔著〕『日韓交渉――請求権問題の研究』クレイン、2003年、221頁参照。
26) 財務部・韓国産業銀行『韓国外資導入30年史』ソウル、1993年、52～54頁参照。
27) 李ハング〔著〕『韓国財閥形成史』比峰出版社、ソウル、1999年、129頁参照。
28) 日本からの供与額を実質的に決めた62年11月の「金・大平合意」以後、日韓会談において民間借款を国交正常化以前に前倒して施行できる可能性について言及されたり、日本からの延払輸出を可能にする法的措置（63年4月）がとられたことなどが背景となったものと思われる。
29) 「日韓条約」については以下の文献を参照した。金東祚〔著〕『回想30年、韓日会談』中央日報社、ソウル、1986年〔日本語訳〕金東祚〔著〕『韓日の和解』林健彦〔訳〕サイマル出版会、1993年、李度晟〔編著〕『実録　朴正煕と韓日会談』寒松、ソウル、1995年、太田修〔著〕前掲書。

30) 永野慎一郎・近藤正臣〔編〕『日本の戦後賠償――アジア経済協力の出発』勁草書房、1999年、「第2章　韓国の対日請求権と経済協力」参照。
31) 経済企画院『請求権資金白書』ソウル、1976年、377頁参照。
32) 財務部・韓国産業銀行、前掲書、127頁参照。
33) 李鍾宰〔著〕前掲書、156頁参照。
34) 車東世・金光錫〔共編〕前掲書、380～381頁参照。
35) 「特需」とは、日本における定義では、朝鮮戦争勃発以降新たに発生した国連軍（主に米軍）、駐留外国軍、外国関係機関などによる物資・サービス調達、消費、支出に伴う特殊需要で貿易外勘定に計上された外貨収入を指す。ただし、日本では特需という表現が軍需であることを隠蔽する用語として使用されたことに留意すべきである。大蔵省財務室『昭和財政史3　アメリカの対日占領政策』東洋経済新報社、1976年、497頁参照。
36) ベトナム戦争の戦費（1964～72年）は、2002年価格に換算すると4943億ドルに上り、同期間米国GDPの12％を占めた。アメリカン・アカデミー・オブ・アーツ・アンド・サイエンシズ、ノードハウス米エール大学教授らの試算参照。
37) 70年2月に開かれた米国上院サイミントン公聴会（安保協定および海外公約分科委員会）でのW.ブラウン元第7代駐韓大使の証言によると、韓国軍の派兵要請は、D.ラスク国務長官の文書指示により行われ、主にW.バンディ極東担当次官補との合意を通じて韓国側と交渉した。すなわち、ブラウン大使と李東元外務部長官との間で具体的な話し合いがもたれたのである。朴實〔著〕『朴正熙大統領と米国大使館』ペギャン出版社、ソウル、1993年、170頁参照。
38) 韓国側は交渉過程でこの付帯条件の設定について協定方式にするように要求したが、米国側はこれを拒否し、現地大使の「書簡」という「格下げされた形式」で決着した。同上書、171頁参照。
39) 李鍾宰〔著〕前掲書、174頁および朴根好〔著〕『韓国の経済発展とベトナム戦争』御茶の水書房、1993年、16～17頁参照。
40) 李鍾宰〔著〕同上書、173頁参照。
41) 李ハング〔著〕前掲書、253頁参照。
42) 李ハングは、趙重勲が朴正熙と面会して直接資金協力を訴えることができたのは「政府高位層」の便宜によるものであったとして、張基栄の関与を示唆している。同上書、160頁、注32）および李鍾宰〔著〕前掲書、180頁参照。
43) 李ハング〔著〕同上書、162頁参照。
44) 現代のベトナムにおける事業については、現代建設株式会社『現代建設50年

史』ソウル、1997年、228〜231頁参照。
45) 崔鍾煥を総帥とする三煥がベトナムへ進出するきっかけは、62年6月に東南アジア地域コンサルタントとして赴任したスピグナル・ソウル駐屯米工兵団副団長からタイなど東南アジアでの建設工事に三煥が参加することをアドバイスされたことである。ただし、ゴ・ディン・ディエム政権崩壊による政情不安のために空港建設工事は放棄された。同上書、253頁参照。
46) この工事は、タイ南端マレーシア国境近くに位置する二都市を結ぶ道路工事で米国技術用役会社DLC（De Leuw Cather）の管理・監督の下に施工されたが、タイ建設省道路局が世銀借款を導入して行われたため、タイ国内の米軍関係工事とは違い、参入障壁となっていたバイ・アメリカン政策の影響を受けずに済んだ。西独、日本など先進16か国の29社と競って勝ち取った案件で、当時の単一工事としては最高の契約額（工事費522万ドル、65年度全国建設業者建設輸出実績の34.3％）であったが、経験不足や天候問題などで莫大な赤字（2億8800万ウォン）を出した。現代建設株式会社、前掲書、1997年、226〜227頁、鄭周永〔著〕『峨山 鄭周永 演説文集——今朝もときめきを抱いて』サムスン出版社、ソウル、1986年、57頁および同〔著〕『危機こそ好機なり』講談社（原著名は『この地に生まれて——私の生きてきた話』ソル出版社、ソウル、1998年）2000年、74〜75頁を参照。
47) 朴根好〔著〕前掲書、122頁、表3-15および123頁、表3-16参照。
48) 新古典派エコノミストらによって著された世界銀行の『東アジアの奇跡』では、91年度版『世界開発報告』での「マーケット・フレンドリー・アプローチ」に続いて、経済成長における政府の役割を前提とした「成長のための機能的アプローチ」が採用されている。World Bank, *The East Asian Miracle: Economic Growth and Public Policy*; A World Bank Policy Research Report, Oxford University Press, 1993参照。
49) 公企業の付加価値の対GDP比率をみると、インドが70年8.1％、71年8.7％、72年9.4％に対し、韓国は70年9.2％、71年8.5％、72年8.6％となっている。司空壹「経済開発と政府の役割」『韓国開発研究』第3巻第1号、1981年、17頁、3-6表参照。
50) 日本の外務省アジア局北東アジア課が調査した『韓国における不実企業の実態』（1973年）においても、日本から借款を導入した韓国企業のうち80％以上が不実化していたと報告されている。
51) SKD方式とは、Semi Knock Downの略で、現地でボルト、ナット類で組み立

て可能な程度に分解された状態で出荷するものである。また、CKD（Complete Knock Down）方式は、部品単位で完全に分解された形で輸出され、現地で溶接、塗装、艤装を行うものである。前者より後者の方が現地における付加価値は高い。加藤健彦・窪田光純〔著〕『韓国自動車産業のすべて』日本経済通信社、1988年、54頁参照。

52)「4大疑獄事件」とは、軍事クーデター直後の61年から63年にかけて起こった「証券波動」「ウォーカーヒル事件」「回転撞球（パチンコ）事件」「セナラ自動車事件」の四つの事件のことで、いずれも中央情報部が政治資金捻出のために引き起こしたものである。

「セナラ自動車事件」は、中央情報部が日本製自動車を不法に搬入し、高価な値段で国内販売して暴利を貪った事件である。セナラ自動車の設立は、61年12月に訪日した金鍾泌中央情報部長自らが朴魯禎に働き掛けて実現したものであるが、その際、中央情報部が工場設立などの便宜を図る代わりに、セナラは日本から輸入した観光用自動車400台を国内価格の倍以上で販売して巨額の賄賂をキックバックした。金鍾泌の指示で直接動いた中央情報部次長補の石正善が63年4月に拘束されて事件は終息した。

53) 李鍾宰〔著〕前掲書、192頁。

54)「周4原則」とは、中国と政治的に敵対関係にある国と経済取引を有する外国企業に対し、中国との経済取引を禁じたものである。トヨタは、中国との経済関係を優先して韓国の新進自動車との関係を解消した。

55) 李鍾宰〔著〕前掲書、193頁参照。

56) 李ハング〔著〕前掲書、163頁。

57) 一般に国土開発という概念は、広義には、産業立地と生活環境の適正化のために国土の自然条件を総合的に利用、開発および保全することを意味し、その開発対象の範疇は、土地資源、エネルギー資源、地下資源、水資源、山林資源、水産海洋資源、観光資源にまで及んでいる。ここでは、工業化との関連で国土開発の概念を狭義にとらえ、主に産業インフラストラクチャーの整備に限定して使用する。

58) 鄭在景〔著〕『朴正熙思想序説』集文堂、ソウル、1991年、215頁。

59) 経済企画院（1982年）前掲書、95頁。

60) 鄭在景〔著〕前掲書、223頁。檀君（タングン）とは、朝鮮建国神話に登場する国王である。

61) 現代に関するここでの叙述は以下の文献を参照した。現代建設株式会社、前

掲書、204〜208頁、李鍾宰〔著〕前掲書、213〜219頁、鄭周永〔著〕（1986年）前掲書、51〜54頁および鄭周永〔著〕（2000年）前掲書、82〜89頁。
62) 韓国財政40年史編纂委員会〔編〕『韓国財政40年史』第2巻、予算資料（1968〜1987）韓国開発研究院、ソウル、1990年、46頁参照。
63) 李ハング〔著〕前掲書、180〜181頁および436〜438頁参照。
64) 双龍に関するここでの叙述は以下の文献を参照した。李ハング〔著〕同上書、165〜175頁および李鍾宰〔著〕前掲書、219〜221頁。
65) 朴正熙は、自著のなかの南北統一問題に言及した箇所で次のように述べている。「強力な政局の安定、新社会の秩序確立、民族の総力を経済建設に集中して、実力で勝共できる真の土台を築造しなくてはならない」。朴正熙〔著〕前掲書、246頁。
66) ラッキーの石油精製事業については以下の文献を参照した。LG『LG50年史』ソウル、1997年、151〜167頁、李鍾宰〔著〕前掲書、206〜209頁および李ハング〔著〕前掲書、154〜156頁。
67) 「サッカリン密輸事件」（韓肥事件）とは、韓国肥料がサッカリンの原料となるOTSAという薬品をセメントと偽って密輸した事件で、66年9月に発覚した。次男の昌熙まで逮捕されたこの事件をきっかけに、総帥の李秉喆は、韓国肥料の株式の過半を国家に献納するとともに、経営の第一線からしばらく退く羽目に陥った。
68) 現代自動車工業は当初、社長である弟の世永によって「現代モーター株式会社」という社名で登記されたが、鄭周永がこの名を気に入らず、「現代自動車工業株式会社」に改めて年明けの68年1月4日に再度登記が行われた。鄭周永〔著〕（2000年）前掲書、95頁参照。
69) 鄭周永〔著〕同上書、93頁。
70) 「三粉暴利事件」とは、製粉業（小麦粉）、製糖業（砂糖）、セメント工業に携わる財閥が価格操作と脱税によって暴利を貪り、その一部が与党民主共和党の資金源として流用された事件で、64年1月の国会審議で明らかにされた。当時の三星は小麦粉と砂糖の代表的メーカーであったため、社会的な非難が集中した。
71) 韓国財閥の事業多角化を「縦と横に拡大した財閥ワンセット主義」と表現する榊原芳雄の主張は、水平的系列化と垂直的系列化が同時進行する財閥の性向を言い表わした見解として注目できる。榊原芳雄〔著〕『韓国の財閥——海を渡るMade in Koreaの拠点——』日本貿易振興会、1982年、32頁。

72) Kim S.Y.よると、租税手段や金融手段を通じた政府の平均援助率は、60年代で24.4%、70年代で23.1%であった。平均援助率が24.4%であるということは、業者が国内で124.4ウォンで売っても、海外で100ウォンで売っても収益率は同じであることを意味する。敷衍すると、海外市場において輸出価格は国内市場よりも19.6［1－（100／124.4）］%安いが、輸出業者にとってはいずれも同じ収益率を保証されることになる。Kim, S. Y., *Trade Policy and Changes in Korea*, KIEI, Seoul, 1980、韓昇洙「第2章 工業化と産業構造」朴宇熙・渡辺利夫〔共編〕『韓国の経済発展』文眞堂、1983年所収、61～64頁参照。

73) 輸出品目に占める製造業品の比重は、第1次5か年計画開始年度である62年の27.0%から第2次5か年計画終了年度である71年の86.0%に激増している。

74) R. H. Coase, "The Problem of Social Cost," *Journal of Law and Economics*, 3, 1960, pp.1-44、R.コース〔著〕／宮沢健一・後藤晃・藤垣芳文〔共訳〕『企業・市場・法』東洋経済新報社、1992年所収参照。

第3章　重化学工業化時代と財閥資本

本章の課題

　「経済第一主義」を標榜する朴正熙政権の成立を機に持続的成長の基盤を築いた財閥資本は、1970年代に入ると自らの勢力を一気呵成に拡大する。三星、現代、LG（ラッキー金星）、SK（鮮京）の「4大グループ」は挙ってその地位を不動のものとし、60年代末に繊維貿易の成功で頭角を現した大宇にいたっては、先行する有名財閥を凌駕するパフォーマンスを示して瞬く間に「5大財閥」の隊列に加わった（第3-1表参照）。三護など一部名門財閥の滅亡や栗山など新興財閥の破綻がみられたものの、今日韓国を代表する財閥集団がほぼ出そろうのがまさにこの時期であった。そこで改めて70年代を韓国財閥の歴史的展開過程のなかに位置付けてみると、同時期は60年代の「基礎形成期」とは明らかに様相を異にする新たな発展段階として浮かび上がってくる。
　巨大財閥の出現を可能にした第一の要因は、60年代同様、朴政権によって実施された財閥資本育成策であった。なかでも重化学工業化政策は最も重要な役割を果たした。大統領自らが重化学工業化を「宣言」するという鳴り物入りで開始されたこともあって、国内外のあらゆる資源が重化学工業分野に投じられた。政府によって各分野のフロントランナーに抜擢された財閥は、初めのうちは政府の提示する遠大な構想を前に進出をためらう場面もみられたが、当局の慫慂や特恵措置の供与もあって程なく未知の分野での事業展開に打って出るようになる。重化学工業化政策自体は無理な資源配分がたたり70年代末には早くも行き詰まりを見せるが、同政策の実施は財閥資本にとって一大飛躍を遂げる

第3-1表　10大財閥グループ経営分析（1980年度）

(売上高順位、単位：百万ウォン)

順位	財閥名	代表者	売上高	資産総額	負債総額	資本総額
1	現代	鄭周永	3,262,100	2,984,021	2,344,039	639,982
2	LG	具滋暻	2,970,900	1,739,650	1,474,146	265,504
3	三星	李秉喆	2,905,000	2,012,057	1,730,760	281,193
4	SK	崔鍾賢	2,669,287	1,501,220	1,434,837	66,383
5	大宇	金宇中	1,613,232	1,774,594	1,417,677	356,917
6	双龍	金錫元	1,322,600	975,783	815,997	159,789
7	暁星	趙洪済	1,191,724	1,051,520	942,110	109,410
8	国際	梁正模	919,955	682,758	596,409	86,349
9	韓進	趙重勲	893,861	1,037,503	960,939	76,763
10	大林	李載灐	786,131	831,111	635,729	195,382

注）LG（ラッキー金星）とSK（鮮京）は現名称を使用した。
資料）「80年度韓国50大財閥」『韓国日報』1981年9月27日。
出所）朴炳潤〔著〕『財閥と政治』韓国洋書、ソウル、1982年、336～337頁より作成。

千載一遇のチャンスとなったのである。

　このような市場原理を無視した政策が敢行された背景には「分断体制資本主義」としての韓国経済の力学構造が垣間見える。70年代初めに「米中接近」という東アジア政治状況の新事態に直面した朴政権は、冷戦期における反共最前線国家としての正統性が揺らぐなかで、「自主国防」を前面に打ち出した軍事路線にあらゆる政策を収斂させざるをえなくなった。先の重化学工業化政策こそは、産業構造の高度化と兵器産業の国産化の要求を同時に満たす切り札と見なされたのである。そのため朴正煕は、わざわざ青瓦台（大統領府）秘書室に専門担当部署を新設し、大統領自らが随時、政策の進捗状況をチェックする「確認行政」[1]まで行った。こうして、いくつかの有力財閥は、朴政権の存亡を左右するきわめて重要な政策的要請に応えるべきパートナーとして歴史の表舞台に登場してくるのである。

　本章では、上記のような問題意識から、70年代を解放後韓国財閥資本の展開過程における「発展期」と規定して分析を試みる。その際、何よりも70年代初めの内外情勢の激変が分断体制資本主義としての韓国経済の位相を新たに規定している事実に留意する。そして、そのような基本的視座から投影される重化学工業化政策を軸とする財閥資本育成策の内容と、それによって可能となった

財閥資本の蓄積メカニズム、およびその諸特徴について素描してみることにする。

1．分断体制資本主義の位相

(1) 1970年代の経済概況

70年代における韓国の経済的パフォーマンスは、その前半期と後半期とでは著しいコントラストをなしている。前半期は総じて不況に見舞われたのに対し、後半期はかつてない好景気を迎えるようになる。第3-2表のGNP成長率（85年不変価格基準）をみると、70～74年間が年平均8.94%に対して75～79年間は同じく9.78%でその差わずか0.84%にすぎないが、前半期の二桁成長が73年（14.0%）の単年度しかないのに比べ、後半期は76年（13.4%）、77年（10.7%）、78年（11.0%）の3年間連続して記録している。つまり、それまでに経験したことのない持続的な高度経済成長がみられたのである[2]。その結果、77年には、73年に経済企画院が発表した「長期展望」の目標（80年代初めに輸出100億ドル、一人当たり国民所得1000ドルの実現）を早期に達成し、経常収支も一時的ながら黒字に転換した。しかもこれらの数値は、第1次オイル・ショックの悪影響を短期間内に克服したうえでの高パフォーマンスであった[3]。

このような発展が可能となった要因として何よりもまず指摘しなければならいのは、朴政権の強いリーダーシップである。70年代の経済運営方式は、開発主義国家に共通にみられた単なる政府主導型ではなく、大統領にあらゆる権限を集中した「青瓦台（大統領府）主導型」という特徴を有していた。とりわけ、青瓦台に新設された経済第2秘書室は、大統領自らが経済開発に参画していく重要なツールとなった。72年に成立した「維新体制」下では、経済秘書室長の金正濂や経済第2秘書室首席秘書官を務めた呉源哲らごく一握りの官僚が大統領の権威を背景に政策運営のイニシアティブを掌握したのである[4]。

維新体制の成立は、韓国を取り巻く当時の状況に対する朴政権の強い危機意

第3-2表　1970年代の主要経済指標（1970～1979年）

（単位：百万ドル、％）

	70年	71年	72年	73年	74年	75年	76年	77年	78年	79年
実質GNP成長率	7.8	9.1	5.3	14.0	8.5	6.8	13.4	10.7	11.0	7.0
経常収支	−623	−848	−371	−309	−2,023	−1,887	−314	12	−1,085	−4,151
（貿易収支）	−922	−1,046	−574	−566	−1,937	−1,671	−591	−477	−1,781	−4,396
生産者物価	9.1	8.8	13.8	6.9	42.1	26.6	12.1	9.0	11.7	18.8

注）　実質GNPは、1985年不変価格基準。
出所）　韓国銀行『韓国の国民所得』ソウル、各年版、韓国貿易協会『韓国経済の主要指標』ソウル、各年版、大韓商工会議所『韓国経済20年の回顧と反省』ソウル、1983年、322頁より作成。

識の反映にほかならなかった。その原因の一つは、70年代初めに韓国が直面した経済危機であった。具体的には、国際収支の悪化、インフレーションの昂進、経済不況というトリレンマ（三重苦）に韓国経済は苦しめられるようになるが、それぞれについて簡単に言及しておこう。

　経常収支の赤字は、もっぱら貿易収支の恒常的な赤字を反映して60年代後半期にはすでに増加していたが（66年1億300万ドル、69年5億4900万ドル）、70年代に入るとさらにその増加傾向に拍車が掛かり、70年6億2300万ドル、71年8億4800万ドルに増え、その後若干好転したものの、オイル・ショックただ中の74年には一気に20億ドル台に跳ね上がった（第3-2表参照）。経常収支の赤字をカバーすべき外資導入額も、この時期、それまで導入した外国借款の元利金償還問題の発生により低調を余儀なくされた。経済援助を含む当時の外資導入状況をみると、60年代後半期に総額で65年の1億7800万ドルから69年の7億3000万ドルまで順調に増加したが、70年には6億8000万ドルに減じ、71年には8億6300万ドルに増えたものの、72年には7億6300万ドルと再び減少に転じている（第3-3表参照）。その後、韓国の経常収支は、オイル・ショックを機とした総需要抑制策の実施と先進国経済の景気回復などでいったんは改善するが、78年からは経済過熱による輸入急増のため再び悪化に転じた。

　また、インフレーションの昂進も、第2次5か年計画の実施によって通貨供給量が増大した（66～69年間年平均増加率36％）[5]ことを主因に激しい物価上昇となって現れた。特に、71年の通貨切り下げと72年の「8.3措置」（後述）の

第3-3表　外資導入と元利金償還状況（到着基準）

(単位：百万ドル)

	70年	71年	72年	73年	74年	75年	76年	77年	78年	79年
外資導入総額	680	863	763	1,104	1,369	1,540	1,768	2,279	3,159	4,384
（公共借款）	155	303	324	403	385	477	713	636	817	1,089
（商業借款）	367	345	326	461	603	801	839	1,241	1,913	1,578
（銀行借款）	25	90	20	49	199	200	57	230	272	1,478
（外貨債券）	—	—	—	—	19	—	74	70	56	44
（直接投資）	66	43	61	191	163	62	85	102	101	195
中長期元利金償還額	185	230	365	516	546	655	853	1,183	1,779	2,310
DSR(%)	18.2	20.4	18.4	14.2	11.2	12.0	10.6	10.2	12.1	13.3

出所）財務部・韓国産業銀行『韓国外資導入30年史』ソウル、1993年、各頁より作成。

断行が輸入物価の上昇と通貨供給量の増加をもたらしていたところに、当局による「物価の現実化」政策、すなわち物価の上昇を容認する拙策の影響が加勢したために、当時の物価は天井知らずの様相を呈した。第3-2表より生産者物価の推移をみると、67～71年間は年平均7.8％であったのが、72年に同じく13.8％の二桁に達し、オイル・ショックの影響が表面化した74年には42.1％に跳ね上がった。結果として、72～76年間の生産者物価年平均上昇率は20.3％の高率を記録した。

当時の経済不況は、企業経営との関わりでいえばいわゆる「不実企業問題」と「元利金償還問題」となって現れた。前者はすでに第2章で触れたように企業の経営破綻の問題であり、後者は外国借款の債務不履行という事態が発生したことを意味した。両者は、元利金償還に窮した企業が不実化するケースが多くみられたことから、互いに分かち難い関係にある問題でもあった。国会での報告によると、借款導入企業のうち何と80％以上が不実化したという。また、第3-3表によると、中長期元利金の返済額も60年代までは1億ドル未満（69年9000万ドル）であったのが、70年には一挙に前年の2倍を上回る1億8500万ドルに増え、71年2億3000万ドル、72年3億6500万ドル、73年5億1600万ドルと増加の一途をたどり、77年には10億ドルの大台（11億8300万ドル）に乗った。60年代に外国借款を導入できた企業の多くが財閥傘下にあった点を勘案するな

らば、当時の不況問題は、何よりも財閥資本を直撃したものであったといえよう。

(2) 経済危機の原因

　70年代初めに韓国経済が直面した経済危機は、「開発年代」始まって以来の本格的な危機となった。危機の様相としては、それまでの経済発展過程で蓄積された諸矛盾が韓国経済を取り巻く内外条件の変化をきっかけに一気に噴出したものであった。したがって、当時の危機は、景気循環的というよりも構造的な危機であったといえる。この点に留意して、経済危機の主な原因について国内外の側面から簡略に整理してみよう。

　まず、国内の原因についていえば、韓国経済の体質が対外条件の変化に過敏に反応するようになっていたことである。言うまでもなく、60年代後半以降本格化する韓国の経済発展は朴政権の採用した「外向的開発戦略」によってもたらされた。同戦略が描く再生産構造は、貿易や為替の面での自由化を前提に、まず外資を導入して資本財や原材料を輸入し、完成した製品を輸出して外貨を稼ぎ出すというものであった。いわゆる輸出指向工業化政策の成否は、輸出の前に必要物資の輸入とそれを可能にする外国資本の円滑な導入に掛かっていたのである。このような開発戦略がうまく機能すればするほど韓国経済と国際経済との（しばしば従属的な）結びつきは深まり、結果として、海外経済の与件の変化が国内経済を左右する傾向がますます強まるようになったのである。

　次に、対外的な原因としては、やはり70年代世界経済の一大画期をなす「ドル・ショック」と「第１次オイル・ショック」を挙げなければならない。特に、前者のドル・ショックは、外貨獲得と輸入インフレの防止という二律背反的な課題に悩まされてきた韓国の外国為替政策の運営をいっそう困難なものにし、韓国経済に深刻な影響をもたらした。

　当時、米国との経済的関係の深さからドルの動向に強い影響を受けざるをえなかったウォン貨は、ドル・ショック以前から外国為替市場でのドル安地合いに引きずられていた。そこで当局は、71年６月と74年12月の二度にわたり通貨

調整を断行した。71年の「6.28措置」(為替現実化)では、対顧客電信為替売り渡しレートが前日の1米ドル＝328.90ウォンから371.60ウォンに13.1％切り下げられた。その後、8月のドル・ショックを機にウォン安の圧力がさらに加わり、74年の「12.7措置」(為替レート切り下げ)では、65年5月3日の単一変動為替制度導入の際に採択された下限1ドル＝255ウォンの基準レートが480ウォンに大きく切り下げられ、対顧客売り渡し率レートは1ドル＝400ウォンから485ウォンに21.25％も切り下げられた[6]。為替レートの切り下げは輸出には有利に働いたが、他方で輸入インフレを増長するとともに外国借款を導入した企業や政府機関の元利金返済負担を増大させた。これが、前述のインフレーションの昂進と元利金償還問題の発生による企業経営の悪化に結びついたのはいうまでもない。

また、第1次オイル・ショックの影響については多言を要しないであろう。原油価格が一気に4倍近く跳ね上がるという事態は、20世紀産業文明が何よりも石油を主要原燃料としていただけに決定的かつ甚大な悪影響を被ることを意味した。特に、非産油国で反共最前線国家の韓国にとって、その衝撃たるや文字通り「新しい価格革命」[7]と呼ぶに相応しい震撼度を伴うものであった。ただ、オイル・ショック後の韓国経済は、激しい物価上昇に見舞われながらも、朴政権による矢継ぎ早な強権発動と76年に入ってからの先進国経済の回復や中東建設輸出に救われて、再び高度成長の軌道に復帰することになる。

(3) 分断体制資本主義の揺らぎと朴政権の対応

前述のように、旧IMFの崩壊と資源ナショナリズムの高揚は、70年代を戦後世界経済の展開過程における新しいステージに押し上げた。韓国経済も世界経済の変容という外部条件の影響から無縁でいられなかったのは、すでにみた通りである。しかし、当時の韓国経済により直截に影響を与えたのは、「ポスト・ベトナム」という東アジアにおける新たな政治状況の出来であった。反共最前線国家を自任する朴政権にとって、ベトナム戦争での米国の敗勢を背景とした「デタント時代」の到来は、自らの存立基盤を激しく揺さぶる元凶となっ

た。69年に成立した米国のニクソン政権は、7月に訪問したグアム島で新しいアジア戦略を盛り込んだ「ニクソン・ドクトリン」（グアム・ドクトリン）を発表した。その特徴は、一言でいえば、「アジア人のためのアジア」と称する米国のアジアにおける軍事的プレゼンスの減少であった。具体的には、69年のうちに駐越米軍の撤退計画を発表してベトナム戦争の「ベトナム化」が図られる一方、70年7月に在韓米軍の一部撤退が明らかにされた。そして、翌年7月にはニクソン大統領による中国訪問が公表され[8]、「米中接近」という新しい政治局面がベトナム戦争のただ中にあった東アジアに切り開かれたのである。

新時代の到来は、韓国にとって、在韓米軍の減員をもたらしたばかりでなく、それまで高度経済成長の原動力となってきた「ベトナム特需」の終焉を意味した。延べ31万名に及んだ駐越韓国軍の撤退も71年度から始まり、15か月以上かけて終了した。軍納や建設輸出の機会を喪失した財閥資本にとっても、ポスト・ベトナムが大きな試練の時期になったのはいうまでもない。

東アジア情勢の新局面が韓国に及ぼしたもう一つのベクトルは、南北対話の実現となって現れた。南北政権は分断後初めて接触を図り、72年に「7.4南北共同声明」を発表した。しかし、国民の間で盛り上がる「祖国統一」のムードをよそに、両政権とも国内体制の強化を目指して強権体制の構築に精力を注いだ。71年4月に実施された大統領選挙での辛勝に危機感を覚えた朴政権は、その年の10月以降、衛戍令、国家非常事態宣言を矢継ぎ早に発令し、12月には国家保衛法（国家保衛に関する特別措置法）そして、翌年72年秋に再び学生をはじめとする民主化運動が激化すると10月に非常戒厳令を発布して国会を解散し（いわゆる「10月維新」）、12月27日には憲法改正（「維新憲法」）を実施した。ここに、朴正熙による永久執権を可能とする「維新体制」が成立したのである。

このように、分断体制資本主義には、朝鮮半島を外部から規定する世界冷戦という上位体制が弛緩するとかえってそれ自体が強化されるという下位体制特有の力学が内包されている。とりわけ、東アジアの同盟国を無視した「頭越し外交」ないし「隠密外交」といったニクソン政権の外交手法は、「北からの脅威」に苛まれていた朴政権をして韓米同盟そのものに疑念を抱かしめ、国内体

制の強権化に走らせた。すなわち、分断体制に内在する半ば自律化した冷戦構造メカニズムが維新体制の成立に帰結したのである。

　朴政権は、こうした危機的状況を打開するために「自主国防」を前面に掲げた政策に打って出た。揺るぎない国防体制の構築は、いまだ戦争の終結しない朝鮮半島の政権にとって最優先されるべき政策的課題であったが、68年の「1.21事態」（北朝鮮武装ゲリラによる青瓦台襲撃未遂事件）を境に、朴正煕は、国政スローガンとして「一面建設、一面国防」を強調するようになる。そして、70年7月に在韓米軍の一部撤退が発表されるや（71年3月末まで在韓米軍第7師団撤退完了）、一時、核兵器の開発まで企図した「自主国防」すなわち兵器産業の国産化政策を実施に移した。

　防衛産業の育成は、もともとは68年4月に北朝鮮ゲリラ部隊の浸透に対処すべく創設された郷土予備軍の「軽歩兵師団化」を目的としたものであったが、その具体的な達成方法は、もっぱら重化学工業化政策の推進となって現れた。言うまでもなく、兵器生産に必要な素材や部品の確保が重化学工業の発展によって初めて可能であったからである。製鉄業や特殊鋼工業などの素材産業をはじめ、火薬原料を生産する化学工業、部品を製造する精密機械工業、軍用車を生産する自動車産業、軍艦を製造および整備する造船業など、重化学工業分野のほとんどが兵器産業と関係している。なかでも鋳物銑工場、特殊鋼工場、重機械工場、造船工場は、朴政権によって防衛産業の「4大工場」に指定された。その他、兵士が身につける軍服、背嚢、軍靴、ヘルメット、防弾チョッキ、防毒マスク、携帯用非常食などの必需性を考慮すると、軽工業まで含む全産業的な対応が求められる。いずれにせよ、70年代に入って実施された韓国の重化学工業化政策は、当初から極めて濃い軍事色を帯びていたのである。

　朴政権は、防衛産業の育成に当たり組織機構を整備する。従来、経済開発のイニシアティブは経済企画院が掌握していたが、71年11月に青瓦台秘書室のなかに経済第2秘書室が新設され、首席秘書官には大統領秘書室長金正濂の建議で商工部出身（鉱工次官補）の呉源哲が就任した[9]。呉源哲は重化学工業推進委員会企画団団長として名高い官僚であるが、実際は、重化学工業育成という

よりも防衛産業育成の担当秘書官であった[10]。青瓦台＝大統領府秘書室という最も身近な部署に防衛産業の育成を直轄させたことは、朴正熙自身がいかに「自主国防」に情熱を傾けていたかを物語るものである。

翌年、72年の2月と10月の2回にわたって大統領主催の防衛産業育成会議が開催され、兵器産業の育成方針や生産計画が詳細に決められた。兵器開発研究機関としては70年8月に設立された国防科学研究所（ADD: Agency for Defense Development）が選定され、米国防省や日本の民間会社の協力を得て新兵器の開発に当たった[11]。技術人材の育成のためには、日本の資金協力で73年に設立された金烏工業高校を国軍の技術下士官養成学校として活用した。そして、74年になって南北間の軍事的緊張が再び激化（同年2月、白翎島漁船拉致事件など）すると、防衛産業育成策はいわゆる「栗谷事業」[12]という作戦名で秘密裏に進められていくことになる。同事業の資金調達のために「防衛誠金」と呼ばれた汎国民的な献金運動が展開される一方、75年7月には所得税や法人税などに対して付加税形態で徴収される「防衛税」が導入された。在韓米軍撤退の際に約束された米国による「韓国軍現代化5か年計画」への資金協力（15億ドル、韓国側負担46%）が遅々として進まないなかで行われた苦肉の策であった[13]。

「自主的軍需体制」の確立に向けて計画された「栗谷事業」の基本組織は、推進機関の国防部「5人委員会」（栗谷推進委員会）と、執行機関として各軍に設置された「栗谷執行団」から成っていた。その後、「6人委員会」（75年7月）、「10人委員会」（78年1月）と組織は拡大され、最終的には大統領令により「戦力増強事業推進委員会」（78年11月）に改称された。このような組織変遷は、朴自身が軍部の独断専行や武器購入にまつわる汚職を警戒したからにほかならず、その念の入れようは、直接チェックするために青瓦台のなかに別途「青瓦台5人委員会」を設置したほどである[14]。

朴政権の国防に対する基本的スタンスは、軍産学が一体となった「国家総力戦体制」の構築を目指すものであった[15]。総力戦を左右するのは単なる軍事力ではなくその国の有する経済力である。なかでも科学力、技術力が決定的要因

となる。防衛産業の国産化事業を開始するまで朝鮮戦争時点の兵器レベルにとどまっていた韓国軍の装備近代化のためには、海外からの軍事技術導入が不可欠であった。朴自身もしばしば強調したように、そのためにも外資導入が必要となり、韓国経済全体の発展が求められたのである。

実際の兵器生産では、軍工廠が全工程を引き受けたのではなく、部品生産に関しては民間企業に任された。民間が製造した部品を集めて軍工廠が組み立てるという分業体制をとったのである。いわば軍需産業の「民活化」である。72年の2月会議で決定された「兵器生産の基本方針」によると、あくまでも民需産業を基盤とした兵器生産体制の確立がもくろまれ、兵器生産と平和産業の並行育成を目指すとされた。その際、民活の対象となった企業は「防衛産業体」に指定され、戦時はもちろん、平時においても朴政権の「自主国防」の実現に協力することが求められた。こうして、重化学工業化政策の屋台骨を財閥企業など民間企業が支えることとなったのである。

2．財閥資本育成策の展開

(1) 財閥資本育成策の範囲

60年代の財閥資本育成策は、財閥の組織化から始まり輸出産業振興策による特恵措置を中心に実施されてきた。なかでも、政策金融を通じた資金供与や不実化した企業（政府系企業を含む）の払い下げは財閥育成の特効薬となった。70年代に入ってからも輸出産業振興を目的とした育成策が展開されたことには変わりはなかったが、育成対象の面で大きな変化がみられた。すなわち、かつては、輸出産業というだけで様々な特恵措置を享受することができたが、70年代に入ってからは、とりわけ重化学工業化政策が実施に移されてからは、国内外のあらゆる資源が特恵措置を通じて同分野に注がれるようになったのである。このような偏重した政策がまかり通ったのも、前述のように、「自主国防」すなわち防衛産業育成という大義名分があったからこそであった。

重化学工業化を担ったのは主に財閥系企業であった。巨額な初期投資、高い技術力、長い懐妊期間といった重化学工業の産業的特性を考えるならば、資本力の脆弱な非財閥系中小企業よりも、資本力に富み、経営経験も豊かな財閥資本がその担い手として相応しいのは当然のことである。それでもなお、朴政権の構想した重化学工業化政策があまりにも壮大であったので、各財閥は政府の提示した分野に進出するのを逡巡したほどであった。だからこそ、政府による執拗な慫慂、場合によっては大統領直々の要請があってはじめて進出するケースが少なからずみられたのである。

　輸出振興策や重化学工業化政策を通じた財閥資本の育成が直接的な手段に訴えた育成策であるとするならば、70年代には財閥資本の成長にもっぱら間接的に寄与した諸政策も講じられた。例えば、後述する「8.3措置」（72年8月実施）などの政策は、それまでの韓国経済の発展過程で蓄積されてきた諸矛盾を政府が強制的な措置でもって解消したことを意味したが、このような措置も財閥資本の負担を軽減したという点では間接的な育成策であると評価することができよう。また、70年代に入り巨大化した財閥の弊害が目立つようになると財閥のビヘイビアに対する規制がいよいよ政策日程に上るようになるが、そのような規制措置ですらも財閥のさらなる成長の契機となりえた。私債（地下金融）への依存や財閥一族による独占的支配の解消を目的とした「企業公開促進法」（72年12月公布）やその後続措置である「5.29大統領特別指示」（74年発表）などは、財閥企業の強制的な株式公開を意味しながらも、公開に応じた企業に対しては税制面における様々な恩典が付与された。また、独占禁止法の嚆矢となった「物価安定および公正取引に関する法律」（76年3月公布）も物価安定の側面ばかりが強調され、独寡占の規制という所期の目的からほど遠い内容となった。こうした諸措置は本来の財閥規制措置の姿からすると形骸化した内容となっており、その意味では、財閥資本に対する「意図せざる育成策」であったといえよう。

　このように、当該時期の財閥資本育成策は直接的な効果をねらったものから間接的な育成策としての意味しかもたないものまで、様々な種類の政策を指摘

することができる。ここでは、紙幅の関係上、主要なものだけを時系列的に取り上げるが、できるだけ70年代の財閥資本育成策の全体像に迫ってみることにする。

(2) 財閥資本育成策の内容

①「8.3措置」

　政府は、72年8月、70年代初めに直面した経済危機を打開する決定打として「経済の安定と成長に関する大統領の緊急命令」(8.3措置) を発令した。私債の「凍結」と景気浮揚をねらった措置であった。前述のように、70年代に入り不実企業問題や元利金償還問題の表面化で景気は急速に冷え込んでいくが、特に、企業経営が立ち行かなくなった原因の一つに私債問題があった。韓国の私債市場は、解放後、金融市場の崩壊状況のなかで自然発生的に簇生したもので、開発年代においては、地下金融市場でありながらも公的金融機関の機能不足や与受信活動の偏重のため、事実上、それを補完する働きをした。法的規制から自由な私債市場は、法外な高金利、納税義務からの解放といった利点から、余剰資金所有者の格好の財テク市場となるとともに企業の活動資金調達市場ともなった[16]。その私債市場が、手形の不渡りなどを機に機能麻痺に陥り、企業の連鎖倒産を誘発したのである。このような経済的苦境を脱するために政府によってとられた対処療法的な手段が「8.3措置」であった。

　8.3措置の主な内容は以下の通りである。第1に、企業が保有する私債を凍結・調整した。すなわち、一定期間内 (8月3日午前0時～9日午後6時) に申告された私債に限り、月利1.35％ (年利16.2％)、3年据置5年分割償還の返済条件とする新しい貸借関係に改めた。第2に、総額2000億ウォンに上る特別金融債券の発行である。金融機関が発行した低利 (年利5.5％) の特別金融債券を中央銀行である韓国銀行が引き受け、調達した資金でもって企業の短期貸付残高の30％相当額を年8％の利子、3年据置5年分割償還の長期貸付に転換するものであった。第3に、信用保証制度の拡充が図られた。中小企業信用保証基金および農林水産業者信用保証基金からそれぞれ10億ウォン出資する一方、

金融機関の5年間貸出額の年0.5％を信用保証基金に出資させた。第4に、金利の引き下げである。一般貸付金利は年利19％から15.5％へ、1年定期預金金利は年利17.4％から12.6％へそれぞれ引き下げられた。第5に、産業合理化の促進である。産業合理化審議会議が設置されるとともに産業合理化資金が造成された。それに伴い、重要産業の固定設備投資に対する減価償却割増率が30％から40〜80％へ引き上げられ、また、法人税および所得税の投資控除率が6％から10％へ引き上げられた。最後、第6に、財政の効率化と租税特例のための措置がとられた。地方交付税、地方教育財政交付税、道路整備事業特別会計に対する政府一般会計の分担率の効力が停止され、予算規模の増加が最大限抑制された。

また、同措置に関連する「総合経済安定策」として、①金融機関の金利大幅引き下げ、②為替レートの1ドル＝400ウォン台での安定化、③公共料金の引き上げ抑制、④物価上昇率の年率5％内外での抑制、⑤73年度予算規模増大の最大限抑制の5項目が盛り込まれた。

ここで、私債の申告結果についてみておこう[17]。8月9日の締め切り時点で、債権者申告は20万9633件の3555億2000万ウォン、債務者申告は30万9676件の3450億6500万ウォンに上った。申告金額は、何と当時の通貨供給量（M_1）のほぼ90％に相当した[18]。このうち約3分の1は企業主が自らに貸し付ける「偽装私債」であったといわれる[19]。返済方法については、段階的に凍結が解除された1件当たり100万ウォン未満の小額私債と出資金に転換された私債（計1350億ウォン）を除く2200億ウォンの私債に対し、月利1.35％で3年据置後5年間に半年ごと10回にわたり分割返済することとした。

この8.3措置が個々の財閥資本にどれだけの恩恵を与えたのか知るよしもないが、同措置によって債務負担の大幅軽減や金融機関の金利引き下げ、はたまた合理化資金などの低利供給や減税措置などが実施された点を勘案すると、私債への依存度が高かった中小企業だけでなく、財閥系企業に対しても相当な恩恵が及んだものと思われる。例えば金利負担の面で、当時の私債金利が年利40％を超えていた事実を想起しただけでも破格の軽減措置であったことは容易

に推察されよう。いずれにせよ、8.3措置という「破格的な緊急措置」が強行された結果、「大多数の善良な私債権者、すなわち国民の犠牲の上に」(企業公開促進法文言)企業の救済が図られることになったのである。

さらに、この措置を契機に、不実企業の整理が断行される一方(73年「4.6措置」)、短期金融会社などいわゆる「第2金融圏」の整備や資本市場の育成といった金融市場の近代化が本格化していった。不実企業の整理は、再び、財閥資本の隊列拡大の絶好の契機となり、金融市場の近代化は、確かに財閥一族のグループ支配力を弱めるなど財閥にとって不利な面もあったが、中長期的には財閥の金融力を強化する効果をもたらしたのである。超法規的な緊急措置として実施された8.3措置ではあったが、財閥資本育成策としての側面にとどまらず、その後の韓国経済の発展に及ぼしたある種の「普遍的な影響」に注目しておく必要があろう。

②重化学工業化政策

韓国において重化学工業化政策が公にされたのは、73年1月12日に行われた大統領年頭記者会見の席上であった。いわゆる朴大統領自身による「重化学工業化宣言」である。宣言の内容をみると、重化学工業の育成には「全国民の科学化運動」を展開し、重化学工業製品の輸出構成を過半以上に高めて80年代初めに年間輸出額100億ドルを達成することが目的とされた。具体的には、製鉄、造船、精油、石油化学原料、自動車、電力、セメントの各分野において生産能力を向上させ、新しい国際的規模の大単位工業団地として、第2総合製鉄工場、機械総合工業団地、第2総合化学工業団地、大規模造船所、電子付属品生産団地を造成するという野心的な構想であった。

朴正煕は、防衛産業育成という至上命題を達成するため、本来のマスタープランである第3次経済開発5か年計画実施初年度の72年11月に開かれた月間経済動向報告会議の席上で、80年代初めに「輸出100億ドル一人当たり国民所得1000ドル」を達成するという長期経済目標を提示し、年明け早々に上記の重化学工業化宣言を行った。この大統領の指示を受けて、経済企画院は長期目標達

成のための開発戦略の作成に取りかかり、73年2月には「わが国経済の長期展望（1972～81）」を公表にした。そこで示された長期目標を実現するために、同院において重化学工業建設計画が作成された。重化学工業化自体は第3次5か年計画でも基本目標の一つに掲げられていたので、経企院では71年末からすでに計画の樹立作業に取りかかっていた。そして73年5月に設置された「重化学工業推進委員会」[20] の下で計画の立案が具体化された。実際の作業は実務機関となった「重化学工業推進委員会企画団」[21] が担った。とりわけ74年2月からは委員会そのものの機能も企画団が担うようになり、実質的に経企院の影響下から離脱するようになる。すなわち、この時に企画団の責任者（初代団長、金龍煥）が大統領経済第2秘書室首席秘書官を務めていた呉源哲に代わり、彼は首席秘書と企画団団長の重職を兼任することとなった。ここに大統領自らが重化学工業化の推進状況を直接的に把握し、かつまた影響力を行使できる指導体制がつくり出されたのである。

　次に、重化学工業化計画の内容についてみてみよう。まず、目標として、①産業構造の高度化を期して全産業に占める重化学工業の比率を71年の35.2％から81年の51.0％に高める、②輸出構造の高度化のために輸出総額に占める重化学工業製品の比率を71年19.1％から81年の60％以上に高める、③80年代に輸出100億ドル、一人当たり国民所得1000ドルの経済基盤を造成する、の3点が挙げられた。達成手段としては、鉄鋼、化学、非鉄金属、機械、造船、電子工業の6分野を「戦略産業」に選定し、集積効果や投資効率を高めるため、洛東江河口（後に光陽湾に変更）に第2製鉄基地、麗水・光陽地区に総合化学基地、温山に非鉄金属基地、昌原に総合機械工業基地、巨済島に大単位造船基地、亀尾に電子工業基地を建設する。所要資金は、73～81年間に総額96億ドルで、内訳は外資58億ドル（60％）、内資38億ドル（40％）と予定された。所要資金の調達の際は、投資の健全性を期して、自己資本30％以上、外国人投資比率50％以下という原則を設けた[22]。

　また、朴政権は、重化学工業の建設のために様々な誘因策を実施した。その全体像を眺めると、①政府の指定する重化学工業業種に対して長期的な政策金

融や租税減免などのインセンティブの供与、②重化学工業分野が必要とする技術人力を供給するために各種専門学校や職業教育機関の整備、③重化学工業が求める技術開発に応えるためにR&D（研究開発）を担当する政府出資研究機関の新設・拡大の三つにまとめることができる[23]。なかでも、後述のように、財閥資本にとって政策金融として提供される低利融資は資本蓄積の強力な梃子となった。特に、74年に設立された国民投資基金は、重化学工業化の必要資金を国内において調達する際に主要な役割を果たしてきた。また、指定の重点産業に投資した企業に対して税制上の特典が認められた。これら企業は、法人税と所得税を3年間免除、続く2年間は50%免除されることになった。あるいは、8%の投資信用（国産機械設備使用の場合は10%）または100%の特別減価償却のいずれかが認められた。さらに、関税の面でも重化学工業分野に対する優遇策が実施された。軽工業などの消費財の輸入関税が引き下げられた反面、機械や機械部品など資本財に対する輸入関税は76年の関税法改正などで引き上げられた。明らかに国内重化学工業分野に対する貿易面での保護政策である。このような手厚い優遇措置の実施が財閥企業の重化学工業投資に拍車をかけたのはいうまでもない[24]。

　朴政権による重化学工業化の取り組みは分野ごとの個別育成法が制定された60年代末からすでに始まっていたが、包括的かつ本格的な取り組みは重化学工業化政策が日程に上ってからである。同政策の実施に際しては、各分野の育成方針の下に進出する財閥企業の役割分担が決められた。鉄鋼分野では政府系の浦項綜合製鉄（現ポスコ）のほかに民間の現代（仁川製鉄）、化学ではLG（大成メタノール）、三星（三星石油化学）、非鉄金属では三美（三美特殊鋼）、現代（大韓アルミニウム）、機械では現代（現代精工、現代洋行）、三星（三星精密、三星重工業）、大宇（韓国機械、後の大宇重工業）、造船では現代（蔚山造船所）、大宇（玉浦造船所）[25]、三星（竹島造船所）、電子では三星（三星電子）、LG（金星社）などの事例が代表的なものである。その他、暁星、双龍、国際、SK、コーロン、錦湖（現錦湖アシアナ）なども、この時期、挙って機械、電子、化学、鉄鋼などの分野に進出している。その際、後述するように、企業の

買収（引き受け）が主な進出手段となった。

　また、「防衛産業体」の指定を受けた企業のなかにも財閥系企業が含まれていた。72年10月の防衛産業育成会議で決定した防衛産業体は、開発生産業体19社、大砲試作業体9社、砲弾および信管試作業体19社、韓国型小銃試作業体11社の計58社に上ったが、一つの企業が複数分野を担当したため、実際は29社であった（注91参照）。このなかには特殊技術を所有する中小企業も含まれていたが、財閥系企業も少なからず存在した。例えば、韓国機械（大宇買収）、大韓電線、起亜産業、韓国火薬、金星社、現代洋行などがそうである。同会議では、軍需製造品の納品価格決定方法が決められ、その大原則として防衛産業指定企業が赤字を免れるように「適正利潤」を保証する原価計算制度が確立された[26]。

　以上のように、重化学工業化政策は、兵器産業の輸入代替化という国家的プロジェクトの下に多くの財閥系企業を動員することとなった。このことが、財閥資本にとってまたとない隊列拡大のチャンスとなったのである。

③総合貿易商社制度の導入

　70年代に入り重化学工業化政策が本格化してくると、国際競争力に欠ける国内の幼稚産業を保護する必要性が出てきた。そのため、従来の軽工業を軸とした輸出指向工業化政策は重化学工業分野における輸入代替政策へ転換せざるをえなくなる。いわゆる「第2次輸入代替工業化」の開始である。ところが、外貨獲得を至上命題とする韓国の再生産構造は軽工業に代わる輸出産業の出現を必須としたため、重化学工業分野の輸出産業化が喫緊の政策的課題として提起されるようになった。それはまた、付加価値の増大につながる産業構造の高度化や輸出構造の高度化の面からも切実に要請されるものであった。

　朴政権は、1972年を「自立輸出力量確立の年」と定め、多方面にわたる輸出振興政策を矢継ぎ早に実施した。第1次オイル・ショックに直撃された輸出体制を立て直すために、74年度中だけでも立て続けに二度にわたるテコ入れが行われた。同年11月12日に「輸出促進のための金融税制面の総合政府支援施策」

が実施され、持続的な輸出促進のために金融税制面における措置がとられた[27]。また、前述のように、同じく12月7日には為替レートの大幅引き下げ措置が断行された。

　このような輸出全般の環境を整えつつ、この時期もう一つ、財閥企業の輸出に直接的に貢献する制度的措置が施された。75年5月に導入された「総合貿易商社制度」である。総合貿易商社の設立要求は68年に全国経済人連合会によって提起されていたが、政府が導入を決意したのは、米国などでの保護貿易主義の台頭によって代理店となっていた日本の総合商社が韓国の輸出品を取り扱わなくなったからであった[28]。この制度は、名前からも類推できるように日本の総合商社を模倣したものであった。それというのも、韓国において同制度が導入されるきっかけとなったのは、旧日本陸軍参謀出身で当時伊藤忠商事副社長を務めていた瀬島龍三のアドバイスであった。瀬島は、73年初めに金鍾泌首相（当時）から、朴正煕が提示した「輸出100億ドル、一人当たり国民所得1000ドル」の長期目標を達成するための方法について個人的に相談を受けた。彼は、同年5月に韓国政府の招きで訪韓し、李洛善商工部長官に自分のアイデアを説明した。これが「瀬島計画書」[29]である。同計画書の要諦は、輸出振興のためには総合商社の設立・育成が最重要策であり、それを軸とした各種施策を実施することであった[30]。商工部は、瀬島案を参考に韓国版総合商社制度を導入したのである。

　商工部は、75年1月の大統領年頭巡視の際、78年までに輸出100億ドルを達成するため総合貿易商社制度の導入を正式に建議した。総合貿易商社（以下、総合商社と略）の基本方針としては、輸出マーケティング能力の強化、輸出業体の大型化、それに中小企業の大型輸出窓口の確立を据え、指定条件としては、①海外支社10か所以上、②資本金10億ウォン以上、③50万ドルの輸出品目七つ以上の3点を規定した。総合商社に指定されると次のような支援策を受けることができた。①国際入札の際に競合する場合、総合商社を優先的に支援する、②原資材の輸入に際して優先権を与える、③輸出信用のみ受ければ銀行による金融支援が受けられる、④信用状をもらい輸出商品を買い入れる時には自分で

国内生産業体に信用状を開設できる、⑤海外支社は50億ドル以上の外貨を保有できるなどである[31]。

各財閥は、指定条件をクリアするために会社を新設する一方、中小企業の系列化を積極的に推し進めた。その際、75年12月3日に制定された「中小企業系列化促進法」が格好の法的根拠となった。この法律が施行されてわずか4、5年の間に、三星、現代、LG、大宇の巨大財閥は20社余りの企業を買収または新設し、100社余りの中小企業を系列化した。また、国際、暁星、双龍、錦湖、SK、韓一合繊、三和、栗山も10社余りを新たにグループ傘下に加え、50社余りの中小企業を系列化に置いた[32]。また、人材確保の面でも、一部大財閥系の総合商社がこの時期に金融機関役職員を大々的にスカウトする動きがみられた。これらの人材は、総合商社の専門経営者層を厚くするとともに、その情報収集能力の高さを活かした世界的な営業ネットワーク作りに大いに貢献した[33]。このように総合貿易商社制度の導入は、組織的にも人材的にも主要財閥が隊列拡大を実現する絶好の機会となったのである。

総合商社指定第1号は、貿易商事会社最大手の三星物産であった。75年の5月19日のことである。続いて同じ5月27日に大宇実業と双龍、国際商事[34]と韓一合繊が同年末、年が明けて76年度中に暁星物産、半島商事（LG）、鮮京（以下、SK）、三和、錦湖実業、高麗貿易（中小企業専用商社）[35]、78年には現代綜合商事、栗山実業の2社が承認された。この時点では、合計13社が総合商社に認定された。

その結果、韓国の輸出額は70年代後半期に激増していく。第3-4表によると、総合貿易商社制度が導入された75年が54億2700万ドルに対し、76年81億1500万ドル、77年100億4600万ドル、78年127億1100万ドル、79年150億5500万ドルと増え続け、増加率は75年から76年の間に一気に50%近く増加し、その後も20～30%程度の増加率で推移している[36]。総合商社の手による輸出が輸出総額に占める割合をみると、75年の11.6%、76年16.4%、77年21.7%、78年27.0%、79年の33.9%に増加している。70年代の輸出増加に果たした総合商社の貢献度の大きさがうかがえよう。

第3-4表　総合貿易商社の輸出実績　(単位：百万ドル)

	1975年	1976年	1977年	1978年	1979年
輸出実績（A）	5,427	8,115	10,046	12,711	15,055
総合商社輸出額（B）	627	1,329	2,177	3,434	5,102
B/A（％）	11.6[1)	16.4	21.7	27.0	33.9

注）1）は是正値。
出所）趙東成〔著〕『韓国の総合貿易商社（上）——制度と管理』法文社、ソウル、1983年、52頁より作成。

　このように総合貿易商社制度の導入は、各財閥の輸出額を増やすのに大いに貢献したといえるが、実際の貢献度はそれ以上のものがあった。すなわち、有利な為替レートで信用状だけで銀行資金を引き出せたという金融機能が財閥グループにとって特別な意味を持ったのである。例えば、76年の時点で、公式為替レートが1ドル＝480ウォンの代わりに420ウォンで交換され、一般市中銀行の貸付年金利が17％の時に輸出金融の8％が適用された[37]。さらに極端な例でいうと、本国から海外支社に在庫を移転しただけで形式的には輸出したと見なされて信用状を手に入れることもできた。「ストック・セール方法」[38]と呼ばれるこのような輸出の仕方は、一種の「空輸出」にほかならない。銀行から得た資金を不動産投機[39]や私債市場での運用に回せば、莫大なもうけが懐に転がり込んだのである。

　ところが、こうした手法はいずれ財閥の経営に悪影響を及ぼすことになる。実際、79年の栗山の破綻は、資金不足をカバーするため、輸出物件を船積みしないで系列の船舶会社に偽の船荷証券を大量に発行させて銀行から輸出代金を騙し取るという詐欺行為が直接の契機となった。70年代後半期に出現した新興財閥の栗山（栗山は父親申衡植の号）は、75年の創業以来わずか3年で17の企業を率いる中堅財閥に成長し、総帥の申善浩は若くしての成功（創業時29歳）であったため、一時、財界の「シンデレラ・ボーイ」の名をほしいままにした。しかし、その翌年の79年には上述の詐欺行為が発覚し、負債額1300億ウォンを抱えて短すぎる財閥史に終止符を打ったのである[40]。この栗山の破綻をきっかけに、80年の激しい景気の落ち込みのなかで指定条件をクリアできない総合商社が現れるようになった。韓一合繊、錦湖実業、三和が資格を失い、また国際

商事にいたってはグループ自体が没落の運命をたどったのである。

　以上のように、総合商社を巡る各財閥の動きは韓国財閥の栄枯盛衰史の縮図をみる思いがするが、弱肉強食の論理が貫徹する財界において、弱小財閥の破綻は力のある財閥にとって勢力拡大のまたとないチャンスとなったのである。

3．財閥資本の蓄積メカニズム

(1) 政策金融への依存

①1970年代における政策金融の展開

　70年代に入ると財閥の資本蓄積にとって政策金融の重要性がますます増大する。重化学工業化が巨額の資金を必要としたからである。すなわち、それまでの政策金融（特に輸出支援金融）が輸出産業全体を対象としていたのに対し、70年代には重化学工業分野に偏重した選別的供与が行われるようになったのである。

　一般に、政策金融とは政府金融機関が特定の産業や企業に対して実施する低利な融資のことで、財政投融資資金を主たる財源とする場合が多い[41]。それに対し韓国では、政策金融に占める財政資金は極端に少なく（72～76年間年平均4.8％、77～80年間年平均3.4％）[42]、資金配分はもっぱら金融機関が担当した。朴政権が重化学工業分野への民間投資を増やすために財政政策ではなく金融政策を主に活用してきたことと関係しているものと思われる。政策金融の供給を担った金融機関には、後述する開発金融機関ばかりでなく一般市中銀行も含まれる。市中銀行が「政府の政策的金融の配分機関」[43]として機能した訳は、61年に不正蓄財処理事業の一環として民間に払い下げられていた市中銀行株を再び政府に返還させ、「金融機関に対する臨時措置法」でもって民間株主の議決権を制限したからにほかならない。市中銀行は、輸出振興策の本格化とともに輸出手形に対する韓銀（中央銀行）の再割引を自動化することによって政策金融（輸出支援金融）の一翼を担うこととなったのである。

第3章　重化学工業化時代と財閥資本

第3-5表　政策金融と銀行融資状況　（単位：億ウォン）

	1972年	1973年	1974年	1975年	1976年	1977年	1978年	1979年
政策金融(A)	7,338	10,387	14,556	19,579	25,767	36,116	60,627	84,530
(前年比増加率)	(22.4)	(41.6)	(40.1)	(33.9)	(31.6)	(40.2)	(58.6)	(39.4)
貸付総額(B)	15,413	20,370	30,118	38,568	48,672	63,433	93,160	130,642
(前年比増加率)	(25.9)	(32.2)	(47.9)	(27.0)	(26.2)	(30.3)	(46.9)	(40.2)
A/B(%)	47.6	51.0	48.3	50.8	52.9	56.9	65.1	64.7

資料）韓国銀行『経済統計年報』（韓国銀行資金部政策金融課）各年号。
出所）趙東成〔著〕『韓国財閥研究』毎日経済新聞社、ソウル、1990年、193頁。

第3-6表　政策金融金利の推移　（単位：％）

| 年度 | 一般貸付 | 政策金融 | | | 私債 |
		輸出金融	機械工業育成資金	国民投資資金	
1972	15.5	6.0	—	—	39.0
1973	15.5	7.0	10.0	—	33.4
1974	15.5	9.0	12.0	12.0	40.6
1975	15.5	7.0	12.0	12.0	41.3
1976	18.0	8.0	13.0	14.0	40.5
1977	16.0	8.0	13.0	14.0	38.1
1978	19.0	9.0	15.0	16.0	39.3
1979	19.0	9.0	15.0	16.0	42.4

資料）韓国銀行『主要経済指標』1966年6月、同『調査統計月報』各号、統計庁『韓国経済指標』1992年3月。
出所）Il SaKong, *Korea in the World Economy*, the Institute for International Economics, Washington, DC., 1993.〔日本語訳〕司空壹〔著〕『韓国経済　新時代の構図』渡辺利夫〔監訳〕宇山博〔訳〕東洋経済新報社、1994年、223頁より作成。

　70年代における政策金融の実施状況をみると（第3-5表参照）、72～79年間に政策金融の総額は7338億ウォンから8兆4530億ウォンへ11.5倍に激増している。また、同じく政策金融が国内貸付総額に占める比重は、40％台から60％台へ増加している。受信側にとって政策金融の魅力は何といってもその低金利にある。第3-6表より、72～79年間の一般貸付金利（年利、以下同）が15.5～19.0％で推移したのに対し、政策金融である国民投資基金貸付金利が12.0～16.0％（74～79年間）、機械工業育成資金貸付金利が10.0～15.0％、輸出金融の金利にいたっては6.0～9.0％の一桁で推移した。これら政策金融金利は、いずれの年も私債金利はもちろんのこと一般貸付金利をも下回っており、その金利差が受信者に莫大な利益をもたらしたことはいうまでもない。しかも、当時の

第3-7表　実質貸付金利の推移　　(単位：％)

年度	名目金利	私債金利	インフレ率	実質貸付金利
1972	17.8	39.0	16.3	1.5
1973	15.5	33.4	12.1	3.4
1974	15.5	40.6	30.4	−14.6
1975	15.5	41.3	24.6	−9.1
1976	16.5	40.5	21.2	−4.7
1977	17.3	38.1	16.6	0.7
1978	17.7	39.3	22.8	−5.1
1979	19.0	42.4	19.6	−0.6

資料）統計庁『韓国経済指標』各年版、韓国銀行『経済統計年報』各年版。
原出所）司空壹「経済開発戦略と金融」『経済発展と金融産業』韓国投資金融株式会社創立10周年記念論文、1981年。
出所）第3-6表と同じ、36頁より作成。

インフレ率（GNPデフレータ）を加味すると、重化学工業化政策実施期間の実質貸付金利はしばしばマイナス金利（74年−14.9％、75年−9.1％、76年−4.7％、78年−5.1％、79年−0.6％）を記録している（第3-7表参照）。このような行き過ぎた金融抑圧政策がいかに財閥資本に恩恵をもたらしたか、多言を要しないであろう。政策金融が「特恵」といわれるゆえんである。

②韓国産業銀行の機能

　重化学工業化時代における政策金融の供給は、特殊銀行（預金銀行）、開発機関（非銀行金融機関）、一般商業銀行、外資の配分、国民投資基金などのルートを通じて行われた。韓国の特殊銀行と開発機関は、基幹産業の育成、産業インフラ整備、農業、住宅、中小企業などを対象に与信活動を行ってきたが、重化学工業化政策との関わりで重要な役割を担ったのは、韓国の金融組織体系のなかで開発機関に分類される金融機関であった。なかでも、政府全額出資の韓国産業銀行（以下、産銀）と韓国輸出入銀行（以下、輸銀）の果たした役割が重要で、前者の産銀が長期産業金融を担ってきたのに対し、後者の輸銀は延払輸出を主な業務としてきた。ここでは、特に重化学工業分野の設備投資に寄与した産銀の働きについてみていくことにする。

　韓国産業銀行は、植民地期に設立された朝鮮殖産銀行の後身で、解放後、韓

国殖産銀行と改められた後、53年12月31日に公布された「韓国産業銀行法」に基づいて現在の名称となった。正式に発足したのは54年4月のことである。設立後は、政府系開発金融機関として、電力、ガス、水道などの産業インフラ整備や輸出産業をはじめとする基幹産業の育成に寄与してきた。重化学工業化政策が実施に移されると、政府の要請を受けた産銀は、長期産業資金の融資や内外資金借入の債務保証などの業務を通じて韓国経済の発展を下支えした。金融の面からみると、産銀は開発年代の影の主役であったとすらいってよい。

産銀の担った役割を数値的に確認しておこう。産銀の資金調達は、外国資本、基金（出資管理基金、産業合理化基金、国民投資基金など）、ウォン貨産業金融債（産銀発行）、政府借入金、自己資本などで構成されており、72〜79年間の総額は2兆8537億7100万ウォンで、内訳は、①基金35.8％、②外資29.7％、③自己資本13.4％、④政府借入10.7％、⑤産金債9.3％となっている[44]。資金融資の面でみると、産銀は、全金融機関貸付総額の2割前後（72年17.8％、74年15.7％、76年17.5％、78年18.9％、79年20.1％）、施設資金貸付総額では半分近く（72年40.3％、74年41.8％、76年41.4％、78年48.2％、79年49.6％）を占めた。79年末時点の産銀の貸付残額は2兆1591億ウォンで、このうち施設資金貸付残高は1兆9133億ウォン、88.6％を占めている[45]。また、72〜79年間の主な業種別資金供給の内訳をみると、その他（24.0％）を別にして、多い方から、①電力・ガス23.0％、②金属・機械16.7％、③運送・通信14.4％、④第1次金属12.5％、⑤石油・化学9.5％の順となっており、産業インフラ部門と重化学工業分野に偏重した資金の供給状況が看取されよう[46]。産銀は、投融資業務のほか、債務保証、外国為替業務など幅広く担当し、政策金融など政府資金の提供事業において主軸を成したのである。

それでは次に、産銀の資金がいかなる分野に供給されたのかについてみてみよう。第3-8表によると、絶対額では製造業や電気・水道および運輸・通信などのインフラ部門を中心に融資され、年平均伸び率では運輸・通信と建設業が50％を超える激増ぶりで、製造業がそれに続いている。製造業は72〜79年間に年平均39.2％の伸び率を示し、各年度の資金供給総額に占める比重は、72年

第3-8表　韓国産業銀行の資金供給状況　　　（単位：百万ウォン、％）

	1972年		1974年		1976年		1978年		1979年		年平均増加率
鉱業	12,416	8.5	9,767	7.2	5,072	2.2	13,045	2.3	22,440	2.4	8.8
製造業	52,958	36.4	54,975	40.5	124,759	54.8	263,138	45.7[1]	535,751	57.8	39.2
（軽工業）	12,349	(8.5)	10,883	(8.0)	11,639	(5.1)	21,598	(3.7)	73,751	(8.0)	29.1
（重化学工業）	40,609	(27.9)	44,092	(32.5)	113,120	(49.7)	241,540	(41.9)	462,000	(49.8)	41.5
電気・水道	69,062	47.5	31,573	23.2	52,582	23.1	148,458	25.8	174,890	18.9	14.2
建設業	1,582	1.1	11,345	8.3	7,197	3.1	25,510	4.4	27,251	2.9	50.2
運輸・通信	6,407	4.4	18,846	13.9	29,547	13.0	84,880	14.7	142,024	15.3	55.7
その他	3,052	2.1	9,310	6.9	8,675	3.8	40,930	7.1	24,532	2.7[2]	34.7
合　計	145,477	100.0	135,816	100.0	227,832	100.0	575,961	100.0	926,888	100.0	30.3

注）1）四捨五入したため、軽工業と重化学工業の合計値が合わない。
注）2）100％にするために切り上げてある。
出所）韓国産業銀行『韓国産業銀行五十年史』ソウル、2004年、405頁より作成。

36.4％、74年40.5％、76年54.8％、78年45.7％、79年57.8％と高率で推移している。重化学工業が資金供給総額に占める比重は、72年27.9％、74年32.5％、76年49.7％、78年41.9％、79年49.8％と高水準を示し、産銀融資の重化学工業分野への偏重ぶりがうかがえよう。

　具体的な融資例についてみてみると、まず、鉄鋼分野では、浦項綜合製鉄の重厚板、熱延、製銑、製鋼、分塊、鋼片工場、仁川製鉄の電気炉、連続鋳造設備および圧延施設、中・小形鋼および線材などの製造施設が拡張または新設され、高麗製鋼の鋼索、鋼線製造施設も竣工した。非鉄金属分野では、韓一非鉄金属、東洋鉄鋼、豊山金属、韓国特殊鋼の製造施設が新設または拡張された。石油化学分野では、イス化学のアルコム・ベンゼン製造施設、韓国エタノールのエタノールおよびアセトアルデヒド製造施設、ハニ石油の石油精製施設、蔚山石油化学工業のスチレンモノマー製造施設、東洋化学のソーダ灰およびリン酸カルシウム製造施設、湖南石油化学の高密度ポリエチレンおよびエチレングリコール製造施設、湖南エチレンのエチレンとプロピレン生産施設などが新設または拡張された。建設分野では、双龍洋灰、韓一セメント、東洋セメント、亜細亜セメント、高麗セメントなどの施設拡大が行われた。運輸装備分野では、現代自動車製造工場の竣工、新進自動車のジープ車製造施設、起亜産業の自転車および二輪車製造施設、亜細亜自動車の自動車製造施設、現代洋行および東

亜自動車の自動車部品製造施設などが新設または拡張された。また、造船業関連では、大韓造船公社と三星造船および大宇造船などの造船施設、現代尾浦造船所の船舶修理製造施設などが建設された。最後に、電子電機分野では、大韓電線と金星電線の裸銅線製造施設、天一社および金星社の電蓄、テレビ、ラジオ製造施設などが設立された[47]。このように、重化学工業分野を中心に多くの財閥系企業が産銀融資の恩恵に与っているのである。

　また産銀は、8.3措置を機に造成された産業合理化資金の供給や後述する国民投資基金からの借入を通じた融資も手掛けている。前者の産業合理化資金について、産銀は、政府借入金と自己資金からなる同資金を72～79年間に約1290億ウォン調達して、電力、石炭、造船などの基幹産業へ587億7600万ウォン、観光業などへ218億4300万ウォン、農家副業および中小企業へ105億ウォン、生活必需品部門へ72億2800万ウォン、原資材供給産業部門へ62億500万ウォンなど、計1045億9700万ウォンを供給した。後者の国民投資基金については、産銀は、同基金から74～79年間に約8383億ウォンを借り入れて、鉄鋼、造船、電子などの重化学工業分野に5057億ウォン、電気業に3322億ウォンを供給した。その他、機械工業育成資金、機械国産化資金、計画造船資金、技術開発資金および輸出産業資金などにも関与して、重化学工業の発展に大いに寄与したのである[48]。

③国民投資基金の創設

　重化学工業化政策との関わりで最も注目すべき資金供給機関は国民投資基金であろう。同基金は、74年12月14日に制定された「国民投資基金法」に基づいて設立された。目的は、「80年代初めに輸出100億ドル、一人当たり国民所得1000ドル」の長期目標を達成するために、もっぱら国内において「重化学工業建設の所要資金を効率的に調達・供給する」ことにあった。すなわち、重化学工業化政策に必要な資金を確保するために国内資金の総動員を図り、集めた資金で低金利長期貸付の「無限金融配給」[49]を実施するというものであった。

　同基金の運営に関しては、72年に財務部長官から韓銀総裁に委任され、韓銀

に国民投資基金勘定が設置された。基金の運営については国民投資基金運営審議会が担当し、基金の運用基準、年度別調達および運用計画決算報告などの重要事項について審議した。また、基金資金の取り扱いは、前述のように産銀や輸銀を中心に一般金融機関が行った。

次に、基金の仕組みについてみてみよう。まず、基金の財源は、①国民投資基金の負担で発行される国民投資債券（国会の決議が必要）、②政府の各会計からの転入金または預託金、③国民投資基金の決算上の剰余金、④その他、国民投資基金の負担で韓国銀行から一時借入した資金（ただし、当該会計年度内に償還するのが条件）、の四つのルートから集められることとなった。実際の基金財源は、もっぱら金融機関による国民投資債券の引き受けおよび預託金貸付の回収が担い、政府の寄与は皆無であった。国民投資債券の引き受けおよび預託業務者については、以下のように決められた。①国民貯蓄組合の組合員の貯蓄資金、②国民福祉年金法によって造成された資金、③郵便貯金と国民生命保険によって造成された資金、④政府、地方自治団体、その他公共団体が管理・補助または出資する基金のうち大統領令が定める資金、⑤金融機関の貯蓄性預金で造成される資金、⑥信託会社の不特定金銭信託によって造成された資金、⑦保険会社の保険によって造成された資金、などである[50]。

また、基金の運用対象については次のように決められた。①重要産業の設備資金（用地の取得または工業団地の造成のための資金を含む）、②重要産業の運転資金、③輸出支援資金、④用地買収資金（金融機関を経ないで運用可能）、⑤その他、大統領が定める用途の資金、の5項目である。ここでいう重要産業とは、鉄鋼、非鉄金属、機械、化学、電子工業、食糧増産事業とその他大統領が定める事業である。

最後に、基金の調達および運用の実績についてみておこう。まず、74〜79年間の調達実績は総額1兆5682億ウォンに上り、そのうち金融機関などによる国民投資債券の引き受けおよび預託金が76.9％と大部分を占め、貸付回収金の13.4％、前年度繰越金の9.7％と続いている。次に、同期間の運用実績は総額1兆4385億ウォンで、内訳は、重化学工業が61.0％と圧倒し、続いて電気業の

23.8％、延払輸出の7.1％、食糧増産事業の6.0％、セマウル工場の2.1％の順となっている[51]。

国民投資基金の資金供給が各財閥企業にどれだけ実行されたかを示す資料は見当たらないので正確なことはいえないが、重化学工業の建設のために資金の6割強が費やされた事実や、これら重化学工業分野に多くの財閥企業が進出している点を勘案すると、同基金が財閥資本の蓄積にきわめて重要な役割を果たしたと断定しても大過はないであろう。

④外資導入状況

装置産業である重化学工業を育成するには巨額な資金を要する。巨大な工場プラントを立ち上げるための初期投資はもちろんのこと、資源多消費型で熟練労働力を多用する重化学工業分野では企業の運転資金も軽工業の比ではない。資金調達方法としては、内資で充当できなければ外資に頼るほかないが、むしろ韓国の場合、重化学工業建設計画にも明示されたように、当初から外資導入を前提とした重化学工業化を目指していた。特に、技術力に劣る韓国企業にとって先進国からの技術導入は重化学工業化の必須条件となった。朴政権が外資導入に政策的プライオリティを置いたのも、ひとえに重化学工業育成のためであった。

外資を殊のほか重視した朴政権は、自らが導入した公共借款を企業に配分する権限のほか、外資導入審議委員会を通じて民間商業借款に対する適否決定権も掌握した。民間企業としては、貴重な外資を使えること自体が特恵を意味したので政府の意向を無視することはできなかった。政府は、外資の配分という点でも民間企業に対して優位な立場に立てたのである。とりわけ、重化学工業化政策が軌道に乗る70年代後半になると巨額の外資が導入されるケースが増え、外資導入に関する政府の権限はますます強くなった[52]。

70年代における外資導入の基本方針は、一言でいえば、公共借款および外国人直接投資中心の導入と外資導入先の多角化であった。背景には元利金償還問題があった。すなわち、外資導入の重心を金利負担の大きい商業借款からソフ

トローンの公共借款と非債務セクターの直接投資へシフトしようとするものであった。しかし、実際は、その時々の内外の状況に左右されて当局の思惑通りにはならなかった。ここでは、70年代における外資導入政策の沿革を簡単に振り返っておこう。

　当局はまず、71年1月に「外国人投資誘致政策」を発表して、直接投資の増大を図ろうとした。輸出産業を中心に誘致し、内国人との合作投資を原則としながらも、製品の全量輸出を条件として単独投資も認めた。次に、73年2月に公共借款の法的根拠をつくるために「公共借款の導入および管理に関する法律」を制定した。長期開発計画に必要な公共借款を適宜効率的に導入し、交渉の完了した借款を速やかに導入するための措置であった。同じく73年2月に「外国人投資比率調整に関する原則」を制定して、合弁投資の際に内外投資比率を50対50にする原則が決められ、この原則は、翌月3月に発表された「外国人投資に関する一般指針」に反映された。そして、73年3月に「外資導入法」が改正され、7月には同法施行令が制定された。長期開発計画とりわけ重化学工業化政策の実施により大量の外資流入が想定されるなかで、外資の効率的使用のために事後管理を強化し、直接投資と技術導入の認可手続きの簡素化を図った[53]。また、後述する「総合金融会社」の設立（75年12月）も外資導入の新たな窓口作りの試みとなった。

　しかし、第1次オイル・ショックの発生は韓国の外資導入政策に変更を余儀なくさせた。開発資金の調達に加え、国際収支の悪化をカバーするためにも外資導入の増大が求められるようになり、現金借款導入の許容やプログラム・ローンおよび転貸借款の導入が積極的に図られた。その後、76年になって景気回復が鮮明になると、今度は、外資導入の拡大から外資の管理強化へ路線転換するようになる。例えば、76年8月に発表された「現金借款および物資借款認可方針」によると、施設財導入を伴わない内資調達用の現金借款や運営資金調達（内資調達）のための物資借款を一切認可しないことが決められた。また、77年3月に実施された「外資導入法施行令」改正により借款事業の事前通告制が導入された。対象は、借款導入額が300万ドル以上の事業に限られ、技術導入

や外国人直接投資は除外された。同年8月には経常収支の改善と外貨保有額の増加を背景に新たな「外資導入認可方針」が立てられ、現金借款および物資借款の導入をいっそう規制することで通貨増発要因を抑制し、一部の不利な条件にある資本財借款導入の改善を図った。

　78年になると、重化学工業化の促進に焦点を絞った外資導入政策の改正が目立つようになる。例えば、78年4月に発表された「外資導入行政の改善」では、技術導入の自由化（自動認可）が促進され、外資導入許可方針として商業借款を抑制しつつも重化学工業事業や防衛産業などに必要な外資（借款を含む）については例外措置としている。重化学工業化に必須な外国技術の導入に関しては、79年4月にとられた「技術導入自由化措置」で自動認可事項がさらに拡大された。

　それではここで、70年代の外資導入状況についてみてみよう[54]。まず、外資（中長期）導入総額（到着基準）は、73～78年間に112億1900万ドルに上り、前期（66～72年間、以下同）35億1200万ドルの3.2倍の増加である。内訳は、多い順から、①商業借款58億5800万ドル、52.2％、②公共借款34億3100万ドル、30.6％、③金融機関借入12億2600万ドル、10.9％、④直接投資7億400万ドル、6.3％となっている。前期と比較すると、絶対額で、それぞれ商業借款が3.0倍、公共借款が3.0倍、金融機関借入が6.0倍、直接投資が3.1倍に増加している。総額に占めるウエイトは、商業借款（55.5→52.2％）、公共借款（32.1％→30.6％）、直接投資（6.5％→6.3％）が若干下げているが、金融機関借入だけが大幅に増やしている（5.8％→10.0％）。その訳は、従来、国内の金融機関は企業が導入した外国借款の支払保証をするケースが多かったが、70年代に入ると、金融機関自体が銀行借款を導入したり国際金融市場で外貨債券を起債したりする例がみられるようになったからである。これら外資は、同期間における国内総投資額の16.5％を占め、前期より比重を落としたといっても（前期比重37.0％）、引き続き韓国経済の飛躍的な発展を支えたのである。

　次に、項目ごとの導入状況についてみてみよう。ここでは、財閥資本の蓄積との関わりで重化学工業化に貢献した度合いが高かったと思われる公共借款、

商業借款、直接投資、それに技術導入の四つについて言及することにする。

まず、公共借款は、当局の働きかけもあって導入先の多様化や金融機関による転貸借款の導入という新しい動きがみられた。国別（国際機関を含む）の導入状況は、多い順から、①世銀（IBRD）やアジア開発銀行（ADB）などの国際金融機関16億500万ドル、46.8%、②米国8億6700万ドル、25.3%、③日本5億1600万ドル、15.0%、④EC諸国2億5600万ドル、7.4%となっている。前期と比較すると、全体の6割を占めた米国と同じく2割強の日本がウエイトを下げたのに対し、国際金融機関（13.5%→46.8%）やEC諸国（2.3%→7.4%）の比重が増している。これら公共借款は、主に農林水産業や社会間接資本部門に投入されたほか、韓国産業銀行などの転貸借款として民間企業に供与された。重化学工業化の前提条件となる電気・ガス・水道、鉄道、道路、港湾、通信などのインフラ整備は、まさにこれら外国から導入された公共借款が担ったのである。

ただし、その効果の程は、同期間内に返済された元利金総額（中長期）が11億8600万ドル（元金4億2400万ドル、利子7億6200万ドル）に上り、導入総額34億3100万ドルの34.6%に及んでいる点を差し引いて考えるべきである。公共借款の借り入れ条件は、償還期間は10～40年、金利（名目）は73～78年間に最低4.4%（73年）から最高7.8%（78年）で推移しており、後述する商業借款よりはるかに有利であった。

商業借款は、当局が抑制方針を立てたにもかかわらず、公共借款を2倍ほど上回る導入結果となった。ひとえに重化学工業化に必要な資本財や原資材の導入のために増加したものである。まず、国別の導入状況についてみてみると、①米国15億4800万ドル、26.4%、②日本12億7000万ドル、21.7%、③英国8億6800万ドル、14.8%、④フランス4億500万ドル、6.9%などの順である。前期と比較すると、米国（31.1%→26.4%）と日本（27.2%→21.7%）がともにウエイトを下げ、英国（8.8%→14.8%）およびその他諸国（8.4%→22.6%）のウエイトが上昇した。商業借款においても導入先の多角化効果がうかがえる。産業別にみると、やはり製造業が69.0%と7割近くを占め、大きく水を空けられて

社会間接資本部門およびその他サービスの29.5%が続いている。農林水産業の導入実績はわずか1.5%にすぎない。さらに製造業の業種別導入状況をみると、①金属12億5800万ドル、21.5%、②化学・石油10億4000万ドル、17.7%、③繊維7億8500万ドル、13.4%、④運送整備3億4700万ドル、5.9%の順となっており、繊維を除くと、やはり上位には重化学工業分野がランクされている。

　主な商業借款の導入事例は第3-9表の通りである。重化学工業化政策が実施されて以降の70年代に、大宇、三星、現代、双龍、SK、韓進、コーロン、韓一合繊など多くの財閥系企業が外国商業借款の恩恵に与っているのがわかる。また、別資料によると[55]、75年末現在で、1億ドル以上借款を導入した財閥は、韓進、現代、韓一合繊、韓国火薬、造船公社、SK、双龍、曉星、新進の9グループであり、同じく5000万ドル以上～1億ドル未満の借款を導入した財閥は、LG、コーロン、新東亜、世東、大韓油化、起亜産業、三星、大宇の8グループ、2000万ドル以上～5000万ドル未満の財閥は、汎洋専用船、三和船舶、大農、海運公社、三洋航海、大韓通運、泰光産業、世進レーヨン、ロッテ、東洋セメント、亜細亜セメント、高麗遠洋、韓一セメント、チョヤン商船、錦湖、三美社、東洋化学、邦林紡績など多数である。多くの財閥がこの時期に巨額の外国借款を導入しているのがわかる。

　しかし、73～78年間の商業借款の元利金償還額（中長期）は34億4700万ドル（元金21億5100万ドル、利子13億600万ドル）に上っており、同期間に導入された商業借款総額の何と6割（59%）を占めた。これは、公共借款の場合の34.6%をはるかに凌駕する数値である。しかも、通常、商業借款の借り入れ条件は公共借款に比べはるかに不利である。商業借款の返済期間は10年以内が普通で、金利（名目）も73～78年間に最低9.2%（74年）から最高13.0%（77年）の水準で推移した。その結果、同期間の商業借款の元利金償還額は、償還総額のなかで62.5%を占めたのである（公共借款は21.4%）。70年代に借款の導入額が増えるにつれて対外債務総額は73年の42億6000万ドルから78年の148億7100万ドルへ増加した。第3-3表にあるように、当該時期のDSR（Debt Service Ratio）は10%前半で推移したのでまだ危険水域に達していなかったが、水面

第3-9表　主要商業借款導入事業　　　　　　　　（通貨単位：百万）

借款導入者	推進事業	借款導入先	契約額（最終）＊	確定年度
大韓航空	航空機導入（ボーイング747導入など）	米国、カナダ、香港	U$327	1973〜78
大宇造船	玉浦造船所建設および機資材導入	米国、スウェーデン、デンマーク、フィンランド	U$30、Skr3	1978
大宇重工業	ディーゼルエンジン工場建設	香港	DM72	1974
現代自動車	総合自動車工場建設	フランス、英国、日本、オーストラリア、バハマ	U$5、FFr56、¥1,160、£20、A$6	1974、1975
温山製錬所	大単位銅製錬所建設	ベルギー、英国、フィンランド	BFr1,185、£13、U$45	1974、1975
双龍洋灰	第1、2段階セメント工場増設	西独、フランス、英国、香港、南ア、スイス、デンマーク、ルクセンブルク	FFr261、DM24、£4、BFr346、RD5、SFr100、DFi8、U$63	1976〜78
南海化学	第7肥料建設および現金借款	米国、日本、英国、パナマ	U$226、¥3,330	1974、1976、1977
三星石油化学	TPA工場建設	米国、シンガポール、デンマーク	U$50	1977
湖南エチレン	ナフサ分解工場ユーティリティ導入など	英国、日本、香港、シンガポール	U$37、£13、¥25,537	1976、1978
韓国ダウケミカル	電解工場建設	英国	£34、U$37	1976
東西化学	第2ANモノマー工場建設	日本、パナマ	¥7,033、U$3	1976
東洋ポリエステル	ポリエステルF糸工場建設	米国、バハマ	U$30	1974
忠南紡績	染色加工工場建設および繊維原料導入	米国、英国、香港	U$107	1976〜77
韓一合繊	合繊生産設備および繊維原料導入	米国、英国、西独、香港、ベルギー	U$90、DM36、SFr7	1973〜77
鮮京	ポリエステルSF糸工場建設	英国、フランス	U$31	1976
コーロンポリエステル	ポリエステル工場増設および原料	米国、英国	U$35、£3	1973〜75
東海パルプ	大単位化学パルプ工場建設	西独、フィンランド	U$33、DM24	1977

注）＊契約額は本件推進事業と関連して契約した比較的大規模借款を表しており、同期間中、借り主が契約した総額ではない。
資料）財務部内部資料。
出所）第3-3表と同じ、171〜172頁より作成。

下では債務返済負担の増大が韓国経済に重くのしかかっていた。案の定、累積債務問題が世界経済の懸案として浮上する80年代に入ると、ブラジル、メキシコ、アルゼンチンに次ぎ、韓国はアジアで唯一債務大国の隊列に名を連ねることとなった。

続いて、外国人直接投資についてみてみよう。直接投資は公共借款とともに外資導入政策の重点対象に選定されたが、この時期は先進諸国の経済不況や韓国国内の政情不安などが災いして、総じて低迷を余儀なくされた。73年に2億ドル近く（1億9100万ドル）まで増えたにもかかわらず、翌年には減少に転じ（1億6300万ドル）、その後は6000万ドルから1億ドル程度の間で推移した。国別では、①日本4億8300万ドル、68.6％、②米国9800万ドル、13.9％、③オランダ400万ドル、5.6％の順で、日本の存在感が大きい。前期との相違点は日米のウエイトが逆転したことである。すなわち、米国が61.2％から13.9％へ激減したのに対し、日本は26.9％から68.6％に激増した。ただし、日本の場合、この時期に増えたといっても73年1億7300万ドル、74年1億3100万ドルの2年間だけで、それ以降は3000万ドルから5000万ドル強の間で推移している。

直接投資を産業別にみてみると、製造業が78.8％で商業借款を上回るウエイトを占め、サービス業19.0％、農水産業1.8％の順で続いている。製造業のなかでは、①繊維・衣類1億2600万ドル、17.9％、②化学1億1800万ドル、16.7％、③電気・電子9900万ドル、14.1％、④機械4800万ドル、6.8％、⑤石油4600万ドル、6.6％、⑥金属3900万ドル、5.5％などとなっている。第1位の繊維・衣類は、前期から比重を増大させたが（7.9％→17.9％）、73～78年間の増加は73年と74年の2か年の投資分によるものである（2か年の投資額は、同期間の繊維・衣類分野投資総額の9割を占めている）。化学、機械、石油、金属などの重化学工業分野は繊維・衣類ほどの偏在はみられず、むしろこの時期は、絶対額は大きくないがコンスタントな投資状況がみられたといってよい。直接投資で重化学工業分野への投資が思いのほか少ないのは、朴政権の重化学工業化政策が国内資本とりわけ財閥資本に依拠したことから、外資の直接的な支配を免れるためにも借款重視の外資導入に傾斜したことが反映したものと思われる。

それでもなお直接投資が重視されるのは、債務セクターではないという理由ばかりでなく、先進的な生産技術や経営ノウハウを習得できたり、海外市場の販路も容易に確保できたりするなど、多くの利点が見込まれるからである。

このような直接投資のメリットにもかかわらず決して見逃されてはならない事実は、その間、配当金の送金や出資金の回収額が着実に増えていったことである。配当金についていうと、前期の合計額が3000万ドルにすぎなかったのが、73〜78年間ではその7倍の2億1100万ドルに達している。しかも、73年の1500万ドルから78年の5300万ドルと、年が進むにつれて増加傾向にある。配当金の送金も、前期がわずか400万ドルにすぎなかったのが、同時期には4300万ドルと10倍を超す激増ぶりである。

最後に、技術導入についてである。73〜78年間の技術導入件数は847件を数え、そのロイヤルティも2億3000万ドルに及んでいる。前期が356件、1600万ドルであったことを考えると、件数で2.4倍、ロイヤルティで14.4倍に増えている。しかも、この期間内に件数（73年67件→78年297件）、ロイヤルティ（73年1200万ドル→78年8500万ドル）共に年が進むにつれて増加している。国別の導入状況を件数でみると、日本（484件、57.1％）と米国（191件、22.6％）の両国で8割を占めている。それ以外では、西ドイツ（38件、4.5％）、英国（32件、3.8％）などが主な導入先である。分野別にみると、①機械276件、32.6％、②電気・電子159件、18.8％、③精油・化学136件、16.1％、④金属85件、10.0％などで、明らかに重化学工業化に必要な技術の導入が図られたのである。

以上の分析から明らかなように、外資は重化学工業化政策を推進するうえで非常に大きな役割を果たした。その重化学工業化の屋台骨を支えた財閥資本にとっても外資はなくてはならない存在であった。公共借款が産業インフラを整備する一方、商業借款が資本財や原資材並びに商品の輸入を円滑にし、さらには直接投資によって先進的な経営資源や技術が導入されて、はじめて70年代における財閥資本の跳躍は可能となったのである。

(2) 企業の買収

①不実企業の買収

　70年代は、韓国財閥史において最も旺盛に勢力拡大が行われた時期である。新規企業の設立も積極的に行われたが、それ以上に重要な手段となったのが不実企業の買収であった。不実企業とは、経営が悪化して法定管理（会社更生法に相当）や銀行管理下に置かれた企業のことで、69年に第1回目の整理事業が敢行された。不実企業には民間企業ばかりか政府傘下にあった企業も含まれていた。民間企業に比べて規模の大きい政府系企業を手中に収めるということは、企業主にとって一夜にして財閥化への足掛かりをつくったことと同義であった。これら不実企業がどのようなプロセスを経て整理されていったのか、次にみてみることにする。

　既述のように、72年の8.3措置によって「偽装私債」など経営者による不正行為が発覚すると、朴政権は、翌年73年に実施された「4.6措置」でもって81社73名に上る反社会的企業人の名簿を公表した。そのなかには、50年代以来の老舗財閥である三護（三護紡織）代表の鄭載護をはじめ、東海実業の姜淑鉉、星光貿易の金正萬、韓国鉄鋼の申永述、大星産業の趙永一、東洋ゴムの玄壽昌などが含まれていた。

　「反社会的」の基準は、①経営能力や信用が著しく不良で企業を不実化させて金融機関に損失を被らせた企業代表や独寡占株主、②企業の国家的な重要性に照らして金利の減免や償還条件の変更または欠損要因を抱えたまま銀行が救済措置をとった企業代表者のうち社会的信用に欠ける企業人、などとなっていた。彼らに対しては、対象者ばかりか連帯保証人を含めて今後5年間にわたって金融支援を中断し、調査の結果、脱税容疑が固まれば税金の追徴を行い、隠匿財産などに対しては債権回収のために必要な措置がとられた。国税庁と銀行は資金および税務調査を実施し、その結果に基づいて銀行が20社14名の代表者を横領、背任、小切手不渡りなどの嫌疑で告発した。被告発者には、延世開発の朴龍雲、光成工業の高貞勲、東海実業の姜淑鉉、三護紡織の鄭載護、韓国ア

ルミニウムの張永鳳、韓国鉄鋼の申永述、韓一木材の張仁燮、三安産業の芮珀壽、三洋水産の丁奎成、東洋ゴムの玄壽昌、ジェネラル・サプライの崔慶男などの名前が挙がった。50年代に綿紡織最大手で三星に次ぐ財閥に成長した三護は、これを機に滅亡の途をたどることとなる[56]。

　韓国では、70年代半ば頃に各財閥による一大Ｍ＆Ａブームが巻き起こるが、その際、これら不実企業を含む多くの企業が格好の買収対象となった。いくつか事例を挙げてみよう。国際商事は朝光貿易、三洋パルプ、東宇産業を、忠南紡績は大成毛紡、韓興証券を、東洋ナイロン(暁星)は韓永工業を、泰光産業は大韓化繊を、韓国ヤクルトは釜山ピラク牛乳を、三養食品は栄一食品を、朝鮮麦酒は韓独麦酒を、半島商事(LG)は林永皮革を、韓国生糸は三宝電気機器を、錦湖実業は麻浦産業を、そして起亜産業は亜細亜自動車を、それぞれ買収した。そこからは、国際、暁星、ロッテ、LG、錦湖、起亜などの主要財閥ばかりか中小の財閥まで企業買収に攻勢をかけた様子が看取されよう。

② 防衛産業の育成と不実企業の買収

　不実企業の買収は、防衛産業の育成にとっても一つの手段となった。このなかには、仁川製鉄や大韓アルミニウムなど政府系企業(間接出資を含む)も含まれていた。買収に際しては政府からの破格の恩恵すなわち租税減免や特別融資などの特恵が付与されたこともあって、有名財閥が一気に巨大化する絶好の機会となった。具体例をみてみよう。

　まず、現代は仁川製鉄と大韓アルミニウムを買収した。仁川製鉄は、元は帰属企業(38年に設立された朝鮮理研金属仁川工場)で、解放後の53年に大韓重工業公司として再出発した。62年に仁川重工業と改称され、64年9月に製鉄部門が分離されて仁川製鉄が誕生した。ところが、西ドイツからの借款で導入した新製鉄技術のSNRN法がうまく機能せず、設備が一度も稼働しないまま借款償還期日を迎えてしまった[57]。その結果、70年4月に産銀管理下の不実企業となり、後に現代に売却されたのである。大韓アルミニウムは、韓国アルミニウムという企業名で国内初のアルミ製造工場として出発したが、73年に出された

経営立て直し方針の下に産銀とフランスの会社の合作企業となり、同年4月に大韓アルミニウム工業として再出発した。78年8月になって現代綜合商事が韓国フッ化工業とともに同社を買収したのである[58]。

重化学工業分野への進出で現代に後れをとった三星も、韓国半導体、宇進造船、大成重工業、コリア・エンジニアリングなどを立て続けに買収した[59]。まず、74年12月に韓米合作企業であった韓国半導体の内国人保有株式を買収した。米国カムコ社が運営していた富川工場の買収に乗り出したのである。77年12月には完全子会社化に成功し、翌年78年3月に三星半導体に改称した。言うまでもなく、今日の三星電子である[60]。次に、77年4月に眞露の傘下にあった中堅造船所の宇進造船（竹島造船所）を買収した。後の三星重工業巨済造船所である[61]。続いて、同年5月に大成重工業を買収した。大成重工業は、もともと70年11月に在日僑胞の成海龍が浦項綜合製鉄建設の関連工事受注のために浦項に設立したもので、鉄構造物製造の最新鋭設備を備えていた。また、コリア・エンジニアリングは、70年に韓米合作企業（韓国エンジニアリングと米国Lummus社）として発足した政府系企業であったが、78年4月に三星の傘下に編入された。同社は、プラント設計や管理・補修などを手掛ける国内最古のエンジニアリング会社である。

その他の買収事例をみてみよう。まず、暁星は政府系企業の韓永工業（暁星重工業）、栗山重工業（暁星金属）、栗山アルミニウム（暁星アルミニウム）を買収した。双龍は勝利機械と東洋重電を、LGは大成メタノールと国際電線を、国際は聯合鉄鋼[62]と東亜金属（国際金属）および惟信機械（国際綜合金属）を、東国製鋼は釜山伸鉄と韓国鉄鋼を、そしてロッテは湖南石油化学を、それぞれ買収した。このような企業買収を通じた財閥資本の重化学部門へのシフトが朴政権の自主国防政策と共鳴した投資行動であったことはいうまでもない。

③その他の企業買収の契機——総合貿易商社制度と中東建設輸出——

既述のように、朴政権は、輸出100億ドルの長期目標を達成する切り札として75年5月に総合貿易商社制度を導入した。その際、総合商社の指定条件とし

て①海外支社10か所以上、②資本金10億ウォン以上、③50万ドルの輸出品目七つ以上の三つが提示された。この条件をクリアするためには、品目と総額の両面で輸出量を伸ばし、同時に企業規模を拡大する必要性があった。その最も手っ取り早い方法が他企業の買収であった。そこで各財閥は、一斉に、他の貿易商事会社を傘下に収めたり中小企業を系列化したりする行動に打って出た。しかも、毎年、指定条件をクリアすることが求められたので、総合商社指定後も買収の手が緩められることはなかったのである。折しも、同年12月3日には「中小企業系列化促進法」が制定され、「系列化による中小企業育成」の名の下に、文字通り財閥資本による中小企業争奪戦が展開されることとなった。

　その結果、総合商社指定後の5～6年の間に、三星、大宇、LG、現代などの巨大財閥は、20社余りの企業を買収・合併または新設し、100社余りの中小企業を系列化した。また、国際、暁星、双龍、錦湖、SK、韓一合繊、三和、栗山は、10社余りの企業を新たにグループに迎え入れ、50社ほどの中小企業を系列化した。「総合商社グループの領土拡張過程では、常に総合商社が買収窓口の役割をした」[63]のである。70年代後半にこうした大々的な買収行為が可能となったのは、第1次オイル・ショックの直撃を受けた中小企業の経営不振という事情もさることながら、何よりも朴政権のなりふり構わぬ輸出振興政策が実施されたからにほかならない。韓国では、財閥の企業買収行為にまで政府主導型開発戦略の影響が及んでいたのである。

　前述のように、総合商社指定第1号は、75年5月19日に認められた三星物産であった。少し遅れて同年5月27日に大宇実業と双龍、同年末に国際商事と韓一合繊が認定された。さらに、翌年76年には暁星物産、半島商事（LG）、鮮京（SK）、三和（韓国生糸の傍系）、錦湖実業の5社が名乗りを上げ、中小企業の輸出窓口として高麗貿易も認められた。そして、78年になって現代綜合商社、栗山実業の2社が資格を得て、計13社が総合貿易商社の認定を受けた。このうち11社（栗山実業と高麗貿易を除く）の傘下企業数は、78年末現在で、LG 47社、大宇41社、三星38社、現代33社、三和30社、SK 27社、国際24社、双龍20社、錦湖19社、韓一合繊8社など、合計312社に及んでいる[64]。ただし、この

熱病のような企業買収劇も長続きせず、70年代末には早くも脱落する財閥も出てきた。79年の重化学工業化政策の破綻が明らかになると、期せずして新興財閥の栗山が破綻し、翌年80年の史上最悪の景気低迷時には韓一合繊、三和、錦湖が総合商社の資格を失い、国際商事にいたっては財閥解体の憂き目に陥った。しかし、ビッグ4をはじめとする主力財閥は、中小財閥の破綻を肥やしにして、さらなる勢力拡大の途を突き進むのであった。

　もう一つの企業買収の契機は、70年代後半期にブームとなる中東建設輸出であった。中東建設輸出とは、第1次オイル・ショックを機にオイル・ダラーに潤う中東諸国での建設ラッシュを当て込んだ韓国建設業者の中東進出を意味した。具体的な建設需要は、道路、港湾の建設のほか、政府機関や病院など建物の建設、さらには下水道工事や軍事施設の建設および整備まで含まれていた。ベトナム戦争時の建設輸出で経験を積んだ国内の建設業者は先を争って中東諸国に進出し、そこでの建設需要はベトナム特需に代わる文字通り新たな「ドル箱」となった。今回は、すでに建設会社を傘下に置き海外での活動経験が豊富な財閥ばかりでなく、新規に建設輸出分野へ参入する財閥も現れた。それら財閥は、中東進出のために建設会社を新設するか、あるいは海外建設許可権を有する中小の建設会社を買収するかして、進出体制を整えていったのである。

　いくつかの買収例についてみてみよう。三星は、77年2月に江原道の統一建設を買収して三星綜合建設に改称し、すでに中東へ進出していた新源開発[65]も買収して三星綜合建設に合併した。国際は、同年2月に聯合建設、同じく5月に大河建設を買収して国際綜合建設を設立した。栗山は、77年に東源建設を買収して栗山建設に改称した。コーロンは、76年3月に三慶開発を吸収してコーロン建設に商号変更した後、翌年にはシンチャン建設とヒョップファ実業それに国際電気の建設部門を買収してコーロン綜合建設を設立した。SKは、77年8月に建設軍納や道路舗装を手掛けていた協友産業を買収して社名を鮮京綜合建設に改めた後、三徳産業を吸収して中東進出に乗り出した。LGは、77年10月にラッキー海外建設を設立していたが、78年2月にはラッキー開発が世界産業を吸収合併した。最も早く中東へ進出した三煥は、全羅南道の亜細亜建業と

ヨンプン建設を買収して、それぞれチャミョン建設とチャミョン海外建設に改めた。現代洋行は、京畿道のヘドン建設を吸収して漢挙建設を立ち上げた。韓一合繊は、全羅南道のウジン建設を買収して翰暁建設に改称した。暁星は、77年10月に大同建設を買収して暁星建設を設立した。錦湖は、第一土建を買収して錦湖建設に社名を変更した。日韓ブリッジ財閥のロッテも、建設会社を買収してロッテ建設を誕生させた。いずれも77～78年を中心とした買収事例で、77年の1年だけで25の財閥が31社に上る建設会社を買収して、念願の中東進出を果たしたのである[66]。

④大宇の巨大財閥化と企業買収[67]

70年代の財閥資本と企業買収の関係を考えるうえで、今はなき企業集団で「買収王」の名をほしいままにした金宇中率いる大宇のケースを見逃すわけにはいかない。ここでは、大宇財閥の成長がもっぱら企業買収を通じて実現された様子を描写してみることにする。

大宇の歴史は、67年、金宇中が弱冠31歳の時に設立した大宇実業の設立に始まる。それまで勤めていた貿易会社の漢城実業を退職し、かつての同僚や学生時代の先輩後輩を社員に迎えて、わずか資本金500万ウォンで立ち上げた繊維関係の商社であった。金は、漢城時代に開拓した東南アジア市場でナイロンやポリエステルのトリコット地を売りまくり、「トリコット金」の異名をとった。そして、翌年68年の「輸出の日」には、早くも大統領賞を受賞するまでに会社は成長した。また、米国市場に接近する際には、韓米繊維摩擦に伴う輸入クォーター制の導入（72年）を見越して対米輸出に全力を注ぎ、輸入クォーターの30％を確保する成果を上げた。その結果、会社設立後わずか5年で輸出5300万ドル、資本金115億ウォンの国内最大の繊維輸出会社に成長するのであった。

70年代に入ると多角化経営を本格化し、一気に国内主力財閥の地位にまで上り詰める。当初、繊維関係の会社を買収する垂直的多角化路線を歩んでいたが、重化学工業化政策が実施に移される73年前後から繊維以外の他分野への進出もみられるようになった。72年9月に高麗皮革の買収を皮切りに、73年には韓国

投資会社（米系ペーパー・カンパニー）、東国精密機械（6月）、新星通商（8月）、東洋証券（9月）、東南電気（12月）を立て続けに買収し、8月には中東建設ブームに乗り遅れまいと栄進土建を買収して大宇建設と改称した。また、同年5月にLG（ラッキー金星）所有の三洲ビルディングの買収や後にグループ拠点の大宇ビルディングとなる交通ビルの買収など、不動産の買収も積極的に手掛けた。後者の交通ビルは、68年に着工されたソウル駅前に位置する地上23階地下2階の高層ビルで、完成を前に火災に見舞われ建設中断状態にあったものを大宇が購入して完工させたものである[68]。このように73年の1年間だけでも、本業の繊維、貿易以外に金融、機械、電気、建設、不動産への進出がみられ、大宇が急速に水平的多角化を遂げていった様子がうかがえる。

　70年代における大宇グループ多角化の真骨頂は、やはり、重化学工業分野への進出であろう。最も象徴的な買収例は、韓国機械と玉浦造船所のケースである。韓国機械は、ディーゼルエンジン車両や産業機械などを生産する国内最大級の機械メーカーで、もともと植民地時代に設立された企業であった。解放後は帰属企業となり、しばらくは政府系企業として維持されてきたが、経営状態が思わしくなく68年に民営化されていったんは金昌源率いる新進グループの所有となった。それでも経営状況は改善せず、再び不実化して産銀傘下に編入された後、76年に大宇によって買収されたものである。韓国機械の資本金は大宇グループ総資本の2倍を超える規模に相当した。ここに、グループ中核企業である大宇重工業が誕生することになる。また、玉浦造船所は、前述のように（注25参照）、73年5月に大韓造船公社によって100万トン級の建造能力を有する大型造船所として建設されることが確定したが、5年たっても稼働せず廃墟と化していたところを朴正煕が目撃し、首相に命令して大宇に購入させたものである。これを母体に、大宇は、78年9月に資本金70億ウォンの大宇造船を設立した[69]。買収を承諾するに際して、大宇は、わずか全工程の4分の1しか済んでいない不実企業同然の造船所を引き受けさせられるリスクを鑑み、政府に対して以下のような破格の条件を要求した。その条件とは、第1に、造船所設備の全額を政府が支援すること、第2に、造船不況対策として米国第7艦隊の

修理造船を誘致すること、第3に、玉浦を大単位の総合機械工業団地に育成することの三つであった。政府による特恵付与の極みをここに目撃した思いがするといえば言いすぎだろうか。

それ以外にも、77年の製鉄化学や78年のセハン自動車の買収が注目される。前者の製鉄化学は、石炭化学、農薬、油剤などを生産する化学企業であり、これによって大宇の化学分野への進出が可能となった[70]。後者のセハン自動車は、もともと62年に在日韓国人の朴魯禎によって設立されたセナラ自動車として発足したが、経営破綻を来して65年に新進グループ（金昌源）の新進自動車に吸収された。トヨタの協力を受けて一時国内最大の自動車メーカーに成長するが、70年代に入ってグループ経営が斜陽化したため72年に米国GMとの合弁企業であるGMコリアと改称された。それでもなお経営は芳しくなく、第1次オイル・ショックを契機に産銀の管理下に入り、社名もセハン自動車に変えられた。そのセハン自動車を78年に大宇が買収し、大宇自動車が発足することになる。

このように大宇は、まさに企業の買収を通じて勢力を拡大した典型的な財閥であった。76年の時点で、傘下企業24社のうち大宇自身の手によって創設された企業は母体の大宇実業のほか、東洋投資金融、海友船舶、大宇開発の4社のみである[71]。旺盛な企業買収が可能となった秘訣は、ほかならぬ他人資本に依存した極端な借金経営にあった。大宇の経営スタイルは、好況期には「資産管理の鬼才」と褒めそやされることはあっても、不況期になると財務構造の脆弱性を余すところなく露呈した。図らずも、97年のアジア通貨危機は大宇の綱渡り的な企業金融の命脈を断ってしまう。98年の景気低迷期にもかかわらず、双龍自動車の購入など無理な拡大路線をとり続けたことが大宇解体の直接的な原因となったのである[72]。

以上のような債務体質は何も大宇に限った話ではない。72～79年間の「10大企業集団の資産増加分の78.8％が負債に依存してなされた」[73]という指摘もあるように、「発展期」における財閥資本の隊列拡大は、多分に内外資を財源とする政策金融や銀行融資などに依存して初めて可能となったのである。

(3) 中東建設輸出

①中東建設輸出の背景と政府の対応

　前にも触れたように、中東建設輸出とは、一言でいえば、国内の建設業者がオイル・ダラーに沸く中東産油諸国の建設工事を受注して外貨を稼ぎ出したことを意味する。第1次オイル・ショックを機に富裕化した中東産油諸国では70年代後半期に建設ブームが巻き起こった。道路、港湾、政府組織建物、病院、軍関連施設（米軍基地を含む）の建設が主な内容であったが、それ以外にも造船所の建設、下水道工事、電気・通信施設の工事などがあり、それらに付随する様々な機資材の搬入やサービスの提供も含まれていた。これら諸国では、技術者を含む建設労働者はもちろん建設業者自体も不足しがちであったので、外国業者への発注は不可避であった。韓国の建設会社は、このチャンスを逃すなと言わんばかり、本国から遠く離れた中東へ我先に進出していったのである。

　韓国の建設会社が中東諸国での需要に即応できたのは、ほかならぬベトナム戦争時の経験がものをいったからである。現代、三煥など韓国を代表する建設業者は、海外の厳しい条件下であまたの建設工事に携わった経験を有している。そこから得られた教訓は、ベトナム以外の建設輸出にもいかんなく活かされた。ところが、そのベトナム戦争も終焉の時を迎え、韓国の海外建設業界には一大転機が訪れる。第1次オイル・ショックの影響も加わって国内外の建設需要は激減し、多くの建設業者が破綻の危機に直面するようになったのである。ちょうどその時、中東産油諸国において建設ブームが起こった。まさに、「中東特需」と呼ぶに相応しい「シンパラム」（神風）が吹いたのである。

　中東諸国への建設輸出を絶好の外貨獲得チャンスと見た朴政権は、民間業者に便宜を図るために様々な措置を講じていく。そのなかで最も重要な支援策となったのは、75年12月に樹立された「対中東進出方案」であった。内容は、まず基本方針として、①外貨獲得の極大化、②行政支援体制の整備と窓口の一本化、③建設および技術人力進出の内実化、の3点が立てられた。細部の施策内容についてみると、行政支援体制の確立のために関係部署と現地公館に業務専

門担当班を置き、最高政策機関として国務総理と関係閣僚によって構成される「中東協力委員会」を設置した。同委員会の下には、実務担当機関として「中東経済協力実務委員会」と「中東業務専担班長会議」が置かれた。また、関係制度の整備のために、海外建設事業所得および勤労所得に対する50％の減免措置がとられたり、受注秩序の確立と業者間の過当競争の防止のために「海外建設促進法」が制定されたりした。さらには、獲得外貨の効率的管理のために「海外建設資金運用要領」が作成された[74]。

　実際、民間建設業者が海外へ進出するに当たっては、政府による様々なチェックを受けなければならなかった。何よりもまず、海外での建設事業に携わるには政府の許可が必要であった。この海外建設許可権を有する建設業者の争奪戦が中東ブームの際に起こったのである。次に、登録された会社ごとに政府によって設定された入札制限が海外入札時にも適用された。韓国の建設業者は、入札に関しては国内外にかかわらず政府の管轄下に置かれた。また、海外での建設事業の落札に成功して契約を結んだとしても、建設部長官の承認なしには事業の施行に移ることはできなかった。さらに、国内建設業者が海外入札に参加するためには国内銀行の財政保証を受けなければならないという法的規制があった。このように、朴政権は中東進出への支援策を実施するとともに建設業者に対する厳格な管理体制も構築したが、それだけ朴政権の中東建設輸出に対する関心度は高かったということである。

　朴政権の中東外交は、この時期、外資導入先の多角化という政策上の要請からも強化され、文字通り、官民一体となった経済協力が推進された。その一環として中東諸国への建設輸出は展開されたのである。中東建設ブームは、民間業者の弛まぬ努力もさることながら、このような朴政権の時宜を得た政策によってもたらされた経済現象でもあった。

②建設業者の進出状況[75]

　中東進出の先陣を切ったのは三煥企業であった。崔鍾煥の率いる三煥は、ベトナムへの建設輸出にも先鞭を付けた経験を有する国内屈指の建設業者である。

三煥は、中東ブーム以前の72年に、早くもサウジアラビアの道路舗装工事の落札に成功した。紅海側のヤンブから北方のウムラジまでの工事で、落札価格は1368万7000ドルであった。この工事には西ドイツ、イギリス、フランスなど9か国11業者が応札したが、そのなかでまったく無名の三煥が落札したのである。翌年には、同じサウジアラビアで、カイバからアブドラ間の175kmに及ぶ高速道路工事を落札し、受注額は2141万9000ドルに上った[76]。また、76年5月には、米国De Matteis社と共同でサウジアラビア防衛軍司令部の軍事施設プロジェクトを2億859万ドルで受注した。このうち三煥の取り分は、受注額の57%に相当する1億1936万ドルであった[77]。

また、74年7月に東亜建設がサウジアラビアのユライイーラからジェダン間60kmの高速道路工事を受注し、続く75年4月には美隆建設が同じくジュベイルの海軍基地工事を3770万ドルで落札した。後者の美隆建設は後に東部という財閥に成長するが、この工事を請け負ったのは、総帥の金俊起がまだ20歳台の頃で、最大手の現代建設がジュベイル港の工事に乗り出す1年も前の話である。

サウジアラビア以外の進出例としては、以下のケースがある。74年に、南光土建がヨルダンの首都アンマンで下水道工事、新韓技工がアラブ首長国連邦の貯蔵物タンク工事、東山土建がナイジェリアとエジプトなどで建物工事をそれぞれ請け負った。大林産業は75年にクウェートに進出し、漢陽がそれに続いた。また、現代はバーレーン、共栄土建はカタール、漢拏建設はオマーン、三煥はイエメン、大韓綜合建設はモーリタニアへそれぞれ進出した。さらに、後に三星傘下に収まる新源開発（新進グループ）はリビアの将兵宿舎建設、大宇はスーダンへの進出を果たした。そして、76年6月には、後述のように、今や伝説と化した感のある現代建設によるジュベイル産業港工事が、単一工事としては世界最大規模の9億3000万ドルで落札されたのである。その進出版図は、中東地域にとどまらず隣接するサヘル以北のアフリカ大陸にまで及んでいる。

その結果、76年10月現在で海外進出の建設会社は44社に達し、なかでも、三煥、美隆、大林、極東、東亜、そして現代の活躍ぶりが目立った。翌年77年10月には、三益住宅（李鍾祿）、亜細亜建設（李健）、新東洋建設（金振斗）、第

一土建（韓海一）、韓国都市開発（鄭夢九）、清和企業（徐康熙）、京郷建設（劉忠根）、宇進建設（李鍾根）など、新たに15社が進出許可を受け、60社ほどの大小様々な建設業者が中東をはじめとする海外で建設事業に携わった。また、建設業者の進出は関連業者の進出を促した。鮮一電業や新和電業など電気・通信事業を担当する会社や三星物産、大宇、半島商事（LG商事）など名立たる財閥の商社も挙って中東諸国へ進出し、77年10月現在で中東諸国へ進出した韓国企業は122社に及んだのである。

契約額は、進出初期の75年に8億5000万ドル、70年代において当面のピークとなった78年は21億4000万ドル、79年は19億6000万ドルに推移した。最盛期の82年には17万人に上る韓国人労働者が投入され、受注額はピーク時の81年に126億7000万ドル、外貨獲得額は26億3200万ドルに達した。この外貨獲得額は、同年貿易収支赤字額36億2830万ドルの72.5％、同外貨保有額68億9100万ドルの38.2％に相当した[78]。このような契約額の増加は中東建設市場における韓国の比重を拡大させ、75～78年間のわずか4年間で韓国は中東建設市場で6.6％のシェアを確保し、第6位にランクされる成績を上げた。70年代における10大財閥の資産成長の13.3％が建設によるものであるという事実をみても、いかに中東建設輸出が財閥の資本蓄積に重要な働きをもたらしたか理解できよう[79]。

③現代建設と美隆建設のケース

中東建設輸出でグループの基盤を築いた財閥が多いなかで、現代建設と美隆建設のケースは特筆すべき事例であろう。現代はジュベイル産業港工事の成功で一躍世界的な建設業者となり、美隆は中東進出で大成功を収めて後に東部という名前で財閥の仲間入りを果たした。それぞれの成功物語をのぞいてみることにしよう。

《**現代建設**》[80]

現代建設は、既述のように、76年6月にサウジアラビアのジュベイル産業港工事を受注して中東での建設事業を本格的に展開するようになるが、中東地域への進出は前年の75年にすでに始まっていた。すなわち、75年10月に湾岸諸国

の一つであるバーレーンに進出して造船所の建設を行い、同年12月にはサウジアラビアの海軍基地の海上工事にも関わっている。そして、翌年76年には、早くも「20世紀最大の工事」といわれたジュベイルでの大事業に取り組むのであった。

　鄭周永は、75年を「中東進出の元年」と定め、社内にアラビア語講座を開いたり、アラビア語の広報映画をつくらせたりした。鄭は、副社長の重責にあった実弟の仁永をはじめ、自分の計画に反対する社員を別会社に異動させてまでして中東進出を決意したのである。当時の現代にとって中東への進出がいかに野心的な計画であったのかを物語るエピソードである。

　ジュベイル産業港工事の受注に当たっては様々な困難がつきまとった。最初の関門は入札参加資格を得ることであった。経験豊富な日本の建設業者でさえ脱落するという難関を何とか突破して、最後十番目の入札者として現代が選ばれた。その際、蔚山造船所の設立に当たって協力を得たイギリスのA＆Pアップルドアとバークレーズ銀行の情報提供が大いに役立った。競争相手は、イラク戦争の際にチェイニー副大統領との関係が取りざたされたハリバートンの子会社であるブラウン・アンド・ルートを含む米国3社をはじめ、イギリス2社、西ドイツ2社、オランダ1社、フランス1社の計9社であった。やっとの思いで入札資格を得たものの、次に提起された問題は入札保証金の準備であった。世紀の大工事であるだけに入札保証金だけでも2000万ドルの資金が必要とみられた。この時にも、運良く造船所工事で取引のあったバーレーン国立銀行の紹介でサウジアラビア国立商業銀行からの支給保証が得られた。

　入札までの間、競争相手からの様々な揺さぶりや嫌がらせがあったが[81]、ようやく76年2月16日に開かれた入札式までたどり着くことができた。入札式の際にも大きなハプニングが起こった。それは、鄭周永があらかじめ命令した入札価格を入札担当の部下が勝手に引き上げて入札してしまったのである。鄭は、見積価格を工事全体の価格の12億ドルから25％引き下げ、さらに入札価格はこれから5％下げた8億7000万ドルに決定した。ところが、損失を心配した部下の田甲源は自分がかねてより主張していた金額に近い9億3114万ドルで入札し

た。結果は、この部下の「決死の反抗」が奏功して、現代建設が四つの工事からなるジュベイル産業港建設工事を落札した。サウジアラビア当局は、入札価格の安さばかりでなく、42か月かかる工期を6か月も短縮するという現代側の提案を評価したのであった。ところで、入札価格の9億3114万ドルという金額は、当時の為替レートで換算すると1600億ウォンとなり、何と76年度国家予算の半分に相当した。また、76年2月5日現在のサウジアラビア全体の建設受注高が7億8000万ドルだったので、単一工事で9億ドルを超える金額がいかに巨額であったか想像できよう。

　工事に取り掛かるまでにも様々な難問に逢着した。他社からの妨害も深刻であったが、何といっても最大の問題は現代側の技術力の低さであった。特にOSTT（外港タンカー停泊施設）の建設は、水深30mの海底の岩盤に幅30mの基礎工事を12kmもしなければならない難工事で、現代にとっては未知の領域に属する工事であった。そこで、たまたま現地に機材を持ち込んでいたブラウン・アンド・ルート社とレンタル契約を結んでこの問題を切り抜けた。その他、2億8000万ドルに上る工事遂行保証金の支払保証の取り付けに手こずって成約まで40日以上もかかったり、サウジ側から支払われるべき2億ドルの工事着手金の振り込みが遅れたりしたが、どうにか工事まで漕ぎ着けることができた。

　工事の技術的難問に関しては、地質学者の金英徳博士の協力を得ることができた。OSTTを建設するに当たって最大の問題は基礎施行であった。海岸線から12kmも離れた水深30mの海底に、50万トン級のタンカー4隻が同時に停泊できるターミナルをつくらなければならなかったのである。現代は、ターミナルを鉄製構造物のジャケットで設置するために、大型鋼管パイル（鉄杭）を海底地盤に打ち込み、パイルを安定させた後に鉄筋で補強し、コンクリートを流し込んで構造物を海底に固定するように設計した。この時、海洋構造物および地質学専門家の金英徳博士の知識が役に立ったのである。彼は、当時、米国の技術サービス会社に籍を置いてサウジアラビアの国営石油会社アラムコに派遣されていた。協力することに同意したものの会社の移籍には難色を示す金博士を鄭が愛国心に訴えて説得し、現代の一員に迎え入れたのである。

第3章　重化学工業化時代と財閥資本　173

　もう一つのエピソードは、鄭周永の卓越したアイデアに関する有名な話である。ジャケットを韓国から現地まで、距離にして1万2000kmを海上輸送したのである。鄭は、経費の節減と工期の短縮のため、現代の蔚山造船所で製作したジャケット89個をバージ船に乗せてタグボートで牽引する作業を片道35日、19往復もやってのけた。ジャケット一つで、横18m、縦20m、高さ36メートル、重さ550トン、大きさにして10階建てのビルに相当する巨大な鉄構造物であった。これを保険もかけず大した事故にも遭わずに輸送しきったことは、奇跡というほかない。こうしたことが可能となったのは、鄭周永の才能もさることながら、現代が蔚山造船所という生産基地を備えていたからこそであった。同造船所では、ジャケットはもちろん、1万馬力のタグボート3隻と1万5800トン級の大型バージ船3隻および5000トン級のバージ船が建造され、その他1600トン級の海上クレーンなども制作された。現代造船と現代建設という傘下企業間の相乗効果が「ジュベイルの奇跡」ではいかんなく発揮されたのである。
　ジュベイルでの成功は現代建設の名声を一気に高めた。その後も、同じサウジアラビアのラスアルガル住宅港工事、アルコバ、ゼッタ地域の大単位住宅工事、クウェートのシュアイバ港拡張工事、ドバイ発電所などの工事を立て続けに受注し、中東建設事業における現代の地位を不動のものとした。その結果、現代建設は、79年までに51億6400万ドルの外貨を稼ぎ出した。この金額は、同期間のグループ売上高総額の60％に相当したという[82]。現代は70年代に財界トップの座に躍り出るが、この60％という数字は、現代財閥の成長にとって海外建設輸出の果たした役割がいかに大きかったかを明示するものである。

《美隆建設》[83]
　中東建設輸出の成功で主要財閥の仲間入りを果たした典型的な財閥として、東部の名前が挙げられる。東部は、69年1月、総帥の金俊起が弱冠23歳の時に設立した美隆建設（現東部建設）を母体としている。グループの源流は、父親の金振晩が64年5月に設立した三陟産業（後の東部産業）にあるが、経営不振で傘下企業の多くが不実化してしまった。当時、父親の振晩は与党民主共和党の議員で、長男の俊起は高麗大学在学中から企業経営に携わっていた。したが

って、東部の事実上の創業者は息子の金俊起であったといってよい。

　国内の建設業界において後発で弱小な企業を経営するのに限界を感じていた金俊起は、貿易業でもやろうと思っていた矢先に中東ブームが巻き起こった。早速、この機を逃すまいとして社内に海外市場対策班を構成し、サウジアラビアのチェダに美隆建設の支社を開設した。中東での最初の事業は、サウジアラビアのジュベイル海軍基地建設であった。金俊起がまだ20歳代（29歳）の75年4月のことであった。ビジネス経験の浅い一介の青年実業家が4500万ドルに上る巨額の事業を受注したので、保証金の370万ドルを依頼された韓国外換銀行の関係者は驚くばかりであった。

　成功の陰には、次のような理由があった。一つは、懇意にしていた米軍監督官の助けがあったからである。米工兵団は中東工事の相当部分を発注していたので、工事の成功で彼らの信頼を勝ち取ることができたことは今後の中東事業を展開するうえで有利に働いた。もう一つは、金俊起の努力である。この工事は、金にとって、土地をならしてビルディングを建て、関連施設を構築しなければならない最初の複合工事であった。資材集めのノウハウすら知らない金は、資材の購入から始めなければならなかった。米国、ドイツ、日本、ソウルを飛び回りながら資材集めに奔走したのである。その際、ニューヨーク、リヤド、東京、フランクフルト、ソウルを結ぶコンピュータ・ネットワークを構築し、必要な資材を調達できるようにした。さらに忘れてならない点は、彼の父親が与党国会議員であったことである。ビジネス情報や金融機関へアクセスする際に何かにつけ「人脈」の優先する韓国実業界において政治家の息子という立場がいかに有利であったか想像に難くないであろう。こうして、1760万ドルの利益を残すことができたのである。

　この事業の成功で信頼を得た美隆は、77年7月にサウジアラビアのチェダの海軍陸上基地建設工事を2億5000万ドルで受注し、80年5月にはサウジアラビア国防省本庁建設工事を3億2000万ドルで、82年には同じく外務省建物工事を1億5000万ドルで、それぞれ受注した。

　中東で稼いだ資金をもとに、金俊起は70年代後半期から本格的な多角化事業

に取り掛かる。デヨン実業、釜山運輸、ハンミ綿業を買収し、東部高速の事業拡大（貨物運送、港湾荷役、コンテナ業）に努めるとともに、不実企業化して産銀の傘下にあった三陟産業を取り戻した。さらに、蔚山石油化学、韓国自動車保険、日新製鋼、嶺南化学、東部電子通信などを買収し、東部投資基金、東部相互信用金庫、東部エトナ生命保険、韓国自保サービス、東部創業投資などを設立した。こうして、80年代末には、本業の建設のほかに、鉄鋼、金属、新素材、石油、精密化学、金融、保険、運輸、観光、レジャー、貿易、半導体製造、中小企業支援など、実に多岐の分野にわたる企業集団の形成に成功した。東部は、韓進の「ベトナム財閥」に倣っていえば、まさに「中東財閥」と呼ぶに相応しい成長プロセスを歩んだのである。

4．「発展期」における財閥資本の諸特徴

(1) 重化学工業分野への進出

70年代「発展期」の財閥資本の特徴として何よりもまず指摘できるのは、各財閥が挙って重化学工業分野へ進出していったことである。第2次経済開発5か年計画（67～71年）のなかで化学、鉄鋼、機械工業などが重点開発目標に挙げられたことからもわかるように、60年代においてもある程度は重化学工業化の進捗がみられたが、その担い手は主に政府系企業であった。重化学工業化が軌道に乗るのは、70年代に入って民間資本による重化学工業分野への参入が本格化してからである。

背景に朴政権による重化学工業化政策の実施があったことはいうまでもない。それまで工業部門といえば繊維や食品など労働集約的な軽工業分野ないしは消費財産業への進出例が多かった財閥にとって、初期投資がかさむうえに懐妊期間が長く高い技術力を求められる重化学工業分野への進出は大きなリスクを伴う事業であった。そこで必要となったのが政府の強いリーダーシップである。自主国防を急ぐ朴政権は、時には大統領自らが財閥総帥に直談判までして進出

を促す場面もみられた。最終的に財閥が重化学工業分野へ進出する要因となったのは、政府の提示したインセンティブ措置の魅力にほかならなかった。政策金融の重点的配分、税制面での軽減措置、不実企業を引き受けた際の債務の株式化など、実に多くの特恵措置が講じられたのである。いくつかの進出事例についてみてみよう。

　重化学工業化時代の申し子となったのは大宇と現代が双璧である。既述のように、大宇が重化学工業分野での企業買収を梃子に財閥化していったのに対し、現代は、どちらかといえば、同分野での企業設立を通じて巨大企業集団の体制を整えていった。ここでは、重化学工業分野への進出が早かった現代について言及しておこう。

　建設分野を軸に企業集団を形成していた現代は60年代のうちに自動車分野へ進出するなど早くから重化学工業分野へ進出する動きを見せていたが、本格的な事業展開は70年代に入ってからである。起点となった分野は造船業であった[84]。現代が造船分野へ進出するきっかけは、朴大統領の指示を受けた金鶴烈副総理（兼経済企画院長官）から造船所建設を勧められたことであったが、あまりにも困難すぎて三星が断ったほどの事案であった。即答を避けながらも、もともと鄭周永は60年代から造船分野への進出を夢見ていたこともあって、最終的には政府の提案を受け入れた。早速、69年に三菱重工業と合弁事業の交渉を持ったものの、「周4原則」[85]に阻まれてうまくまとまらなかった。そこで現代は、70年3月に現代建設内に造船事業部を設置して海外の事業協力者を捜した。外国からの借款導入がまとまらないなかで何度もあきらめかけたが、途中、大統領の叱咤激励を受けながら、何とかイギリスの協力者を見つけ出した。71年9月にA＆Pアップルドア社およびスコット・リスゴー造船会社と技術契約を結んだ後、借款導入先もバークレーズ銀行に決定した。その際、鄭は、造船業にまったく実績のない現代を相手側に信用させるために、たまたまポケットのなかに入っていた500ウォン札を取り出し、紙幣に描かれている亀甲船[86]の説明までして説得した。ようやく造船所設立のめどは立ったものの、肝心の注文主を探せないでいた。ここでも運良く、A＆Pアップルドア社のロンバトム

会長の計らいで、あのギリシャの海運王オナシスの義弟に当たるリバノスを紹介してもらい、タンカー2隻の注文を取り付けることができた。こうして、70年12月5日には契約金の14億ウォンを韓国銀行に入金できたのである。

ところが、成約はしたものの肝心の造船所はまだ建設されていなかった。慌ただしく建設場所を慶尚南道の蔚山に決め、ドックの建設の際には日本の鹿島建設の施行協力を得ながら、72年3月23日にようやく現代造船所の起工式に漕ぎ着けることができた。この起工式は、民間企業としては異例の大統領参席の下に執り行われたのである。その後、同年12月28日には現代造船重工業（78年2月に現代重工業に改称）を正式に設立した。73年度中に川崎重工業から技術導入して26万トン級大型タンカー2隻の建造に着工し、74年前半期までに2隻とも進水式を行った。そして、74年6月には、多くの犠牲者を出しながらも蔚山造船所の第一段階の竣工を迎えることができた。ここに、敷地60万坪、最大建造能力70万トン、ドライドック2基を兼ね備えた世界的規模を誇る造船所が韓国産業史上初めて完成したのである。さらに、76年7月には現代造船重工業のなかのエンジン事業部として現代エンジン工業が設立された。同社は、スイス、デンマーク、西ドイツ、日本（神戸製鋼）、英国などから技術協力を受けて船舶用エンジンの製造を行った。これで現代は、船舶の箱ものだけでなくエンジンの国産化に向けて大きく第一歩を踏み出すこととなったのである。

造船業での成功を糧に、現代は、その他の重化学工業分野へも積極的に進出していく[87]。まず、74年7月に住友など日本企業との合弁で蔚山鉄工が設立される。これはフランジ製造企業で、76年3月に韓国フランジ工業に改名した。75年2月には川崎重工業との合弁で現代尾浦造船が設立された。この造船所は現代が80％を投資したもので、船舶の修理や改造を専門とした。また、77年7月には現代精工が設立された。同社の前身は同年6月に現代自動車サービスの総合部品生産工場を基に設立された高麗精工で、7月に現代精工に改称された。そこでは、自動車付属品の製造販売のほか、運搬機器および構造物と付属品製造販売、鋳物製造販売、それにバルブ類や鋳造品の製造などが行われた。さらに、78年10月には現代重工業の機関車事業部と重機事業部を統合して現代車両

が設立された。昌原工業団地に設立された工場では、スウェーデンASEA社や米国のGE社と技術提携して電気機関車やディーゼル機関車が製作された。同じく78年には、前述のように仁川製鉄と大韓アルミニウムを買収して傘下に収め、製鉄業と非鉄金属分野への進出も果たしたのである。

　それ以外の財閥もこの70年代に重化学工業分野への進出を加速化させた。財閥ランキングの頂点を極めながらも重化学工業分野への進出で現代や大宇に後れをとった三星は、三星電子を基軸に電気・電子分野で不動の地位を固める一方、74年には三星石油化学（7月）と三星重工業（8月）を矢継ぎ早に設立して追撃態勢を整える。前者の三星石油化学は、蔚山石油化学工業団地に三星50％、米国アモコケミカル社35％、三井石油化学15％の合作会社として設立された。この蔚山工場は、建設途中に大事故（パイプ破裂）に見舞われて完成が遅れたが、81年2月からポリエステルの原料となるPTA（高純度テレフタル酸）の本格生産に入った。後者の三星重工業は、もともと74年5月に政府によって認可された石川島播磨重工業（IHI）との合作による造船会社として設立されようとしたが、オイル・ショックによる造船不況のために重工業に改めて再出発したものである。昌原機械工業団地内での第1期工場建設は76年10月に着工され、78年6月に完成した。そこでは、輸送用機械、大型ボイラー、レミコン、クレーン、公害防止施設、橋梁などが製造された。また、77年8月には三星精密工業が設立され、同じ昌原機械工業団地で第1工場が立ち上がった。この工場では、GEなどから技術導入が図られて航空機エンジンの生産などが行われた[88]。その他、宇進造船所、大成重工業、コリア・エンジニアリング、韓国半導体などを買収したことも三星の重化学工業分野の隊列拡大に貢献した。

　以上の事例以外にも、暁星、東国製鋼、国際、ロッテなどは主に買収を通じて重化学工業分野へ進出し、建設業専門だった三煥ですらも英国企業との合作で繊維機械製造の三煥綜合機械工業を設立した。このように、多くの財閥が政府の実施する重化学工業化政策の方針に呼応して、この70年代に重化学工業分野への進出を果たしたのである。

第3-10表　10大財閥系列企業と関連産業分野

財閥名	代表者	系列企業数（関連産業分野数）			
		1972年	1979年	1980年1月	1987年12月
現代	鄭周永	6（5）	31（15）	31	34
LG	具仁會	18（14）	43（24）	43	62
三星	李秉喆	16（15）	33（26）	33	37
大宇	金宇中	2（3）	34（20）	34	28
暁星	趙洪済	4（4）	24（15）	24	15
国際	梁正模	3（5）	22（16）	—	—
韓進	趙重勲	8（10）	15（15）	14	16
双龍	金成坤	6（7）	20（13）	20	21
韓国火薬	金鍾喜	7（8）	18（16）	18	23
SK	崔鍾賢	5（6）	14（16）	14	18
平均		7.5（7.7）	25.4（17.6）	25.7	28.2

注）LG（ラッキー金星）とSK（鮮京）は現名称を使用した。
資料）Kim, Seok-Ki, "Business Concentration and Government Policy", *Thesis for D.B.A.*, Harvard Business School, 1987、韓国信用評価『財閥分析報告書』1988年。
出所）趙東成〔著〕『韓国財閥研究』毎日経済新聞社、ソウル、1990年、191、209頁および李ハング〔著〕『韓国財閥形成史』比峰出版社、ソウル、1999年、474頁より作成。

(2) 巨大化と独占化の深化

　朴政権は重化学工業化政策の担い手として財閥企業を選定した。典型的な装置産業である重化学工業分野への進出は、当然ながら財閥の資本規模が飛躍的に拡大する契機となった。同分野への進出過程では、政府による規制の緩やかさや競争相手の少なさから、直ちに独寡占化（以下、独占化）する傾向がみられた。70年代の「発展期」においては、まさに、この巨大化と独占化が表裏一体と化して財閥資本の様態を特徴づけることとなったのである。

　第3-10表によると、10大財閥系列企業数の平均増加数は、72年の7.5社から79年の25.4社へ約3.4倍に増加した。5大財閥をみると、大宇が2社から34社へ17倍の増加率で第1位、第2位は現代で6社から31社の5.2倍、第3位はSKで5社から14社の2.8倍、第4位はLGで18社から43社の2.4倍、第5位は三星で16社から33社の2.1倍となっている。それ以外の財閥も、国際の7.3倍、暁星の6倍などと5大財閥を上回る拡大状況にある。70年代の傘下企業の拡大数と80年代（80年、87年）のそれを比較しても、70年代の企業数の増加が際立って多い。

第3-11表　財閥企業の成長率およびGDPに対する構成比（製造業）

(単位：%)

財閥数	年平均成長率 (1973～78年)	GDPに対する構成比	
		1973年	1978年
5	35.7	8.8	18.4
10	30.0	13.9	23.4
20	27.5	21.8	33.2
46	24.4	31.8	43.0
GDP	17.2	100.0	100.0

資料）KDI。
出所）大韓商工会議所『韓国経済20年の回顧と反省』ソウル、1983年、108頁。

　すなわち、5大財閥では、第1位はLGで43社から62社へ1.4倍、第2位はSKで1.3倍、第3位は三星で1.12倍、第4位は現代で1.10倍、大宇にいたっては34社から28社に減少しているのである。また、72～79年間の関連産業分野の増加数も、大宇の17分野を筆頭に、三星、暁星、国際が11分野、現代、LGが10分野と大幅に増えている。財閥の隊列拡大が多分野にわたる多角化事業を通じて実現していった様子がうかがえる。

　企業の絶対数ランキング（ベスト5）を比較すると、72年が①LG18社、②三星16社、③韓進8社、④韓国火薬（ハンファ）7社、⑤現代および双龍6社に対し、79年は①LG43社、②大宇34社、③三星33社、④現代31社、⑤暁星24社の順となっている。この状況をみただけでも、70年代の間にいわゆる5大財閥（SKを除く）の台頭が著しかった事実を確認することができよう。

　このような財閥の量的な巨大化は、各種市場における独占化の深化という質的な変化をもたらした。第3-11表によると、73～78年間の5大財閥の年平均成長率は、35.7%で、GDP成長率の17.2%はもちろん、10大財閥の30.0%、20大財閥の27.5%などを上回っている。また、GDPに対する構成比をみても、5大財閥は73年8.8%から18.4%へ2.1倍、10大財閥は13.9%から23.4%へ1.7倍、20大財閥は21.8%から33.2%へ1.5倍、それぞれシェアを伸ばしている。78年度には、5大財閥でGDPの2割近く、20大財閥で一国のGDPの約3分の1を占めているのである。また、第3-12表によると、10大財閥の77年時点での占有率1位の商品数は、①LG46品目、②大宇21品目、③三星および国際18品目、④

第 3-12表　財閥資本による独寡占状況

財閥名	主要独寡占品目（重複製品除外）	1977年基準占有率1位商品数
三星	梳毛織物、毛混紡織物、電子製品類、砂糖、新聞用紙	18
現代	形鋼、鉄筋、自動車、スレート	16
LG	銅塊、鉛塊、歯磨き粉、石油類、電子製品類、石けん、ケーブル、絶縁電線、電話機	46
大宇	ディーゼルエンジン、フォークリフト、バス、トラック	21
SK	ポリエステルF糸、アセテート麻くず	8
双龍	セメント、クラフト紙、	8
韓国火薬	火薬類、アイスクリーム、ベアリング	11
国際	運動靴、亜鉛鍍鋼板	18
韓進	航空運送業	―
暁星	合板、ナイロン糸、タイヤ	4

注）LG（ラッキー金星）、SK（鮮京）は現名称を使用した。
出所）第3-5表と同じ、199頁。

現代16品目、⑤韓国火薬11品目、などと二桁の品目数に上っている。

　次に、財閥企業の独寡占状況を知るうえで傍証となる企業規模別の状況についてみておこう。便宜上、ここでは従業員数500人以上を大企業＝財閥系企業、それ未満（5～499人）を中小企業と見なして論を進めることにする。大企業が事業体数、従業員数、付加価値額に占めるウエイトは、それぞれ、60年0.2％から79年2.0％へ、同じく13.2％から43.5％へ、同じく17.7％から54.4％へ増大した。それに対し中小企業は、99.8％から98％へ、86.8％から56.5％へ、82.3％から45.6％へ、それぞれ減少している[89]。79年の時点でみると、わずか企業数2％の大企業が従業員数および付加価値額で過半程度を占めている現実が炙り出されてくる。ここでいうところの大企業がすべて財閥傘下企業とはいえないが、そのことを差し引いたとしても、これらの数字は財閥資本の巨大さを例証するものと見なしても大過はないだろう。

　巨大財閥による独占化の深化は政府の拙策によっても助長された。重化学工業化政策の実施後、間もなくして財閥企業間の激しい過当競争に直面した政府は、重化学工業各分野に進出できる企業を指定せざるをえなくなった。まず、77年5月に、機械分野は、現代洋行、三星重工業、大宇重工業の3元化を図っ

た。具体的には、現代洋行が発電用ボイラー、三星重工業が産業用ボイラー、大宇重工業が他2社と重複しない分野に分けられた。また、暁星重工業は大型変圧器・遮断機などを生産することとなった。次に、エンジン分野は、現代造船が6000馬力以上の超大型エンジン、双龍重機が6000馬力未満から600馬力以上の中型エンジン、大宇重工業がそれ以外の中小型エンジンをそれぞれ担当するように決められた。それ以外の各分野については、自動車が現代自動車、セハン、起亜産業の3社、カラーテレビが金星、三星、大韓の3社、通信・電力ケーブルが大韓電線と金星電線の2社、農機具が大同、東洋物産、進一企業の3社、建設用重装備が現代洋行と大宇重工業の2社、ポリエステルフィルムが鮮京化学の1社にそれぞれ決定した。このような政府による業者指定は、かえって各分野の独占化を深化させる結果をもたらしたのである[90]。

以上のように、財閥資本の巨大化＝量的変化と独占化＝質的変化が顕著にみられたのが、発展期における財閥資本の特徴である。

(3) 資本蓄積の軍事的性格

韓国経済の重化学工業化は朴政権の自主国防政策と軌を一にして推進されたので、その担い手となった財閥資本の蓄積パターンには軍事的な色彩が色濃く投影した。朴政権が指定した防衛産業「4大核工場」（鋳物銑、特殊鋼、重機械、造船）にしろ、重化学工業建設計画に盛り込まれた「六つの戦略産業」（鉄鋼、化学、非鉄金属、機械、造船、電子工業）にしろ、軍需と関わりのない分野は皆無に等しいといってよい。まさに、重化学工業は防衛産業の母体となったのである。

既述のように、朴政権は防衛産業の育成に際して当該技術を有する企業を「防衛産業体」に指定した。72年10月の防衛産業育成会議で決定した防衛産業体は58社に上ったが、一つの企業が複数分野担当したため、実際は29社であった[91]。このなかには、韓国機械（大宇買収）、大韓電線、起亜産業、韓国火薬、金星社、現代洋行など有名財閥傘下の企業が多数含まれている。

防衛産業体に指定された企業は、主に政府が造成した工業団地（工業基地）

第3章　重化学工業化時代と財閥資本　183

に入居した。軍需産業の核となった昌原機械工業団地は、さながら各種兵器を製造する「巨大な総合兵器廠」[92] の様相を呈した。また、温山非鉄金属工業団地では弾丸の製造に必要な銅や亜鉛や鉛などの製錬所がつくられ、麗川石油化学工業団地には火薬製造原料と火薬を製造できる一大プラントが設立された。さらに、亀尾電子工業団地では各種電子兵器生産工場が入居し、巨済島の造船基地では原子力空母の建造も可能な世界最大級のドックを擁した玉浦造船所（大宇造船）が稼働した。そして、重化学工業に欠かせない素材である鉄鋼資材は浦項の鉄鋼基地（浦項綜合製鉄）から供給されたのである。これら工業団地は、工場の集積によるシナジー効果と軍事境界線より遠く離れているという防衛上の観点から造成されたもので、韓国重化学工業化のシンボルでもあった。主な民間企業の兵器生産への関わり状況についてみてみよう。

　まず、火薬製造は韓国の火薬生産を一手に引き受けてきた韓国火薬[93] が担当し、原料の黄酸と窒酸は麗川にある第7肥料工場（南海化学）から供給された。弾薬製造業者には民需用の伸銅工場をもつ豊山金属が指定された。ただし、予備軍用のM-1弾とカービン銃弾に限られ、M-16弾とNATO弾は軍兵器廠で製造された。

　次に、105mm曲射砲は、砲身の製造をコンピュータ制御のNC旋盤を備えた大韓重機（帰属企業で金連珪に払い下げ）の九老工場が担当し、駐退復座機[94] は大同重工業で製造された。砲身を固定して前後に移動させる装置の砲架は、起亜機工（後の起亜重工業）が製造した。

　起亜グループの中核企業である起亜産業（自動車）は、軍用車両の生産に携わった[95]。76年10月に実現した亜細亜自動車[96] の買収とともに、起亜は防衛産業体に指定されたのである。重化学工業化政策が実施に移される1年前の72年1月に「黄牛作戦」の名で始まった軍用車両開発は、「自動車会社がこの事業に参与する意欲がまったくない」[97] 状況のなかで、唯一、起亜の協力を得て実施された。大統領直々の国産化指示[98] の下に取り組まれた軍用車両の成果は、74年のサイドカーの試験製造から始まり、四輪駆動の軍用トラックK-300（76年12月完成）、106mm無反動砲の装着可能な軍用ジープ（78年4月完成）など

が生産され、イランなどの外国にも輸出された。

　また、起亜傘下の亜細亜自動車は、対ゲリラ戦用の軽装甲車の開発に携わった。起亜の会長である金善弘（当時、起亜機工社長）は、西ドイツのベンツ社から見本となる装甲車（UR416）の輸入に腐心した後[99]、装甲車の生産に取り掛かった。当初は、フィアット社から部品を輸入して組み立てたが、その後、装甲版、防弾タイヤ、防弾ガラスが国産化された。すなわち、全体の製作は昌原にある起亜機工で行い、装甲版は韓国綜合特殊鋼（後の三美綜合特殊鋼）、タイヤは山陽タイヤ（現錦湖タイヤ）、ガラスは大韓ガラスでそれぞれ製造された。こうして「韓国型軽装甲車」は76年7月に1号車の設計および製作に着手され、4か月後の11月には完成を見たのである。

　対戦車攻撃用ヘリコプターの開発には、韓進グループの大韓航空（KAL）が当たった。76年2月に対戦車攻撃ヘリ500MD製造会社（防衛産業体）に指定された大韓航空は、米国ヒューズ（Hughes）社と技術導入および制作契約を交わし、同年5月には金海基地にヘリコプター生産工場の建設が着工された。そして、わずか1年半後の77年5月24日には第1号機が完成した。この500MDには、ヒューズ社の傍系会社であるヒューズ・エアー・クラフト（Hughes Air Craft）社が製造した強力なミサイルが4機搭載できた。同機の国産化はまず胴体から行われた。ヒューズ社から導入されたプレスしたアルミ板にリベットを打ち付ける作業が国内で行われたが、品質の高さからヒューズ社からも注文が来たほどであった。次に回転翼の国産化が行われ、エンジンも三星精密で製作されるようになったので、500MDの国産化率は品目数基準で42％に達した。

　一方、戦車の製造については現代車両（後の現代精工）の名が挙がった。現代車両は、現代重工業の重機事業部と鉄道車両事業部を分離して独立法人化した企業で、76年3月に防衛産業体に指定された。戦車の製造を勧められた鄭周永は平和時の需要について心配したが、朴正煕が戦車工場での鉄道車両製造を許可したので進出を決心した。77年末には昌原工場が竣工し、まず、既存のM-48戦車を改造する事業（A5型）に携わった。78年10月には現代重工業から正式に分離して現代車両が設立され、ディーゼル機関車と電気機関車の製造

を行う一方、「韓国型戦車」の製作にも取り掛かった。こうしてできたのが国産戦車Ｋ１-ＭＢＴであった。その後、85年になって現代車両は現代精工に吸収された。

　続いて、バルカン対空砲の製造は、試作業体として大宇重工業、統一産業、ジニョン精機、ジナ産業、それに射撃制御装置の生産業体として第一精密が制定されて本格化していく。このうち、大宇重工業、統一産業、第一精密の３社が昌原工業団地に入居した。砲架製作と組み立ては大宇重工業が引き受け、砲身は統一産業、射撃制御装置は第一精密がそれぞれ担当した。製造された20mmのバルカン対空砲は、車両に設置されたり、高速艇に搭載されたりした。

　海軍関係についてみると、駆逐艦の建造に現代造船が携わっている。75年７月に朴正煕は黄汀淵海軍参謀総長に「韓国型駆逐艦」の開発を指示した。設計作業は、海軍主導下に現代造船、船舶研究所、米国JJMA（John J. McMullen Associated）社が参画して、設計団を構成した。出来上がった設計事業計画書は、76年12月20日に国防部６人委員会を通過し、青瓦台５人委員会を経て、同月24日に大統領の裁可が下りた。年明けから直ちに設計チームが基本設計に取り掛かり、78年４月に作業が完了した。そして、80年４月には命名式と進水式が挙行され、ここに韓国型駆逐艦の完成を見たのである。ただ、駆逐艦の完成を心待ちにしていた朴正煕は、存命中に「蔚山艦」（艦名）の勇姿を目にすることは叶わなかった。このほか、72年３月に米国TBC社との合作会社として設立されたコリアタコマ造船工業は、74年５月に防衛産業体に指定され、79年６月には軍需物資輸出業体に登録されている[100]。

　残る防衛産業の分野は、最も高度な技術力を求められる電子兵器と航空機の開発事業であった。前者については、76年２月にLG傘下の金星精密が設立され、「オネストジョン」や「ナイキ」の地対空ミサイルや「サイドワインダー」の空対空ミサイルの製造が開始された。後者の航空機事業に関しては、いよいよ三星の名前が挙がってきた。機体の製造は大韓航空に任せ、三星はジェットエンジンの開発に携わるというものであった。

　三星の李秉喆は、韓国肥料の設立にまつわる苦い体験もあってか、政府の提

示する防衛産業事業への参画をことごとく回避してきた感があった。政府が勧めた韓国機械、亜細亜自動車の引き受けを拒否し、迎賓館払い下げの際に条件付けられた新羅ホテルの建設も遅々として進展しない状況にあった。呉源哲の半ば脅しにも似た慫慂の結果[101]、ようやく重い腰を上げた三星は、77年 8 月になって三星精密工業を設立した。三星側も、独自に防衛産業各分野のフィージビリティ・スタディを実施し、日本において装甲車、戦車、航空機などの生産実態の調査に入った。さらに、原子力と航空機分野への進出を企図して事業調査に入ったが、原子力事業は核兵器製造を米国が懸念したために断念を余儀なくされ、最終的には航空機事業への参画を決心した。こうして設立されたのが三星精密工業であった。三星精密は、78年 3 月にGEとジェットエンジンの技術提携を、79年 3 月にはオーストラリアのHPL（Hawker Pacific Ltd.）社とヘリコプター・エンジンの技術提携をそれぞれ結んだ。三星精密は、航空機エンジン、ミサイル、夜間透視鏡などの軍需品のほかに、日本のミノルタやセイコーと提携して民需用のカメラや時計なども製造した[102]。

このように、韓国の防衛産業育成は71年末に着手され、本格化したのは74～75年頃である。栗谷事業が防衛誠金や防衛税などの財源確保で軌道に乗ったからであった。その後、77年からは本格的な生産体制を確立することができた。このように、急速に兵器生産の輸入代替すなわち国産化が進展したのは、朴政権の自主国防政策の強力な展開もさることながら、それに呼応できた民間企業の生産能力の高さによるものでもあった。

(4) 全方位的多角化の開始

70年代の「発展期」には、財閥資本の事業多角化の面においてもこれまでにない新しい動きがみられた。60年代の多角化は、どちらかといえば、貿易、流通などの第 3 次産業部門や工業分野では繊維、雑貨など労働集約的な軽工業を中心としたものであったが、70年代に入ると、資本集約的な重化学工業分野や建設業、それに部分的ながらも金融業への進出事例も散見されるようになった。建設業については中東進出に関する叙述に譲ることにして、ここでは、重化学

工業と金融業の分野における多角化の状況についてみてみよう。

《重化学工業分野における多角化》

重化学工業分野への進出は、総じて中堅財閥より10大財閥や5大財閥といった巨大財閥資本が積極的であった。進出分野は、自動車、造船、機械、鉄鋼、非鉄金属、石油化学、電気・電子など多岐にわたっている。まず、自動車分野は、すでに60年代末より現代が進出し、70年代に入ると大宇のセハン自動車（83年1月、大宇自動車と改名）の買収（78年7月経営参加）、起亜産業による亜細亜自動車の買収（76年10月）などがみられた。特に、現代自動車は、乗用車「ポニー」の成功（75年生産）で一躍、韓国を代表する自動車メーカーに成長した[103]。

造船分野では、現代造船重工業（73年12月設立、78年2月に現代重工業へ改称）、現代と川崎重工業との合作会社である現代尾浦造船所（75年4月設立）、三星造船（77年4月設立）、大宇造船工業（78年9月設立）、それに68年11月に極東海運の傘下に入っていた大韓造船公社（90年6月、韓進重工業に改称）などの経営活動が注目された。既述のように、現代は蔚山造船所の大型ドック完成、三星は眞露傘下の宇進造船の買収、大宇は大韓造船公社玉浦造船所の買収や新亜造船への経営参加（78年）によって造船業界における不動の地位を築いた。

機械分野では、現代は、蔚山鉄工（74年7月設立、76年韓国フランジ工業に改称）、現代精工（77年1月）、現代エンジン工業（78年）、現代重電機（78年11月）などを矢継ぎ早に設立し、三星も、74年5月にIHIとの合作[104]で設立した三星重工業を軸に、大成重工業とコリア・エンジニアリングを買収しつつ、77年8月には三星精密工業を設立した。その他、機械分野への進出事例について主なものを列挙すると、大宇重工業（76年に韓国機械を買収して設立）、暁星重工業（75年10月に韓永工業を買収して設立）および暁星機械（78年設立、スズキとのオートバイ生産合弁）、三煥綜合機械工業（79年7月設立）、国際綜合機械（77年9月に惟信機械を買収して設立）などがある。

鉄鋼分野では、現代の仁川製鉄買収をはじめ、暁星の東原鉄鋼の設立（75年

3月)、国際による聯合鉄鋼の買収(77年2月)と国際製鉄の設立(79年1月)、また、東国製鋼は、70年代初めに釜山伸鉄と韓国製鉄を買収して垂直的系列化を推し進めた。関連分野の特殊鋼分野では、三美が三洋特殊鋼と韓国特殊鋼工業を買収して75年9月に三美綜合特殊鋼を設立した。三美綜合特殊鋼は、防衛産業の素材供給分野として欠かせない存在であることはいうまでもない。また、非鉄金属分野では、LGの韓国鉱業精錬の買収(71年6月、大韓電線と共同買収)、現代の現代アルミニウム設立(75年12月)と大韓アルミニウム買収(78年8月)、暁星による栗山アルミニウム買収(79年9月、暁星アルミニウムに改称)などが行われた。

　石油化学分野では、SKが73年に鮮京精油を設立した後、翌年74年7月には三星が米アモコケミカルと三井石油化学との合作で三星石油化学を設立した。その他、錦湖のモービルコリア潤滑油工業の設立(73年4月)、現代精油販売の設立(73年12月)、暁星精油の設立(78年)やロッテの湖南石油化学の買収(79年1月)などの事例もある。

　電気・電子分野では、三星が韓国半導体を買収(77年12月)して78年3月に三星半導体に商号を変更し、後の三星電子の実質的な基盤を築いた。そのほかにも三星は、73年に三星電子が三洋電機と三星三洋パーツ(77年三星電子部品に改称)を設立したり、米Corning Glass Worksと三星コーニング(TV用ブラウン管製造)を設立したりして、進出分野の幅を広げた。同分野で三星と双璧のLGは、78年5月にエレベーター製造の瑞通電気を買収するとともに、79年9月には金星半導体も買収した。繊維貿易財閥として出発した大宇も73年12月に東南電機を買収するとともに、翌年には大宇電子を立ち上げている。また、オイル・ショックで失敗したが、73年9月に和信がソニーとの合作で和信ソニーを設立した。ロッテは、73年11月にパイオニアとの合作でオーディオ・メーカーのロッテパイオニア(後のロッテ電子)を設立した。当時ビール醸造で有名だった斗山は、74年2月に米OAK社との合弁で韓国OAKを設立し、テレビや電算機などの印刷回路基盤などを生産した。韓国火薬(ハンファ)は、76年12月にコンピュータ周辺機器製造の高麗システムを設立した。錦湖は、傘下の

錦湖電子が77年2月に天友社の電子工場を買収したのに続き、同年9月には東南電子の安養工場も買収した。国際は、78年に元豊産業傘下の宝高産業を買収してカセットレコーダーのスピーカーなどの生産に乗り出した。最後に暁星は、79年9月に日立と技術提携をして亀尾電子工団内にコンピュータ工場を設立した。これは国内初のコンピュータ工場であった。

以上のように、70年代の財閥資本による多角化事業は重化学工業分野中心に展開された。まさに「重化学工業化時代の到来」に相応しい様相を呈していたのである。

《金融業分野における多角化》

発展期における財閥の多角化は金融業の分野でもみられた。ただし、韓国では「第1金融圏」と呼ばれる一般市中銀行への財閥資本の進出が厳しく規制されたために、いわゆる短期金融会社などの「第2金融圏」や地方銀行への進出に限られた動きであった。ここでは、まず、70年代初めに朴政権によって実施された金融制度の整備状況からみていくことにしよう。

70年代初めの経済危機（不実企業問題や元利金償還問題）が企業の後れた金融構造に由来するものであったがために、朴政権の前に「金融市場の近代化」が喫緊の課題として提起されるようになった。その一環として講じられたのが、短期金融会社をはじめとするいわゆる第2金融圏の創設であった。非銀行部門である第2金融圏の創設は、「私債市場の陽性化」や無尽など伝統的金融市場の近代化を期したもので、公的金融部門と非公式金融部門の二重構造を解消して国内の金融市場を公的部門へ一元化するための措置であった。

具体的な内容についてみてみると、まず、72年8月3日に「相互信用金庫法」が制定されて、私設の無尽会社に相互信用金庫が取って代わった。相互信用金庫は、主に担保力や信用度が脆弱な零細商工人の金融需要を満たす機能を有する。当初、400か所ほどが設立されたが、その後、経営不振や政府の統廃合指導で減少し、70年代末には200か所ほどになった。次に、72年8月17日に「短期金融業法」が制定された。この法律は、手形の割引や売買業務など短期金融市場での業務に携わる短資会社の設立を目指したものであったが、当局の許可

さえあれば証券業務まで行うことが可能であった。この法律に基づいて、73年に設立された漢陽投資金融（斗山によって設立された韓国初の短期金融会社）やソウル（ソウル信託銀行全額出資）をはじめ、全部で八つの短資会社が設立された。また、72年8月17日に「信用協同組合法」が制定され、信用組合、農・水協の信用事業部、セマウル金庫の根拠法がつくられた。これらはいずれも所属会員にとって相互扶助的な地域庶民のための金融組織として機能した。このうちセマウル金庫は、農村近代化を目指して71年に開始されたセマウル運動（新しい村作り運動）が円滑に進むよう金融的にバックアップする機関である。

また、75年12月31日に制定された「総合金融会社に関する法律」は財閥育成策の一つとして注目できる措置であった。朴政権は、70年代初めに、元利金償還問題に直面した反省から元利金負担の軽い公共借款と非債務セクターの外国人直接投資を中心とする外資導入政策の基本方針を打ち出した。しかし、オイル・ショックなどの影響で外資導入が低迷すると、民間ベースの商業借款を導入する必要に駆られるようになる。とりわけ、重化学工業化政策の資金調達にとって、外国借款導入は死活問題となった。その窓口として期待されたのが、この「総合金融会社」（以下、総金社）であった。

総金社の設立に当たり、政府は、英国のマーチャント・バンクや米国の投資銀行の機能を参考にした。具体的な業務内容は、まず基本業務として、外貨借入および貸付や外貨表示支払保証などの外資業務をはじめ、設備または運転資金の投融資、企業手形の割引・売買・引き受けおよび保証、有価証券の引き受け・募集・売り出し斡旋、社債および債務証書の発行、企業経営諮問などがあり、次に当局（財務部長官）の許可を前提に可能となる付帯業務として、施設リース業、証券投資信託業、金銭以外の信託業、外国為替業務などがある。銀行や証券会社など他の金融機関が専業主義を原則としているのに対し、総金社は、文字通り「金融百貨店」[105]と呼ぶに相応しい広範な業務を行うことができたのである。

総金社の設立状況をみると、まず、76年4月に外資との合弁会社である韓国

綜合金融会社が設立された。翌年77年2月には韓国資本初のセハン綜合金融が設立されたが、これは韓国産業銀行の出資によるものであった。その後、70年代末までに国際、亜細亜、韓仏、韓外が設立され、全部で6社が業務を行うことになった。これら総金社は、長い間「官治金融」の下で財閥の一般市中銀行に対する支配が制限されてきたこともあって[106]、財閥にとっては、旺盛な資金需要を充たすべき貴重な外資導入の窓口として機能した。70年代の外資導入の実績は、78年の7000万ドル、79年の1億1200万ドルとわずかであるが、その後、徐々に増加傾向を見せていく[107]。その結果、奇しくも97年のアジア通貨危機の際に、総金社の存在は危機をもたらした元凶としてクローズ・アップされるのであった[108]。

　その他、リース業の育成を図るために73年12月に制定された「施設貸与産業育成法」や、それまでの保険関連諸法を整備・統合するために77年12月に制定された「保険業法」などは、将来的に財閥資本がこれら分野に進出していく環境を整えることとなった。いずれにせよ、既述のような金融制度の整備は、財閥資本が本格的に成長していくうえで必要不可欠な条件となったのである。

　それでは次に、各財閥の金融業への進出事例についてみてみよう。まず、現代は、70年4月に地方銀行の江原銀行を設立し、76年12月には現代綜合金融（リース業、有価証券売買）を設立した。LGは、70年4月に汎韓火災海上保険を共同買収し、73年6月には国際証券を設立した。暁星は、同じく73年の4月に暁星証券を設立した。大宇は73年5月に米国系の韓国投資会社を買収して東洋投資金融（短期金融）を設立する一方、同年9月には東洋証券（後の大宇証券）を買収した。斗山が73年6月に国内初の短期金融会社である漢陽投資金融を設立したことについてはすでに述べた。東国製鋼は、73年に中央投資金融を設立した。三煥は、78年8月に信民相互信用金庫（72年5月信民無尽として設立、同年12月に改称）を買収した。国際は、74年8月に晋国証券（東西証券に改称）へ経営参加するとともに、10月には東海投資金融を設立した。建設業の東部は、72年11月に東部信用金庫を設立した。錦湖は、74年6月に光州投資金融を設立した後、翌年9月には中核企業の錦湖実業が地方銀行の光州銀行に投

資した。このように、70年代には大財閥ばかりでなく中堅財閥による金融業への進出もみられたが、同部門への本格的な進出は、金融の自由化が政策日程に上ってくる80年代に入ってからである。

これまでの事例は、どちらかといえば、財閥本来の事業から関連性の薄い水平的多角化の進展を示すものであるが、それ以外に、従来からの本業を軸とした垂直的多角化を推進する財閥も少なからず存在した。LG、コーロン、東国製鋼、SK、ロッテ、ヘテなどがそれに該当する。LGは電気・電子、コーロンは化学繊維、東国製鋼は金属、SKは繊維関係、ロッテおよびヘテは製菓・食品業を中心とした多角化事業を積極的に展開した。また、その他の多角化分野として、観光業、ホテル業、不動産業など、幅広い進出例がみられたのも発展期の特徴である。水平的にせよ垂直的のいずれにせよ、この70年代における主要財閥の多角化事業には、いわば「全方位的な多角化」の様相がみられるようになったといってよい。

(5) 「族閥」によるグループ支配の変容

韓国財閥の特徴は、一般に、「族閥」による経営と所有の下に大規模な多角化を展開するところにあるといわれてきた。ここでいう族閥とは、創業者である財閥総帥とその家族（姻族を含む）を指し、また多角化とは、しばしば「タコ足式」とか「百貨店式」といった修辞句で表されるコングロマリット的な企業集団の形成を意味している。ところが、70年代に入って多角化事業が進展したり政府による企業公開措置がとられたりすると、財閥の在り方も何らかの影響を受けざるをえなくなった。すなわち、族閥支配が実質的に維持されながらも、グループ企業に対する支配形態に変化の兆しがみられるようになったのである。

組織の巨大化がリーダーの統率力を弱めることはよくある話である。それと同様に、様々な分野にわたる傘下企業の増加は、従来型の創業者一族による直接的なグループ支配を困難にした。事業の多角化を追求しながら族閥支配を強めていくことにトレード・オフの関係が生じるようになったのである。そこで、

将来的に財閥家族が支配力を維持していくには、一方で専門経営者に各系列企業の経営を任せながらも、他方ではグループ全体の支配力を弱化させない新しい経営体制の確立が求められた。70年代半ば頃から主要財閥の経営スタイルに目立つようになった「多数事業構造」への移行は、まさにそのような要請に添った財閥側の対応であったといえよう。

　多数事業構造とは、財閥総帥を頂点に戴く中央集権型経営システムのことで、目的は「新たに系列化された企業を効果的に統制し、組織上の非効率性を排除する」[109]ことにあった。そのなかで、財閥グループの頭脳であり最高意思決定機関として機能したのが、秘書室、総合企画室、グループ企画調整室、経営管理室、グループ本部などの名称で呼ばれた特別な部署である[110]。三星は早くも59年に秘書室をつくり78年には企画総合室に発展させた。LGも66年、ソウル事務所に企画調整委員会を設置した。また、現代は79年に総合企画室を立ち上げてマンモス企業集団の経営をコントロールしようとした。これら諸組織は法律によって縛られる会社法人の重役会議とは異なり、たとえ企業が倒産したとしても、実質的な最高経営責任者である総帥の法的責任を問われることはなかったのである。

　ここで、企業主である財閥総帥と各企業の経営を任される専門経営者の関係について言及しておくと、ある論者の見解によれば企業主と専門経営者との間の役割分担には五つの類型があるという[111]。第1類型は、企業主がいなく専門経営者だけがいる場合。第2類型は、企業主が人事権を持っている場合。第3類型は、企業主が人事権と戦略、資金などに対する重要意思決定権を持つ場合。第4類型は、企業主が管理的事項に対して意思決定権を持つ場合。第5類型は、企業主があらゆる意思決定権を持つ場合。このうち、第2類型は、戦前の日本財閥のケースであり、第5類型は中小企業に広くみられるタイプである。それ以外の類型が韓国の主要財閥にみられ、第1類型は起亜など、第3類型は三星、SK、双龍、大林、LGなど、第4類型は現代、大宇、韓進、ロッテなどがそれぞれ相当するという。また、総帥と専門経営者の役割分担については、大雑把にいえば、前者の総帥がグループ全体に対する「戦略的統制（strategic control)」すなわち投資、金融、理事の充員、企業の法律的構造などの経済的計算に関連した決定を行うのに対し、後者の専門経営者は個別企業内での「管理的統制（managerial control）」すなわち特定事務に関する統制、販売活動、中下位管理的任用、賃金決定、予算などの技術的計算を含む運営的管理を担当する[112]。全能タイプの経営者が多い中小企業を別にすると、韓国の財閥（チェボル）には、戦前の日本の財閥（ザイバツ）に比べ、はるかに強い権限が集中している。

　族閥支配を変容させるもう一つの契機は、政府による企業公開の要求であった。70年代に入ると、財閥資本の隊列拡大とともに財閥への経済力集中ないし独寡占化の問題が表面化する一方、財閥系企業の財務構造も間接金融を通じた借金経営体質や私債市場への依存などで悪化の一途をたどった。財閥資本の国民経済に占めるウエイトの大きさを考慮すると（10大財閥のGDPに占めるウエイト、73年13.9％→78年23.4％）、政府当局もこれ以上「財閥問題」を放置できなくなったのである。このような政策的要請から打ち出されたのが企業公開促進のための諸措置であった。ねらいは、財閥系企業に株式を公開させて経営と所有を分離し、資本市場の育成を通じて所有の社会化を図ることにあった。

　70年代における企業公開措置の嚆矢は、72年12月30日に公布された「企業公開促進法」である。この法制定は、8.3措置の後続措置として行われたもので、同措置で犠牲になった「善良な私債権者」に対する「企業の報復的代償としての意味」（企業公開促進法文言）を有している。主な内容は以下の事柄である。まず、「企業公開審議委員会」（議長、国務総理）を設置し、一定の条件を満たす企業[113]に対して株式公開を命令する。公開に応じる企業に対しては、法人税や所得税の減免など税制面での恵沢措置を与える反面、公開に応じない企業に対しては、金融機関の与信制限、法人税や株主総合所得税を加算徴収（20％）するなどの懲罰的な手段を行使する、というものであった。

　企業公開促進法が制定されたにもかかわらず、財閥系企業の株式公開は遅々として進まなかった。そこで大統領自らより強権的な手法に打って出た。74年5月に出された「企業公開、健全な企業（および金融）風土造成に関する大統

領の特別指示事項」(5.29措置、以下、「特別指示」)がそうである。内容は5項目にわたっている[114]。

①企業公開を積極的に誘導することができるように金融・外資・税制を運用すること。
②非公開企業（系列企業も含む）とその大株主の借入金や納税実績を包括的に点検・管理する体系を立てること。
③大企業（特に非公開大企業）に対する与信管理を強化、過度な銀行信用依存度を下げるように指導すること。
④過度な銀行信用に依存する企業人が新たに事業進出する場合、所要資金はまず既存企業の一部を売却してつくるようにすること。
⑤企業およびその大株主に対する税務管理強化、外部監査制度の補強を通じて企業の公信力を高めるようにすること。

この「特別指示」は、財閥のオーナー支配に初めて本格的に切り込んだ規制として注目に値するものであったが、それが独占禁止法などの一般法ではなく大統領直々の強権発動によって行われたところに、財閥オーナー（一族）の傘下企業に対する支配力の強靱性が如実に現れているといえる。

5.29措置の補完策として、さらに、次の四つの措置が講じられた。まず、74年5月31日に「金融機関与信と企業所有集中に対する対策」と「系列企業群に対する与信管理協定」が発表された。前者は、銀行監督院長に系列企業群の金融機関借入、株式所有、納税、外資導入、資産などの状況を総合的に管理する能力を高め、企業の財務構造改善状況によって金融機関与信を伸縮的に運用するようにした。後者は、銀行団の協定で、金融機関の与信総額が大きい（50億ウォン以上）系列企業群をA・B群に二分し、財務構造の脆弱なA群に対しては新規支払保証を中断して主取引銀行が一定期間財務構造の改善をモニタリングするのに対し、財務構造の良好なB群に対しては非業務用不動産を取得しないという確約書が添付された企業公開計画書を提出させるようにした。また、同年6月7日に「資本市場需要態勢確立対策」が立てられた。これは、証券市場に大量の株式が供給される事態を想定して、政府が証券引き受け体制をつくり、

一般国民の証券需要を解放することにより資本市場の安定基盤を築こうとするものである。最後に、75年8月8日に「企業公開促進の補完施策」が公表された。「8.8施策」と呼ばれるこの措置は、成長展望のある国民的大企業を中心に公開対象企業に選定し、公開の勧誘、最後通告、不履行企業に対する公開命令、という手順を踏んで強制的に企業公開を行わせようというものである[115]。

　それでもなお企業の公開は進展せず、公開に応じた企業は5.29措置公布後15か月が過ぎたところでも財閥系企業の公開対象522社のうちわずか5％未満の25社にとどまった[116]。双龍、起亜、大林、ヘテ（製菓業では初）など一部の財閥は公開に踏み切ったが、それも多くが社員持株制度の導入を目途としたもので、株式を不特定多数の一般投資家に売却するという株式公開の本来の目的からすると遠くかけ離れたものであったといわざるをえない。多くの巨大財閥は、企業公開を忌避する傾向が強く、当局により強制的な措置がとられても、財閥オーナーおよび「特殊関係人」によるグループに対する重層的な支配構造や文化財団の設立などの方法を通じて実質的な支配を継続する傾向が見受けられた。

　このように、発展期の財閥資本は、自らの隊列拡大と政府による規制によってその族閥支配の在り方に変容を来すようになった。しかし、このことが必ずしも財閥一族の一方的な弱体化につながったわけではない。むしろそこには、新たな状況に対して間断なく進化し続ける財閥資本のしたたかな姿が見て取れるといわなければなるまい。すなわち、時間が経つにつれ、従来の「家族直接支配」構造は漸次「家族少数支配」または「核心企業統制」構造へ移行していくが、まさにその兆候がこの70年代に現れるようになったのである。財閥一族の株式所有比率は減少しても、中核企業（ないし母企業）を頂点に系列企業間の相互投資を通じて「ピラミッド型株式所有構造」を維持する状況にさしたる変化はみられなかったのである[117]。歴代政権の弛まぬ努力にもかかわらず、結局、「財閥解体」が通貨危機後の「IMF統治」という外圧によって初めて実現したところに、財閥資本の強靱さが逆に示されているのではないだろうか。

【注】

1) 金迪教「開発年代の経済政策と開発計画（1）——1970年代初めの開発政策と長期ビジョン」韓国開発研究院『KDI政策研究事例——過去30年回顧』ソウル、2003年所収、49頁。
2) 60年代のGNP成長率の連続二桁成長は68年12.6％と69年15.0％の２年間である。韓国銀行『韓国の国民所得』ソウル、1975年版。
3) OECDは、79年に一つのレポート（The Impact of Newly Industrializing Countries on Production and Trade in Manufactures）を発表し、いわゆるNICs（Newly Industrializing Countries、新興工業国家）としてメキシコ、ブラジル、ポルトガル、スペイン、ユーゴスラビア、ギリシャ、台湾、香港、シンガポール、韓国の10か国を列挙した。70年代後半期の韓国の経済成長は、OECDをして韓国がNICsの一員であることを確信せしめる有力な根拠となったといえる。
4) Kim Hyung-Aによると、金正濂が69年10月に商工部長官から青瓦台秘書室長に転任した際、彼は、EPB（経済企画院）を含むあらゆる経済官僚の「Economic Manager」になったという。また、「維新体制」の下では、朴が「総司令官（commander-in-chief）」で、秘書室は「準戦時内閣（quasi-wartime cabinet）」として機能し、「大統領指示（Presidential Guidance）」と並んで「青瓦台指示（Blue House Guidance）」が経済政策、とりわけ重化学工業化政策を実施するに当たって威力を発揮したと述べている。Kim, Hyung-A, *Korea's Development under Park Chung Hee: Rapid industrialization, 1961-79*, London, RoutledgeCurzon, 2004, pp.151-152参照。
5) 韓国開発研究院、前掲書、61頁参照。
6) 全国経済人連合会〔編〕『韓国経済政策30年史』社会思想社、ソウル、1975年、519～521頁参照。
7) 宮崎義一氏は、著書『新しい価格革命』（岩波新書、1975年）のなかで、16世紀の価格革命が「利潤にとってこの上ない全盛期」（223頁）、つまり、今日の先進諸国にとって有利な時代に起こったのに対し、70年代に起こった「新しい価格革命」は「第三世界の経済発展にとって黄金時代の開幕を予想させる」（226頁）として資源ナショナリズムの台頭に注目している。韓国は戦後新興国でありながら反共最前線国家としての役割を担っていたために、ややもすると第三世界の資源ナショナリズムの矛先が米国やイスラエルと同様に鋭く向けられる立場に立たされていたといえる。そのため、74年５月７日にレバノン訪問中の金東祚外務部長官（当時）は、「韓国はアラブおよびパレスチナ人を支持

する」とわざわざ言明しなければならなかったのである。
8) 72年2月にニクソンは中国を訪問し、毛沢東ら中国首脳部との会談の後、平和共存と覇権主義反対の原則を確認した「上海コミュニケ」が発表された。
9) 大統領秘書室長を務めていた金正濂（69年10月就任）は、71年11月に経済企画院で行われた4大核工場建設報告を受けた後で、この報告会議に同席していた呉源哲から防衛産業育成に関するアイデアがあるという内容の電話を受け、直ちに呉に会って話を聞いた。意見の一致を見た金は呉を連れて朴正煕と面会し、彼らの考えを大統領に報告した。朴は、重化学工業と防衛産業を同時に育成するという彼らのアイデアに概ね賛同し、彼らが大統領執務室を去った後で再び金を呼び出し、呉源哲を青瓦台（大統領府）で勤務させるように指示した。その指示に従って、金は、経済第2秘書室を新設して、呉を次官待遇の首席秘書官に任命した。正式発令は、任命が建議された翌日の11月10日のことであった。金正濂〔著〕『韓国経済政策30年史──金正濂回顧録』中央日報社、ソウル、1990年、322〜324頁参照。
10) 呉源哲は、経済第2秘書室首席秘書官に就任した際の状況について次のように述べている。「新聞紙上には重工業担当であると発表された。安保上、防衛産業という用語は慎む時である」。呉源哲〔著〕『韓国型経済建設──エンジニアリング・アプローチ』第5巻、起亜経済研究所、ソウル、1996年9月、27頁。
11) 兵器開発に際しては、米国防省から派遣されたハーディン・チームや日本特殊技術研究所の技術協力があった。前者は、72年1月に国防省技術研究処（ARPA: Advanced Research Projects Agency、後にDARPAに改称）から派遣されたハーディン（Hardin、米陸軍省研究開発および獲得次官補東南アジア担当特別補佐官）を団長とするチームで、兵器開発に必要な設計図面などが韓国側（窓口はADD）に供与された。米国政府（特に国務省）は韓国の兵器自主開発には慎重な姿勢を崩していなかったので、同チームが行った「過剰な協力」は後に韓米間の政治問題と化した。後者の日本特殊技術研究所は、かつて日本で銃器類の開発に当たった経験を有する技術者たちが集まって設立した民間会社であった。技術者の多くが60〜70歳の高齢者で、所長の河村は、第二次世界大戦中に新型の半自動小銃の設計に関わった人物であった。この研究所と交流したのは韓国科学技術院（KIST: Korea Institute of Science and Technology）であった。同上書、50〜51頁および61頁参照。
12)「栗谷（ユルゴッ）」の名は、朝鮮時代中期に活躍した儒学者、李珥の号に由来する。彼は、豊臣秀吉の朝鮮出兵の前に10万名に及ぶ軍隊の育成（養兵論）

を提唱した。
13) 防衛産業育成のための資金調達先として、朴政権は当初、日本からの借款導入を当て込んでいたが、思惑通りに事は運ばなかった。例えば、70年7月にソウルで開催された第4回韓日定期閣僚会議で「4大核工場」への資金協力が重要議題となったが、日本側が消極的な姿勢を見せたため、実際に議論されたのは四つのうち特殊鋼工場と重機械工場の二つだけであった。その際、韓国側は、日本国内の過剰反応を避けるため、武器生産を隠して重化学工業の工場建設のための借款交渉に当たったという。内資への回帰は、米国援助の遅滞とともに、日本からの資金協力が十分に得られなかったことが作用しているものと思われる。金正濂〔著〕前掲書、321～322頁参照。
14) 栗谷事業については、呉源哲〔著〕前掲書（1996年9月）「第7章 栗谷事業の誕生」およびKim, Hyung-A, *op.cit.*, pp.189–193参照。
15) 鄭在景は、朴正熙の国防観を「総力安保論」ととらえ、次のように説明している。「現代戦の勝敗は兵力の多寡や火力の強弱だけでは決定されない。全国民の精神力や団結力そして経済力・外交力などを含む国家総力量の優越により決定される」。鄭在景〔著〕『朴正熙思想序説』集文堂、ソウル、1991年、380頁。
16) 呉デヨン・沈サンミン〔共著〕『韓国の地下経済』未来社、ソウル、1995年、26～27頁および第5章参照。
17) 大韓商工会議所『韓国経済20年の回顧と反省』ソウル、1983年、60頁参照。
18) 車東世・金光錫〔共編〕『韓国経済半世紀 歴史的評価と21世紀ビジョン』韓国開発研究院、ソウル、1995年、202頁参照。
19) 73年の「4.6措置」によって81社73名の反社会的企業人名簿が発表されたが、彼らの多くが「偽装私債」による暴利を貪っていた。その額は申告総額の3分の1に相当する1137億ウォンに上った。金正濂〔著〕前掲書、274頁参照。
20) 重化学工業推進委員会は、73年5月14日の大統領令第6675号に基づいて設置された。「職務」として以下の5項目が決められた。①重化学工業の育成のための総合計画樹立、②重化学工業の立地計画樹立、③重化学工業の部門別推進計画樹立、④重化学工業の育成に関連した諸般支援計画樹立、⑤以上の計画推進に対する確認。韓国開発研究院『韓国経済半世紀 政策資料集』ソウル、1995年、307頁参照。
21) 重化学工業推進委員会企画団は、73年9月3日に発布された「重化学工業推進委員会設置令」改正（大統領令6835号）により、同委員会の「事務を処理す

22）経済企画院『開発年代の経済政策——経済企画院20年史』未来社、ソウル、1982年、128〜129頁参照。
23）車東世・金光錫〔共編〕前掲書、329〜330頁参照。
24）金迪教「第４章　製造業の成長と生産性」朴宇熙・渡辺利夫〔共編〕『韓国の経済発展』文眞堂、1983年所収、107〜110頁参照。
25）玉浦造船所は、78年９月に大宇によって買収され大宇造船工業に改名された。大宇がこの造船所を買収した際には次のようなエピソードがあった。もともと同造船所は大韓造船公社が73年５月に世界最大級の100万トンドックを建設するとして着工したものであるが、資金不足などで５年間も稼働できず、事実上、不実化していた。78年３月に海軍士官学校卒業式参席のため釜山から鎮海に向かう途中、たまたま同造船所の無惨な姿を目撃した朴正煕は、南悳祐総理に命じて現代、三星、大宇に玉浦造船所の建設および運用方針を作成させるようにした。その結果、大宇の買収が決定した。李鍾宰〔著〕『財閥履歴書』韓国日報、ソウル、1993年、256〜257頁参照。
26）呉源哲〔著〕前掲書（1996年９月）187〜189頁参照。
27）同施策の主な内容は、①輸出金融融資金額の引き上げ、②韓国銀行特認期間中の輸出金融金利の引き下げ、③農水産物輸出準備資金に対する利子還収制廃止、④輸出不振業種に対する織物類税および物品税の徴収猶予、⑤海外支社経費支給限度増額の五つである。このうち輸出振興策として重要と思われる①と②の具体的内容についてみておこう。①の輸出金融融資金額の引き上げは、輸出金融と外貨表示供給金融に対する融資額を現行の１ドル当たり350ウォンから380ウォンに引き上げることと、原資材輸入時の担保金積立率を10％から５％に引き下げることである。②の韓国銀行特認期間中の輸出金融金利の引き下げは、135日を超過して延長される期間中、180日までは現行15.5％の一般金利を適用しているが、これを優待金利である年12％に引き下げることである。韓国開発研究院、前掲書（1995年）328〜329頁参照。
28）姜明憲〔著〕『財閥と韓国経済』ナナム出版、ソウル、1996年、240頁、注41参照。
29）「瀬島計画書」の内容については、①輸出専門商社をつくり漸次総合化する、②韓国の重点輸出入商品を基幹商品とする、③中小企業よりは大企業中心に取り引きする、④最終目標を世界ネットワーク化とする、⑤金融機関と輸出商社との連繋を強化する、⑥政府主導の商社より民間主導の商社の方が有利である、

と整理できる。李鍾宰〔著〕前掲書、278頁参照。
30) 瀬島龍三〔著〕『瀬島龍三回想録　幾山河』産経新聞ニュースサービス、1996年、550～551頁および同〔著〕『瀬島龍三　日本の証言』フジテレビ出版、2003年、250～251頁参照。
31) 李鍾宰〔著〕前掲書、279頁参照。
32) 朴炳潤〔著〕『財閥と政治』韓国洋書、ソウル、1982年、278頁参照。
33) 金秉柱は、総合商社にスカウトされた金融機関役職員が「彼らの国内外情報収集能力において政府機関を凌駕することができた」と述べている。金秉柱「第3章　金融制度と金融政策」車東世・金光錫〔共著〕前掲書所収、223頁。
34) 75年11月に国際化学が総合商社の指定を受け、翌年-76年10月に国際化学を国際商事に改称した。
35) 高麗貿易は、73年10月30日に前身の韓国輸出振興株式会社を改称して設立された中小企業専用の貿易商社で、76年4月29日に総合貿易商社第6号に指定された。同社の指定に関しては、「総合貿易商社の中小企業に対する横暴を防止し、中小企業体の保護育成という次元」から、「韓国貿易協会の出資で政策的輸出入を担当させるために設立した貿易業体に対しては、基準に達していなくても総合貿易商社に指定できる」という但し書き条項が新たに設けられた。韓国貿易協会『貿協五十年史』ソウル、1996年、548～549頁参照。
36) ただし、輸入は輸出を上回る勢いで増加しており、総合商社は貿易赤字の解消には必ずしも役には立たなかったどころか、むしろ韓国の慢性的な貿易赤字、特に対日貿易赤字の増大に皮肉にも貢献したというほかない。この時期の貿易赤字額（通関ベース）の推移をみると、75年21億9300万ドル、76年10億5900万ドル、77年7億6500万ドル、78年22億6100万ドル、79年52億8400万ドルとなっている。また、対日貿易赤字は、75年11億4100万ドル、76年12億9700万ドル、77年17億7800万ドル、78年33億5400万ドル、79年33億400万ドルと、しばしば全体の貿易赤字を上回る水準で推移している。韓国貿易協会『韓国経済の主要指標』ソウル、1994年および1995年版参照。
37) 姜明憲〔著〕前掲書、241頁参照。
38) 輸出の急拡大で財閥のトップ・グループへ上り詰めた大宇は、まさにこのような方法を駆使して輸出を伸ばしていった。大宇グループの総合商社である大宇実業は、海外に多数の現地法人をつくり、あらかじめこれら現地法人に対する輸出目標を設定して、その後、本社からそれら現地法人に予定された商品を一度に輸出した。現地法人はそれらの商品をゆっくり捌いていったのである。

大宇実業本社では、転貸信用状（red-clause L/C）制度をいかんなく利用してウォン貨を獲得することができた。この制度は、輸出業者の原料購入費や物品輸入費用に充てるため、信用状開設依頼人が通知銀行をして一定条件下で輸出業者に輸出代金の一部（通常30％）をあらかじめ支払わせることを許すものである。輸入業者は、輸出する前に相当額の資金が一定期間銀行に預金されるので預金利子を獲得できるばかりか、万一、輸出計画が取り消されたとしても、輸出業者は元金だけを支払えばよく、その間の利子分は自分に帰属するという利点がある。李ハング〔著〕『韓国財閥形成史』比峰出版社、ソウル、1999年、454頁参照。

39) 土地、建物などの不動産購入を通じた資産拡大は韓国財閥の常套手段であったが、70年代後半のいわゆる「プレミアム時代」には猛烈なインフレーションを背景に地価が暴騰し、財閥資本による不動産投資は加熱する一方であった。各財閥は、不動産関連会社を設立し、商品輸出や中東建設輸出で稼いだ外貨を国内資金に換えて、もっぱら不動産購入につぎ込んだのである。主要財閥は、いずれもソウルの一等地に高層の本社社屋を構え、工場用地の買収や従業員の娯楽施設建設を推進する一方、ホテル業、ゴルフ場、大規模農場の経営に乗り出すなど不動産関連の多角化事業を積極的に展開した。その結果、79年末時点で、三星1950万坪、現代1180万坪、双龍1010万坪など、巨大財閥は広大な土地を保有するにいたっている。しかも、このなかには財閥所有者やその家族たちが私的に所有する土地は含まれていなかった。むろん、これら不動産が銀行融資の際に強力な担保となったのはいうまでもない。裵秉烋〔著〕『財閥秘話』東光出版社、ソウル、1983年、83～112頁および姜明憲〔著〕前掲書、77頁参照。

40) 裵秉烋、同上書、73～77頁参照。

41) 小宮隆太郎・奥野正寛・鈴村興太郎〔共編〕『日本の産業政策』東京大学出版会、1984年、117～123頁参照。

42) 司空壹「経済開発戦力と金融」『経済発展と金融産業』韓国投資金融株式会社創立10周年記念論文集所収、1981年、Il SaKong, *Korea in the World Economy*, the Institute for International Economics, Washington,DC.,1993.〔日本語訳〕司空壹〔著〕『韓国経済　新時代の構図』渡辺利夫〔監訳〕宇山博〔訳〕東洋経済新報社、1994年、37頁、表3-7参照。

43) 同上書、68頁。

44) 韓国産業銀行『韓国産業銀行五十年史』ソウル、2004年、344頁、表Ⅲ-2-

2より算出。
45) 同上書、118～119頁、表Ⅰ-3-8参照。
46) 同上書、406頁、表Ⅲ-3-7参照。
47) 同上書、405～406頁参照。
48) 同上書、407頁参照。
49) 安忠栄・金周勲「第5章　対外指向貿易政策と産業発展」車東世・金光錫〔共編〕前掲書所収、330頁。
50) その他、国民投資債券の引き受けについては次のような事項も盛り込まれた。まず、金融機関の貯蓄性預金資金による債券引き受けと基金に対する預託金の合計額は、金融機関の貯蓄性預金増加額の20％を超過できない。次に、政府、地方自治団体、公共団体が工業団地、道路または重要産業の建設のために大統領が定める林野や遊休地を買収する場合、その代金の全部または一部を国民投資債券に支給できる。韓国開発研究院、前掲書（1995年）333頁参照。
51) 金秉柱、前掲書、210～211頁参照。
52) 朴秉潤は、重化学工業化政策の実施に伴い外資導入に関する政府の権限がますます強まったとして、次のように述べている。「以前は借款計画がまず確定されてその次に投資計画が実践に移されたが、70年代後半に入ると投資計画がまず立てられ、その投資計画に合わせて借款が導入された。（中略）重化学投資は事業規模が膨大であるばかりか国内市場が狭小であるために、重化学産業に投資しようとすれば、まず、政府の言質を得なければならない」。この時期になると、「政府自らが先頭に立ち、区画整理をして投資を奨励」するようになり、かつて借款導入のブローカーとして活躍したアイゼンバーグやその国内代理人である李ムンファンなどの存在理由はなくなってしまったという。朴炳潤〔著〕前掲書、213頁。
53) 外国人直接投資の簡素化に関しては、73年の改正時に投資金額が50万ドル以下で全量輸出する企業は外資導入審議委員会の議決を経ないで済むようになった。さらに、74年8月の外資導入法施行令の改正によりその金額が100万ドルに引き上げられた。
54) 財務部・韓国産業銀行『韓国外資導入30年史』ソウル、1993年、133～187頁参照。
55) 朴炳潤〔著〕前掲書、212頁参照。
56) 三護の転落のきっかけは64年の単一変動為替レート制の採用であったが、これを機に為替レートが切り下げられ、三護の対外債務を急増させる原因となっ

た。そして、73年の「4.6措置」で反社会的企業人と指弾されたことが没落の決定打となった。客観的な理由としては、主力の繊維産業が斜陽産業となったことに加え、新たな多角化の試みもうまく行かなかったことなどが考えられるが、政経癒着がしばしば資本蓄積の原動力となってきた韓国では、三護が李承晩派の財閥であったという政治理由も指摘しておかなければならない。

57) 李鍾宰〔著〕前掲書、235頁参照。
58) 李ハング〔著〕前掲書、442～443頁参照。
59) 同上書、421～422頁参照。
60) 三星半導体は80年3月に三星電子に吸収されたが、82年12月にその半導体・コンピュータ事業チーム（同年12月組織化）を韓国電子通信に吸収させる形で三星半導体通信が設立された。そしてさらに、88年11月に三星半導体通信が三星電子に再吸収されて現在にいたっている。三星電子㈱『三星電子30年史』ソウル、1999年、198～199頁および248～253頁参照。
61) 宇進造船は、もともと政府が73年9月に巨済島を造船工業団地に指定したことにより設立された高麗造船（74年3月設立）を前身としている。高麗造船は、同年7月に函館ドックと丸紅の資本参加を得て本格的に稼働化したが、オイル・ショックの影響で経営が悪化し、政府の支援を受けた後に新たな株主となった眞露によって77年2月に宇進造船と改称された。その宇進造船を2か月後の同年4月に三星が買収したのである。その後、宇進造船は、83年1月に三星重二業と大成重工業の2社とともに統合され、三星重工業巨済造船所となった。全国経済人連合会『韓国産業史2　韓国の造船産業』ソウル、1997年、140～144頁参照。
62) 聯合鉄鋼は、もともと62年に釜山に設立された鉄鋼メーカーで、冷間圧延という新工法でもって一躍脚光を浴びた企業であったが、75年に経営者の権哲鉉が外為法違反と脱税の容疑で逮捕されたのを機に、国際グループへ売却された。
63) 朴炳潤〔著〕前掲書、278頁。
64) 同上書、278頁および李鍾宰〔著〕前掲書、281頁参照。
65) 新源開発は、金昌源が経営する新進自動車の傘下企業であったが、75年に新進自動車の偽装株式疑惑の発覚を機にグループが破綻し、78年7月に三星へ売却された。
66) 李鍾宰〔著〕前掲書、272～273頁および李ハング〔著〕前掲書、219頁参照。
67) 李ハング〔著〕同上書、225～228頁および李鍾宰〔著〕同上書、256～259頁参照。

68) 交通ビル売却の経緯は次の通りである。政府は、72年10月、観光公社の財源作りのためにウォーカーヒル・ホテル、迎賓館（新羅ホテル）、それにこの交通ビルの売却を決定した。ウォーカーヒル・ホテルと迎賓館は、それぞれSK（鮮京）と三星への売却が決定したが、交通ビルは政府の提示価格が高すぎて買い手がなかなか決まらなかった。そこで、朴大統領が直々に「大宇にこれを引き受けさせて完成させること」を指示したので、当時の交通部長官の金信は破格の条件（価格引き下げや購入資金の貸与など）を付けて大宇に購入を承諾させたという。李鍾宰〔著〕同上書、259頁参照。

69) 大宇造船は81年4月に100万トン級第1ドックが完成して、同年10月に竣工式が開催された。重化学工業化政策の破綻が明白化した最中での多難な門出であった。その後、国内第2位の造船会社に成長した大宇造船は、94年10月1日付けをもって大宇重工業に吸収合併された。その大宇重工業のなかでも造船部門は第1位の売上高（93年総売上高の33.3%）を記録した。金ソンホほか〔共著〕『韓国の代表企業』大宇経済研究所、ソウル、1994年、182頁および183頁、図表V-1参照。

70) 朝鮮日報経済部〔著〕『韓国財閥25時』鶴眞輔訳、同友館、1985年、93頁参照。

71) 李鍾宰、前掲書、258頁参照。

72) 『韓国経済新聞』2001年7月18日付け「大宇敗亡秘史」参照。

73) 趙東成〔著〕『韓国財閥研究』毎日経済新聞社、ソウル、1990年、114頁。

74) 経済企画院、前掲書、150頁参照。

75) 李鍾宰〔著〕前掲書、266～277頁参照。

76) この高速道路工事は73年12月から77年12月まで丸4年の長きにわたったが、結局、三煥は250万ドルの損失を出した。李ハング〔著〕前掲書、254頁参照。

77) 李ハング〔著〕同上書、254頁参照。

78) 鄭章淵・文京洙〔共著〕『現代韓国への視点』大月書店、1990年、65～66頁参照。

79) 姜明憲〔著〕前掲書、73頁参照。

80) 鄭周永〔著〕『峨山 鄭周永 演説文集――今朝もときめきを抱いて』サムスン出版社、ソウル、1986年、78～86頁、96～101頁および同著『この地に生まれて――私の生きてきた話』ソル出版社、ソウル、1998年〔日本語訳〕『危機こそ好機なり』金容権〔訳〕講談社、2000年、143～160頁を参照。

81) 例えば、フランスのスピヘタノル社は、韓進の趙重勲を通じてコンソーシア

ムのメンバーに入ることを持ち掛けてきたが、鄭周永は嘘の入札価格を仄めかしながらこの話を断った。同上書（2000年）、146頁参照。

82) 同上書、159頁参照。

83) 李ハング〔著〕前掲書、370～373頁および李鍾宰〔著〕前掲書、274～277頁参照。

84) 全国経済人連合会、前掲書（1997年）132～136頁、鄭周永〔著〕前掲書（2000年）111～131頁およびサンケイ新聞〔編〕『'77年版 韓国経済を支える30社』サンケイ新聞社、1977、301～310頁を参照。

85) 「周4原則」とは、70年4月に周恩来首相の名で発表された対日貿易原則で、以下の四つの条項に抵触する企業とは中国は対外取引を行わないというものであった。①台湾もしくは韓国の支援目的で貿易を行う企業、②台湾もしくは韓国に投資している企業、③米国のベトナムへの攻撃に協力している企業、④日本における米国系の共同事業に参画している企業。この「周4原則」を機に、中国進出をもくろむ日本企業は一時、韓国との経済協力を敬遠するようになった。ヴィクター・D.チャ〔著〕『米日韓 反目を超えた提携』船橋洋一〔監訳〕／倉田秀也〔訳〕有斐閣、2003年、99頁参照。

86) 亀甲船とは、16世紀末の豊臣秀吉による朝鮮出兵の際、日本軍を迎え撃った李舜臣将軍率いる朝鮮軍の軍船である。

87) 李ハング〔著〕前掲書、439～449頁参照。

88) 李秉喆〔著〕『湖巌自伝』中央日報社、ソウル、1986年、209～218頁参照。

89) 大韓商工会議所、前掲書、107頁、表Ⅲ-7参照。原資料は、産銀・経済企画院『鉱工業センサス』。

90) もっとも、このような政府による財閥の交通整理も時間が経つにつれてたがが緩み、財閥間の角逐戦は激化するばかりであった。例えば、現代洋行が担当することになっていた発電設備（ボイラー）分野には現代重工業と大宇重工業が参与し、後に三星重工業まで加わった。また、自動車分野では東亜自動車（54年1月設立の河東煥自動車会社が77年に東亜自動車に商号変更）にバス製造が許され、起亜と現代洋行に対しては車両用ディーゼルエンジンの製作が許可されたりした。李鍾宰〔著〕前掲書、264頁および李ハング〔著〕前掲書、214～215頁参照。

91) 社名は以下の通りである。1. 韓国機械、2. 東洋ウォーナー、3. 東洋精密、4. 大同工業、5. 東優精機、6. 統一産業、7. 三善工業、8. 大韓光学、9. 大韓電線、10. 大韓重機、11. 起亜産業、12. 韓国化成、13. 韓国ベ

アリング、14. 韓国火薬、15. 大圓鋼業、16. 金星社、17. オリエンタル、18. 国安産業、19. 現代洋行、20. 豊山金属、21. 韓逸鍛造、22. 東洋鉄鋼、23. 順興金属、24. 南鮮アルミニウム、25. ナショナルプラスチック、26. ドレス精密、27. 韓国特殊金属、28. 新亜産業、29. 国際電工、の29社である。

92) 呉源哲〔著〕前掲書（1996年9月）348頁。
93) 韓国火薬はハンファ・グループの中核企業として52年10月に設立された。前身は植民地時代に設立された朝鮮油脂工業である。77年11月に裡里駅で爆薬の大爆発事故を引き起こし、一時、国有化の話が取りざたされたこともあった。
94) 駐退機と復座機を一緒にした装置で、砲弾発射時の砲身の後退を短くして早く元の位置に戻す働きをする。
95) 呉源哲〔著〕『韓国型経済建設――エンジニアリング・アプローチ』第4巻、起亜経済研究所、ソウル、1996年5月「第9章 軍用車の国産化」参照。
96) 65年7月に李文煥によって設立された亜細亜自動車は、フィアット社と技術提携して70年から乗用車の「フィアット124」を生産したが、73年には新進自動車などとの競争に敗れて不実企業化した。いったんは東国製鋼の傘下に入ったが、その後、起亜が買収した。最初、買収候補者として三星の名が挙がっていたが、買収のための調査を担当した三星の金東哲によると、亜細亜自動車の労働争議を懸念した李秉喆が買収を断ったという。李ハング〔著〕前掲書、410頁および呉源哲〔著〕同上書（1996年5月）232頁参照。
97) 呉源哲〔著〕同上書、219頁。
98) 朴正煕は、軍用車の開発状況について報告した経済第2首席秘書官の呉源哲に対し、「米国軍事援助に頼らないで今回の機会に完全国産化しなさい」と指示した。同上書、232頁。
99) 当時、西ドイツの憲法規定上、武器輸出は不可能であったが、金善弘社長の不退転の決意を汲み取ったベンツ社社長からNATO諸国へなら輸出できるという示唆を受け、ベルギーの秘密武器輸送業者の協力の下、トルコの商社を介して韓国に導入した。呉源哲〔著〕前掲書（1996年9月）384～385頁参照。
100) 全国経済人連合会、前掲書（1997年）149頁参照。
101) 呉源哲は、三星の姜晋求三星電子社長（当時）を呼び出し、進出を渋る社長に対し、「姜社長、残ったものはこれしかない。それに三星ではこんなに大変で収支が合わない事業に乗り出すと言ってこそ、体面も保つ立場に立っていると思う。李秉喆会長に話をしてみて下さい」と述べている。呉源哲〔著〕前掲書（1996年9月）481～482頁参照。

102）李秉喆〔著〕前掲書、217～218頁および李ハング〔著〕前掲書、421～422頁参照。

103）加藤健彦・窪田光純〔著〕『韓国自動車産業のすべて』日本経済通信社、1988年、163～208頁参照。

104）IHI（石川島播磨重工業）との合弁関係は、三星が防衛産業分野への進出を機に解消されることとなった。IHIは、三星との技術提携関係だけを残し、三星重工業の持ち分をすべて三星側に売却して撤退した。李秉喆、前掲書、213頁参照。

105）金秉柱、前掲書、208頁。

106）61年に朴政権が一般市中銀行を国有化して以降、銀行法により財閥による市中銀行の株式所有が制限された。80年代初めに民営化された後も、合弁投資を行う外国人投資家を除き、何人も市中銀行の4％以上、地方銀行の15％以上の株式を所有することはできないが、経済危機の最中の98年に行われた銀行法の改正過程では、一定の条件を満たせば市中銀行の株式所有が10％まで緩和することが議論された。Chang, Sea-Jin, *Financial Crisis and Transformation of Korean Business Groups: The Rise and Fall of Chaebols*, Cambridge, Cambridge University Press, 2003, pp.135-136およびp.318（注8）参照。

107）財務部・韓国産業銀行、前掲書、174頁、表Ⅳ-18および228頁、表Ⅴ-19参照。

108）97年のアジア通貨危機の特徴として「資本収支危機」を唱えた吉冨勝は、今回の危機を「双子の危機」ととらえた。すなわち、「一つは、為替レートの暴落に示される国際流動性の涸渇からくる危機。加えてもう一つは、ダブル・ミスマッチ問題の顕在化による、地場銀行の債務超過と流動性不足からくる銀行危機」の二つの危機が「同時に発生」した、という。韓国の総合金融会社は、まさに、ドルをウォンに換え、短期で借り入れて長期で貸すという融資業務を行い、韓国経済に「カレンシー・ミスマッチ」（通貨面でのミスマッチ）と「マチュリティ・ミスマッチ」（満期上のミスマッチ）の「ダブル・ミスマッチ」を引き起こす元凶となった。吉冨勝〔著〕『日本経済の真実』東洋経済新報社、1998年「第5章　アジアを襲った資本収支危機」および同〔著〕『アジア経済の真実』東洋経済新報社、2003年、50～54頁参照。

109）姜明憲〔著〕前掲書、136頁。

110）アジア通貨危機後の企業構造改革によって、これらの部署の名称は、企業構造調整本部（三星）、構造調整本部（LG）、経営戦略チーム（現代）などに改められたが、機能的には以前の組織と大差はない。

111) 姜明憲〔著〕前掲書、139頁、注6参照。
112) 金ユンテ〔著〕『財閥と権力』新しい人々、ソウル、2000年、149および158頁参照。なお、「戦略的統制（strategic control）」や「管理的統制（managerial control）」の用語は、John Scott, *Corporation, Classes and Capitalism*, London, Hutchinson, 1979 から引用されたものである。
113) 同法律により企業公開の対象とされた企業は以下の通りである。①外資導入法に依拠し一定額以下の現金借款契約または資本財導入契約に対する認可を受けた法人、②8.3措置による調整私債の総額が10億ウォン以上の法人、③金融機関から10億ウォン以上の与信を受けた法人、④その企業を公開することが国民経済上必要であると考えられる法人、の四つである。条件に盛り込まれた金額の大きさなどを考えると、企業公開促進法は明らかに財閥系企業を想定したものであることがわかる。韓国開発研究院、前掲書（1995年）296頁参照。
114) 金秉柱、前掲書、204頁参照。
115) 同上書、204〜205頁参照。
116) 李鍾宰〔著〕前掲書、255頁。
117) 金ユンテ〔著〕前掲書、144および147頁参照。

第4章　民主化の進展と財閥資本の新展開

本章の課題

　「開発年代」始まって以来のマイナス成長という未曾有の経済危機で幕が切って落とされた1980年代は、韓国経済はいうまでもなく、財閥資本にとっても一大転換期となった。80年代初めの経済状況は、国内的には朴正熙政権によって実施された重化学工業化政策の破綻が過剰投資や重複投資となって表面化し、国際的には第2次オイル・ショックを引き金とする世界同時不況に見舞われて、それまで韓国経済の高度成長を支えてきた輸出主導型開発戦略に陰りがみられるようになった。いわゆる「外債問題」と呼ばれた対外累積債務問題の深刻化が懸念されたのもこの時期であった[1]。

　一方、政治状況の方も経済の不調に比例して不安定化した。79年10月に発生した大統領暗殺事件や翌年5月の「光州事態」など、韓国史上類例のない惨劇が頻発したのである。そうしたなか、武力でもって政権奪取に成功したのが全斗煥政権であった。「新軍部」と称された全政権は、同じ軍事政権ながら朴政権期の成長第一主義とは一線を画する経済政策を採用した。同政権の経済スタッフは、長期にわたる拡大路線で韓国経済の宿痾と化したインフレーションを根絶するために本格的な経済安定化政策を実施に移すとともに、第5次5か年計画の名称変更（「経済開発」→「経済社会発展」）に象徴されるように、中小企業や貧富の格差の問題など、経済発展の影の部分に対しても一定の政策的配慮を示したのである。

　経済政策の転換を機に、政府の財閥に対するスタンスにも変化の兆しが現れ

るようになる。巨大化した財閥資本の弊害を目の当たりにした全政権は、もはや朴政権のような「育成」一辺倒の政策を続けることはできず、「規制」に軸足を置く政策に転じていかざるをえなくなった。すなわち、財閥資本の経済活動は、従来のように政府の特恵措置や政経癒着といった非経済的手段に依存するのではなく、政府の監視下に法律で定められたルールに基づいて行うことが求められるようになったのである。80年12月31日に制定された「独占規制および公正取引に関する法律」（公正取引法）は、このような政策意図を反映した財閥規制の嚆矢であった。80年代の財閥資本は、総じて、政府の庇護から自立することを促されたのである。

　財閥資本の経済活動は、政府レベルばかりでなく他の分野からも牽制を受けるようになった。一つは、労働運動の高揚によるいわば階級的規制とでも表現しうるものである。全斗煥政権の成立でいったんは抑制されたかに見えた階級矛盾は、87年の民主化闘争過程で一気に噴出するようになる。「労働者大闘争」と呼ばれた当時の労働運動は、中小企業ばかりか、それまで労働組合の存在しなかった財閥企業でも労組の組織化が始まるという特徴を帯びていた。このような階級矛盾の激化は、財閥の資本蓄積過程に甚大な打撃を与えるとともに、政府と財閥との関係に変化を迫る要因としても作用した。もう一つは、消費者運動など一般市民から発せられた経済民主化を求める声である。87年の「6.29民主化宣言」[2] を機に高まった市民運動は、かねてより問題となっていた財閥企業の脱法的蓄財行為に対し、いっそう厳しい視線を投げ掛けるようになった。このように、全斗煥政権や盧泰愚政権が財閥資本のビヘイビアに対して何らかの規制措置をとらざるをえなかったのは、民主化過程で高まった国民の要求をこれ以上無視できなくなったからにほかならない。

　財閥資本の経済活動を取り巻く環境が急変するなかで、各財閥グループは新たな飛躍を目指して進化を遂げなければならなくなる。独占化規制や階級的挑戦を受けるようになった財閥は、新分野での多角化を模索する一方、先端産業への進出を可能にする新技術の開発や海外からの技術導入に注力し、80年代後半期のウォン高局面ではいよいよ対外進出に打って出るようになる。盧泰愚政

第4-1表　10大財閥ランキング（1989年、売上高基準）

(単位：10億ウォン)

順位	財閥名	総帥	系列社数(A)[1] 一般	系列社数(A)[1] 金融	系列社数(A)[1] 計	系列社数(B)[2]	売上高	総資産	自己資本	付加価値	自己資本比率(%)
1	三星	李健熙	27	3	30	45	21,894	17,025	2,272	2,307	13.3
2	現代	鄭周永	24	4	28	39	17,284	17,704	4,120	2,581	23.3
3	LG[3]	具滋暻	45	6	51	58	13,304	15,335	3,261	1,976	21.3
4	大宇	金宇中	19	2	21	27	9,523	17,534	3,586	1,803	20.5
5	SK[4]	崔鍾賢	14	—	14	24	6,048	4,526	1,127	617	24.9
6	双龍	金錫元	15	2	17	21	4,164	6,789	1,478	570	21.8
7	起亜	—[5]	7	1	8	10	3,039	2,892	797	515	27.6
8	ロッテ	辛格浩	25	6	31	31	2,829	5,871	1,658	533	28.2
9	韓進	趙重勲	11	3	14	18	2,772	6,060	595	743	9.8
10	暁星	趙錫来	8	—	8	14	2,344	1,735	471	211	27.1

注）1）系列社数（A）は、本表の作成に含まれた企業数。
　　2）系列社数（B）は、経済企画院公正取引室が指定した企業数。
　　3）ラッキー金星は、現在のグループ名のLGを使用した。
　　4）鮮京は、現在のグループ名のSKを使用した。
　　5）起亜は、82年に二代目総帥の金相汶会長が辞任し、専門経営者経営体制へ完全移行した。
資料）経営能率研究所『90年版　50大企業グループ財務分析資料集』。
出所）姜哲圭・崔廷杓・張志祥〔共著〕『財閥――成長の主役なのか、貪欲の化身なのか』比峰出版社、ソウル、1991年、18頁、表1より作成。

権時代（88年成立）に本格化する「北方政策」（対共産圏関係改善外交政策）がそれまで冷戦体制下で資本主義圏に限られていた海外市場を共産圏にまで拡大する契機となったことも、財閥資本の持続的な成長にとってプラスの効果をもたらした。折しも、85年9月の「プラザ合意」を機に生じた「三低現象」（ドル安、原油安、国際金利安）の追い風を受けて韓国経済がかつてない高成長を遂げるなか、80年代後半期は、まさに財閥資本にとって再飛躍の秋となった。当該期の財閥ランキングの特徴をみると（第4-1表参照）、三星、現代、LG、大宇の4大グループをはじめとする10大財閥が盤石の地位を確立する一方で、韓国火薬（ハンファ）、錦湖（錦湖アシアナ）、韓一合繊（韓一）など、政府企業の払い下げや不実企業の整理を梃子に上昇転化する中堅財閥も散見されるようになる。

　本章では、開発年代が終焉して民主化へ転じた80年代を韓国財閥の史的展開過程における「成熟期」と位置付け、新しい企業環境を提供することとなった全斗煥・盧泰愚両政権の対財閥政策の検討と、その新環境に適応すべくとられ

た財閥資本の多角化戦略の特徴、並びに当該時期の財閥資本の新たな展開について言及する。そして、最後に、成熟期における財閥資本のビヘイビアが「分断体制資本主義」と規定した現代韓国資本主義の性格の変容に一定の影響を及ぼしている事実について指摘することにしたい。

1．1980年代の財閥政策 ——"育成"から"規制"へ——

(1)「新軍部」政権の経済政策

　79年10月26日の朴正煕大統領暗殺後、崔圭夏過渡政権[3]を経て権力の座に就いたのは、全斗煥をリーダーとする軍部勢力であった。彼らは、61年の「5.16」軍事革命勢力に対して「新軍部」と称された。大統領暗殺直後の政治的混迷期に「粛軍クーデター」（79年12月12日、軍主流派排除）と「5.17クーデター」（80年5月17日、非常戒厳令拡大措置）の二度にわたる政変劇で政権奪取に成功した新軍部勢力は、80年5月30日に「国家保衛非常対策委員会」、5か月後の10月29日に「国家保衛立法会議」を設置して、治安維持と体制の立て直しに取り組んだ。その間、全斗煥は、早くも9月1日に崔圭夏に代わって第11代大統領に就任し、翌年（81年）の3月3日には大統領間接選挙制を定めた第5共和国憲法（80年10月27日憲法改正）に則って改めて第12代大統領に推戴された。ここに、再び、軍人を頂点に頂く第5共和国が発足する運びとなったのである。

　新軍部政権は、朴正煕時代の強権体制である維新体制を基本的に受け継ぎながらも、経済政策の面では新たな側面をのぞかせた。全政権期に実施された「第5次経済社会発展5か年計画」（82〜86年）は、「安定、能率、均衡」を基本理念として掲げ、「適正経済成長」を実現するために物価安定を最優先課題とし、経済運用方式を「政府主導」から「民間主導」に転換することなどを政策目標に挙げている。明らかに政府主導型の高度成長路線から民間主導型の安定成長路線への転換が企図されたのである。

　その背景には、重化学工業化政策の破綻となって現れた政府主導型開発戦略

からの脱却という国内事情ばかりでなく、次のような対外的な要素も存在した。70年代末から80年代初めにかけて米国をはじめとする先進資本主義各国では新保守主義を標榜する政権が誕生し、それまでのケインズ主義的な経済政策を否定して現代の新古典派といわれる「新自由主義学派」に依拠した経済政策を一斉に採用するようになる。開発資金の供給を通じて韓国に多大な影響を及ぼしてきた世界銀行も、79年以降新古典派理論に基づくマクロ調整をコンディショナリティとして要求するノンプロジェクト型の「構造調整ローン（structural adjustment loan）」を導入した。このSAL資金を韓国政府は80年代初めに二度にわたって調達したが、そのことが経済政策の変更を促す要因として作用したのである[4]。

　全政権期の経済政策は、一言でいえば「経済安定化政策」[5]であるが、その柱は、物価安定化政策、経済自由化政策、そして産業合理化政策の3点にまとめられる。70年代までの拡大成長路線がもたらした諸矛盾があまりにも深刻化していたので、その政策は、韓国経済全般にわたる「構造調整」という様相を呈した。その意味では、経済安定化政策は「総合的な経済改革」[6]の性格を帯びていたといえる。

　それぞれの政策の中身を簡潔に整理しておくと、まず、物価安定化政策は、緊縮財政の基調の下に政策金融の縮小や通貨量の調整などを通じて総需要抑制を目指した。次に、経済自由化政策は、市中銀行の民営化や政策金融金利の引き上げなどによる金融の自律化、工業製品を中心とする輸入の自由化、外国人直接投資導入のための環境整備や部分的な金融資本市場の開放による資本の自由化などを含んでいる。また、産業合理化政策は、重化学工業分野の投資調整を前提に租税減免規制法と工業発展法に依拠して海運業や海外建設業など産業分野全般にわたる統廃合を図った。

　このような政策努力により、第4-2表にみるように、80年代の韓国経済の経済的パフォーマンスは後半期に入ると著しく改善した。経済成長率（実質GNP成長率）は、80年にマイナス成長（-3.7％）を記録したものの、その後回復過程をたどり、86年から3年間は二桁成長を遂げている。一人当たり

第4-2表　1980年代の主要経済指標

	単位	80年	81年	82年	83年	84年	85年	86年	87年	88年	89年
実質GNP成長率	%	−3.7	5.9	7.2	12.6	9.3	7.0	11.9	12.3	12.0	6.9
一人当たりGNP	ドル	1,592	1,734	1,824	2,002	2,158	2,242	2,568	3,218	4,295	5,210
経常収支	億ドル	−53.2	−46.5	−26.5	−16.1	−13.7	−8.9	46.2	98.5	141.6	50.6
（貿易収支）		−43.9	−36.3	−25.9	−17.6	−10.4	−0.2	42.1	76.6	114.5	46.0
生産者物価上昇率	%	39.0	20.4	4.7	0.2	0.7	0.9	−1.5	0.5	2.7	1.5
消費者物価上昇率		28.7	21.4	7.2	3.5	2.2	2.4	2.8	3.0	7.1	5.7
債務残高	億ドル	273.7	324.9	373.0	406.9	430.5	467.6	445.1	355.7	311.5	293.7
債務残高GNP比	%	48.5	52.2	56.4	53.4	51.8	55.9	43.3	27.6	18.4	14.4
失業率	%	5.2	4.5	4.4	4.1	3.8	4.0	3.8	3.1	2.5	2.6

注）1）1984年までは1985年基準、1985年以降は1990年基準。
　　2）貿易収支は国際収支（B.O.P）基準。
出所）韓国貿易協会『韓国経済の主要指標』各年版、経済企画院『経済白書』1993年版より作成。

　GNPも開発途上国の持続的発展のメルクマールとなっている「2000ドルの壁」を難なくクリアし、89年には5000ドル台を突破している。その結果、89年の一人当たりGNP（5210ドル）は、80年（1592ドル）の3.27倍に増加した。特筆すべきは、経常収支と貿易収支が慢性的な赤字状態から抜け出して黒字へ転化したことと、物価上昇率（特に生産者物価上昇率）が20〜30％台の高率圏から一気に1％未満にまで押さえ込まれたことである。そのほか、対外債務残高は85年の467億6000万ドルをピークに減少に転じ、89年には300億ドルを切る水準（293.7億ドル）にまで下がった。また、失業率も80年の5％台から89年には2％台に低下している。

　これら諸政策のうち財閥資本との関係で重要と思われるものは、次の三つである。一つめは、重化学工業分野の投資調整である。第3章でみたように、重化学工業化政策の担い手が財閥資本であったことから、そこでの投資調整とは、すなわち財閥資本の再編を意味した。二つめは、財閥資本の法的規制措置である。朴政権期には財閥資本育成が経済開発と同義と見なされる傾向が強かったため、独占化規制に関して後手に回ることが多かったが、独占規制の法的措置や公正取引委員会の設置が行われた全政権期になって本格的な財閥規制が実施されるようになった。三つめは、不実企業整理事業と産業合理化政策である。不実企業整理事業は過去にも行われたが、80年代のそれは、不実企業整理だけ

に終わらずに産業合理化政策の一環として強力に推進された。

その際、政府は、財閥資本にとって理解ある「育成者」ではなく財閥資本の経済活動を厳しくコントロールする「規制者」として振る舞うようになり、蜜月時代を謳歌してきた政府と財閥の関係に一定の変化がみられるようになった。すなわち、両者の関係は、朴政権時代の「支援と保護中心の重商主義的関係」から全政権期の「支援と規制が併存する家父長主義的関係」に変貌し[7]、国際グループ（梁正模）のように、全政権の不興を買った財閥のなかには解体の憂き目に遭うものも現れる程であった。もっとも、財閥拡大の実質的な原動力となってきた政府支援は全政権期に実施されなかったわけではなく、その在り方が選択的供与の方式に変わっただけであった。「租税・金融上の特恵を利用した特定戦略産業に対する支援がより間接的で機能的な支援方式に変化するようになった」[8]のである。また、政経癒着関係が解消することもなく、後に政治問題化する全斗煥自身の政治資金収集機能を果たしてきたいくつかの財団（日海財団など）[9]の活動は、政経癒着の非公然たる事例以外の何ものでもなかったのである。

以下、これら三つの財閥政策について詳述することにする。

(2) 財閥政策の内容

①重化学工業分野の投資調整

朴政権が70年代に最も力を注いだ重化学工業化政策は、多くの財閥資本が同分野に進出するのを促した。70年代後半期の製造業設備投資の8割近くを占めた重化学工業投資は、第2次オイル・ショックを機に、一気に過剰・重複投資の様相を呈するようになった。先進国が省エネ技術や先端技術の開発に向かうなか、韓国は旧態依然とした重厚長大の産業構造から脱却できないでいたのである。こうして、重化学工業分野の投資調整は、時の政権にとって避けては通れない喫緊の課題として提起されるようになった。

重化学工業分野投資調整への対応は、すでに朴政権期末期に試みられていた。79年4月17日に発表された「経済安定化総合施策」のなかで、物価安定や緊縮

財政などとともに「重化学投資の調整」が主要内容の一つとして取り上げられ、同年5月25日には重化学投資調整措置が提示されて本格的な調整過程に入っていくことになる。調整のポイントは、既存投資予定案件の凍結ないしは中断と各分野の専門化を図ることにあった。重化学工業分野の投資調整作業自体は、79年5月から80年10月にかけて計3回にわたって断行されたが、この朴政権時代に講じられた79年5月の措置が第1回目ということになる[10]。

　第1次調整措置（5.25措置）の眼目は、発電設備分野の投資調整であった。発電設備の製作に関して、現代洋行と現代重工業を統合した第1グループと大宇重工業と三星重工業を統合した第2グループに二元化するほか、大宇重工業の建設用重装備製作のための海外技術導入（米国キャタピラー社）を留保すること、ディーゼルエンジンの設備投資について既存のメーカー（現代エンジン、双龍重機、大宇重工業）以外に新規投資を認めないことなどが決まったが、結局、同措置は政局の不安定化なども手伝って実現されるにいたらなかった。朴政権期には重化学工業分野の投資調整に関して目立った進捗はみられなかったのである。

　第2次調整措置（8.20措置）は、全政権に代わった80年8月20日に発表された。クーデター直後に新軍部が設置した国家保衛非常対策委員会（国保委）は、80年8月1日に現代の鄭周永と大宇の金宇中を参席させて商工分科委員会を開催した[11]。両者の意向を聴いたうえで、発電設備および建設重装備と自動車分野の投資調整は次のように決定された。まず、発電設備および建設重装備については、大宇重工業が現代重工業と現代洋行の該当部門を吸収統合することになった。その結果、現代洋行の軍浦重機工場（建設重装備）は現代重工業の所有となったが、現代重工業の昌原総合機械工場（発電設備）は大宇重工業が吸収することとなり、社名も韓国重工業に改められた。ところが、引き受けに際して大宇が法外な政府支援を要求したため、結局、政府は3600億ウォンを出資して韓国重工業を国営化（韓国電力の子会社化）してしまったのである。

　自動車に関しては、乗用車は現代がセハン自動車（大宇とGMの合弁）を吸収して現代に一元化、起亜は5トン以下のトラック製造、オートバイは起亜、

大林、暁星の三元化から大林が起亜を吸収して暁星と二元化することが決まった。しかしながら、乗用車の調整過程で問題が発生した。現代によるセハン自動車の買収に合弁相手のGMが待ったを掛けたのである。GMは、吸収後も経営権の同等な持ち分を要求したが、現代が拒否したために乗用車の投資調整は白紙に戻ってしまった。その代わり、起亜と東亜自動車の統合が推進されることとなった[12]。結局、現代は、「8.20措置」の跛行的結末のために、乗用車の一元化に失敗したばかりか、現代洋行まで手放すこととなったのである。

第３次調整措置（10.7措置）は、80年10月7日に発表された。この時は、発電設備および自動車、電子交換機、重電機器、ディーゼルエンジン、銅製錬の六つの分野が対象となったが、最初の発電設備および自動車に関してはこれまでの調整措置に関連した内容であったので、実質残り4分野が対象となった。いずれも各分野に参入する企業の重複生産を避け、専門化を図る内容であった。電子交換機については、国産の場合、第1機種は三星系列の韓国電子通信が東洋精密を吸収し、第2機種は金星半導体が大韓通信を吸収統合することなどが決められた。重電機器分野においては、154キロボルト級以上の超高圧変圧器は暁星重工業が双龍電機とコーロン綜合機械を吸収統合し、現代重電機は輸出と船舶用など自己需要に限り生産を認めることなどが決められた。ディーゼルエンジン分野は、現代エンジン、双龍重機、大宇重工業の三元化体制を維持することになった。また、銅製錬については、韓国鉱業製錬（現LG金属）が温山銅製錬に対する韓国産業銀行の出資分を買い入れることで吸収合併されることとなった。

こうして重化学工業化政策の負の遺産を克服しようとしたが、かえって問題を深刻化させた側面もあった。すなわち、分野ごとに一つないし二つ程の企業のみに営業を許可したことが、当該分野の独寡占化をさらに深化させる結果をもたらしたのである。過剰・重複投資を解消しようとするあまり、肝心の自由競争を阻害してしまったのは皮肉というほかない。

②財閥資本の法的規制措置

　政権奪取間もない全政権の前に重化学工業分野の投資調整と並んで提起された課題は、企業の体質強化をいかに図るかという問題であった。第2次オイル・ショックの波濤をまともにかぶった韓国企業は、極端な債務体質のために財務構造を悪化させ、国際競争力を失いつつあった。その上、財閥に対する社会的批判が民主化運動の高揚とともに強まり、政権の正統性に欠く新軍部政権としては「財閥問題」にメスを入れざるをえなくなった。そうした要請を受けて打ち出されたのが「企業体質強化対策」であった。

　国保委の名の下に80年9月27日に発表された同対策（9.27措置）は、①企業が所有する非業務用不動産の処分および今後の所有制限、②系列企業の整理による財務構造の改善、③不必要な各種協会、組合などを整理することによる経費負担の軽減、④法定管理制度の悪用防止と救済基金の抑制、⑤金融機関の与信管理能力を強化し、一定規模以上の企業に対する外部監査制度の義務化、⑥企業の実質的経費節減と財務構造改善のための税制上の支援方案作成などを基本方向として提示した。明らかに、財閥規制措置としての内容を有しているのがわかる。残念ながらこの対策は事後管理が十分でなかったためにわずか1年ほどで効力を失ってしまうが、財閥に対する規制を鮮明にしたという点では、「政府の財閥政策が従来の育成一辺倒から規制中心に漸次移行する契機となった」[13]と評価されている。

　この「9.27措置」を受けて、いよいよ同年12月31日に「独占規制および公正取引に関する法律」（公正取引法）が制定され、翌81年には経済企画院傘下に「公正取引委員会」が設置された。この法律は、財閥の反経済的行為や無秩序な吸収合併を規制することによる独寡占化の防止を目的とし、公正取引委員会は、価格カルテルや下請代金支払い遅延などの不公正取引を主に取り締まった。法制史的には、75年9月に制定された「物価安定および公正取引に関する法律」が独占禁止法の嚆矢であるが、実効性を伴うものではなかった。「経済関係の憲法的性格」を有するとされた同法は、財界などから時期尚早という批判を浴び、独禁法としての内容が形骸化してしまう。実際の運用過程でも、独占規制

規程の適用は後景に退いてしまい、物価安定法の側面のみが強調されたのである[14]。したがって、財閥の経済力集中や不公正取引を直接的に規制できる法的根拠を提供したのは、80年の同法が実質的に最初であったといってよい。

「独占規制および公正取引に関する法律」の内容の主なポイントについて触れておこう。80年法では、市場支配的地位の濫用禁止、競争制限的な企業結合の制限、不当な共同行為の制限、不公正取引行為の禁止、事業者団体の競争制限行為の禁止、再販売価格維持の制限、競争制限的国際契約の締結制限などが盛り込まれた。さらに、86年12月31日の改正法では、大規模企業集団[15]に対する規制が強化された。具体的には、持株会社設立の禁止（第8条）、系列会社間の相互出資禁止（第9条）、系列会社が他企業に出資する場合、会社純資産額の40％以内に制限（第10条）、系列の金融、保険会社が取得する国内企業株式に対して議決権行使の禁止（第11条）、企業結合は公正取引委員会に申告（第12条）、株式所有現況の申告（第13条）などとなっている。ここからは、財閥オーナー家族の企業支配やタコ足経営の改善に焦点を当てた政策意図が読み取れる。

それでも財閥規制に効果が現れなかったので、相互出資規制や与信管理などの後続措置が講じられることになった。財閥オーナーおよびその家族が巨大な企業集団を支配できる秘訣は、ほかでもない系列社間の相互出資にある。創業者一族が支配する中核企業を軸にして傘下企業に出資させ合う多層型所有構造を形成することにより、財閥オーナーたちは比較的少ない株式保有でグループ全体の支配を可能にできた。その際、系列社間の相互出資によって巨額の架空資本を創造し、グループ全体の巨大化を図ることができた[16]。84年2月に打ち出された「系列企業間相互出資の制限方案」は、こうした財閥の支配構造に直接メスを入れることを意図したものであった。同法案は、相互出資のパターンと実態を解明したうえで（第4-3表参照）、相互出資の法的規制の強化策として、子会社が自己株式の過半数を所有している親会社の株式所有を禁じたり（孫会社については、子会社がその孫会社の株式の過半数を所有している場合に親会社の株式所有を禁止）、A社が他会社B社の株式の10％以上を所有してい

第4-3表　主要企業の系列企業間出資内訳　(単位：億ウォン)

会社名	資本金(A)	出資した金額		出資された金額		直接相互出資金額 (会社数)
		金額(B) (会社数)	B/A (%)	金額(C) (会社数)	C/A (%)	
現代建設㈱	1,000	610 (21)	61.0	300 (5)	30.0	194 (5)
㈱大宇	751	1,604 (23)	213.6	117 (9)	15.6	59 (8)
三星物産㈱	120	182 (29)	151.7	24 (5)	20.0	2 (2)
㈱ラッキー	300	91 (16)	30.3	9 (1)	3.0	―

出所）韓国開発研究院『韓国経済半世紀　政策資料集』ソウル、1995年、436頁。

る場合、B社はA社に対して株式取得議決権を行使できなくしたりした。

　さらに、87年4月1日付けで80年の公正取引法を改正し、財閥企業の相互出資規制を強化した。総資産4000億ウォン以上を有する三星、現代、大宇など33大財閥の系列会社511社に対して「相互出資制限企業」に指定する旨を明記したのである。また、財閥企業に対する与信管理を徹底させるため、84年3月に「系列企業群に対する与信管理施行細則」（与信管理規定）を公布した。銀行貸付ランキング上位50大財閥に対して貸付金比率を制限する一方、不動産など新規投資の際に銀行側の承認を受けるようにし、投資資金の最高6倍の既存所有資産を処分して調達させるようにした。

③不実企業整理事業と産業合理化政策

　かつて60年代末から70年代初めにかけて大々的な不実企業整理事業が断行されたことがあるが、80年代半ばに開始された不実企業整理事業は、前者の対処療法的な対応とは異なり、産業構造調整とともに産業合理化政策の一環として推進された。事業開始の法的な根拠となったのは、85年12月23日に改正された「租税減免規制法」（租減法）と翌86年1月8日に制定された「工業発展法」であった。

　前者の租税減免規制法改正は、与党による単独採決によってようやく成立したいわくつきのものであった。改正内容のポイントは、韓国銀行特別融資（韓銀特融）制度を実施するとともに、不実企業整理に必要な金融、税制支援に対して法的根拠を与えることにあった。なかでも重要な韓銀特融は72年「8.3措

置」の第71条によって導入されたものであるが、82年4月3日をもって同措置が廃止されたため、韓銀特融も法的根拠を失っていた。同制度の再実施によって、当時、約4兆ウォンに上った不良債権（回収不能債権は約2兆ウォン）を解消するために、韓銀の市中銀行に対する貸付金利をそれまでの6～8％から3％に引き下げ、市中銀行は企業に11.5～13.5％の金利で貸し付けて、稼いだ利ざやでもって銀行経営の正常化を図らせるとともに不良債権の整理を行わせた。

　租減法の改正と同時に「産業合理化支援基準」が提示された。ここでは、産業合理化のための税制支援の適用対象、整理企業の引受者の認定基準、不実企業主への恵沢排除などが確認されている。支援対象は、産業構造調整に必要な場合、企業群の系列企業整理促進に必要な場合、銀行保有の不良債権の円滑な整理のために必要な場合に限られる。整理企業の引受者については、構造不況業種の場合は原則的に廃業させるが、引受条件が整う場合には第三者による引き受けを認め、構造不況業種以外の場合は中小企業に及ぼす影響や引受者の財務構造および経営能力などを勘案して認めることになっている。

　後者の工業発展法は、従来の多様な産業支援体系を整理して産業合理化を効率的に推進するために導入されたもので、それまで産業分野ごとに七つ（機械、電子、鉄鋼、非鉄金属、石油化学、造船、繊維）に分かれていた支援法を一本化した。その際、政府の介入を「市場の失敗」の時に限定する、いわゆる「選択的介入」を行うというものであった。すなわち、政府が介入するのは、一つは、ある産業の国際競争力が国民経済にとって重要であるが、自ら競争力を備えるのが難しい時、政府が技術開発などに対する間接的支援を通じて専門化を誘導する場合であり、もう一つは、斜陽産業に対する構造調整で、政府が斜陽産業の退出過程に介入できる場合である。

　こうして不実企業整理のための法的な環境が整ったわけであるが、本格的な事業の開始は86年に入ってからである。今回の整理事業は、これまでのケースとは異なり、海運業や海外建設をはじめ、造船、重機械、合板、繊維、製紙、総合商社など軽工業や重工業、さらには第3次産業部門にまで及ぶ広範囲な分

野で実施され、国民経済に及ぼす影響も甚大であった。まず、同年2月に産業政策審議会委員長を務めていた金満堤副総理兼経済企画院長官は、産業構造調整と不実企業整理のために三つの政府支援ガイドラインを示した。一つめは、不況業種は統廃合し、斜陽産業は業種転換する。二つめは、企業群が系列会社全体を専門化したり、中小企業固有業種を処分したりした場合に支援する。三つめは、不実企業を整理したり、金融機関の巨額欠損を埋め合わせたりするのに必要な場合に支援する、という内容であった。

不実企業整理事業は、大きく分けて個別不実企業整理と業種合理化の二次元で推進された。それぞれの内容についてみてみよう。最初に、個別不実企業整理についてであるが、86年5月から88年2月にかけ5次にわたって実施された（第4-4表参照）。整理方法は、不実企業を第三者に引き受けさせる方法が採用され、全部で57社が整理された。ここでは、主な整理事業となった第1次、第2次、そして第4次の事業内容について確認することにする。

まず、第1次整理事業では、経営破綻した大韓重機[17]と豊満製紙がそれぞれ起亜と啓星製紙に引き受けられた。特に、起亜は、韓国屈指の機械メーカーであった大韓重機を傘下に収めることによって、自動車専門財閥としての隊列拡大に勢いをつけることができた。

第2次整理事業では、海外建設会社の三湖と主要財閥の一つであった国際グループ[18]傘下企業の一部が対象となった。趙奉九率いる三湖グループは傘下企業（㈱三湖、三湖流通、三湖開発、東光企業）すべてを大林に引き受けられ、建設業や二輪車生産に携わっていた大林は、これを機に一気に財閥化していった。国際グループの傘下企業は、国際紡織が㈱東方（代表者：金容大）、国際製紙が亜細亜セメント（李秉茂）、韓州通産が瑞友産業（金輔国）、東宇産業が大洋物産（姜錫斗）、盛昌繊維が東洋ゴム（南相澈）にそれぞれ引き受けられた。

事業が本格化したのは、86年9月22日に発表された第4次整理事業である。この時、3次整理事業までに処分できなかった国際グループ傘下の主要7社をはじめ、全部で33社が対象となった。対象企業は、国際傘下の国際商事、新南

第4-4表　1980年代における不実企業整理事業（1～5次）

事業区分	整理対象企業	引受企業	整理類型
第1次整理（86.5.9）	大韓重機	起亜産業	合理化企業指定
	豊満製紙	啓星製紙	〃
第2次整理（86.5.31）	国際製紙（国際グループ）	亜細亜セメント	〃
	国際紡織（〃）	東方	〃
	韓州通産（〃）	瑞友産業	〃
	東宇産業（〃）	大洋物産	〃
	盛昌繊維（〃）	東洋ゴム	〃
	三湖（三湖グループ）	大林産業	〃
	三湖開発（〃）	大林産業	〃
	三湖流通（〃）	大林産業	〃
	東光企業（〃）	大林産業	〃
第3次整理（86.6.27）	国際商事・建設（国際グループ）	極東建設	〃
	聯合鉄鋼（〃）	東国製鋼	〃
	元豊産業（〃）	宇成建設	〃
	国際技術開発（〃）	宇成建設	〃
第4次整理（86.9.22）	国際商事・貿易（国際グループ）	韓一合繊	〃
	南州開発（〃）	韓一合繊	〃
	新南開発（〃）	韓一合繊	〃
	元暁開発（〃）	韓一合繊	〃
	聯合物産（〃）	韓一合繊	〃
	国際綜合機械（〃）	東国製鋼	〃
	国際通運（〃）	東国製鋼	〃
	京南企業（京南グループ）	大宇	〃
	京南金属（〃）	大宇	〃
	南光土建	双龍建設	〃
	漢陽（漢陽グループ）	系列企業処分	〃
	大韓浚渫工事（〃）	韓進	〃
	漢陽流通（〃）	韓国火薬	〃
	漢陽海運（〃）	清算整理	〃
	三益住宅（三益グループ）	系列企業処分	〃
	三益家具（〃）	コソン産業	〃
	東洋高速	宇成建設	〃
	大成木材	有元建設	〃
	美進金属	ヘテ商事	〃
	ヨンフン鉄鋼	東洋鉄管	〃
	南鮮物産	法定管理	〃
	南鮮紡織	三一染織	〃
	ポソン繊維	三一染織	〃
	南鮮織物	三一染織	〃
	正亜レジャータウン（正亜グループ）	韓国火薬	〃

	正亜建設（〃）	韓国火薬	〃
	正亜観光（〃）	韓国火薬	〃
	正亜カントリークラブ（〃）	韓国火薬	〃
	明星（〃）	韓国火薬	〃
	ソウル交通公社（〃）	韓国火薬	〃
	半島木材（半島グループ）	盛昌企業と合併	〃
	盛昌林源開発（〃）	盛昌企業と合併	〃
	盛昌企業（〃）	自己正常化	〃
第5次整理（88.2.16）	トクス綜合開発	東山土建	〃

出所）韓国経済研究院〔著〕『韓国の企業集団――30大企業集団の形成と成長要因』韓国経済研究院、ソウル、1995年、261～263頁より作成。

開発、南州開発など7社と、京南企業、京南金属、正亜グループ、南光土建、漢陽グループ、三益家具、大成木材、東洋高速、南鮮グループなど26社（うち5社は、系列企業処分、法定管理、自己清算、自己正常化対象）であった。引受者は、国際商事など国際グループ主要5社を引き受けた韓一合繊をはじめ、東国製鋼、宇成、大宇、双龍、韓国火薬（ハンファ）などであった（第4-4表参照）。

次に、業種合理化についてであるが、対象となったのは海運業8社と海外建設業13社であった。海運業と海外建設業の合理化は、すでに法的基盤が整う前の84年から取り組まれていた。海運業の合理化は、84年5月から3回にわたって断行され、破綻した船会社の統廃合、非業務用不動産の処分、船腹量の縮小などの措置がとられた[19]。その結果、85年5月時点で63社あった船会社（外航業者）が17社へ減少した。海外建設業の合理化は、87年に合理化産業に指定される前の84年と86年に支援対策が作成されたことがあるが、3回目の合理化の際には、不実業者の海外撤退誘導、保有財産の売却などの自助努力と他企業との合併などを通じた措置がとられた。

86年の工業発展法制定後の業界合理化事業は、2～3年の間に九つの産業を合理化対象業種に選定し、新規事業者の参入制限、設備解体のための低利融資支援および長期供給契約などの措置が講じられた。九つの指定産業の内訳は、斜陽産業として織物、合金鉄、染色加工、肥料、履物の5業種、有望産業として自動車、ディーゼルエンジン、重電機器、建設重装備の4業種であった。

これら産業合理化過程では、莫大な公的資金が費やされるとともに破格の優遇措置が施された。個別不実企業整理と業種合理化によって合わせて78社が整理されたが、その際、資産を超過する負債はすべて補てんするという支援基準に従って、貸付元金棒引き9863億ウォン、種子金（シードマネー）4608億ウォン、利子減免および猶予貸付元金４兆1497億ウォンなど、総額９兆8000億ウォンに上る金融支援が実行された。このような金融支援は、当然ながら不良債権を抱える金融機関に多大な負担を強いるものであったが、その負担軽減のために前述した年利３％の韓銀特融が１兆7200億ウォンもつぎ込まれたのである。さらに、租税支援の面では、不実企業保有の不動産売却による法人税と不動産と新株引き受けによる取得税などの租税減免額800億ウォンと引受企業に対する認定賞与所得税の源泉徴収義務免除額1600億ウォンを合わせた2400億ウォンが減税された[20]。

　これらの支援が不実企業の引受者にとって莫大な恩恵をもたらしたことはいうまでもない。恩恵を受けた財閥企業をざっと列挙してみても、大宇、双龍、韓進、起亜、韓国火薬、韓一合繊、極東製鋼、大林、ヘテ、極東、宇成、碧山、有元建設、啓星製紙、亜細亜セメント、東山土建など24社に上る。当然、政経癒着を臭わせる引き受けケースも散見され、なかでも、韓一合繊の金重源、韓国火薬の金昇淵、双龍の金錫元の３人の二世総帥は「３Ｋ」と呼ばれ、「５共」（全斗煥政権）時代に特別な寵愛を受けたといわれている[21]。引受者に対しては、当局から、負債利子の一定期間猶予、不実企業貸付元金の棒引き、年利10％の損失補てん新規貸付に加え、不動産譲渡差益に対する譲渡税や取得税並びに登録税の減免などの支援が惜しみなく注がれた。第４-５表は、国際グループ傘下企業の整理の際に実施された金融支援と租税減免実施額を総括したものであるが、巨額の支援金が引受企業に流れていった様子をうかがい知ることができる。

　引受企業の視点からみた事例をいくつか挙げてみよう。大宇は、京南企業を引き受ける際に2000億ウォンの特別融資を受けるとともに、大宇造船に対して産銀から500億ウォンの新規投資を受けた。東国製鋼は、国際グループの国際

第4-5表 国際グループ傘下企業（16社）整理に伴う支援状況

(単位：億ウォン)

不実企業	引受企業	銀行債務	金融支援 A	B	C	D	租税減免
国際製紙	亜細亜セメント	302	—	—	—	—	26.43
国際紡織	東方	932	815	—	—	148	9.45
韓州通商	瑞友産業	187	—	—	—	—	11.1
東宇産業	大洋物産	85	30	12	—	—	0.44
盛昌繊維	東洋ゴム	80	—	—	—	—	0.36
国際商事（建設）	極東建設	3,688	1,334	1,334	524	—	1.87
聯合鉄鋼	東国製鋼	2,006	—	—	—	—	1.77
元豊産業	宇成建設	962	910	—	—	176	57.88
国際技術開発	宇成建設	94	74	—	20	12	0.24
国際商事（貿易）	韓一合繊グループ	8,783	1,808	1,808	581	2,175	618.09
南州開発	韓一合繊グループ	290	—	—	—	274	0.18
新南開発	韓一合繊グループ	14	—	—	—	—	0.03
元暁開発	韓一合繊グループ	264	—	—	—	264	
聯合物産	韓一合繊グループ	6	—	—	—	—	0.54
国際綜合機械	東国製鋼グループ	897	629	220	—	—	52.24
国際通運	東国製鋼グループ	44	—	—	—	5	0.07
国際系列（16社）		18,634	5,600	3,374	1,125	3,054	780.69

注） 1) Aは利子猶予減免対象元金、Bは元金免除、Cは損失補償貸付、Dは元金償還だけ猶予。
2) 銀行負債には第2金融圏の与信が含まれる。
3) 金融支援企業の与信額は債権銀行間で合意された基準に依拠したもの。金融支援対象ではない企業は実査基準日現在の与信状況。
資料) 財務部、国会財務委員会提出不実企業整理内容、1988年7月21日作成。
出所) 第4-1表と同じ、148～149頁より作成。

綜合機械を引き受ける際に買収資金の支援を受けたし、同グループの聯合鉄鋼を250億ウォンで買収する時には国際綜合機械買収時の元手資金を聯合鉄鋼のための買収資金として充当することが許された。韓進は、大韓船洲を引き受けるに当たり、負債4207億ウォンを棒引きしてもらい、残りの負債額3731億ウォンについては無利子で15年据置15年分割返済の好条件を与えられた。また、韓一合繊は、国際グループの5社を引き受ける際に500億ウォンの新規資金を支援されてゴルフ場と二つの高級ホテル（新南開発の海雲台ホテルと南州開発の済州ハイヤットホテル）を手中に収めた結果、傘下企業数が6社から11社に増え、財閥ランキングも23位から14位に一気に9ランクも飛躍することができたのである。

このように、不実企業整理事業は再び財閥の勢力拡大にとってまたとない機会となった。市場志向的な経済政策を実施してきたはずの全斗煥政権であったが、80年代半ばの不実企業整理事業の際に見せた財閥への支援ぶりは、まるで朴正熙政権時代の「国家＝大企業支配連合」へ「回帰」したかのような印象を与えたのである[22]。

2．1980年代における財閥資本の多角化戦略

(1) 多角化の全体的状況

　80年代における財閥資本の多角化は、70年代のそれと比べ大きく変貌を遂げるようになる。何よりもまず、系列会社の増加にブレーキがかかったことである。10大財閥（国際を除く）の系列会社の増加状況について70年代（72〜79年間）と80年代（80〜87年間）の二つの期間の平均企業増加数を比較すると、70年代が7.5社から25.4社へ3.4倍増えたのに対し、80年代は25.7社から28.2社へわずか1.1倍の微増にとどまっている。各財閥の個別状況をみると、80年代に最も傘下企業を増やしたのはLGで43社から62社へ19社増えたが、そのほかはわずかに増加（韓国火薬5社、三星4社、SK4社、現代3社、韓進2社、双龍1社）したか、もしくは減少（暁星9社、大宇6社）している[23]。全体の企業数は、70年代が約3倍に増加したのに対し、80年代は82年初めの242社から87年末の267社へわずか10.3％しか伸びていないのである[24]。背景には、もっぱら80年代に入ってとられた財閥規制措置の影響が考えられる。80年の公正取引法制定を嚆矢に、系列会社間相互出資の規制や与信規制などの諸措置が矢継ぎ早にとられ、財閥資本の際限のない量的拡大に一定の歯止めが掛かったからである。

　しかしながら、80年代に入ってからも財閥資本の成長が止まるどころかむしろ続いており、国民経済に占める比重も増大している。80年と87年を比較した場合、GNPが2.3倍増加したのに対し、50大財閥の売上額と総資産はともに3.0

第 4 - 6 表　1980年代における10大財閥の業種別資産

(単位：兆ウォン、%)

業　種	1979年 (A)	1987年 (B)	増加額 (B－A)
製造業	5.2　(56.5)	29.1　(53.4)	23.9　(52.8)
建設業	1.4　(15.2)	5.4　(9.9)	4.0　(8.8)
貿易業	0.9　(9.8)	4.3　(7.9)	3.4　(7.5)
金融業	1.0　(10.9)	9.1　(16.7)	8.1　(17.9)
運輸業	0.7　(7.6)	6.6　(12.1)	5.9　(13.0)
合　計	*9.2 (100.0)	54.5 (100.0)	*45.3 (100.0)

注）＊の数値は修正してある。パーセンテージの数値もそれにならって修正してある。
資料）韓国信用評価『財閥分析報告書』1998年。
出所）趙東成〔著〕『韓国財閥研究』毎日経済新聞社、ソウル、1990年、209頁、第 5 - 37 表参照。

倍ずつ増加している[25]。この点を勘案すると、各財閥は、政府の厳しい規制の下で系列企業数を増やす従来のやり方ではなく既存の傘下企業の事業部署を拡大する方法で多角化を推進するとともに、系列会社間の内部取引を増やすことを通じてグループ全体の規模を拡大してきたものと推測される。

　前者の既存部署の拡大は、主に製造業とりわけ重化学工業分野で行われた。79年から87年の間に10大財閥の製造業資産の増加額は全業種資産増加額の過半を超えており（52.8％、第 4 - 6 表参照）、製造業に占める重化学工業分野の資産額も85.8％から90.2％へ増加している[26]。背景には次のような事情があった。韓国企業を取り巻く経済環境は80年代に入って急変する。対外的には、先進国からの市場開放圧力や知的財産権保護要求に直面する一方で、低賃金を武器とした後発国の追撃を受けるようになり、国内的には、ウォン切り上げや賃金上昇などのコスト高に苦しめられるようになる。これらの悪条件を打破するために、資金力のある財閥企業は技術開発に尽力するなどして重化学工業分野の競争力強化に奔走したのである。

　また、後者の内部取引は、系列企業間で高値の取引や架空取引を行うことにより見かけの業績改善を図るものであり、経営不振の企業に対しては人的供給や経費削減などを通じて経営を正常化することもあった。その結果、系列会社の対外的な信用度を増すことによって金融機関からの資金借入を容易にしたり、グループ内に蓄積された秘密資金を不動産投資や政界工作資金に流用したりす

ることもできたのである。このように、80年代の財閥資本による多角化は、70年代にみられた「全方位的多角化」の方向性を基本的に維持しながら、量的な多角化から質的な多角化へ大きくシフトしていったといえよう。

それでは、この80年代にいかなる分野で多角化が推進されたのか、その全体像をまず確認してみよう。第4-6表は、79年と87年の間の10大財閥業種別資産の増加状況を示したものであるが、製造業が23.9兆ウォンで52.8％を占め、続いて金融業の8.1兆ウォン、17.8％、運輸業の5.9兆ウォン、13.0％、建設業の4.0兆ウォン、8.8％などの順となっている。製造業が最も大きいウエイトを占めている理由は、装置産業である重化学工業分野への投資が巨額であるとともに、この間目立った先端産業への進出によって資産が嵩上げされたためである。当時、有望視された先端産業は半導体、コンピュータ、情報通信、メカトロニクス、精密機械、新素材、高分子化学、遺伝子工学、航空宇宙産業などであるが、今日韓国を代表する主力産業が多数含まれている。

また、最も伸長著しかった分野は運輸業と金融業である。運輸業の場合、79年の7000億ウォンから87年の6兆6000億ウォンに9.4倍伸び、金融業の場合は、同じく1兆ウォンから9兆1000億ウォンへ9.1倍に増加した。第3位の製造業が5.6倍の伸びなので、わずか10年足らずの間にいかに速く増大したか理解できよう。運輸業の成長は経済発展に伴う物流の増加や観光業の発展と関係しているものと思われる。また、金融業の発展は、80年代初めに実施された銀行の民営化措置や70年代半ばより引き続いた証券や短資会社などの第2金融圏への投資が進展したことなどがその理由として考えられる。

その他、80年代における多角化の新傾向として、有名財閥による新聞など言論分野への進出がみられたことを指摘できる。88年にとられた新聞登録の自由化措置が契機であった。過去に財閥が言論事業に携わった事例として、双龍の嶺南日報や三星の中央日報などが有名であるが、自由化措置以降は他の財閥も挙って言論分野に進出するようになる。いくつか例をみておくと[27]、まず、現代は韓国経済新聞の大株主（全国経済人連合会との共同出資）となる一方で文化日報を発刊し、ハンファは京郷新聞を買収し、さらに、ロッテは廃刊してい

た国際新聞をLGから買収した。地方紙にも進出の波が及び、大宇は釜山のハンド新聞、東部は江原新聞を傘下に収めた。新聞以外にも、東亜建設が時事ジャーナルを発刊したり、斗山がリーダース・ダイジェストを買収したりした。それ以外の財閥も、ラジオ放送局などの経営に乗り出すものも現れた。各財閥が言論分野へ進出した理由は、同分野での事業収益が将来的に見込まれたからばかりでなく、国民の財閥批判が民主化の進展によって強まるなかで、財閥の広報機能を期待したからでもあった。

　また、80年代においても政府企業の払い下げや政府当局の許認可によって新しい分野へ進出する事例が散見された。前者の事例は、80年11月に発表された大韓石油公社（油公）の民営化である。売却先は鮮京（SK）であった。繊維関係の帰属企業（鮮京織物）の払い下げで基盤をつくったSKは、創業者の崔鍾建と二代目総帥の鍾賢（弟）の経営努力により、70年代には韓国有数の財閥に成長した。SKはそれまで一貫して繊維（化学繊維）を中心とする垂直的な多角化戦略を追求してきたが、大規模で業績の良い油公を傘下に収めたことは、化学繊維の最上流部門を確保できたばかりか、グループ中核企業を一夜のうちに掌握できたことを意味した[28]。油公（蔚山製油工場）は63年にガルフとの合弁で設立され、石油精製の独占企業として良好な経営パフォーマンスを示してきた。そのガルフとの協力関係が80年8月に解消され、政府はガルフの保有する50％の株式を引き受けることとなった。引き受けに際して政府は外国銀行から9300万ドルの短期借入を行ったが、その債務返済のために油公の民営化が提起されるようになったのである[29]。政府が提示した払い下げ条件は、原油導入先の確保であった[30]。油公の買収にはSKのほか三星と南方開発が名乗りを上げたが、70年代初めから用意周到に石油精製分野に進出（73年、鮮京油化設立）してきたSKに一日の長があり、売却先に決まった。巨大石油精製企業の買収によって、SKは一気に5大財閥の仲間入りを果たしたのである。

　もう一つの事例は、88年2月に実施された第2民間航空会社の認可であった。経済発展に伴って航空輸送需要が増えるなか、政府は大韓航空（KAL）に次ぐ民間航空会社の設立を決定した。激しいロビー合戦の末、第2航空会社の事業

権利者に選定されたのは錦湖であった。錦湖は、解放直後に創業者の朴仁天が始めたタクシー会社（光州タクシー）から身を興した財閥であるが、その後、バス事業や繊維産業それにタイヤ製造などの事業にも手を伸ばした。80年代に入ると、無理な事業拡大がたたってせっかく獲得した総合貿易商社の資格を返上したり、経営陣の間の持株問題を巡る内紛に悩まされたりした。こうした苦境を乗り越えて財閥として再飛躍を遂げるきっかけとなったのが、ほかでもない88年2月17日のソウル航空（現アシアナ航空）の設立であった。2月15日に認可が下りてわずか二日後のことである。錦湖に決定した背景には、後ほど全斗煥自身の贈収賄事件の公判証言でも明らかになったように、錦湖側が全斗煥に20億ウォンの賄賂を提供した政経癒着関係があった。また、内紛の末にグループの新しい総帥に就任した朴仁天の長男晟容（05年5月23日死去）が西江大学教授で官僚経験（68年大統領秘書室秘書官）もある人物で、当時、政権中枢で経済政策を担当していたのが金満堤ら西江大学グループ（西江学派）であったことも第2民航業者の選定に有利に働いた。こうして錦湖は、後ほど「錦湖アシアナ」と財閥名を改称し、韓国有数の財閥に成長していくのであった。

以上のように、80年代における財閥資本の多角化は、製造業の先端産業化と非製造業分野への進出が特徴となっている。先端産業分野での進出状況については後ほど触れることとして、次では新たに進出がみられた非製造業分野（金融業、不動産投資）に注目することにする。

(2) 注目すべき多角化分野

①金融業

全斗煥政権は、80年代初めに新しい開発戦略として産業支援の機会均等や競争の促進とともに金融の自律化を掲げた[31]。長期にわたる「官治金融」の悪弊が金融分野の非効率性を生みだしてきたことに鑑み、80年12月に金融構造の改善方向として金融の「自律化・民営化・国際化」を打ち出したのである。具体的な政策としては、政策金融の縮小、銀行内部経営の自律化、市中銀行の民営化、外国銀行との合作などが盛り込まれた。こうした金融政策の変更は、韓国

経済の構造調整にとって必須の課題であったばかりでなく、来るべき金融の自由化を睨んだ措置でもあった[32]。

一方、財閥側にとっては、政策変更によって政府からの金融支援が受けにくくなってしまったことは、資本蓄積の源泉を失いかねない緊急事態の発生を意味した。新しい資金調達ルートを開拓することがグループの存亡を左右する喫緊の課題として提起されるようになったのである。そこで各財閥は、80年代初めに実施された市中銀行の民営化を通じて銀行業へ進出する一方、証券業や保険業などのいわゆる第2金融圏への進出を加速化させるなどして、金融業への多角化を一気に推し進めた。さらに、資本の自由化がある程度進展する80年代後半期になると、比較的国際信用度の高い優良企業は海外での債券起債を行うようになった。ここでは、金融業における多角化の主軸となった市中銀行の民営化と第2金融圏への進出状況について触れることにしよう。

《市中銀行の民営化》

まず、81年から83年にかけて実施された市中銀行の民営化からみていこう。韓国の市中銀行は、解放後、そのほとんどがいわゆる帰属財産として政府の管理下に置かれた後、50年代半ば以降にいったんは民営化される。ところが、61年の軍事クーデター直後に不正蓄財処理事業の一環として銀行株の政府への還収が断行され、韓国の市中銀行は、事実上、国有化されることとなった。爾来、20年ぶりに再び民営化される運びとなったのである。当時の韓国には市中銀行が5行あったが、民営化の対象となったのは、すでに73年2月に民営化されていた韓国商業銀行を除く朝興銀行、第一銀行、韓一銀行、ソウル信託銀行の4行であった。81年6月に実施された韓一銀行の株式払い下げを皮切りに、82年9月の第一銀行とソウル信託銀行、83年になってからは朝興銀行が民営化された[33]。こうして、再度、財閥資本と銀行資本との邂逅が実現したのである。

政府は、銀行株式の払い下げに際し、巨額の債務（負債比率200％以上）を抱える財閥企業を排除したり、1企業の法定株式所有と議決権を発行株式総数の8％に制限したりして、一部の財閥へ銀行株が集中するのを阻止しようとした。しかしながら、財閥側は、系列の保険会社や証券会社などを通じて株式を

第 4 章　民主化の進展と財閥資本の新展開　235

第 4-7 表　各財閥の市中銀行株式所有状況　(単位：％)

財閥名	市中銀行株式所有比率
三星	商業16.6、朝興10.3、韓米*7.0、第一6.5
現代	ソウル信託12.0、韓一11.7、第一10.3、朝興2.4
ラッキー金星（LG）	第一8.5、韓一7.4、朝興1.7
大宇	第一14.4、韓米9.0
新東亜	ソウル信託9.9、朝興4.8、第一6.0
韓進	韓一9.9
泰光産業	朝興11.4、ソウル信託4.6
双龍	朝興6.0
大林	韓一12.4
東亜	ソウル信託10.0
韓国火薬（ハンファ）	韓一4.3
東国製鋼	ソウル信託3.9
韓一合繊	韓一4.4
大韓船洲	ソウル信託5.7
大韓電線	韓米7.0

注）＊韓米銀行は、82年3月に大宇などの国内資本とバンク・オブ・アメリカとの合弁によって設立された銀行である。
出所）李鍾南〔著〕『財閥——経済成長の必要善か必要悪か』ヒョンジェ、ソウル、1985年、228～229頁より作成。

買い入れさせたり、系列会社ではない一種のダミー会社に銀行株を買わせたりして、市中銀行を傘下に収めたのである。その結果、第 4-7 表および第 4-8 表にあるように、複数の主要財閥が共同所有する形態でそれぞれの市中銀行の新しい所有主として名を連ねるようになった。民営化されたといえども株式保有の制限や役員人事権の掌握など政府の市中銀行に対する影響力には依然として強いものがうかがえたが、財閥にとって、長年垂涎の的となってきた市中銀行に公然と影響力を行使できるようになったことは、資金調達先の確保の面で大きく前進する契機となったといってよい。

　市中銀行の民営化によって、果たして韓国の金融構造は改善が図られたのだろうか。韓国の金融市場は、長い間「官治金融」に因由する病癖に苛まれてきた。中央銀行をはじめとする金融機関は、朴政権が志向した「指導される資本主義」の下で自律性を奪われ、政府の言うままに偏重融資を実施するだけの機関に転落した。融資対象者となったのは、政府によって経済開発の主役に抜擢された財閥グループであった。開発年代に財閥資本が巨額の債務を抱えながら

第4-8表 市中銀行の大株主名簿（1983年10月現在）

(単位：億ウォン、%)

市中銀行名	資本金	株主名
朝興	1,100	泰光産業9.62、東邦生命8.34、大韓生命7.98、鄭泰守（韓宝）6.74、大信証券5.91、東西証券4.05、双龍洋灰3.77、国逸証券2.14、シニオン証券1.93、高麗火災1.80
第一	1,100	大韓教育保険8.29、大韓生命7.24、大宇6.88、東邦生命5.69、金星社5.30、国逸証券5.20、仁川製鉄4.15、フィアリス3.78、宇成通商3.73、三宝証券2.61
韓一	1,100	大林産業9.29、大韓航空7.37、イルソン新薬7.50、現代重工業7.27、ラッキー5.87、東邦生命4.72、韓一合繊3.69、第一証券1.89、韓国火薬1.27、東洋証券1.18
ソウル信託	1,121	現代重工業11.93、東亜建設10.03、大韓生命9.90、ソジュ産業5.75、中央投資4.59、興国生命4.56、デウォン社3.93、三宝証券3.22、汎洋専用船2.50、釜山鋳工2.22
商業	1,100	大韓貿易協会21.16、東邦生命9.99、産学協同財団6.74、三星物産3.35、邦林紡績3.10、三宝証券2.90、安国火災2.63、韓一合繊1.91、大宇1.58、全紡1.49

出所）第4-7表と同じ、229頁より作成。

も一気にマンモス化できたのは、政策金融などの名目で内外資金を湯水のように活用できたからにほかならない。

　「官治金融」の下では不正融資も横行した。銀行法では「資本貸付は自己資本の25%まで、支払保証は自己資本の50%まで」しか融資できないことになっていたが、その融資上限をはるかに上回る与信がしばしば行われたのである。不正融資事件が発覚すると、そこには必ずといっていいほど「政府高位層」による不当な介入の痕跡が認められた。銀行融資は政経癒着の温床となってきたのである。

　一方、銀行融資から疎外された中小企業や一般庶民は、私債市場などの地下金融に依存せざるをえなかった。当局の監視の及ばない私債市場では、旺盛な資金需要を逆手にとった詐欺事件[34]が多発し、事件に巻き込まれる企業や個人は後を絶たなかった。その上、彼らは、際限のない銀行融資が通貨量の増加を招いたためにインフレによる収奪も甘受しなければならなかったのである。

　このように、財閥の急速な成長を陰ながら支えてきたのは、銀行をはじめと

する金融機関であった。韓国の財閥史をひもとくと総帥たちの奇跡にも似た成功物語に接する機会が多いが、その演出者は銀行であったといっても過言ではない。逆に、銀行側は恒常的なオーバーローン状態に陥り、不況の度に経営危機に直面した。それでも一般銀行の不実経営が持ちこたえてきたのは、ひとえに中央銀行である韓銀のお陰であるといってよい。このような官治金融に由来する金融構造の脆弱性に根本的にメスを入れることなく市中銀行を民営化すると、いかなる結果を招くのか自明であろう。民営化の結果、市中銀行の「財閥の私金庫」化が進み、韓国の金融市場は「自律化」とはほど遠い状態に立ちいたってしまったのである。

《第2金融圏への進出》

　財閥資本の尽きることのない資金需要は銀行の民営化だけでは満たされなかった。すでに70年代から始まっていた「第2金融圏」への進出がこの80年代においてもみられたのである。第2金融圏には、短資会社、証券会社、保険会社、総合金融会社（以下、総金社）、信用金庫、リース業などが含まれるが、80年代で目立ったのは、財閥資本による証券会社の新設や買収である。銀行に対する財閥の独占支配が政府によって阻まれていた分、規制の緩やかな第2金融圏への進出は加速度を増す傾向にあった。

　有名財閥の証券業への進出は73年の大宇による東洋証券の買収が嚆矢といえるが、その後、84年に双龍が暁星証券を買収して双龍証券に改称し、現代は国逸証券を買収して現代証券に変更した。その他、韓進は韓進証券、大林はソウル証券、LGはラッキー証券、韓一合繊は富国証券、韓国火薬は第一証券を傘下に収め、80年代後半期には三星を除くほとんどの有名財閥が証券会社を保有するにいたった。

　背景には次のような事情があった。企業公開要求の高まりや資本市場の自由化に向けた対応を迫られた財閥は、安定した資金確保のために資金調達ルートを多様化する必要性に駆られたのである。特に、各財閥が他の証券会社を買収するなどして傘下証券会社の資本規模を増大した理由は、資本規模200億ウォン以上であれば短期金融業務に携わることが許され、支払保証業務やCPの取

り扱いが可能となったからである。

　そのほか、80年代にみられた主要財閥の金融業への進出事例について代表的なものだけ拾ってみると、まず、LGは、80年6月に釜山投資金融を買収して82年9月に金星投資金融株式会社を設立し、83年11月にはラッキー証券が大宝証券を買収した。現代は、87年3月に現代投資顧問を設立し、現代証券、現代海上火災保険、現代綜合金融、江原銀行とともに金融部門を整備した。また、86年10月に設立した現代社会経済研究院は、研究サービスや証券投資情報を提供する役割を果たしている。建設業として出発した東部は、82年に東部投資金融を設立した後、東部相互信用金庫と東部エトナ生命保険を立て続けに設立して、金融業中心の財閥へ変貌を遂げた。

　各財閥による第2金融圏の所有状況は、第4-9表の通りである。4大グループの場合、現代が総金社3社、証券1社、保険2社、大宇が短資1社、総金社1社、証券2社、保険1社、LGが短資3社、総金社1社、証券2社、三星が短資1社、保険2社にそれぞれ出資している。そのほか、双龍、韓進、SK、ハンファ、暁星、ロッテの10大財閥（89年時点ランキング）も挙って第2金融圏分野の会社を傘下に収めている。それ以外の大林や三煥などの中堅財閥も同分野に進出し、新東亜や東部のように金融財閥に変貌するグループも現れるほどであった。

　財閥グループにとって、第2金融圏の系列会社が果たす役割は次のようにまとめられる。

　第一に、第2金融圏の各分野が収益性の高い有望産業であったため、収益面でグループの発展に寄与することが期待された。製造業への進出をほぼ完了した主要財閥は、新たな進出先として第3次産業を多角化戦略の俎上に乗せるようになる。なかでも、金融業が当面の進出対象となった。財閥による第2金融圏の掌握は、市中銀行に比べて経営支配に関する政府の規制が緩やかだったことから比較的容易に実現された。

　第二に、各財閥にとって第2金融圏が資金調達の窓口となっていることである。前述のように、政府による金融支援が縮小する事態に直面した財閥は、第

第4-9表　財閥による第2金融圏の株式所有状況　(単位：％)

財閥名	短資会社	総合金融会社	信用金庫	証券会社	保険会社
現代		韓国8.0、国際32.4、韓仏6.0		国逸33.9	国際10.5、東邦10.0
大宇	東洋17.8	韓国8.0		三宝——、大宇35.3	教保24.0
LG（ラッキー金星）	金星14.8、釜山25.2、東洋4.2	韓仏1.0		ラッキー91.0、大宝——	
三星	韓国3.9				東邦100.0、安国19.2
韓進		韓仏32.0		韓進——	東洋24.3
泰光産業			高麗57.0		興国100.0
国際	東海4.9		韓一53.9	東西12.5	国際火災——
双龍	韓国2.1			暁星99.5	高麗20.5
大林			大韓42.5	ソウル79.2	
新東亜	仁川4.0				大韓100.0、新東亜33.8
東亜	高麗84.5				東海——
SK（鮮京）	仁川13.0				
韓国火薬（ハンファ）	三喜50.0、京水5.0、忠南4.9			第一39.7	第一15.3
東国製鋼	中央18.8				
コーロン	漢陽14.0、大邱5.8				
斗山	漢陽14.0			東南——	
ロッテ	第一3.2				
錦湖	光州22.9、慶南9.0				
暁星	中央8.4、大田4.8、慶南9.9				
味元	大韓19.6、全北2.8			大信——	
漢陽	ソウル21.5				
三換	三三22.5		信民56.5		
三扶	三三27.5				
東部	国民18.5		東部44.8		自保*50.0
ヘテ	大韓9.32		新中央——	大信8.3	
東国	中央——			高麗——	

注）この表の年月が原典に見当たらなかったが、双龍が暁星証券を引き受けたのが1984年であり、またこの文献の発行年月が85年7月であることから、その頃の資料であると推測される。
　＊自保は、韓国自動車保険のこと。
出所）第4-7表と同じ、238〜239頁。

2金融圏の資金調達機能をますます重要視するようになる。証券会社は、資本市場の整備とともに直接金融による資金調達ルートとなり、保険会社は、加入者の保険料を収集して投資財源を生み出す働きをした。また、幅広い機能を有する総金社は、主に外資調達の貴重な窓口として機能した。このように、第2金融圏の各分野は、財閥の資金調達面で市中銀行に劣らない役割を担い、巨大グループの経営を支えてきたのである。

　第三に、第2金融圏の系列会社が投資機能を果たしてきたことである。特に、保険会社と証券会社は、様々な規制をかいくぐる便法としてしばしば利用された。例えば、市中銀行株払い下げの際、非業務用不動産の処分や与信管理協定上の規制を受けた系列企業による買収や、負債200％を越す企業や救済資金を受けている企業による引き受けは禁じられていたにもかかわらず、保険会社などを通じて大量の銀行株を購入することができたのである[35]。また、後述する不動産投資にも保険会社が一役買った。財閥資本の不動産投資に関しても多くの規制が設けられていたが、各グループの保険会社は、与信管理規制の制約を受けない利点を活かして活発な不動産投資を行った。各財閥は、内部資金ばかりか傘下金融機関の融資を梃子に不要不急の不動産購入に血道を上げたのである。その際、投機行為が横行したのは、多くの論者によって指摘されるところである。

　第四に、保険会社に代表される第2金融圏の系列会社が、事実上、グループの持株会社的な役割を果たしてきたことである。例えば、三星に典型的にみられるように[36]、総帥およびその家族が株式を保有する保険会社を中核企業の一つに位置付け、いくつかの中核企業が循環形態で株式を保有するとともに主要な傘下企業の株式も同時に保有し、さらにそれらが他の傘下企業の株式を保有することによって、全体として位階的な所有構造が形成されている。財閥一族は、中核企業の保有を通じ、比較的少ない株式保有率で巨大グループの支配を可能としているのである。

　その他の機能としては、証券会社が財閥総帥の偽装相続や財産分散の工作に利用されたり、政治献金など秘密資金の捻出に一役買ったりすることもあった。

第4-10表　主要財閥の不動産所有ランキング（1989年末、土地・建物面積総計基準）

(単位：千m²、億ウォン)

順位	財閥名	面積総計	土地面積	建物面積	帳簿価額
1	三星	94,451	90,543	3,908	18,897
2	SK	53,194	52,104	1,090	5,027
3	双龍	32,503	31,497	1,006	3,604
4	現代	32,474	26,716	5,758	19,690
5	韓進	27,518	26,780	738	4,595
6	LG	22,801	18,961	3,840	15,008
7	斗山	20,275	19,285	990	3,323
8	東国製鋼	18,357	17,763	594	2,674
9	韓国火薬	18,262	17,360	902	5,471
10	大宇	14,552	11,729	2,823	13,108
合計		334,387	312,738	21,649	91,397

注）鮮京およびラッキー金星は、現在のグループ名のSKおよびLGに直してある。
資料）銀行監査院「国政監査資料」。
出所）第4-1表と同じ、35頁、表12より作成。

いずれにせよ、こられ第2金融圏に属する金融会社は、文字通り、財閥の私金庫としてその効力をいかんなく発揮してきたのである。

②不動産投資

　財閥の不動産投資は決して目新しいものではないが、80年代に入ってからの特徴は、その投資規模が巨大化したことと、観光業など新分野への進出に伴う不動産投資が活発化したことである。ここでは、不動産分野における財閥資本の投資活動を80年代多角化の新局面ととらえ、その実態について論述することにする。

　第4-10表は、89年末時点における主要財閥の不動産所有状況（土地・建物面積総計基準）を示したものである。不動産所有の面でも10大財閥に名を連ねるグループが目立っている。帳簿価額基準でみると、現代、三星、LG、大宇の4大グループが上位を占め、面積総計基準ではベストテン入りしていないロッテが4大グループに次いで第5位（1兆96億ウォン）にランクされている。ロッテはソウル市の小公洞をはじめ都心部に位置する高額不動産を多く所有しており、そのことが反映したものである。これら財閥の土地所有は約313km²

で、88年末現在の法人所有土地面積4496km²に占める比重は約7.0%である。この313km²という土地所有はグループ企業名義によるもので、財閥総帥個人やその家族さらには社員や親戚など第三者名義による土地所有（偽装所有）は含まれていない。それまで含めると、この比重はさらに大きくなるものと思われる[37]。

　過去、不動産投資ブームは、輸出の好調さや海外建設輸出で多くの外貨が国内に環流した70年代後半（77～78年頃）に起こったが、80年代後半期にも「三低現象」と呼ばれた好景気を背景に不動産投資が盛んに行われた。85～88年の間に購入した不動産が各財閥の総不動産保有に占める割合は、三星74%、ロッテ88%、起亜79%、斗山70%で、軒並み70%を上回っている。投資額も各財閥の同期間企業投資額の4～5倍に上ったという[38]。この時期にいかに活発な不動産投資が行われたか理解できよう。

　一攫千金を夢見る不動産投資には投機行為がつきものである。投機には大きなリスクを引き受けて市場取引を促進する利点があり、それ自体、決して不正な行為ではない。しかし、土地という限られた商品に一般の生産活動投資額をはるかに上回る資金が注ぎ込まれるという現実は異常としかいいようがない。財閥の投機行為を傍証するものとして、各財閥が非業務用不動産を多数所有していることがよく指摘される。国税庁の調査によると、89年末現在で48大財閥の所有する全不動産のうち35.3%が非業務用であった[39]。不動産の所有形態は、工場用敷地、社屋、ゴルフ場、レジャータウン、ホテル、研修院、スポーツ施設、遊休施設、農場、林野、草地、牧場、果樹園など様々で、ソウルなど都心の一等地から地方の山間僻地にいたるまで、ありとあらゆる種類の土地が財閥の所有下に置かれているといっても過言ではない。

　次に、80年代における地価上昇の状況についてみておこう。第4－1図が示すように、物価上昇率（生産者、消費者）が83年以降低水準で極めて安定的に推移しているのとは対照的に、地価だけが激しく上下動している。ピークは83年と88～89年の二箇所あるが、経済成長率（実質GNP成長率）の上昇とほぼ連動しているところをみると、若干のタイムラグはあるものの、好景気の時に

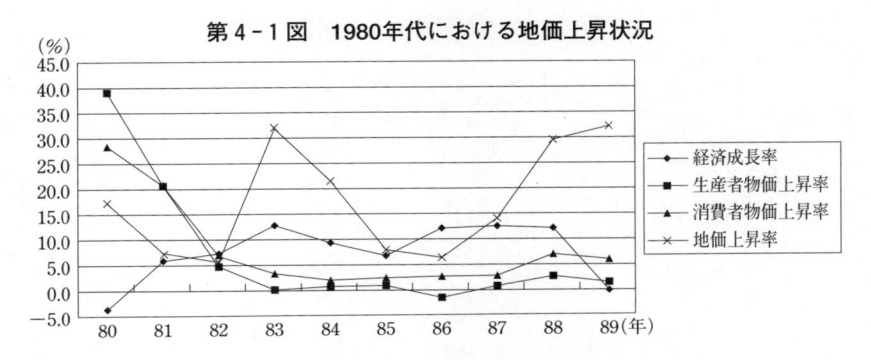

第4-1図　1980年代における地価上昇状況

凡例：経済成長率、生産者物価上昇率、消費者物価上昇率、地価上昇率

出所）第4-2表および経済企画院『数字でみるわが国経済』建設部『地価動向』より作成。
　　　地価上昇率は、第4-1表と同じ、155頁、表19を参照。

不動産投資が積極的に行われている傾向を見て取れよう。

　80年代に財閥資本による不動産投資が活発化した背景には、次のような事情があった。80年代に入って韓国は釜山アジア大会（86年）やソウル・オリンピック（88年、81年9月30日決定）の国際的な大イベントを挙行することになるが、このことがソウルなど都市部再開発の契機となった。ソウル市当局は、オリンピック開催に向けて82年から84年の間に62地区、85年から88年まで62地区など、合計124地区の都心部再開発計画を発表した[40]。その際、建物の高さや建坪率・容積率を厳格に規定した行政規制の緩和、事業施工者に対する不動産取得税や登録税等の免除といった税制面での恵沢付与などの措置が講じられ、不動産投機に興じる財閥側にとっては願ってもない投資環境がつくり出された。この時期、各財閥は本社社屋を含む巨大高層ビルや高級ホテルなどの建設に一斉に取り組み、ソウル中心部の各地域はさながら財閥が群雄割拠する「財閥タウン」の様相を呈するようになった[41]。また、すでに77年に開始された江南（漢江以南）地区開発も都心部再開発計画とリンクして本格化するようになり、新ビジネス街の整備や高層マンション建設に伴い、土地や建物などへの投資が活発に行われた。ソウル都心部の江北（漢江以北）地区では、学校など教育施設まで江南に移転され、空いた土地を手に入れた財閥が先を争ってビル建設に邁進したのである。

第 4-11表　主要財閥の金融機関貸付状況

(単位:億ウォン、%)

財閥別＼機関別	銀行（89年末）貸付金	銀行（89年末）与信	短資（88年末）	生命保険（88年末）	現地金融（88年末、百万ドル）
三星	20,402	23,460	5,001	2,905	1,019
現代	13,749	15,647	8,266	1,003	1,709
LG	10,888	18,714	4,935	4,150	1,408
大宇	12,951	20,640	5,709	2,215	550
韓進	1,351	1,760	379	409	100
5大財閥合計	59,341 (7.2)	80,221 (8.4)	24,290 (19.7)	10,682 (22.7)	4,786
双龍	4,234	7,690	1,800	1,420	352
SK	7,757	9,931	1,837	630	533
韓国火薬	2,829	6,340	1,843	726	12
東亜建設	3,058	4,677	1,313	525	199
ロッテ	2,485	3,101	3,120	163	2
30大財閥合計	120,960 (14.7)	175,259 (18.3)	50,999 (41.3)	19,474 (41.4)	61,486
国内総合計	824,394	958,393	123,484	47,039	―

注）鮮京およびラッキー金星は、現在のグループ名のSKおよびLGに直してある。
資料）『世界日報』(90.2.13)、趙東成〔著〕『韓国財閥研究』毎日経済新聞社、ソウル、1990年および銀行監督院「国政監査資料」。
出所）第4-1表と同じ、32頁、表11より作成。

　不動産投資には当然ながら巨額の資金が必要となるが、主たる資金源は銀行からの借入であった。第4-11表をみると、89年末現在の30大財閥の銀行貸付総額に占める割合は14.7%（12兆960億ウォン）、同じく支払保証額を合わせた与信総額に占める割合は18.3%（17兆5259億ウォン）に達している。5大財閥の場合は、それぞれ7.2%（5兆9341億ウォン）、8.4%（8兆221億ウォン）を占めている。また、金額は小さいが、短資会社や生命保険会社からの借入金に占める割合は、5大財閥で20%前後、30大財閥では40%強を占めており、財閥による支配度の強い第2金融圏が財閥の私金庫と化している実態をうかがい知ることができる。既述のように、これら資金のうち一般の企業投資額をはるかに上回る（4～5倍）資金が不動産投資に注がれており、その結果が「不動産バブル」とでも表現できる急激な地価高騰現象となって現れたのである。

　財閥が不動産投資に熱中する理由には、次のような事柄が考えられる[42]。

第一に、工場や会社を設立する敷地を確保するためである。それぞれの事業目的に合わせた最も好条件の敷地を手に入れることがグループ全体の収益性向上につながることはいうまでもない。そのため各財閥は先を争って業務用不動産を買い求めたのである。

　第二に、不動産投資自体が収益性の高いビジネスだからである。地価高騰局面では更地や建物を購入して転売するだけで莫大な利益が転がり込むばかりか、都心の一等地に高層ビルを建設したり、瀟洒な住宅や豪華マンションを建設したりして、テナント料や売却利益を手に入れることもできた。さらに、序列下位の財閥が上昇転化する際に不動産売買を梃子にしたり、不動産投資が徒手空拳で手っ取り早く財閥化する近道と見なされたりしたのは、それだけ、この分野において高収益が望めたからにほかならない。

　第三に、不動産投機を行うためである。財閥は、政府高位層や官僚との癒着関係を利用して道路建設や都市計画などの情報をいち早く入手し、あらかじめ該当地域の不動産（特に土地）を購入しておく。そして、地価高騰を煽った後で高く転売して利益を得るのである。このような「開発利益」は、開発年代の建設ブーム期、とりわけ68年２月に京釜高速道路の建設が始まった頃から各財閥（特に建設部門を有する財閥）によって追求されるようになり、70年代後半期の「プレミアム時代」を経て80年代に入ると、都市再開発やレジャー施設開発などに伴う不動産投資が盛んに行われるようになった。財閥の非業務用不動産の保有率が高いのは、投機による超過利潤を確保するための布石にほかならなかったのである。

　第四に、借入資金の担保を確保するための不動産投資である。韓国では長期にわたるインフレ時代を経験するなかで、土地などの不動産が最良の融資担保と見なされてきた。間接金融が主たる資金調達方法となってきただけに、確実な担保を確保するのが至上命題となったのである。低い自己資本比率（89年時点の10大財閥平均自己資本比率21.8％、第４-１表参照）で巨額の外部資金に依存しながら企業経営を行うために、何よりも担保として最も効力のある不動産を必須としたのはいうまでもない。不動産などの担保貸付はどちらかという

と中小企業に多く、30大財閥の場合は信用力の高さから系列社同士の支払保証貸付など信用貸付に依存する傾向が強かったが、少なくとも80年代においては担保貸付の比重も決して低くなかったのである[43]。

　財閥による不動産投資が庶民生活や経済全体へ悪影響を及ぼすようになると、政府としても何らかの対策を講じざるをえなくなった。80年に実施された「9.27措置」(企業体質強化対策)は不動産対策の嚆矢となったが、そこでは、企業が所有する非業務用不動産を処分させ、得られた資金で合理化を推進させるともに、今後の所有を制限することなどが決められた。対象となった26財閥が売却候補として挙げた土地の92.3％は林野で、工業地区や商業地区はわずか3～4％にすぎなかった[44]。そのほとんどが、公園用地、軍事保護地区、自然緑地帯など、直ちに開発できない条件付きの土地ばかりであった。財閥がわざわざ使い道のない土地を手元に置いているのは、政府提出用の土地としてあらかじめ準備していたのではないかという疑念すら浮かんでくる。

　その後も、85年5月と88年8月の二度にわたる本格的な「不動産総合対策」が実施されたり、物価安定策とも絡んだ住宅投機対策など多くの政策が実施されたりしたが、十分な効果はみられなかった。そのため、政府(盧泰愚政権)は、ついに「土地公概念」を掲げて抜本的な不動産対策に乗り出した。89年10月に打ち出された土地公概念に基づく不動産対策は、宅地所有上限制、開発分担金制、土地超過利得税制の三本柱で構成され、不動産所有を制限するとともに、開発利益や土地売買で得た不労所得を政府が回収して社会に還元しようというものであった[45]。このように80年代末頃にいたると、土地に対する私的所有権を制限せざるをえないほど、財閥による不動産投資は猖獗を極めたのである。

3．1980年代における財閥資本の新展開

(1) 財閥資本の先端産業化

　80年代初めに表面化した重化学工業化政策の破綻は、製造業をグループ中核部門に位置付けてきた財閥資本にとって大きな痛手となった。輸出指向工業化政策の下で依存を深めてきた海外市場は、第2次オイル・ショックを引き金とする世界同時不況で一気に冷え込み、先進諸国などでは急速に保護貿易主義が台頭するようになった。とりわけ米国では貿易相手国に対する国内市場の開放や知的財産権の保護を求める声が高まり、88年には「スーパー301条」と称される一方的な報復措置を盛り込んだ「包括的通商法」まで出現した。米国市場を最大の拠り所としてきた韓国は、日本や他のアジアNIEsとともに国際貿易秩序を乱す"Japa-nies"の一員として批判の矢面に立たされたのである。

　韓国企業が重厚長大・エネルギー多消費型の産業構造から抜け出せないのを尻目に、諸外国の企業は大きく変貌を遂げつつあった。オイル・ショックを教訓にした先進各国企業は、省エネ技術の普及やME化に努める一方、OA化による会社事務の効率化や産業用ロボットの導入による生産性の向上にも力を注いだ。片や低賃金を武器とした東南アジアや中国などの後発国企業は、繊維や電気・電子など労働集約産業分野で着実に力をつけ、国内労働者の賃金上昇で国際競争力を失いつつあった韓国企業を急速にキャッチアップしてきた。両者に挟撃された財閥資本にとって、残された方法は、既存分野での生産性を向上させるか、あるいは新分野の開拓に打って出るしかなかった。最終的に得られた回答は、製造業分野の先端産業化を図ることであった。

　当時、期待された先端産業分野として、半導体、コンピュータ、情報通信、メカトロニクス、精密機械、新素材、高分子化学、遺伝子工学、航空宇宙産業などが挙げられた。これらの産業は、いずれも高度な技術と莫大な研究開発費を必要とし、民間だけの努力で育成するのは不可能であった。そこで政府は、

先端産業の発展に必須な技術開発を促進するために様々な政策を実施した。なかでも84年4月に発表された「科学技術投資の効率的方案」は、政府が技術開発に本腰を入れる意思表明となった。同方案では、「自己技術開発の重要性」を強調し、基本方針として、①科学技術開発のための効率的投資拡大、②技術開発を担当する高級頭脳の養成、③研究雰囲気の鼓吹のため専門研究団地である大徳研究団地の活性化、④政府出資研究所の効率的管理制度の定着の四つを挙げている。具体的な政策内容は、R&D投資を86年までにGNPの2％に高め、民間のR&D投資を促進させるために金融面や税制面でのインセンティブを供与することなどが盛り込まれている。また、民間企業の研究所設立を促進するための支援策も実施した。支援内容としては、研究施設に対する租税減免や金融特恵、それに中核研究員の兵役免除などの措置がとられた。その結果、企業研究開発センター（企業付設研究所）数は、80年の54か所から90年の966か所へ激増（17.9倍）したのである（後掲の第4-13表参照）。

　全体としての産業政策のコンセプトは、70年代の戦略産業育成から80年代の革新関連支援の方へ大きく変化していくが、技術政策としては、技術移転、技術拡散および自己R&Dに力点が置かれた。技術移転は外国とりわけ先進国からの高度技術の導入を意味し、技術拡散は主に中小企業の技術習得を目指すものであり、自己R&Dは産官学協同体制の下で新技術の開発を推進するものであった。ここでは、財閥資本との関係で、海外からの技術移転とR&D投資の実態について言及することにしよう。

　70年代までの技術移転は、主として外国借款の導入を前提としたターンキー方式の工場一括引き渡しや資本財に「体化」された技術導入の形で行われた。そこでは、工場の稼働に必要な技術者の訓練や、いわゆる「リバース・エンジニアリング」を通じた技術の習得が中心で、導入技術の獲得→消化→改善のプロセスを経る「学習」による技術移転が行われた。ところが、80年代に入ると先進国で技術保護主義（知的財産権保護）が台頭し、韓国企業が求めた高度技術は、直接投資や技術導入など外国企業との提携を通じて流入するようになった。そのため政府は、83年末の外資導入法改正を機に資本の自由化を推進し、

第4-12表　1980年代における技術導入実績　　(単位：件、%)

		1970～79年		80	81	82	83	84	85	86	87	88	89	1980～89年	
		件数	比重											件数	比重
国別	日本	782	58.8	124	108	164	201	217	228	264	307	354	343	2,310	49.2
	米国	289	21.7	54	75	68	77	99	114	157	180	200	244	1,268	27.0
	その他	259	19.5	44	64	76	84	121	112	96	150	197	176	1,120	23.8
産業別	機械	415	31.2	59	71	62	82	123	126	153	148	181	158	1,163	24.8
	電気・電子	236	17.7	47	33	60	79	78	125	131	162	209	227	1,151	24.5
	精油・化学	244	18.3	36	37	44	50	64	64	95	127	147	134	798	17.0
	化学繊維	—	—	3	7	23	23	29	14	17	30	51	54	251	5.3
	金属	129	9.7	19	19	24	22	21	24	21	31	26	23	230	4.9
	食品	—	—	5	15	21	21	24	19	16	23	15	22	181	3.8
	窯業・セメント	36	2.7	9	5	*9	6	10	14	11	25	20	22	131	2.8
	その他	—	—	44	60	*65	79	88	68	73	91	102	123	793	16.9
合　計		1,330	100.0	222	247	308	362	437	454	517	637	751	763	4,698	100.0

注）＊の数字は訂正してある。食品の比重は切り下げてある。
資料）財務部「技術導入年次報告書」。
出所）財務部・韓国産業銀行『韓国外資導入30年史』ソウル、1993年、124、241、242、294、295頁より作成。

先進諸国の多国籍企業を誘致しやすい投資環境を整備したり、海外からの技術導入について従来の認可方式を申告制に変更したりした。

　80年代における技術導入の状況についてみておくと（第4-12表参照）、国別では、日本と米国で全件数の4分の3以上（76.2%）を占めており、日本一国で過半近く（49.2%）に達している。産業分野別では、機械と電気・電子がそれぞれ全体の4分の1弱でほぼ拮抗しており、精油・化学を含めると、全体の3分の2（66.3%）を占めている。導入件数は、80年代を通じて一貫して増加傾向にあり（80年222件→89年763件）、80年代の総件数（4698件）は70年代のそれ（1039件）の4.52倍に達している。ロイヤルティも70年代（73～79年間）の3億2400万ドルから80年代の34億8800万ドルに10倍を超す激増ぶりである[46]。これらのことから、80年代に入ると1件当たり高価な技術＝高度技術が導入されるケースが増えたものと推測することができよう。

　知的財産権保護の声が高まるなかで外国企業との提携を通じた高度技術の導入が困難視されるようになると、いよいよ、新技術＝新製品の自主的な研究開発が日程に上るようになる[47]。そこで政府は、R&D投資促進のために大徳研究

第4-13表　R&D支出費の推移　　（単位：10億ウォン）

	1980年（A）	1985年	1990年（B）	B／A（倍）
R&D支出費	282.5	1,237.1	3,349.9	11.9
・政府	180.0	306.8	651.0	3.6
・民間部門	102.5	930.3	2,698.7	26.3
・政府対民間（比）	64:36	25:75	19:81	—
R&D／GNP（％）	0.77	1.58	1.95	2.5
製造業				
・R&D支出費	75.97	688.59	2,134.70	28.1
・R&D／売上高（％）	0.50	1.51	1.96	3.9
研究者総数（人）	18,434	41,473	70,503	3.8
・政府、公共研究機関	4,598	7,542	10,434	2.3
・大学	8,695	14,935	21,332	2.5
・民間部門	5,141	18,996	38,737	7.5
R&D支出費／研究者数（千ウォン）	15,325	27,853	47,514	3.1
人口1万人当たり研究者数（人）	4.8	10.1	16.4	3.4
企業研究開発センター数	54	183	966	17.9

注）研究助手、技能工、その他支援人力は含まれていない。
資料）科学技術処。
出所）金仁秀・成素美「第7章　科学技術：政府支援と企業戦略」車東世・金光錫〔共編〕『韓国経済半世紀　歴史的評価と21世紀ビジョン』韓国開発研究院、ソウル、1995年所収、452頁、表7-6より作成。

団地など先端産業団地の造成や政府系研究所の設立並びに大学教育への支援などを図る一方で、民間企業に対しては特恵金融の付与や租税支援などのインセンティブを与えた。前者の特恵金融は、低利融資で行われた政策金融であり、民間企業の研究開発費用の貴重な財源となった。後者の租税支援には、研究開発装備や物品に対する輸入関税の軽減、研究開発支出費や人的資源開発費用に対する税額控除、企業の研究開発施設に対する特別減価償却、R&D関連不動産に対する税額控除のほか、技術開発準備金という租税減免措置があった。この制度は、税引き前利潤の20％（先端産業は30％）を積み立てて、向こう4年間研究活動費に充当できるというものであった。

　また政府は、各先端産業分野における共同研究開発や国家プロジェクトなどを通じた支援にも尽力した。半導体（DRAM）技術の研究開発の際に国内で重

複投資が起こらないように国家プロジェクトを立ち上げて業者間の調整を図ったのをはじめ、電子交換機システム（ESS）や光ファイバーおよび光ケーブル技術の開発に当たっては関係業者とコンソーシアムを組織したり共同研究開発プロジェクトを企画したりした。さらには、国産ミニコンピュータ開発のために、国家研究開発事業を展開するとともに官民研究所の協同コンソーシアムを形成してソフトウェアおよびハードウェア開発にも携わった[48]。

全体的なR&D支出状況については、第4-13表の通りである。R&D支出費に関しては、80年代に11.9倍伸びたが、その主体が民間部門（26.3倍）であったことがわかる。また、製造業のR&D支出額は同期間内に急増したが（28.1倍）、売上高に占めるR&D支出額の比重はそれほど伸びてはいない（3.9倍）。このことは、研究開発の成果が売上高の増加に結びついていることを示唆するものである。研究者数の面でも民間部門の増加が他部門より勝っており、全般的な傾向として、80年代におけるR&D支出費は民間によって担われる比重が高まっていったことを指摘できよう。

民間部門といっても、実際に巨額の開発研究費を賄えるのは財閥以外に考えられない。また、それまでの成長過程で一定の技術蓄積を行っていたのも財閥資本であった。70年代の重化学工業化政策は国内企業が技術蓄積するまたとない機会となったが、周知のようにその主体は財閥傘下企業であった。ただし、先端産業への進出は、30大財閥や50大財閥といった範囲ですべからくみられた動きではなく、ごく一部の4大グループや10大財閥といった上位財閥に限られた現象であった。次では、この80年代に主要財閥が取り組んだ先端産業化の具体例についてみていくことにしよう。

まず、89年財閥ランキングトップ（第4-1表参照）の三星からみていこう[49]。70年代の重化学工業化にやや出遅れた感のあった三星は、80年代に入って半導体を中心とする既存の電子分野での先端化に努める一方で、遺伝子工学や航空機産業など新しい先端産業分野への進出を試みた。何よりも注目できるのは、半導体産業における長足の発展である。80年代に入るや否や半導体産業への本格的投資を開始した三星は、その中核企業として82年12月に三星半導体通信を

設立した。翌83年9月には京畿道器興市にVLSI（超大規模集積回路）製造の第1工場が起工され（84年3月竣工、竣工式は5月）、わずか数年のうちに、64キロDRAM［Dynamic Random Access Memory］（83年12月）、256キロDRAM（84年10月、国内初）、64キロSRAM［Static Random Access Memory］（84年4月）、1メガDRAM（86年7月、世界で三番目）、さらに4メガDRAM（89年）の開発に成功した[50]。同時に三星はコンピュータ産業にも進出し、84年にNECからの技術導入で小型コンピュータを生産するとともに、同年9月には三星ヒューレットパッカードの合弁企業（三星側出資率45％）を立ち上げた。その結果、2年後の86年1月に16ビット・パソコンの対米輸出に成功し、翌87年3月には32ビット・パソコンの製造を開始した。さらに、85年からはインテル社との技術提携の下にマイコンやマイクロプロセッサーの生産も始まった。

　三星の半導体事業が成功する背景には、次のような要素があった。

　第一に、李健熙という二代目総帥の強い開発意志と米国シリコンバレー帰りの優れた技術者たちの獲得である[51]。三星が半導体産業へ進出する契機は74年に韓国半導体を傘下に収めたことであったが、父親である李秉喆の賛意を得られないと踏んだ李健熙は、私財を擲ってまでして同社を手に入れたのである。後述するように、半導体産業での彼の成功こそがグループ総帥継承者としての地位を不動のものとしたといっても過言ではない。

　第二に、海外からの技術導入があった。技術導入に当たっては、64キロDRAMや256キロDRAMの技術は米国のMicron Technologies社、CMOS工程と16キロSRAM技術はシャープや米国のZytrex社などの協力が得られた。また、半導体製造工場の施設増設のため、84年と85年の二度にわたって英国と日本から合計1億7000万ドル（件数3件）に上る借款を導入した[52]。さらに、国際的信用度の向上した民間企業によって外貨債券発行という新しい形態の資金調達が行われるようになり、84年7月に3000万ドルの変動金利債（FRN、満期10年、年利LIBOR＋0.25％）、85年12月に2000万ドルの海外転換社債（CB、15年満期、年利5％）が、いずれも三星電子によって発行された。調達した資金は、主に

施設財導入と海外事業および投資に使用された[53]。

　第三に、三星電子がそれまでの生産活動を通じて半導体生産という高度技術を吸収できるだけの技術学習能力を蓄積していたことである。とりわけ、テレビ受像器（白黒およびカラー）生産での経験は、三星電子の技術発展にとって貴重な財産となった。69年に設立された三洋電機との合弁企業をルーツに持つ三星電子は、グループ傘下の三星電管（69年三星NECとして設立、現三星SDI）のブラウン管、三星電機（73年三星三洋パーツとして設立）の部品、三星コーニング（73年米コーニングとの合弁企業設立）のブラウン管用ガラスなどを調達して受像器を完成させるセットメーカーとして発展を遂げた。その過程で、テレビの製造技術を「吸収」（70年代前半期）→「模倣」（70年代後半期）→「改良」（80年代）→「革新」（90年代）の4段階を経て学習してきたといわれる[54]。ちょうど80年代の「改良」期に、後述する研究所を設立するなどして新しい技術革新を生み出すための努力を傾けており、このような技術開発の土壌が三星電子をして半導体技術の吸収と開発を急速なテンポで推進せしめる背景となったのである。

　その他の進出例としては、航空機分野で三星精機（77年設立、後の三星航空）が82年にGEとの技術提携で韓国空軍主力戦闘機F16向けのジェットエンジン生産を開始した。また、電子時計分野では83年6月にセイコーとの合弁企業である三星時計が設立された。遺伝子工学分野では84年1月に第一製糖と米国ユジンテックとの合弁で遺伝子工学研究合作会社（ETI）が設立され、医療機器分野でも同年4月にGEとの合弁企業である三星医療機器が設立された（三星側出資比率45％）。さらに、データシステム分野では85年5月に三星データシステムが設立され、情報管理システムの構築に貢献した。

　もう一つ、80年代で目立った動きとして指摘できるのは、企業付設の研究所が多数設立されたことである。80年4月の三星電子総合研究所の設立を皮切りに、第一製糖遺伝子工学研究室（82年9月）、三星電子半導体研究所（82年1月）、三星電管総合研究所（82年6月）、三星電子生産技術研究所（85年4月）、三星データシステム技術研究所（85年8月）、三星重工業船舶海洋研究所（86

年2月)、三星重工業総合技術研究所 (86年2月)、コリアエンジニアリング技術研究所 (87年5月)、三星電子中央研究所 (89年12月) などが設立されている。

次は、現代についてである[55]。重化学工業化の旗手であった現代の先端産業化の方向性は、メカトロニクス化の要請に応えて重化学工業分野での先端化を図りつつ、電子・コンピュータ分野など新しい先端産業を戦略部門として位置付けることであった。まず、重化学工業分野の先端化については、87年9月に電子制御装置や燃料噴射装置を製造するケピコが設立され、翌年88年7月には産業用ロボット製造の現代ロボット産業が設立された。産業用ロボットの製造に関しては、すでに84年に現代重工業溶接技術研究所にロボット専担チームが編成された時から取り組まれ、日本のメーカーからの技術導入を得て85年12月に多間接ロボットの試作品をつくり、翌86年2月には完成品1台を現代自動車に納品した。その他、88年8月に送電線鉄塔製造の現代鉄塔産業、重装備のリース・技術サービスを提供する現代重装備産業などが設立された。

新しい先端産業への進出事例としては、何といっても83年2月に設立された現代電子産業 (現ハイニックス半導体、以下現代電子) が注目される。総帥の鄭周永が電子産業への進出を決心したのは70年代末 (78年、現代重電機の設立) になってからであるが、80年代に入るや否や (81年12月)、グループ総合企画室に新事業チームを立ち上げて具体的な検討に入った。事業化調査の結果、短期間で同事業を軌道に乗せるには、米国に現地法人を設立して設計を担当させ、国内では製品製造に専念する二元体制を構築することにした。そこで、83年2月23日に現代電子を設立し、同年3月16日にはカリフォルニア州サンタバーバラに現地法人MEI (Modern Electro Systems Inc.) を設立したのである。

現代電子の国内工場は、83年11月に京畿道の利川で着工され、86年10月に竣工した。途中、85年には半導体生産設備の増設のために米国と香港から8000万ドルの商業借款を導入した[56]。利川工場は、米国現地法人の工場が84年10月に完成を見た後に生産を軌道に乗せ、モデムなどの情報通信機器や自動車電装品の製造、それに半導体組み立てなどの事業に取り掛かった。現代電子は、半導

体製造では16キロSRAM、64キロDRAM、256キロDRAMの製造に続き、独自開発体制の下に88年8月からはHyper 1メガDRAMの製造にも着手し、90年2月に開発に成功した。その結果、現代電子はわずか創業5年目（韓国史上最短）で黒字経営に転換することができたのである。

　技術導入に関しては、以下のような協力を得ることができた。まず、85年6月に米国サンノゼ市のVitelic社[57]が設計した16キロSRAMと64キロDRAMを導入して工程開発に着手した。また、SRAMの分野では米国Mosel社と技術提携するとともに、256キロDRAMの製造技術はインモスの米国子会社からそれぞれ導入することができた。こうして、85年6月からは直ちにTI（Texas Instruments）社の64キロDRAMのファウンドリー生産に入っていったのである。また、チップの素材となるシリコンウエハーは、Monsanto社との合弁会社であるKorsil社とカリフォルニア州のSiltec社（後に三菱金属）よりウエハー工程技術のライセンスを受けたLG素材社の国内2社から供給された[58]。その他の電子関連事業についてみてみると、現代電子が83年11月からコンピュータ生産に取り掛かり、86年1月に現代マグネティック、88年2月に現代メディアシステム（ソフト、ハードウェア開発）、89年5月には現代情報技術（制御装置、データ通信）などが設立され、現代グループのIT産業化が進捗することとなった。

　続いて、LGについてみてみよう[59]。LGは、80年代に入って他の財閥の隊列拡大が伸びや悩むなか、唯一系列会社数を大幅に増やした（19社）財閥であった。LGの先端産業化の特徴は、主力の電子・電気分野における先端化を図る一方で、バイオテクノロジーや遺伝子工学など新しい分野への進出がみられたことである。

　まず、LGが半導体分野へ本格的に進出するのは、79年9月に買収した金星半導体が翌年米国AT&T社との合弁企業になってからである。同社は、81年に米国から6100万ドル（1件）の商業借款を調達し、電子交換機システム（ESS）および半導体施設の整備を行った。84年に設立された亀尾工場は、韓国初の5インチ・ウエハー処理能力を備えた先進的な工場となった。その後、金星半導

体は、84年5月に米国ハネウェル社からコンピュータ製造技術を導入し、合弁会社の金星ハネウェル社を設立した。パソコンに関しては、IBMと互換性のある16ビット・ビジネス・パソコンを自主開発するとともに、ソード社と技術提携して16ビット・パソコンなどの生産にも取り掛かった。半導体については、米国のAMD（Advanced Micron Devices）社のチップデザインやAT&T社の1メガDRAMデザインの技術を導入することができた。その3か月前の84年2月には金星電線がAT&T社との合弁で金星光通信を設立し、韓国における光ケーブルの生産が軌道に乗ることとなった。さらに、86年9月に日立電機との合弁で金星日立システムを設立し、翌87年1月には米国のEDSとの合弁会社であるSTM（Systems Technology Management Co.）を設立して情報技術開発を推進した。

　また、遺伝子工学やバイオテクノロジーに関しては、母企業の㈱ラッキーを中心に推進された。同社は、79年にラッキー中央研究所を設立した後、83年に遺伝子工学研究部を新設するとともに、米国にラッキー・バイオテック社を設立して技術開発に努力した。また、医療器具の先端化に対応して84年3月に金星医療器が設立されたが、これは金星通信によるものであった。グループのもう一つの柱である化学分野でも、84年9月にラッキー・DCシリコーンが㈱ラッキーと米国Dow Corning社との合弁で設立され、工場は忠清北道の清州に建てられた。このように、LGの80年代における先端産業化は主力産業である電子および化学を中心に行われ、先進国企業との合弁事業を通じた技術習得が積極的に推進された。

　また、この時期、三星と同様にグループ傘下の企業付設研究所の設置が目立った。民間企業として初めて金星社（現LG電子）の中央研究所を設立（開設76年1月）した実績を有するLGは、中央研究所の研究体制を整える一方で、他の傘下企業の研究所付設にも積極的に取り組んだ。81年5月の金星電機技術研究所の立ち上げを皮切りに、同年8月に金星電線技術研究所、同じく9月に韓国鉱業製錬技術研究所、82年3月に金星計電中央研究所、同年4月に金星社デザイン総合研究所、そして金星半導体（79年に金星社から分離独立）が83年

に亀尾に、翌84年には安養にそれぞれ研究所を設立した。また、86年1月には湖南精油の技術研究所も設立されている。こうしてLGは、84年までに基礎研究所、家電研究所、OA研究所、半導体研究所などに機能別専門研究所体制を構築することができた[60]。このように、ラッキーと並んで金星社系列が台頭してきたことを反映して、82年にはグループ名称が「ラッキー」から「ラッキー金星」に改められることになった。

　最後に、大宇についてである[61]。大宇は、70年代の重化学工業化時代に主に企業買収を通じて隊列拡大してきたこともあって、重化学工業化政策の破綻が明らかになる80年代初めには抜本的なリストラクチャリングに取り掛からざるをえなくなった。その結果、80年代には傘下企業数も減少し、グループ全体の生産性を向上させるためには製造業部門を中心とする先端産業化が不可欠な課題となった。大宇がとった戦略は、グループのスリム化を図る一方で既存重化学工業分野の競争力を強化し、同時に、電子、半導体、通信などの先端分野へ進出することであった。その際、必須となる技術は、外国企業との合弁投資を通じて導入する腹積もりであった。まず、電子産業に進出するために、83年3月に大韓電線の家電部門を買収して傘下のオーディオメーカーである大宇電子と合併させた。また、同年のうちに大宇通信と大宇電子部品を設立し、前者は自動交換機、コンピュータ、光ファイバー、後者はコンデンサー、チューナーなどを生産した。さらに、翌84年には米国半導体メーカーのZymos社を買収して、半導体の生産体制を整えようとした。

　このような大宇の電子分野を中心とする先端化は、政府の政策意図によって促迫されたものであった。すなわち、商工部は83年末にハイテク産業振興のためのガイドラインを発表し、家電製品メーカーの製品別構成比を次のように決めた。電子製品は総生産量の40%に制限し、コンピュータ、半導体、電子交換システムなどのハイテク分野の割合をそれまでの13%から24%に増加させ、電子部品については45%から36%に縮小するというものであった。この新しい政府基準をクリアするために、大宇は電子分野の先端化を急いだのである。ただし、それ以外の進出事例について取り立てて目立った動きはみられず、企業の

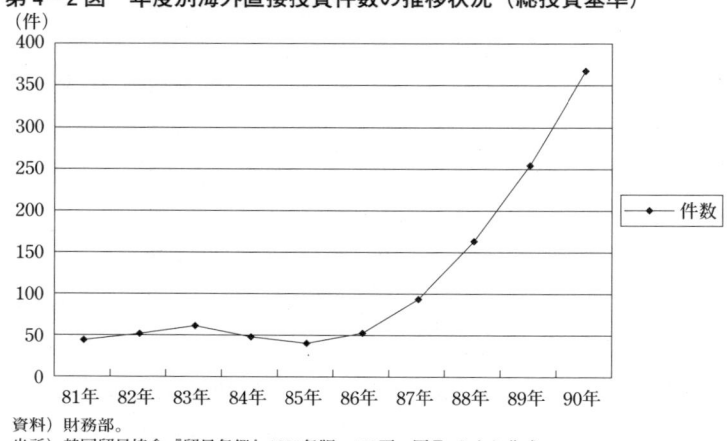

第4-2図　年度別海外直接投資件数の推移状況（総投資基準）

資料）財務部。
出所）韓国貿易協会『貿易年鑑』1991年版、469頁、図Ⅱ-9より作成。

設立やM&Aも既存の自動車産業などに関連するものに限られていた。

　大宇による企業付設研究所の設立は80年代初めに集中的に取り組まれている。82年に大宇重工業がすでに78年に設立していた内燃機関研究所を機械研究所などと統合して新たに技術研究所を設立し、大宇造船の船舶海洋設備研究所も設立された。83年になると、大宇自動車の自動車技術研究所や大宇精密（空気工具など製造）の技術研究所が発足し、同年11月に母企業である大宇の建設部門に大宇建設技術研究所が設立された。また、大宇電子による大韓電線家電部門の買収に伴い、大韓電線中央研究所（82年設立）が大宇電子中央研究所に改められた。

　ただ、80年代における大宇の先端産業化は、他財閥に比べ総じて低調であったといわざるをえない。後に、先端産業化の出遅れが大宇をしてアジア通貨危機の最中にもかかわらず拡大路線をとらせしめるが、よもやそのことが大宇の命取りとなるとは、買収王の名をほしいままにした当時の金宇中にとって知るよしもなかったのである。

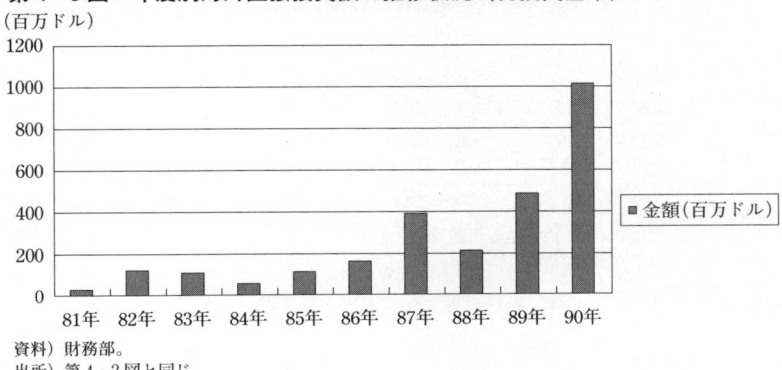

第4-3図　年度別海外直接投資額の推移状況（総投資基準）
（百万ドル）

■ 金額（百万ドル）

81年　82年　83年　84年　85年　86年　87年　88年　89年　90年

資料）財務部。
出所）第4-2図と同じ。

（2）海外進出の胎動

　もう一つの新しい展開は、80年代後半になって財閥企業の海外進出が散見されるようになったことである。第4-2図より総投資を基準とした80年代の海外直接投資件数の推移状況をみると、80年代後半期に急増している様子が確認される。81～86年間は40～60件の間で推移したが、それ以降は87年の91件、88年の165件、89年の254件、そして90年には368件に増加している。81年の45件から90年の368件に8.2倍の増加ぶりである。また、第4-3図より同じく海外直接投資額の推移状況をみると、87年の3億9700万ドルから88年の2億1300万ドルにいったんは減少したものの、89年以降は再び増加に転じている（89年4億9200万ドル、90年10億2000万ドル）。81年（4000万ドル）から90年の間に25.5倍に増えており、倍率に関していうと投資額の方が投資件数をはるかに上回っているのがわかる。そして、対外直接投資が対内直接投資を初めて上回ったのは1989年のことであった。89年の対内直接投資額（到着基準）が8億1200万ドルであったのに対し、対外直接投資（許可基準）は9億2700万ドルで1億ドル以上の開きがあった。

　また、80年代後半期（86～90年間）を中心とする許可基準および投資残高を

第4-14表　年度別海外直接投資の推移状況（1986～1990年）

(単位：件、百万ドル)

		1986年	1987年	1988年	1989年	1990年
許可基準	件数	74	109　(47.3)	253　(32.1)	369　(45.8)	515　(39.6)
	金額	359	356 (−0.01)	480　(34.8)	927　(93.1)	1,600　(72.6)
投資基準	件数	50	91　(82.0)	165　(81.3)	254　(53.9)	368　(44.9)
	金額	172	397　(30.8)	213 (−46.3)	492　(131.0)	1,020 (107.3)
投資残高	件数	475	534　(12.4)	668　(25.1)	899　(34.6)	1,244　(38.4)
	金額	633	966　(52.6)	1,119　(15.8)	1,444　(29.0)	2,335　(61.7)

注)　(　)内は、前年比増加率（％）。
資料）韓国銀行。
出所）第4-2図と同じ、468頁、表Ⅱ-538より作成。

含めた海外投資の推移状況は、第4-14表の通りである。87年許可基準の金額と88年投資基準の金額を除き、いずれの数値をみてもこの時期に増加している事実が確認されよう。

　地域別の投資状況について90年末時点の投資残高（許可基準）でみると、金額では①北米15億5000万ドル（41.9％）、②アジア12億7900万ドル（34.6％）、③欧州2億7200万ドル（7.4％）、④中南米1億7200万ドル（4.6％）、⑤大洋州1億6800万ドル（4.5％）、件数では①アジア725件（46.0％）、②北米451件（28.6％）、③中南米134件（8.5％）、④欧州119件（7.6％）、⑤大洋州79件（5.0％）の順となっている。1件当たりの投資金額では、①北米344万ドル、②欧州229万ドル、③大洋州213万ドル、④アジア176万ドル、⑤中南米128万ドルの順である。国別では、金額で①米国11億7865万7000ドル、②インドネシア7億1437万4000ドル、③カナダ3億7131万5000ドル、④マレーシア1億2910万4000ドル、⑤イエメン1億376万ドル、件数で①米国417件、②インドネシア189件、③日本111件、④香港98件、⑤マレーシア69件となっている。

　業種別の投資状況について90年末時点の投資残高（投資基準）でみると、金額では①製造業10億6100万ドル（31.8％）、②鉱業4億4700万ドル（13.4％）、③貿易業4億1000万ドル（12.3％）、④その他1億5500万ドル（4.6％）、⑤水産業8800万ドル（2.6％）、件数では①製造業500件（40.2％）、②貿易業450件（36.2％）、③その他99件（8.0％）、④建設業61件（4.9％）、⑤水産業48件

(3.9%) となっている。

　また、地域ごとの業種別順位をみると、アジアは、金額で①製造業3億7416万9000ドル、②鉱業2億548万6000ドル、③貿易業4709万5000ドル、④林業3205万5000ドル、⑤不動産2436万5000ドル、件数で①製造業295件、②貿易業151件、③建設業21件、④その他16件、⑤運輸保管業15件となっている。北米では、金額で①製造業5億2811万1000ドル、②貿易業3億1914万3000ドル、③その他9574万7000ドル、④水産業2630万ドル、⑤建設業2235万7000ドル、件数で①貿易業212件、②製造業82件、③その他45件、④建設業17件、⑤運輸保管業14件となっている。欧州は、金額で①製造業6630万2000ドル、②鉱業4432万9000ドル、③貿易業3602万3000ドル、④不動産409万ドル、⑤運輸保管業56万ドル、件数で①貿易業61件、②製造業26件、③運輸保管業4件、④その他3件、⑤鉱業および不動産2件の順である。中南米は、金額で①水産業5687万4000ドル、②製造業5317万ドル、③その他697万7000ドル、④貿易業327万ドル、⑤運輸保管業41万ドル、件数で①製造業61件、②水産業25件、③その他9件、④貿易業6件、⑤運輸保管業2件となっている。大洋州は、金額で①鉱業6244万ドル、②林業4446万4000ドル、③その他1826万ドル、④製造業1064万3000ドル、⑤貿易業259万5000ドル、件数で①製造業20件、②その他15件、③貿易業14件、④鉱業6件、⑤林業4件の順である[62]。

　以上のことから、韓国企業の海外直接投資の特徴は次のようにまとめることができる。地域的には北米とアジアを中心とした投資が行われ、両地域のウエイトは金額・件数ともに全体の4分の3（金額76.5%、件数74.6%）を占めている。業種別でみると、製造業および貿易業を中心とした投資が行われており、両者のウエイトは金額で44.1%、件数では76.4%を占めている。製造業に関しては、アジア向け投資は件数が多い割に投資規模が小さいことから、比較的小規模投資（1件当たり127万ドル）が行われているが、北米や欧州ではアジアに比べて大規模投資（同じく北米644万ドル、欧州255万ドル）が行われている。製造業のアジア向け投資は繊維や雑貨など中小企業を中心とした投資が行われてきたのに対し、米国をはじめとする先進国向け投資は電機・電子分野や先端

第4-15表　対ドル・ウォン貨レートの推移　（単位：%）

	1985年	1986年	1987年	1988年	1989年
レート（期末基準）	890.2	861.4	792.3	684.1	679.6
切り上げ率	−7.05	3.34	8.72	15.82	0.66

出所）経済企画院『経済白書』各年度版より作成。

第4-16表　製造業賃金上昇率の推移　（単位：%）

	1986年	1987年	1988年	1989年
名目賃金上昇率	9.2	11.6	19.6	25.1
実質賃金上昇率	7.9	5.5	12.4	20.1
労働生産性増加率	9.1	8.0	10.5	7.1

出所）第4-15表と同じ。

技術研究開発のための投資などを含んでいるために投資規模が大きくなったものと思われる。貿易業については、1件当たりの投資が北米（151万ドル）では高いが、その他、アジア（31万ドル）や欧州（59万ドル）などでは低い。韓国にとって最大の海外市場となってきた米国へ対し、多くの貿易会社が進出していることがわかる。

　また、見逃せない事実として、金額でみた場合、製造業に次いで鉱業のウエイトが高いことである（13.4%）。資源に恵まれない国内の要素賦存条件から韓国の海外直接投資は、最初の事例が68年の韓国南方開発によるインドネシア山林資源開発投資であったことからもわかるように、当初より木材や鉱産物確保のための投資が行われてきた。そのことが、鉱業分野投資の比重増となって現れているのである。また、これらの分析からは個別企業の投資事例が確認できないので確かなことはいえないが、主要財閥クラスの海外投資は、北米や欧州向けの製造業および貿易業を中心とした投資が行われてきたと推測することができるだろう。

　それでは、なぜこの時期に韓国企業の海外投資が増加したのだろうか。その背景は、一言でいえば国内の経営環境が悪化したからにほかならない。便宜上、国内的背景と国際的背景に分けてまとめてみることにしよう。

　国内的には、まず、80年代後半期における経常収支黒字基調の継続と対ド

ル・ウォンレートの上昇（第4-15表参照）によって海外進出の客観的な経済状況がつくり出されたことを指摘できる。次に、民主化運動の高揚を背景とした労使紛糾の激増[63]や労働生産性を上回る賃金上昇（第4-16表参照）などが経営コストを圧迫し、国内企業の海外進出に打って出るモーメンタムが生み出されたことである。後に「3D」（Dirty, Difficult, Dangerous）と称されるようになる若年労働力確保の困難化なども、労働集約的な中小企業の海外進出に拍車を掛ける要因として作用した。財閥企業にとっては、何よりも「独占規制・公正取引法」の制定が国内における自由な企業活動の足かせとなり、新天地を求めての海外進出が展開されるようになった。また、先端産業に進出した財閥系企業の場合、先端技術の研究開発を目的とした先進国向け投資が日程に上るようになり、そのことが海外直接投資を増加させる背景の一つとなった。国際的な背景としては、先進諸国の保護貿易主義が高まるにつれ、国内企業としては海外市場確保のための現地生産や迂回輸出のための生産拠点づくりが必須となったことを指摘できる。労働集約産業の多い国内輸出企業にとっては、89年に米国が韓国に対するGSP（一般特恵関税）の適応を除外したことなども少なからず影響したものと思われる。

　民間企業の海外進出に対して政府側も支援策を講じた。その支援策とは、一言でいえば対外投資自由化政策である。まず、80年代に入って第2次オイル・ショックや保護貿易主義の台頭に直面した韓国経済に資源開発や海外市場確保の必要性が提起されるようになると、政府は、鉱業、製造業、貿易業などの分野で海外直接投資の手続きを簡素化した。81年7月に海外直接投資の事前承認制が廃止されたのに続き、翌年7月には証券投資について従来の投資比率50％以上という規制が投資対象国の法令を考慮するなどの事業遂行に適合した投資比率に緩和された。そして、83年12月になると、利益金留保自動許可限度額が1万ドルから5万ドルに引き上げられた。また、86年以降の経常収支黒字転換を背景に民間企業の海外進出が本格化し始めると、86年12月に投資額20万ドル以下に対する要件確認制が導入され、87年7月にはその限度額が50万ドル以下に引き上げられた。さらに、同年12月に要件確認制が申告制に変更されるとと

もに、対象限度額は100万ドル以下にまで緩和された。また、政府の対外投資自由化の対象は企業だけでなく個人も含まれるようになった。88年３月に個人の海外直接投資が許可され、同年10月には申告受理対象が100万ドル以下から200万ドル以下に拡大されたのである。

ただし、当時の自由化措置は、経常収支黒字の管理対策や外国為替管理の自由化政策の次元からとられた色彩が濃く、あくまでも海外における資源開発や輸出増大を目的としたものであった。先進国のように海外直接投資を自国企業の成長戦略に位置付けるという積極的な動機からすると、いまだ初歩的な政策意図しかそこには反映されていなかったといわざるをえない[64]。

この頃、民間資本にとって海外投資の呼び水となる対外援助政策も実施されるようになる。政府は、87年７月に対外経済協力基金（EDCF）を設置して、発展途上国を中心とする援助政策を展開した。韓国が援助の一方的な受け入れ国から提供国に転じた瞬間であった。80年代におけるEDCFの援助実績は、87年に合計179億ウォンの政府借款がアジアに98億ウォン、アフリカに81億ウォン、それぞれ供与されたにすぎない[65]。当時はまだ、対外援助政策が緒に就いたばかりで、政府援助が民間資本の投資環境整備に十分な効能を発揮できる状況にはなく、政府開発援助の内訳も国際機構出資金や分担金が60～70％を占めていた[66]。ただ、韓国の海外直接投資が増加傾向に転じた年と対外援助機関が整備された年がともに87年であった事実から、韓国経済にとってこの年が本格的な海外投資時代の到来を告げる画期点となったといってよい。

また、政府の海外投資支援策で見逃せないのは、盧泰愚政権時代になって本格化した「北方政策」の効果である。ソウル・オリンピックを間近に控えた盧政権は、88年６月に経済構造調整懇談会を開き、共産圏との経済交流について討議した。そこでは、中国やソ連をはじめとする社会主義諸国との経済交流を民間主導で行うことなどが決められた。そして、同年７月に「7.7宣言」を発表して、南北朝鮮間の自由往来や東側陣営と韓国および西側陣営と北朝鮮の関係改善を目指す意向を明らかにした。それを機に韓国は、まず、ハンガリー（89年２月）やポーランド（同年11月）などの東欧共産圏諸国と関係改善を図

り、89年12月のマルタ体制の成立を経て90年代に入ると、いよいよソ連（90年9月）および中国（92年10月）との国交正常化を実現した。また、アウンサン廟事件や大韓航空爆破事件などで長い間滞っていた北朝鮮との交流も動き出し、民間レベルでは89年１月に鄭周永現代会長による北朝鮮初訪問が実現し、政府レベルにおいても91年の南北不可侵・経済交流合意書などが締結された。このような共産圏との関係改善は、韓国財閥にとって海外市場フロンティアの拡大とともに新しい投資地域の出現を意味した。80年代中には直ちに経済的な成果は現れなかったものの、90年代に入って一気に進展する大宇[67]など一部財閥の東・中欧諸国への進出につながっていくのであった。

　それでは、主要財閥企業による80年代後半期の海外進出の事例についていくつかみておくことにしよう。ここでは、グループ内の構造調整に手間取った大宇を除き、この時期に海外進出が目立った三星、現代、LGのケースを取り上げることにする。財閥資本の海外進出に関しては、60年代のベトナム戦争時代の進出例や70年代後半以降本格化する中東への建設輸出など若干の経験を有する財閥も存在していたが、製造業の進出は80年代後半期になってようやく散見されるようになる。特に、87年を起点に海外直接投資の増加傾向が顕著になったことを勘案すると（第４-２図および第４-３図参照）、1987年は、まさに韓国経済にとって「海外投資元年」となった。

　まず、三星の進出状況についてみてみよう[68]。三星財閥の傘下企業のなかで、商社の三星物産とともに海外進出の主軸を形成したのは三星電子であった。三星電子は、まず、78年７月にニューヨーク現地法人（SEA: Samsung Electronics America Inc.）を設立した後、82年６月に西ドイツ現地販売法人SEGを設立し、同年９月に最初の海外事務所をポルトガルに開設した。途中、84年秋に米国でカラーテレビのダンピング認定を受けたことが三星電子の現地生産を加速化させ、同年12月には米国ニュージャージー州のロックスベリー市にカラーテレビと電子レンジの生産工場を稼働させた。また、三星半導体通信が、83年７月に米国現地法人TRISTARを設立した後、87年６月に同じく米国で半導体製造工場を竣工する一方、三星電子は同年９月にオーストラリア現地

販売法人SEAU、同じくカナダ現地販売法人SECAを設立するとともに、10月には英国現地生産工場を竣工した。翌88年10月にメキシコ現地法人SEMIXが設立され、89年12月には中国のカラーテレビ工場に国内初の合弁投資を実現した。それ以外に、85年に米国で三星航空（三星精密を改称）の子会社である三星ユナイテッド航空を設立して米空軍戦闘機を整備した。この時期、三星は、三星電子を中心に先進諸国における市場確保を主な目的とした海外進出を展開したのである。

　次に、現代についてである[69]。海外建設輸出で豊富な経験をもつ現代は、80年代に入ってまず米国アラスカにおける資源開発に携わった。81年1月に設立された韓国アラスカ資源開発は、第2次オイル・ショックを機とする資源開発の必要性からアラスカにおける石油や天然ガスなどの開発を目的とした。また、家具輸出を手掛けていた現代綜合木材は、82年1月に米国現地法人HFI（Hyundai Furniture Industries）を設立し、翌83年1月にダラス、87年8月にロサンゼルスにそれぞれ家具工場を稼働させた。また、83年1月にソロモン原木開発現地法人（HTC: Hyundai Timber Company）、85年8月にマレーシア現地法人（SHWI: Sime Hyundai Wood Industries）、87年7月に米国のハイポイントに現地法人（HFI）をそれぞれ設立した。そのほか、前述したように、シリコンバレーに現代電子の現地法人（Modern Electro Systems）を設立して半導体製造の一翼を担わせた。それ以外に、この時点ではまだ具体的な成果が現れていなかったが、北朝鮮との金剛山観光開発事業や旧ソ連とのシベリア資源開発事業にも積極的に取り組む姿勢を見せていた。このように、現代の海外進出は資源開発に重点を置いたものが目立っているが、立ち上げて間もない半導体生産にも配慮した展開を示しているところに、この時期の特色がうかがえよう。

　最後に、LGの海外進出状況についてである[70]。LGは、主軸の金星社が早くから家電分野に進出していたこともあって、先進諸国の保護貿易主義を回避するために80年代に入るや否や直ちに海外展開するようになる。金星社は、80年に米国販売法人ゴールドスター・エレクトロニック・インターナショナル

（GSET）を設立して米国全土に代理店とサービス網を構築する一方、同年11月に西ドイツ現地法人GSDG、翌81年7月にパナマ法人を立て続けに設立した。また、同年9月に米国ハンツビルにカラーテレビ工場を起工して翌年から生産を開始し、84年には第2工場を建設して年生産能力を100万台に拡大するとともに、年産20万台の生産能力を有する電子レンジ工場も立ち上げた。さらに、同年7月に同じく米国のサニーベイルに技術開発現地法人ユナイテッド・マイクロテック（UMI）を設立してコンピュータや半導体などの技術開発に努め、86年10月にはカナダのトロントに現地販売法人のGSCLを設立した。70年代までに米国などでの家電販売で「GOLD STAR」のブランドを確立していた金星社は、貿易摩擦の激化を見越して80年代初めから現地生産へ切り替えていった様子がうかがえる。また、金星社以外の電機分野関連メーカーの進出例としては、84年に電話交換機やコンピュータ周辺機器などを生産する金星通信（77年設立、西独ジーメンス社との合弁企業）が技術開発の支援体制の整備を目的として金星通信アメリカを設立している。

そのほか、グループのもう一つの軸である石油化学工業分野でも海外進出の動きがみられた。84年3月に母企業の㈱ラッキーがサウジアラビア政府との合弁で石油化学製品を生産するNPCを設立した。合弁相手はエチレン生産などを手掛ける政府企業のSABICで、投資の内訳はSABICが85％、ラッキー9％、ラッキー金星社6％、資本金は1億2600万ドルであった。合弁会社のNPCは、86年に世界最大規模の生産能力を誇る工場を竣工してVCMやPVCレジンを生産した。このように、この時期のLGの海外進出は家電分野の金星社を中心に展開され、もう一つの中核分野である化学工業（石化）でも海外展開に一歩踏み出す動きがみられたのである。

以上のように、80年代後半期の主要財閥企業による海外進出は、それぞれのグループの特色を活かしながら展開されていったことがわかる。しかしながら、当時の海外での企業活動は製造業分野においてようやく緒に就いたばかりで、その意味では、この80年代後半期は財閥企業の海外進出にとって胎動期を迎えたにすぎなかったといってよい。本格的な海外展開は、90年代以降のグローバ

ル化時代の到来を待たなければならなかったのである。

(3) 財閥総帥の世代交代

　80年代における財閥資本の新たな動向として注目できるのは、財閥を率いる総帥（グループ会長）の世代交代が進捗したことである。創業者世代が死去するかあるいは引退するかして二代目総帥が誕生したり、引退しなくとも総帥自らが後継者を指定したりするなど、各財閥のなかで後継者問題を巡る動きが活発となったのである。家族支配を特徴とする韓国財閥にとって、後継者の選定は何よりも重要な課題である。創業者一族がグループ支配を続けるためには、総帥ポストの長子継承を実現するか、それが不可能な場合は長男以外の息子や当代総帥の兄弟などの血縁者に総帥の地位を委譲することが不可欠な条件となる。

　高等教育を受けた創業者が少ないのに比べ、二世総帥のほとんどは米国などでの海外留学の経験を持っている（第4-17表参照）。彼らのなかには先進国で培った知識や感性を活かして新しい分野の開拓に乗り出す者も現れた。各財閥が80年代に入って新たな事業展開を見せるようになったのは、グループリーダーの世代交代と決して無関係ではなかったのである。

　解放後に起業した財閥が多いなかで、初代総帥の事業活動が30年ほどで終焉を迎えるとすると、ちょうど1980年前後に継承問題が各財閥で提起されてくる計算になる。折しも、70年代に入ると創業第一世代が次々とこの世を去り、総帥を失った財閥ではだれを後継者に据えるかが喫緊の課題となった。69年12月にLGの具仁會が63歳（数え年、以下同）で病死したのを皮切りに、73年にSK（鮮京）の崔鍾建（47歳）、斗山（OBビール）の朴斗秉（63歳、二世総帥、初代朴承稷の長男）、起亜の金喆浩（68歳）、東一紡織の徐廷翼（64歳）、一信産業の李道栄（61歳）、74年に大韓電線の薛卿東（73歳）、湖南精油の徐廷貴（56歳）がこの世を去った。そして、75年には双龍の基盤をつくり長年国会議員としても活躍した金成坤（63歳）をはじめ、大同工業の金三萬、東国製鋼の張致浩、新東亜の崔聖模、国際商事の梁泰振、セムピョ食品の朴奎會、邦林紡績の

第4章 民主化の進展と財閥資本の新展開　269

第4-17表　各財閥後継者の留学状況

財閥名	総帥（創業者）	二世（長男）	留学先
三星	李秉喆	健熙（三男）	早稲田大、ジョージ・ワシントン大経営大学院
SK	崔鍾建	鍾賢（弟）	シカゴ大学院
暁星	趙洪済	錫来	早稲田大、イリノイ大大学院
韓進	趙重勲	亮鎬	南カリフォルニア大大学院
双龍	金成坤	錫元	ブランダイス大
LG	具滋暻（二世）	本茂（三世）	クリーブランド大大学院
斗山	朴斗秉（二世）	容昆（三世）	ワシントン大
錦湖	朴仁天	晟容	エール大（経済学博士）
韓国火薬	金鍾喜	昇淵	ドゥフォール大
三美	金斗植	顯哲	ワシントン大
大農	朴龍学	泳逸	ジョージタウン大
韓一合繊	金翰壽	重源	キルフォード大
東亜建設	崔竣文	元碩	ジョージタウン大
韓国生糸	全智泰	栄球	メリーランド大
韓国ガラス	崔泰渉	永増	ニューヨーク大大学院
東一紡織	徐廷翼	敏錫	ミシガン大大学院
三煥企業	崔鍾煥	用権	ボストン大
碧山	金仁得	熙詰	フォーデュ大（工学博士）、MIT大大学院（修士）
邦林紡績	徐甲虎	相根	ウッドベリー大
江原産業	鄭寅旭	文源	マケード大
京紡	全容完*	珏中	ユタ大（医学博士）
高麗亜鉛	崔基鎬	昌杰	コロンビア大経営大学院
南光土建	裵禎一	栄俊	カリフォルニア大
大韓	薛卿東	元植	コロンビア大大学院
東光企業	趙泰九	容時	ミルトン大
三立食品	許昌成	英善	ボストン大
豊山金属	柳纘佑	柳青	オクラホマ大
和信	朴興植	炳奭	ミシガン大
杏南社	金浚炯	容柱	ペンシルベニア大
釜山パイプ	李鍾徳	運荷	ミシガン大経営大学院
亜南産業	金向洙	柱津	ペンシルベニア大
眞露	張学燁	翼龍	シュトゥットゥガルト工大
朝鮮麦酒	朴敬福	文孝	ノートルダム大
味元	林大洪	昌郁	早稲田大大学院
全紡	金龍周	昌星	早稲田大、イリノイ大大学院
コーロン	李源萬	東燦	早稲田大

注）＊金容完は、京城紡織の創業者である金性洙・秊洙兄弟の義弟（妹の占効の夫）で、四代目社長に就任した後、会長職も兼任した。京紡『京紡七十年』ソウル、1989年、「年史」等参照。
出所）全国経済人連合会『韓国財界人士録』2002年版、同、2005年版および裵秉休「財閥2世たちの王位継承戦争」『月刊 朝鮮』1983年1月号、裵秉休〔著〕『財閥秘話』東光出版社、ソウル、1983年所収、190～195頁より作成。

徐甲虎、東亜製薬の姜重熙、ヘテの朴炳圭、東洋精密の朴尚善、湖南電気の沈相夏、朝鮮麦酒の朴敬奎、日新紡織の金澄楠らが相次いで亡くなった。さらに、70年代末から80年代初めにかけて、東洋ゴムの玄修明、天友社の全澤珤、永豊鉱業の崔基鎬、三美社の金斗植、韓国火薬の金鍾喜、中央産業の趙成瑾、韓国電子の郭泰石、韓一合繊の金翰壽、韓国生糸の金智泰がこの世を後にしたのである[71]。これら財閥のうち、二世継承がうまく行った財閥もあれば、跡継ぎの長男が若すぎるか娘しかいないなどの理由で直系継承を成就できなかった財閥もある。さらには、総帥の座を巡り、兄弟（異母兄弟）間や親戚同士で骨肉の争いを繰り広げたあげく、社運を傾けてしまった事例も少なくない。

　韓国財閥の継承原則は、父子直系を基とする儒教思想の影響から長子継承が最優先される。日本の「家」とは異なり、「血」を重視する家族共同体原理がそこには色濃く反映しているのである。継承の際に長男を優先する「血統第一主義」の原則が貫徹しやすいといっても、必ずしも長子相続つまり長男による家督相続が行われるわけではない。長男に相続の重点を置きながらも、兄弟（姉妹）がいれば、グループ内の重要なポストが分け与えられたり、株式の分与が行われたりするケースが多々みられ、なかには、分権化を機に独立して新たなグループを形成する兄弟たちもいる。

　ここでは、この時期にみられた総帥継承を次の四つのパターンに類型化し、それぞれ具体的な事例を挙げて検討してみることにする。第一に、長子継承が比較的うまく行ったケースである。その際、先代総帥が死去した場合と、存命のまま名誉会長などのポストに留まって継承プロセスを見届ける場合がある。第二に、長子以外の息子への継承である。長男が何らかの理由（死去など）で継げないか、あるいは先代総帥の意志で経営能力の見込まれる長男以外の息子に総帥ポストを譲るケースがみられた。第三に、総帥の兄弟や女婿など、息子以外の親族が継承する場合がある。直系継承者が若かったり娘しかいなかったりした場合である。このケースは、後ほど直系継承者が成人してグループ統率力を備えてくると「大政奉還」されることが多い。第四に、継承者が親族もしくは姻族でもない専門経営者が経営権を引き継ぐ場合である。韓国では専門経

営者がグループ会長職を引き継ぐケースはあっても一時的なことが多く、創業者一族の継承準備が整うまでの「つなぎ」の役目を果たすにすぎない[72]。専門経営者による経営権の永久継承は先進国ではよく見かけるが、創業者一族の支配志向が強い韓国では、あくまでもレア・ケースである。以上、四つのパターンについて、具体例をみながら詳述することにしよう。

　まず、第一の長子継承のケースである。このパターンは多くの財閥にみられ、双龍（金錫元）、ハンファ（金昇淵）、新東亜（崔淳永）、三美社（金顯哲）、暁星（趙錫来）など枚挙にいとまがない。ここでは、70年代初めの事例になるが、典型的な長子継承を実現したケースとしてLG（当時はラッキー）を取り上げることにする。LGは、初代総帥の具仁會が病死（69年12月31日）した直後の70年1月8日に大家族会議を開き、一堂に会した親族の総意として、長男の滋暻が二代目総帥に推戴された。彼はまだ満44歳で巨大グループを率いるには経験不足と思われたが、LGはあくまでも長子継承の原則を貫き通したのである。

　具滋暻がLGの事業に参画したのは比較的早く、朝鮮戦争直前の49年のことであった。当時、彼は釜山師範大学附属国民学校で教鞭を執っていたが、父親の厳命で楽喜化学工業社（現LG化学）の管理職に就き、叔父の泰會とともにソウルで化粧品研究の仕事に携わった[73]。その後、彼は、約20年間、朝鮮アルマイト工業社の経営（51年）や東洋電機化学工業社の設立（52年4月）に関わる一方、楽喜化学工業社理事（50年5月）、金星社理事（59年）、楽喜化学工業社専務理事（62年8月）、金星社副社長（67年1月）などを歴任し、父親の元で事業の指南を受けてきた[74]。

　LGの経営体制は、創業以来、具仁會と彼の弟たちに加え、仁會の姻族でなおかつすぐ下の弟哲會の女婿である許準九一族[75]から構成されていた。継承問題では大いにもめるところであったが、創業者の弟たちである哲會と貞會があくまでも長子継承の原則を貫き通す決意を明らかにしたことから具滋暻に後継者が決定したのである。「秩序整然たる血統継承の教科書的な例」[76]と評されるLGのケースは、「人和団結」を何よりも重視した先代の経営理念が反映した結

果でもあった。こうして、二世総帥の具滋暻は、叔父たちの後ろ盾を得つつ、LGグループの新たな顔として巨大企業集団を率いることとなったのである。

　次に、第二の長子以外の息子への継承パターンについてである。このケースは、東国製鋼（三男・張相泰）などいくつかの財閥にみられたが、何といっても三星の二代目継承が典型的な事例である。周知のように、三星の二世継承は長男ではなくて三男の健熙によって行われた。もともと三星は財閥としての歴史も古く、継承問題は60年代のうちに提起されていた。当然ながら長男の孟熙が後継者として浮上したが、ある事件の発覚が三星の継承計画を狂わすこととなった。その事件とは、66年に起こった「韓国肥料密輸事件」である[77]。この事件を機に責任を問われた李秉喆は、経営の第一線から身を引き、長男の孟熙に経営を任せてみた。ところが、その長男には企業経営の才覚がなく、6か月もしないうちに携わってきた事業を混乱に陥らせてしまったため、李秉喆は再びグループ経営に復帰することとなった。また、当時、専務の重責にあった次男の昌熙も事件に連座して継承者としての資格を失い、別途、事業を展開せざるをえなくなった。こうして、マスコミ経営に関心を示していた三男の健熙が三星の二代目総帥候補として急浮上してきたのである[78]。

　李健熙が事業家として頭角を現してきたのは、半導体事業を展開する過程においてである。いまや語り草となった感もするが、三星が74年に米カムコ社が経営していた韓国半導体の富川工場を買収する際、当時まだ半導体事業への進出に慎重な姿勢を崩していなかった李秉喆に対して、自らの資財を擲って買収に打って出たのが健熙であった。このことが、今日の三星電子に成長する出発点となったのである。その後、彼は、油公買収の失敗や原油価格高騰によるエネルギー事業の効率性問題の浮上、さらには三男のグループ継承に対する牽制などに悩まされ、81年から約5年間、米国で「放浪の時節」を送ることになるが[79]、転機は、87年11月19日の李秉喆の死去によって訪れた。78歳で亡くなるまで半世紀に及ぶ豊かな経綸を積み上げた大事業家の後継者として推戴されることになったのである。新総帥の就任式は、87年12月1日、多くの参席者のもとに湖巌アートホールで盛大に催された。

李健熙が巨大グループの総帥としてリーダーシップを発揮し始めたのは、三星創立50周年の節目を迎えた88年3月にいわゆる「第2創業宣言」を行ってからである。そのなかで彼は、三星が進むべき新規事業として宇宙航空産業、遺伝子工学、高分子化学を挙げるとともに、事業構造の改編のためにそれまで分離されていた電子、半導体、通信の3分野を統合する方針を打ち出した。その後、長年、三星の心臓部となってきた秘書室の改革にも乗り出し、93年にはいよいよ「妻と子供以外はすべて変えよう！」という掛け声の下に「質重視の新経営」を推進していった。その後の三星のサクセス・ストーリーが総帥個人の力量だけで達成されたわけでは無論ない。初代より「人材第一主義」を経営理念のトップに掲げてきた三星は、他グループに先駆けて人事公募採用制度を導入していたこともあって、生え抜きの専門経営者や優れた研究開発者に恵まれてきた。彼らの努力やサポートがあったからこそ、今日の地位を確立することができたのである。

　続いて、第三のパターンで、総帥の兄弟や女婿など息子以外の親族が継承する場合である。このパターンに当てはまる有名財閥には現代やSK[80]などが存在するが、ここでは現代のケースを取り上げておこう。鄭周永には息子8人のほかに5人の弟たちと妹一人がいた。西ドイツ留学中に交通事故死した四番目の弟の信永を除き、残りの弟4人、仁永、順永、世永、相永のすべてが現代の事業に携わった。彼らの多くが事実上分家していくなかで[81]、現代自動車を育て上げた三番目の弟の世永は、鄭周永の右腕としてグループ拡大に尽力した。80年代に入る頃には、現代の前にも後継者問題が提起されるようになる。強烈なリーダーシップを発揮してきた鄭周永も80年代半ばには満70歳を迎えることになり、後継者の選定が日程に上ってもおかしくなかったのである。ところが、予期せぬ出来事が起こった。後継者と思われていた長男の夢弼（当時、仁川製鉄社長）が交通事故で亡くなってしまったのである。まだ46歳の若さであった。そのため、当時、現代精工、現代鋼管、自動車サービスの経営を担当していた2歳下の次男の夢九（現現代自動車・起亜自動車グループ会長）が後継者候補として急浮上してきた。しかしながら、韓国を代表する巨大財閥を率いるには

力量不足の感は否めなかった。そこで、グループ会長の椅子に弟の世永を座らせ、鄭周永自らは名誉会長に就任した。87年1月のことである。

　世永は、87年1月から96年1月までの9年間、鄭周永の良き理解者として現代グループを支えてきたが、グループの最終権限はあくまでも周永個人が掌握していた。その後、グループ会長職に就任したのは次男の夢九であったが、「IMF統治」下でグループは主要企業ごとに事実上分離独立する運命をたどることとなる。世永は、グループ会長を退いた後、一時、自分の息子の夢奎を現代自動車の会長に据えたが、結局、98年11月、アジア通貨危機の最中に破綻した起亜自動車の引き受けを機に、現代自動車グループ会長には鄭周永の次男夢九が就任（同年12月）することになった。世永・夢奎親子は、現代自動車から手を引く代わりに住宅供給を手掛ける現代産業開発を委譲してもらい、99年8月に現代本体から分離独立した[82]。その後、総帥の座を巡って兄弟間（夢九と夢憲）で激しい争奪戦（いわゆる「王子の乱」）が繰り広げられたりしたが、結局のところ、現代峨山を中心に再編成された新生現代財閥のグループ会長職は、98年に鄭周永が後継者に選んだ五男の夢憲（03年8月自殺）によって引き継がれることになった。鄭周永自身は、自らが築き上げた巨大財閥の解体過程を横目で見やりながら、2001年3月21日に永眠したのである。

　最後に、第四のパターンで、継承者が親族や姻族でもない専門経営者が経営権を引き継ぐ場合である。創業者一族から専門経営者に継承権が委譲された最初の事例としては中小財閥の柳韓洋行のケースがあるが、総帥の柳一韓が71年3月に死去したのを機に彼の血族は経営から手を引き、従業員代表に経営権を任せることになった。有名財閥の事例としては、起亜のケースが挙げられる[83]。起亜は、タコ足経営が一般的な韓国の財閥としては珍しく、自動車分野の企業経営を通じて主要財閥の地位（89年売上高基準財閥ランキング第7位、第4-1表参照）を確立した。

　起亜の起源は、解放直前の44年に創業者の金喆浩がソウル南大門に設立した京城精工という自転車部品製造会社であった。彼は、18歳で日本に渡り、鉄工所の工員として腕を磨いた後、大阪にあった三和精工を買収して自転車部品や

ボルト・ナットなどを製造した経験を持っていた。朝鮮戦争中の52年に退避先の釜山においてスクラップのなかから集めた材料で国産初の自転車「三千里号」を製作し、それを機に社名を起亜産業株式会社と改めた。その後、59年にホンダの協力で国内初のオートバイ製造に成功し（C-100）、60年代に入ると東洋工業（現マツダ）との提携やUNKRA（国連韓国再建団）からの資金導入によって三輪自動車の製造（62年K-360、63年K-1500）にも成功して爆発的な人気を博した。そして、70年代に入ってからはいよいよ四輪車の製造を手掛けるようになる。73年に四輪車生産工場をソウルの所下里に設立してトラック生産を行う一方、74年には東洋工業との提携の下に同社のファミリアモデルを導入して念願の乗用車「ブリサ」のノックダウン生産を開始した。70年代半ばからは垂直的な多角化事業を推進し、部品メーカーを傘下に収めるとともに、76年にはフィアット社製乗用車などを生産していた亜細亜自動車の買収に成功した。「防衛産業体」に指定されたのも76年のことであった。こうして起亜は、国内の自動車トップメーカーとして確固たる地位を築き上げていったのである。

　起亜の世代交代は、社内初のガソリン乗用車ブリサの生産に取り掛かっている最中に突然やってきた。73年11月に創業者の金喆浩がこの世を去り、長男の相汶が二代目総帥の椅子に座ることになったのである。ここまでは典型的な長子継承のパターンであるが、第2次オイル・ショックは、金一族のグループ支配に幕を引くきっかけとなってしまう。石油を燃料とする自動車産業にとって原油価格の高騰がいかに衝撃的であったか、改めて強調するまでもあるまい。防衛産業の需要も自主国防路線（栗谷事業）の後退とともに多くの需要が見込めなくなり、80年代初めの起亜の業績は悪化の一途をたどった[84]。さらに、創業期の功臣であった金命錡が会社を去ったことも、起亜にとっては大きな痛手となった。そして、何よりも重化学工業分野投資調整の一環として実施された自動車分野の事業交換は、起亜にとって致命傷となったのである。

　総帥の金相汶は82年10月に経営不振の責任を取って会長職を辞任し、専門経営者である閔庚重（後の会長）と金善弘（後の社長）の二人に起亜の経営権を譲った。同時に、新たに財団法人を設立して韓国機械工業の発展と起亜従業員

の福祉厚生のために自らの株式の一部を寄贈し、その管理権も二人に委ねてしまった[85]。ちょうどその時、起亜を奇跡的に復活させる「ボンゴ」（原型モデルはマツダ・ボンゴ）の生産に取り掛かっており、金相浹にとっては皮肉としかいいようがない。こうして起亜は、主要財閥のなかで初めて所有と経営の分離に成功し、専門経営者体制の下で運営される「国民企業」に変貌を遂げたのである。

　その他、特異なケースとして大宇が挙げられる。大宇の源流は、67年に創業者の金宇中が設立した大宇実業である。弱冠31歳の船出であったが、大宇実業の設立に際しては、勤めていた漢城実業（貿易業）の同僚や出身校（京畿高校）の先輩後輩ら8人の協力を得ることができた。彼らのうち、漢城実業時代の上司の趙東済を社長に、宇中の京畿高同窓で金星紡織にいた李雨馥を経理課長にそれぞれ据え、自らは営業部長の職位に就いた。また、京畿高出身で大都繊維社長の都再煥、後ほど迎え入れた漢陽商事常務の李奭熙や漢城実業の尹永錫および朴世英なども京畿高の後輩たちであった[86]。このように大宇は、他の財閥が血縁によって支配体制を構築する「血縁財閥」であるのに対し、学閥によって形成された「学縁財閥」という特色を有していた。血縁者のグループ経営参加は、80年代半ばの時点で妻の鄭禧子（同宇開発・ヒルトンホテル社長）と弟の成中（大宇精密副社長）の二人にすぎなかったのである。

　このことは、大宇が主要財閥のなかでは最後発で、政経癒着を通じて確保した金融力を背景に旺盛なM&Aでグループ拡大を図ってきたことと関係があるように思われる。特恵融資のために有力政治家や官僚らとのパイプを揺るぎないものとする一方、M&Aで獲得した傘下企業の経営者には即戦力を必要としたため、多くの人材を各界からスカウトしなければならなかった。彼らは、大宇グループの重要なポストを占め、専門経営者として一定の発言力を有したのである。また、80年8月、典型的な「特恵財閥」として社会的な批判に晒されたことを機に、金宇中が全財産200億ウォンを大宇文化財団（78年設立）に出資してしまったことも影響しているのかもしれない。ただ、金宇中個人が株式所有による直接的なグループ支配を行っていないといっても、大宇財閥の事実

上の持株会社である大宇実業や大宇文化財団などを通じて大きな影響力を行使することができたのである。大宇のケースは、極めて特異な事例ながら、財閥総帥が君臨しつつも所有と経営を分離できる一つの可能性を示したものといえなくもないが、「IMF統治」下でのあっけない解体ぶりを目撃した今となっては、非血縁型財閥である大宇の求心力は意外と脆いもであったと判断せざるをえない。

以上のように、主要財閥は様々な継承パターンを示しながらも次期総帥にグループ支配権を委譲することができた。継承に失敗したり対立の禍根を残したりした財閥は、その後の成長に暗雲の立ちこめることもあった。いずれにせよ、総帥継承をつつがなく終了できた財閥こそが、80年代以降の成長過程においても主導権を発揮することができたのである。

4．小括──「成熟期」の財閥資本と分断体制資本主義の変容──

(1)「成熟期」における財閥資本の様相

本章では80年代を解放後韓国財閥資本の展開過程における「成熟期」ととらえたが、70年代までの拡大路線の矛盾が表面化した前半期は、事実上「調整期」に相当したといってよい。既述のように、財閥資本が本格的に成熟していくためには、その前提条件として重化学工業分野投資調整や不実企業整理事業などの構造調整を必須とした。その結果、財閥企業の財務構造が改善し、成熟期と呼ぶに相応しい活発な企業活動が展開されるようになったのである。

財閥資本にとっての成熟期は、ちょうど韓国経済がかつてない高成長を記録した時期と符合している。「三低現象」と呼ばれたこの時期の経済成長は、多分に韓国経済を取り巻く外部条件の改善によってもたらされたものであったが、実際問題として、成長の担い手となった財閥企業が外部環境の変化に即応できるだけの能力を備えていなかったならば、このような高パフォーマンスは望むべくもなかったであろう。成熟期における主要財閥企業の投資パターンは、好

第4-4図　30大財閥の鉱工業部門における経済集中度（1981〜90年）

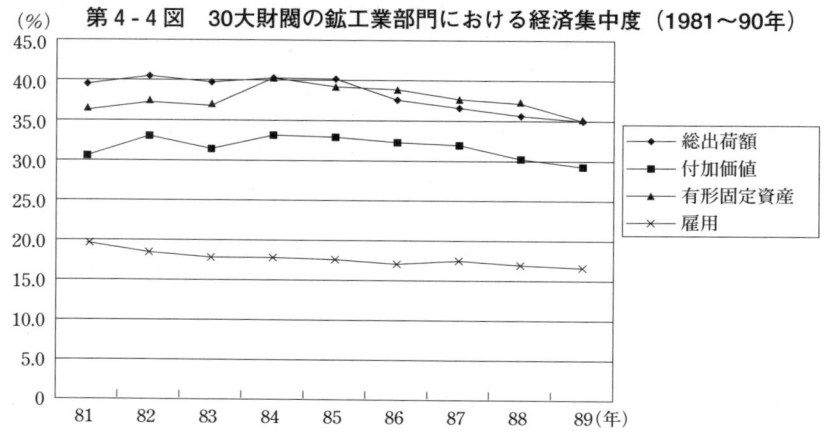

（グラフ：縦軸 (%) 0〜45.0、横軸 81〜89(年)）
- 総出荷額
- 付加価値
- 有形固定資産
- 雇用

出所：李成舜・劉承昊「第6章　産業組織の展開と政策対応」車東世・金光錫〔共編〕『韓国経済半世紀歴史的評価と21世紀ビジョン』韓国開発研究院、ソウル、1995年所収、415頁、表6-10より作成。

　景気で稼ぎ出した利益をもっぱらR&Dや多角化事業に投資し、さらなる発展のための基盤づくりを行うものであったが、その意味では、狭義の成熟期は、90年代以降の「爛熟期」（90〜97年）へ向けた準備期でもあったのである。

　冒頭でも触れたように、成熟期における財閥資本の全体的な特色は、現代、三星、LG、大宇といった4大グループやSK、双龍、起亜、ロッテ、韓進、暁星を加えた10大財閥がほぼ固定される一方、韓一合繊や錦湖など中堅財閥のなかで不実企業の引き受けや政府企業の払い下げなどを通じて上昇転化する財閥が現れたことである。その陰で、いくつかの名門財閥や新興財閥が消滅していく光景も目撃された。財閥ランキング7位に位置していた国際は、全斗煥政権との確執により解体の運命をたどり、合板トップメーカーの東明木材（姜錫鎮）は、輸入木材の高騰や多角化の無理がたたり、80年代早々に財界の表舞台から姿を消した。また、運輸業や観光・レジャー産業で頭角を現した明星（金澈鎬）も、私債市場絡みの不正融資事件が発覚して破綻してしまった。こうした財閥の連鎖破綻は財界全体を震撼させる悪材料となったが、かつてもそうであったように、ある財閥の破綻は他の財閥にとって自らの勢力を拡大する絶好の機会でもあった。国際グループの傘下企業を買収した韓一合繊や東国製鋼、明星グ

第4-18表　主要財閥の製造業部門における経済集中度

	系列企業数（社）				出荷額比重（％）				雇用比重（％）			
	1982	1983	1985	1989	1982	1983	1985	1989	1982	1983	1985	1989
5大財閥	89	89	94	91	16.9	22.3	23.0	21.4	9.1	8.5	9.7	9.9
10大財閥	153	144	147	141	23.8	29.6	30.2	27.3	12.8	11.9	11.7	12.1
30大財閥	271	264	270	262	36.0	39.9	40.2	35.4	22.4	17.9	17.6	16.9

出所）張志祥「第13章（Ⅱ）経済力集中」邊衡尹〔編著〕『韓国経済論』（第3版）裕豊出版社、ソウル、1995年、583頁、表13-21より作成。

ループの系列企業を引き受けた韓国火薬（ハンファ）などは、この時期、勢力拡大に攻勢をかけた代表的な財閥であった。

ところで、成熟期における財閥資本の国民経済に占める比重は、巨大企業集団を主な対象とする規制が整備されたこともあって、80年代後半以降、総出荷額などいくつかの指標では僅かながら減少傾向を示している（第4-4図および第4-18表参照）。しかし、全産業を基準とした国民経済の財閥集中度をみると、89年の時点で5大財閥の付加価値が9.2％、30大財閥のそれが16.3％を占めており、依然として30大財閥に含まれる主要財閥のウエイトは大きいといってよい[87]。

問題は、資金などの資源を大量に費やす割には財閥資本のパフォーマンスが芳しくないばかりか、不動産の買い占めや各商品市場における独寡占化がはびこってしまい、経済全般における競争原理を阻害する傾向が強いことであった。しかも、企業活動が政経癒着を通じたレント・シーキングに傾斜し、系列企業間の内部取引[88]や相互投資による水増し行為が横行するなど、自由競争を通じた利潤追求という本来の企業経営の姿からすると、あまりにもかけ離れた現実が財界を支配していたのである。さらに、財閥資本が成熟期を迎えても株式公開企業の増加状況は蝸牛の歩み（公開企業数比率83年14.0％ → 91年28.7％）[89]をたどり、創業者一族によるグループ支配は、文化財団や一部の中核企業を通じた重層的な所有構造によって揺らぐ気配を一向に見せていなかったのもまた問題であった。

(2) 分断体制資本主義の変容

　このような財閥資本のビヘイビアは、そのダイナミックな経済活動や国民経済に占める比重の大きさゆえに、韓国資本主義の性格そのものを規定する極めて重要な要素となりうる。とりわけ、成熟期にみられた財閥資本の新たな展開、すなわち先端産業分野への進出や海外直接投資の増大などが、韓国における資本主義の発達にとっていかなる意味を有するのか、大いに注目されるところである。

　これまで本書では、解放後韓国資本主義を「分断体制資本主義」と規定して分析を試みてきた。ここでいう「分断」とは、単なる体制間対立による南北朝鮮の分断を意味するのではなく、解放に伴う日本資本主義からの離脱および南北経済の切断という「二重の分断」を含意するものである。分断体制資本主義としての韓国経済は、解放後、米国の圧倒的な影響下で冷戦体制に組み込まれた後、65年の韓日条約締結を機に日本資本主義と再び邂逅する。ここに、韓国経済は、もっぱら世界冷戦体制に規定された分断体制資本主義としての基本的な性格を刻印されることとなった。

　その後の展開過程では、外部規程性を強く受けつつも独自の力学構造を内在させた資本主義システムとして韓国経済は発展していくが、ちょうどその資本主義発展が広く認知され始めた80年代に、韓国資本主義の性格規程を巡って一大論争が展開されるようになる。「韓国資本主義論争」ないし「韓国社会構成体論争」などと呼ばれたこの論争は、70年代末の従属理論（新従属学派）の受容過程で実質的に始まっていたが、雑誌『創作と批評』の85年10月号に掲載された二つの論文が本格的展開の契機となった[90]。その二つの論文とは、一方が国家独占資本主義論（国独資論）の立場から周辺部資本主義論（周資論）を批判したものであり、もう一方が周資論の視点から国独資論を批判したものであった。その後、論争は、植民地半封建社会論（植半論）などの諸理論を巻き込みながら、文字通り百家争鳴の様相を呈するようになるが、その影響は、学生運動や労働運動などの運動圏へも及び、80年代民主化運動の進展に理論面から

貢献することとなった。理論的対立点については、それぞれの資本主義観や基本的矛盾のとらえ方など多岐にわたっており、ここでは詳述する余裕はないが、最大の争点として浮上してきたのは、この間の資本主義発展によってもたらされた階級矛盾の激化と韓国資本主義の対外従属性をいかに統一的にとらえるかであった。周資論が従属理論の退潮とともに論争の表舞台からフェードアウトしていったのに対し、国独資論は対外従属性を半ば受容する形で「新植民地国家独占資本主義論」や「隷属的国家独占資本主義論」などに転化していった。

論争自体は、韓国経済の持続的発展（脱従属化）や市民運動の台頭など、資本主義発展の新局面に対応するすべなく鎮静化の一途をたどったが、問題の一つは、論争に参戦した諸学派が財閥資本の存在を自らの理論的射程に収めきれなかった点にあった。対外従属性＝民族矛盾を重視して財閥資本の「買弁性」を批判する周資論者はもちろんのこと、その対極に立つ国独資論者の方も、国家と独占資本との関係や国民経済の形成を担う民族資本を重視するあまり、財閥資本自体に対する理論的装置を十分に構築することができなかった。このような過去の資本主義論争の教訓からも、財閥資本に焦点を当てた韓国資本主義論の重要性が再認識されるのである。

このことを踏まえた上で、改めて成熟期における財閥資本の新展開が韓国資本主義の性格規定にいかなる影響を与えたのかについて吟味することにしよう。まず、先端産業分野への進出についてである。既述のように、多くの主要財閥は、政府との協力体制の下、半導体や遺伝子工学などの先端産業を育成するために、巨額のR&D投資を行うなどして新技術の開発に奔走した。こうした投資行為は、成長会計でいうところの全要素生産性（total factor productivity）の向上を目指したものであり、韓国資本主義の内包的発展に寄与するものであった[91]。

ただし、韓国における技術発展は、自力開発というより海外からの技術導入や資本財等の輸入に深く依存してきた事実を忘れてはならない。韓国の工業化は、外国の資本財や重要部品に依存する傾向が強かったため、しばしば「組立型工業化」[92]と呼ばれてきた。そこには、韓国における技術・熟練蓄積の脆弱

性を指摘する問題意識が込められており[93]、実際、技術集約度のより高い産業に主力分野の生産段階がシフトしても、韓国企業が自主開発できない核心的な生産技術や工作機械および重要部品については、日本などの先進国に依存せざるをえなかった。何よりも、2005年末で2500億ドルに上った莫大な対日貿易収支の累積赤字がそのことを雄弁に物語っているのである。三星電子など世界の最先端技術開発で競争力を発揮する韓国企業も例外的には存在するが、その三星といえども最近の対日輸入額は年間１兆円に上るといわれ、重要部品等を日本に依存する構造は他企業とさしたる違いはない。技術（特に先端技術）面での対外従属性は、依然として韓国資本主義の性格に色濃く投影されているといわなければならない。

　一方、韓国企業による海外直接投資の増大は、韓国資本主義の外延的発展を推進する主要因となった。一般に、国際投資（資本輸出）の恒常化は、当該国の資本主義発展段階を規定づける一つのメルクマールとなるが、韓国の場合、この点に関して注目すべき事柄は、東欧共産圏諸国との関係正常化や北朝鮮との関係改善が海外市場と投資地域の拡張に貢献したことである。80年代半ば頃までの韓国は、「新冷戦」時代の到来という国際情勢のなかで、自由主義陣営における反共最前線基地として自らの地位の再定立に腐心してきた。全斗煥政権が日本から40億ドルに上る巨額の借款を導入する約束を取り付けることができたのも、韓国が共産主義の脅威に対する「防衛の砦」となってきたという、いささか古びたレトリックを日本政府に認めさせたからにほかならなかった[94]。国是である反共主義を曲げてまで盧泰愚政権が「北方政策」を掲げたのは、単に、冷戦の終焉という国際政治の潮流を勘案した戦略的判断からなされたのではなく、外延的展開期を迎えた韓国資本主義の発展段階が提起する内なる要請のなせる業でもあった。冷戦期に自由主義陣営の市場を対象に生産活動を展開してきた韓国企業は、韓国資本主義の発展とともに新たな市場の開拓を必須としたのである。これら共産圏の市場は一般にリスクの高い「ニッチ市場」であったが、そこに敢えて進出していったのは、先進国市場で苦戦する韓国企業にとって少々のリスクを冒しても新天地の確保に努めなければならないという後

発資本主義としての韓国経済の地位が反映した結果でもあった。いずれにせよ、韓国企業の共産圏市場へのアクセスは、世界冷戦ばかりか南北分断の対峙関係をも乗り越えようとするダイナミズムを生み出し、それらを前提に成立する分断体制資本主義の存立条件そのものを切り崩す因子として作用した。ここに、われわれは、分断体制資本主義の発展によって分断体制そのものが否定されるという弁証法的な力学構造のメカニズム化を看取できるのである。

このように、成熟期における財閥資本のビヘイビアは、韓国資本主義の内包的発展と外延的発展の推進力を提供し、そのことがまた、分断体制資本主義としての韓国資本主義の性格を変容させる作用を伴った。しかしながら、90年代以降のグローバル化時代の到来により、韓国資本主義の二つのベクトルは、一面では早熟的に促進され、もう一面では発展を阻害される、跛行的で矛盾に満ちたプロセスをたどることを余儀なくされるのであった。97年のアジア通貨危機こそは、そのような韓国資本主義のアンビバレントな性格を余すところなく露呈させてしまう契機となったのである

【注】

1) 韓国の対外債務残高（長期・短期）は85年末に467億6000万ドル（対GNP比率55.9％）のピークに達し、ブラジルなど中南米諸国に次いで世界第4位の債務大国となった。DSR（債務返済比率）は、85年に21.7％に上昇して危険水位の20％を超えていたが、累積債務問題が発生した82年の中南米諸国のDSR——ブラジル66.6％、アルゼンチン53.3％、メキシコ52.1％——に比べれば、まだ低い方であった。財務部・韓国産業銀行『韓国外資導入30年史』ソウル、1993年、224〜246頁参照。

2) 「6・29民主化宣言」とは、当時、与党民主正義党代表委員の盧泰愚によって発表された民主化措置のことである。内容は、大統領直接選挙制のための改憲と88年平和的政権委譲、金大中元大統領候補の赦免復権、言論基本法の廃止など8項目にわたっている。背景には、87年1月に起こったソウル大生（朴鍾哲）拷問死事件をきっかけに高まった反政府民主化運動が、いわゆる「6月抗争」となって全国的な展開を見せたことがあった。同宣言を機に韓国の民主化は一挙に進展し、朴政権成立以来30年間引き続いた軍事政権時代にようやく終

止符が打たれた。
3) 朴大統領暗殺直後に大統領職（第10代大統領）を引き継いだのは崔圭夏であった。外交部長や国務総理などを歴任した彼は、文民出身の大統領であったが、全斗煥新軍部勢力による権力奪取過程で政権の座を追われた。
4) 韓国は、世銀の構造調整ローンを81年12月22日に250万ドル、83年11月8日に300万ドルそれぞれ導入したが、コンディショナリティとして輸入自由化の実施、関税構造の改編、エネルギー価格体系の改編、糧穀管理基金の廃止、産業構造の改編などが盛り込まれた。また、産業金融転貸借款を83年6月29日に255万ドル、85年10月8日に222万ドルそれぞれ導入した際には、金利の自由化、金融機関の自律性の付与、金融市場の国際化、政策金融の廃止などが求められた。このような世銀をはじめとする国際金融機関の意向は、安定成長、自由化、市場開放など新古典派的政策目標を掲げた80年代における韓国政府の経済政策に少なからぬ影響を及ぼしたものと思われる。姜錫寅〔著〕『外資導入と韓国の経済発展——経験的分析と政策——』凡信社、ソウル、1994年、53〜54頁参照。
5) 経済安定化政策が最初に実施されたのは朴政権末期の79年4月であったが（4月17日「経済安定化総合施策」発表）、その年の10月には大統領暗殺事件が起こったために同施策は事実上中断され、朴政権を引き継いだ全斗煥政権期になってから本格的に取り組まれるようになった。
6) 金光錫・金俊経「経済発展の総合評価」車東世・金光錫〔共編〕『韓国経済半世紀　歴史的評価と21世紀ビジョン』韓国開発研究院、ソウル、1995年所収、67頁。
7) 趙東成〔著〕『韓国財閥研究』毎日経済新聞社、ソウル、1990年、206頁、388頁参照。
8) 金光錫・金俊経、前掲書、76頁。
9) 日海財団は、もともと83年10月に起こったアウンサン廟爆破事件の遺族支援のためにつくられた基金であったが、途中で国家安全保障や統一問題のための外交戦略を研究する基金に性格を変えた。その実態は、全政権の政治資金収集機構にほかならなかった。
10) 3次にわたる重化学工業投資調整措置の内容については、韓国経済研究院〔著〕『韓国の企業集団——30大企業集団の形成と成長要因』韓国経済研究院、ソウル、1995年、251〜257頁、韓国開発研究院『韓国経済半世紀　政策資料集』ソウル、1995年、367〜368頁、380〜381頁を参照。

11) 同委員会の席上で、大宇の金宇中は、発電設備は現代に任せて大宇は自動車を選択する旨を建議したが、後ほど現代の鄭周永はこれを拒否し、発電設備を放棄して自動車を選択する意向を明らかにした。結果的に、第2次調整では現代側の提案が反映される形となった。李鍾宰〔著〕『財閥履歴書』韓国日報、ソウル、1993年、298頁参照。
12) 自動車産業の投資調整はその後も迷走し、81年に「2.28措置」(自動車工業合理化措置)が打ち出されて一応の決着を見た。同措置では、①乗用車、ピックアップ部門：現代とセハンに二元化、②1トン以上5トン未満トラックおよびライトバス：起亜に一元化、③特装車部門：東亜自動車に一元化、④二輪車：起亜機燃と大林工業を合併した会社と暁星機械に二元化することが決定した。しかしながら、起亜と東亜自動車の統合構想は82年7月になって白紙化し、両社とも特装車生産に関わることとなった。さらに、87年1月にはこの「2.28措置」も解除され、起亜自動車の乗用車部門への参画が許されるようになった。現代自動車〔編〕『現代自動車史』ソウル、1992年、1048頁、年表（ただし、李ハング〔著〕『韓国財閥形成史』比峰出版社、ソウル、1999年、410頁より）、李ハング〔著〕同書、412頁、加藤健彦・窪田光純〔共著〕『韓国自動車産業のすべて』日本経済通信社、1988年、60頁を参照。
13) 李ハング〔著〕『韓国財閥史』大明出版社、ソウル、2004年、373頁。
14) 当初、経済企画院は本格的な公正取引法を作成しようとしたが、財界や一部の学者などから時期尚早という異論が提起され、出来上がった試案も与党民主共和党との協議過程で価格、利潤配当、賃金などの調整に関する条項が削除されるなど、独禁法としての内容に乏しいものになってしまった。ちなみに、削除された条項は試案の6条に盛り込まれていた価格、利潤配当、賃金などの調整に関する規程であったが、内容は、経済企画院長官は国民生活の安定と国民経済の均衡ある発展を促進するのに特に必要であると認められる場合には、価格または料金、利潤配当および賃金の維持および調整に関する措置をとることができる、というものであった。経済企画院『開発年代の経済政策──経済企画院20年史』未来社、ソウル、1982年、147～148頁参照。
15) 「企業集団」とは「同一人が一定基準によって事実上その事業内容を支配する会社の集団」と定義されている。大規模企業集団は、資産総額を基準にして87年4月1日から指定され始めた。その基準は、92年4月1日に資産総額4000億ウォン以上から資産総額第1位～30位に変更された。
16) 88年末時点の30大財閥の連結財務諸表を分析した資料によると、系列会社持

ち分として計上処理された架空資本額は合計総資本の19％に相当する3兆2393億ウォンに上った。したがって30大財閥の純粋資本金は差し引き総資本金の81％であり、そのうち財閥オーナーおよび家族が出資した比率が16.1％なので、彼らが純粋に出資した比率は13.0％（0.81×0.161×100≒13.0）ということになる。また、88年末現在の30大財閥の自己資本比率は19.5％で、財閥オーナーおよび家族は総資産額69兆7690億ウォンのわずか2.5％（0.195×0.13×100≒2.5）の資本で40倍の資産を実質的に所有することが可能となっている。姜哲圭・崔廷杓・張志祥〔共著〕『財閥——成長の主役なのか、貪欲の化身なのか』比峰出版社、ソウル、1991年、48頁参照。

17) 金連珪が経営していた大韓重機は帰属財産として払い下げられた企業であった。植民地時代は関東機械製作所という社名で、ソウルの永登浦に設立された。解放後、社名を大韓重機と改め、防衛産業体にも指定されたことから韓国屈指の機械メーカーとして成長を遂げたが、米国の規制で海外輸出の道が閉ざされたこともあって80年代初めには赤字経営に転落し、結局、韓国産業銀行の管理下に置かれることになった。

18) 梁正模率いる国際グループは、破綻が明らかになった85年当時、貿易、建設、履物、紡織、鉄鋼、製紙、金融業など多分野にわたる企業群を傘下に置く財閥ランキング7位の巨大グループであったが、巨額の負債を抱え、メーンバンク（第一銀行）の手形不渡り処理をきっかけに政府支援も拒否されて財閥の歴史に幕を下ろした。政府支援を受けられなかった背景には、83年に全斗煥政権が求めた「セマウル誠金」（政治献金）に十分な献金をしなかったことが全斗煥自身の不興を買ったという事情があった。梁自身の証言によると、「財閥ランキング7位の国際は3億ウォンを出し、献金ランキングは30位だった…（これらの行為が）大統領には不敬罪に見えた」という。全政権時代は、財団などの寄付行為を通じて露骨な政治資金集めが行われたが、国際グループは権力をカサにした軍事政権の見せしめになったとしかいいようのない末路をたどったのである。李鍾宰〔著〕前掲書、312～315頁参照。

19) 海運業合理化の過程で当時の海運不況の深刻さを象徴する事件が発生した。87年4月19日に財閥ランキング27位の汎洋商船の経営者、朴健碩がソウルの斗山ビルから投身自殺したのである。80年代半ばの海運不況のただ中で巨額の負債を抱えた末の悲劇であった。彼は、76年に米国で発覚したコリアゲート事件（韓国中央情報部による米議会議員買収工作事件）の中心人物である朴東宣の実兄で全国経済人連合会の副会長を務めたこともある人物であった。朴政権期

に政経癒着を通じて派手な事業拡大を展開していたが、合理化過程でかつての「神通力」も功を奏せず、専門経営者との確執の果てに自らの命を絶ってしまったのである。
20) 李奎億・李在亨〔共著〕『企業集団と経済力集中』韓国開発研究院、ソウル、1990年、68頁、金俊経「銀行不実債権整理方案に関する研究」韓国開発研究院『韓国開発研究』第13巻第1号、ソウル、1991年所収を参照。
21) 李鍾宰〔著〕前掲書、322頁参照。
22) 李ジョンチャンは、全斗煥政権が80年代半ばの不実企業事業を通じて政権発足当初の市場志向政策から国家＝大企業支配連合へ回帰（the return to a collusive state-big business governing coalition）したととらえている。Rhee, Jong-Chan, *The State and Industry in South Korea: The Limits of the Authoritarian State*, London, Routledge, 1994, pp.202-228参照。
23) 第3章、179頁、第3-10表参照。
24) 李ハング〔著〕前掲書（1999年）473頁参照。
25) 趙東成〔著〕前掲書、208頁、表5-34参照。
26) 同上書、210頁、表5-38参照。
27) 李ハング〔著〕前掲書（1999年）349～352頁、同〔著〕前掲書（2004年）390～392頁を参照。
28) 油公がSKグループ全体の売上高に占める比重は、引き受けて間もない83年と84年にそれぞれ56.4％、52.9％と過半を超えていた。服部民夫・大道康則〔共著〕『韓国の企業――人と経営』日本経済新聞社、1985年、146頁の表を参照。
　また、油公の高収益ぶりは、ガルフが63年の進出から撤退するまでの17年間に投資資金3000万ドルの170％に当たる5100万ドルの果実送金を確保し、株式投資分2500万ドルに対しても370％に相当する9300万ドルを回収した事実に如実に示されている。鮮京グループ弘報室『鮮京四十年史』ソウル、1993年、542頁参照。
29) 当初、返済方法は、①油公の持株会社である大韓石油持株の有償増資、②大韓石油持株が長期借款を導入して返済する方法、③能力ある民間企業への売却、の三つの方法が考えられていたが、高位層の指示で民営化の方針が決定した。所管部署の動力資源部（当時）が国営ないし公社化の方針を打ち出していたにもかかわらず、権力中枢に近い有力者の一言で民営化の方向へ急旋回することになったのである。背景にSK側の働きかけがあったかどうか不明であるが、全斗煥政権が財団への寄付による政治資金集めに非常に熱心だったことや、盧泰

愚政権時代にSKが第2移動通信事業者に決定する際に崔鍾賢の長男泰源の妻が盧泰愚の娘だったことが有利に作用したことなどを勘案すると、高位層の意向で方針転換された背景には何らかの力学が働いたと想定してもあながち的外れではない。李鍾宰〔著〕前掲書、301頁参照。

30) 原油導入先の確保については、三星がメキシコからの原油導入に努力したが、SKは、崔鍾賢がシカゴ大学留学中にサクォン・サウジアラビア王子との面識があったことも手伝って（SK側は否定）、サウジアラビアから原油供給の確約を取り付けることができたといわれる。同上書、302頁参照。

31) 経済企画院『経済白書』1981年版参照。

32) 80年代に入ると、韓国でも貿易の自由化とともに金融・資本の自由化が政策日程に上るようになる。金融の自由化の面では、85年の外国銀行に対する金銭信託業務や手形交換所加入の許可から始まり、翌86年には米国生命保険会社の国内進出が認められた。それと並行して資本市場の開放も行われた。81年1月に90年代前半までに完全自由化を目指した「資本市場国際化長期計画」が立案され、88年12月には「資本市場国際化の段階的拡大推進計画」が発表された。これにより、国内での外国人専用受益証券発行や海外での証券発行が可能となり、国内資本市場の開放と国内金融機関による海外進出の道が同時に開かれた。

33) 李ヨンフン、裵ヨンモク、朴ウォナム、金ソクチン、ヨン・ガンフム〔共著〕『韓国の銀行100年史』ウリィ銀行・韓国金融学会、ソウル、2004年、488頁参照。

34) 82年5月に発覚した「李哲熙・張玲子事件」が代表的なものである。この事件は、全斗煥政権との癒着関係が取りざたされた大型詐欺事件であった。詐欺の手口は次の通りである。事件主人公の張玲子が権力中枢との関係（全斗煥大統領夫人の叔父である李圭光との姻戚関係）をちらつかせながら経営に苦しむ企業に有利な融資話を持ち掛け、多額の手形を担保代わりに振り出させてその手形を私債市場で割り引いて資金を調達し、その資金を融資に回すとともに、残りを株式投資などで運用して巨額な利益を得たのである。流出した手形総額は7111億ウォン、詐欺額は1801億ウォンに上った。事件に関連した企業は、共栄土建、日新製鋼、太陽金属、三益住宅、ヘテ製菓、ライフ住宅など、その多くが80年代初めの不況で経営難に陥った中小企業であった。また、張夫婦が引き起こした一連の金融詐欺事件に連座して、朝興銀行や産業銀行の行長が拘束されたり与党事務総長が更迭されたりするなど、金融界ばかりか権力中枢にも波紋が及んだ。韓国日報『激動の時代』ソウル、1992年、160頁参照。

35) 保険会社などを通じて銀行株を購入した事例をいくつか示しておくと、三星は東邦生命と安国火災を通じて朝興や商業などを、現代は国逸証券などを通じてソウル信託や韓一を、大宇は三宝証券などを通じて第一を、新東亜は大韓生命や新東亜火災保険を通じてソウル信託を、それぞれ影響下に置いた。
36) 三星は、80年代末の時点で、第一製糖、三星物産とともに三星生命を中核企業にし、それらを通じて傘下企業の支配を実現していた。総帥およびその家族は、中核企業の株式をそれぞれ保有し、中核企業の間では第一製糖が三星生命の、さらに三星生命が三星物産の株式の一部を保有することでピラミッド型の支配構造を形成した。88年末時点における李健熙およびその家族の持ち分はわずか5.7%にすぎなかったが、系列会社相互出資持ち分は45.7%に達しており、わずかな株式所有で巨大グループ全体の支配が可能となっている。

　現在（2005年）では、三星生命の株式を非上場企業の三星エバーランド（レジャー施設、ゴルフ場経営）が所有し（05年6月末時点で13.34%）、そのエバーランドの株式を李健熙・在鎔親子が所有する構造となっている。とりわけ、長男の在鎔（01年、三星電子常務に就任）の持ち分が25.1%（健熙3.72%）と異常に多いことから、2000年6月、全国法学部大学教授43名は、世襲目的の不当な安値による贈与ではないかという疑いを持ち、李健熙会長ら33名を業務上背任の罪で告発した。03年12月のソウル地検による起訴を経て、05年10月4日、ソウル法院（中央地裁）は背任罪を問われた前社長らに執行猶予付きの有罪判決を言い渡した。

　三星エバーランドは、96年11月に転換社債（CB）の発行を決め、李会長の4人の子供たちが全株式の62.5%に当たる125万4777株を株当たり7700ウォンで取得し、そのうちの約半分（62万7000株）が李在鎔の持ち分となった。その際、転換社債の価格がグループ企業の引受価格と李一族のそれとの間に大きな格差があったため（検察側が提示した適正価格は株当たり8万5000ウォン）、総帥の李健熙が世襲を目的にグループ持株会社の機能を果しているエバーランドの株式を長男の在鎔に贈与したのではないかという疑念が持たれていた。姜哲圭・崔廷杓・張志祥〔共著〕前掲書、43頁の表17および46頁の図2、『韓国経済新聞』05年10月5日、『日本経済新聞』05年10月5日、朝刊を参照。
37) ちなみに、国税庁の調査によると、89年末現在30大財閥の第三者名義による土地所有は39.3km²、同時期の30大財閥の土地所有総面積が約407km²なので、合計すると446.3km²になる。したがって、それが88年末現在の法人所有土地面積4496km²に占める比重は9.93%、約1割を占める計算になる。同上書、34頁

より算出。
38) 同上書、38頁参照。
39) 同上書、36頁参照。
40) 李鍾南〔著〕『財閥――経済成長の必要善か必要悪か』ヒョンジェ、ソウル、1985年、168頁参照。
41) 一例を挙げると、三星は、すでに、太平路に建てていた25階建ての本社ビルをはじめ、乙支路入口に三星本社ビル、西小門にマスコミセンター、新世界百貨店、新羅ホテル、朝鮮ホテル、汝矣島に15階建ての東邦生命ビルを所有していたが、新たに、南大門に延べ面積8万1000m²の24階建ての東邦生命ビルと西小門に延べ面積10万m²の18階建ての新しいマスコミセンターを建設するとともに、乙支路入口に安国火災名義で延べ面積5万m²の21階建てのビルを建設した。そのため、太平路と西小門一帯は「三星ビルディングタウン化」したとまで評された。同上書、166～167頁参照。
42) 姜哲圭・崔廷杓・張志祥〔共著〕前掲書、36頁参照。
43) 大企業に対する貸し付けを含む総貸付についてみると、87～89年間に信用貸付が40%台半ばであるのに対し、担保貸付は50%台半ばを維持している。うち不動産担保貸付は、87年40.7%、88年43.4%、89年38.3%となっている。李ユノ〔著〕『韓国の財閥2――財閥の財務構造と資金調達』ナナム出版、京畿道波州市、2005年、78頁、表4-4参照。
44) 李鍾南〔著〕前掲書、143頁参照。
45) 宅地所有上限制は、5人家族を基準とする6大都市の宅地面積の上限を200坪とし、超越分に対しては負担金を課すというものである。開発分担金制は、開発事業や事業変更などで生じた開発利益の50%を分担金として還収させるものである。土地超過利得税制は、地価上昇の激しい土地所有に対して上昇分の50%を賦課するものである。韓国開発研究院、前掲書、525～527頁参照。
46) 財務部・韓国産業銀行、前掲書、241頁、表Ⅴ-30、293頁、表Ⅵ-28より算出。
47) 米国など先進諸国における知的財産権保護の高まりは、一方で86年に開始が確認されたGATTウルグアイ・ラウンドでの知的所有権貿易ルール作りに反映され、他方で特許侵害訴訟の頻発となって現れた。後者に関しては、同じ86年にTexas Instruments社がDRAMデザイン技術を巡り三星や日本の半導体メーカーを相手取って特許侵害訴訟を起こしたほか、Intel社も同じくデザイン技術を巡って現代と現代にデザインを供給した業者に対する特許侵害訴訟を起こした。
48) 金仁秀・成素美「第7章 科学技術：政府支援と企業戦略」車東世・金光錫

〔共編〕前掲書、460～461頁参照。

49) 三星に関しては、以下の文献を参照した。三星会長秘書室『三星60年史』ソウル、1998年、年表、三星電子㈱『三星電子30年史』ソウル、1999年、李秉喆〔著〕『湖巌自伝』中央日報社、ソウル、1986年、第8篇第2・3章、李ハング〔著〕前掲書（1999年）424～427頁、同〔著〕前掲書（2004年）471～474頁、韓国経済新聞特別取材チーム〔著〕『Samsung Rising 三星電子なぜ強いのか』韓国経済新聞、ソウル、2002年（〔日本語訳〕韓国経済新聞社〔編〕『サムスン電子』福田恵介〔訳〕東洋経済新報社、2002年）、服部民夫・大道康則〔共著〕前掲書、86～87頁。

50) 三星が半導体産業に携わるきっかけは、李健熙（二代目総帥、87年グループ会長就任）のリーダーシップの下に77年12月に米国カムコ社（ICII）から韓国半導体の富川工場（韓国初のウエハー加工工場）を引き受けたことであったが、その韓国半導体を翌年（78年3月）三星半導体に改称した。その後、三星半導体は三星電子に吸収されるが（80年3月）、82年12月27日に三星電子内の半導体・コンピュータ事業チーム（同年10月組織化）を韓国電子通信に吸収させる形で三星半導体通信が設立された。そしてさらに、88年11月に三星電子が三星半導体通信を再吸収して現在にいたっている。三星電子㈱、同上書、198～199頁および248～253頁参照。

51) 半導体の初期開発に携わった技術者としては次の人物たちがいた。米国カリフォルニア大学の李林成博士、ザイログ社技術センター本部長の李相駿博士、IBMの陳大済博士（16メガDRAM開発、盧武鉉政権情報通信部長官）、「黄の法則」で有名な米国スタンフォード大学出身の黄昌圭博士（256メガDRAM開発、三星電子半導体統括社長）である。彼らは単なる研究開発者にとどまらず優れた専門経営者としての能力も発揮した。

　ちなみに「黄の法則」とは、65年にインテル創業者ゴードン・ムーアによって唱えられた「ムーアの法則」が「1年6か月ごとに半導体チップの貯蔵容量が2倍ずつ増える」としたのに対し、「1年ごとに半導体チップの貯蔵容量が2倍ずつ増える」と提唱したものである。現に、三星電子は、99年256メガバイト・メモリー半導体を皮切りに、2000年512メガ、2001年1ギガ、2002年2ギガ、2003年4ギガ、2004年8ギガ、2005年16ギガバイト・フラッシュメモリー半導体、そして2006年には32ギガバイト・フラッシュメモリー半導体の開発に成功してきた。

52) 財務部・韓国産業銀行、前掲書、226頁、表Ⅴ-17参照。

53) 81～85年間に民間企業が外貨債券発行を通じて調達した資金8億3400万ドルのうち、53.6％が施設財導入に、28.6％が海外事業および投資にそれぞれ使われた。同上書、233～235頁、286頁、表Ⅵ-21参照。
54) 曺斗燮・尹鍾彦〔共著〕『三星の技術能力構築戦略――グローバル企業への技術学習プロセス――』有斐閣、2005年参照。
55) 現代グループ文化室『現代五十年史』（上）ソウル、1997年、629～939頁、李ハング〔著〕前掲書（1999年）449～453頁、同〔著〕前掲書（2004年）499～503頁、鄭周永〔著〕『危機こそ好機なり』金容権〔訳〕講談社、2000年、194～198頁を参照。
56) 財務部・韓国産業銀行、前掲書、226頁、表Ⅴ-17参照。
57) 華人系IC設計会社のVitelic社は、当初、台湾での事業に取り組み、85年4月には台湾の電子工業研究所と共同で256K CMOS DRAM製造技術の開発に成功したが、当時の台湾にはステッパー（縮小投影型露光装置）もない状況だったので、同設計技術を競争相手である韓国の現代電子に売却してしまった。そのため、同社は、国宝級の技術を台湾に提供してくれた「愛国者」という評価から一転して「売国奴」の汚名を浴びせられてしまう。水橋祐介〔著〕『電子立国台湾の実像』ジェトロ、2001年、48頁参照。
58) 李光鍾「第6章 現代グループが韓国経済発展に及ぼした影響」高承禧・金聖壽・金新・李建憙・李光鍾・李洪茂〔共著〕『峨山 鄭周永 研究』修書院、1999年、326頁、服部民夫・大道康則〔共著〕前掲書、107頁、金仁秀・成素美、前掲書、460頁を参照。
59) LG『LG 50年史』ソウル、1997年、358～421頁、李建憙・高承禧・金聖壽、薛鳳植・柳炳冑・崔鍾泰〔共著〕『蓮庵 具仁會・上南 具滋暻 研究』修書院、ソウル、2000年、108～109頁、李ハング〔著〕前掲書（1999年）431～436頁、同〔著〕前掲書（2004年）479～484頁、服部民夫・大道康則〔共著〕同上書、121～126頁を参照。
60) 李建憙ほか〔共著〕同上書、108頁参照。
61) 李ハング〔著〕前掲書（1999年）455～457頁、同〔著〕前掲書（2004年）505～508頁、服部民夫・大道康則〔共著〕前掲書、138～143頁、朝鮮日報経済部〔著〕『韓国財閥25時』鶴眞輔〔訳〕同友館、1985年、第3章を参照。
62) 韓国貿易協会『貿易年鑑』1991年版、ソウル、468～474頁参照。
63) 1977～86年の10年間の労働争議発生件数1638件、参加者数が22万8495人に対し、87年1年間だけで同じく3749件、26万2285人を数えている。87年の「6.29

民主化宣言」から10月31日までに発生した労働争議総件数は3311件で、そのうち争議行為を伴った紛争は97.7%に該当する3235件、争議行為参加者延べ人員は122万5830人に上った。これは、87年8月末現在で10人以上雇用する事業体の総労働者333万4449人の36.8%に相当した。金クムス〔著〕『韓国労働運動史――⑥民主化移行期の労働運動／1987～1997』韓国労働運動史大全集、高麗大労働問題研究所、知識マダン、ソウル、2004年、120頁参照。

64) 王允鍾〔編著〕『韓国の海外直接投資　現況と成果――深層報告』対外経済政策研究院、ソウル、1997年、55頁参照。
65) 韓国輸出入銀行『輸銀年鑑 2004』ソウル、2005年、226頁参照。
66) 経済企画院『経済白書』1989年版、ソウル、222頁参照。
67) 大宇は韓国資本の対東欧共産圏進出に際してパイオニアの働きをしたが、会長の金宇中は、国交のない共産圏諸国に進出するためにわざわざフランス国籍を取得（87年4月2日）して「世界経営」に邁進した。金宇中は99年の「大宇事態」（大宇の破綻）以来、長い間海外逃避を続けていたが、2005年6月14日に帰国し、7月1日に粉飾会計、詐欺貸出、財産海外逃避の罪で起訴された。『韓国経済新聞』2005年6月16日および7月2日参照。
68) 三星会長秘書室、前掲書、142～147頁、李ハング〔著〕前掲書（1999年）422頁および425頁、同〔著〕前掲書（2004年）472～473頁、韓国経済新聞特別取材チーム、前掲書、279～282頁（日本語訳文献、前掲書、281～282頁）、服部民夫・大道康則〔共著〕前掲書、85～88頁を参照。
69) 現代グループ文化室、前掲書（上）749～750頁、同（下）1500～1506頁、李ハング〔著〕同上書（1999年）449～453頁、同〔著〕同上書（2004年）449～501頁、鄭周永〔著〕前掲書、219～235頁を参照。
70) LG、前掲書、336～338頁および365～372頁、李ハング〔著〕同上書（1999年）431～432頁、同〔著〕同上書（2004年）479～480頁、服部民夫・大道康則〔共著〕前掲書、121～126頁を参照。
71) 裵秉烋「財閥2世たちの王位継承戦争」『月刊 朝鮮』1983年1月号、裵秉烋〔著〕『財閥秘話』東光出版社、ソウル、1983年所収、197～199頁参照。
72) 例えば、韓国で最も歴史の古い財閥である斗山の場合、二代目総帥の朴斗秉が73年に死去した後、4年後の77年になって朴一族の血縁ではない鄭壽昌がグループ会長に就任した。その後、81年に斗秉の長男である朴容昆が正式に総帥に推戴された。その朴容昆体制も2005年7月に終わりを迎え、容昆が名誉会長に格上げされるとともに、斗山の重化学工業分野進出に貢献した弟の容晟（斗

秉の三男）が四代目総帥に就任したことが7月18日に発表された。しかしながら、次男の容昮が新人事に不満をもったことから内紛が生じ、互いの不正を暴露し合うなど、五男を含めた訴訟合戦にまで発展している。『韓国経済新聞』2005年7月19日、20日、21日、22日、23日、25日参照。

73) LG、前掲書、43〜44頁参照。

74) 李建熺ほか〔著〕前掲書、46頁参照。

75) 許準九の長男で半島商事（現LG商事）本部長などLGグループの重要ポストを担ってきた許昌秀は、2005年3月をもってLGから正式に分離独立し、エネルギー分野や流通業を主軸とする企業集団であるGSグループを新たに形成した。

76) 裵秉烋、前掲書、205頁。

77) 「韓国肥料密輸事件」の発端は、窒素肥料の生産工程で使用されるOTSAが政府の許可なく保税倉庫から流出し、市中で大量（6トン分、5万ドルに相当）に捌かれたことであった。このOTSAは甘味料のサッカリンの原料にもなったことから、砂糖不足に見舞われていた当時の韓国では大きな重要が見込めた。国会でも取り上げられて内閣総辞職にも発展したこの事件は、三星が暴利を貪るために引き起こしたサッカリン原料密輸事件として処理され、その責任を問われた李秉喆は、長年の夢であった韓国肥料を国家に献納する旨を発表したばかりか、経営の第一線から退くことになった。

後ほど、長男の孟熙が自叙伝で明らかにした話によると、この事件の背景は、韓国肥料の設立に当たって三井物産が提供した4200万ドルの借款にあった。三井側は、この借款で機械を提供する便宜を図る代わりに100万ドルのリベートを要求してきたという。三井側の要求に窮した李秉喆は、直接、朴正熙に相談を持ち掛けた。朴正熙の回答は、外為法上（当時）海外から100万ドルを現金で持ち込めないので、100万ドルに相当する物件を手に入れ、これを処分して、3分の1は政治資金、3分の1は不足した建設資金、そして残り3分の1は韓国肥料の運営資金として使用したらどうか、というものであった。問題の100万ドルは、孟熙の斡旋でOTSA、便器、冷蔵庫、エアコン、電話機、ステンレス鋼板などの密輸入で調達されたという。この証言が事実ならば、大統領自らが「韓国肥料密輸事件」に関与したことになるが、事件の全貌は依然、闇の中である。

ちなみに、この韓国肥料が念願叶って三星の傘下に入ったのは、国家献納から四半世紀以上も経った1994年（10月26日に三星精密化学株式会社に社名改称

のことである。韓国肥料の民営化で落札に成功した三星は、応札者最低価格の1300億ウォンより1000億ウォンも高い2300億ウォンを提示した。韓国肥料を巡って煮え湯を飲まされた創業者の怨念を二代目総帥になってようやく晴らすことができたといったところである。洪夏祥〔著〕『李秉喆 VS 鄭周永』韓国経済新聞、ソウル、2004年、143～145頁参照。

78) 後継者の選択に当たって、李秉喆自身は自叙伝のなかで次のように述べている。「長男の孟熙にグループの一部経営を任せてみた。しかし、6か月もしないうちに任せていた企業はもちろん、グループ全体が混乱に陥ってしまった。二男の昌熙は、グループ傘下の多くの人を統率して複雑な大組織を管理することよりは、程よい会社を健全に経営したいと希望したので、本人の希望を聞いてやった。三男の健熙には日本の早稲田大学1学年の時に中央マスコミを任せ、生き甲斐を探したらどうかといったところ、その道が最も良いようだと答えた。」(李秉喆、前掲書、248～249頁) この文脈からは、李秉喆自身は、ただ、本人たちの能力や希望を基に後継者を決めたように述べているが、長男と次男が韓肥事件に連座したために彼らを後継者候補から外さざるをえなかったのが真相であろう。

　結局のところ、二人に残された道は三星グループからの独立であった。第一肥料会長を務めた孟熙は、現在（2005年）、97年に設立された彼の岳父（孫京植）と長男（在賢）が率いるCJ（旧第一製糖）グループに属し、93年から始まったグループ分離作業を陰ながら支援した。91年に病死（白血病）した昌熙は97年に形成されたセハングループの基盤をつくったが、アジア通貨危機の混乱のなかでセハンは経営危機に陥った。そして、2000年に李ヨンジャ会長（昌熙婦人）は自分の株式持ち分を債権者に譲渡してグループ経営から手を引いてしまった。ソウル新聞産業部〔著〕『財閥家脈――誰が韓国を動かすのか（上）』ムハン、ソウル、2005年、19～22頁および100～116頁参照。

79) 洪夏祥〔著〕『李健熙』韓国経済新聞、ソウル、2003年、97～98頁（〔日本語訳〕『三星経営を築いた男――李健熙伝』宮本尚寛〔訳〕日本経済新聞社、2003年、77頁）参照。日本語訳では「エネルギー関連の海外事業」と訳されているが、原文では「エネルギー事業の効率性問題」となっているので原文通りに引用した。

80) SK（鮮京）は、創業者の崔鍾建が73年11月15日にまだ48歳の若さで死去したため、すぐ下の弟の鍾賢（当時の職位、鮮京織物㈱社長）が同年11月24日をもって第2代グループ会長に就任した。理由は、長子継承の地位にいた鍾建の長

男、胤源が若すぎた（32歳）ことが主な理由であった。その後、SKは、98年8月に二代目総帥の崔鍾賢が他界したことを機に、SKテレコムを育て上げた専門経営者の孫吉丞が三代目を継承し、グループ名も鮮京からSKに改称した。そして、現在、四代目総帥として鍾賢の長男の崔泰源SK㈱会長が推戴されている。鮮京グループ弘報室、前掲書、326〜337頁、李建憙・高承禧・金聖壽・李承郁・趙東成・韓漢洙〔共著〕『SKグループ 崔鍾賢 研究』修書院、ソウル、2001年、26頁、391頁、392頁、裵秉烋、前掲書、204頁を参照。

81）鄭周永のすぐ下の弟の仁永は漢拏グループ、二番目の弟の順永は星宇グループ、六番目の弟の相永は金剛高麗KCCグループをそれぞれ形成している。ただ、現代セメント（70年に現代グループより分離独立）を中心に形成された星宇グループの場合、名誉会長の順永が05年10月13日、83歳で死去したのを機に、傘下企業の会長職にある4人の息子たちがそれぞれ独立する見通しであるという。『韓国経済新聞』2005年10月14日参照。

82）独立後、世永は現代産業開発の名誉会長を務めていたが、05年5月21日に77歳で死去した。彼は、ポニーの開発など、長年、自動車産業に携わってきたことから「韓国自動車産業の開拓者」として広く知られている。

83）起亜については、次の文献を参照した。李ハング〔著〕前掲書（1999年）407〜413頁、同〔著〕前掲書（2004年）453〜460頁、加藤健彦・窪田光純〔共著〕前掲書、196〜203頁、服部民夫・大道康則〔共著〕前掲書、273〜282頁。

84）売上高が79年1813億1900万ウォンから81年6月の825億2900万ウォンに激減し、純利益も79年43億6200万ウォンの黒字から80年237億6500万ウォンの赤字に転落した。服部民夫・大道康則〔共著〕同上書、77頁参照。

85）趙東成〔著〕前掲書、291頁参照。

86）李鍾宰〔著〕前掲書、188〜189頁参照。

87）丁炳烋・梁英植〔共著〕『韓国財閥部門の経済分析』韓国開発研究院、ソウル、1992年、32頁参照。

88）88年度の総出荷額に対する内部取引の比重は、5大財閥が27.7％、30大財閥が23.3％に上っている。李奎億・李在亨〔共著〕前掲書、46頁、表2-21参照。

89）李成舜・劉承旻「第6章 産業組織の展開と政策対応」車東世・金光錫〔共編〕前掲書、421頁、表6-15参照。

90）次の論文がその二つの論文である。前者が国家独占資本主義論、後者が周辺部資本主義論にそれぞれ依拠したものである。朴玄埰「現代韓国社会の性格と発展段階に関する研究（Ⅰ）――韓国資本主義の性格を巡る従属理論批判――」、

李大根「韓国資本主義の性格に関して――国家独占資本主義論によせて――」、『創作と批評』創作と批評社、ソウル、1985年10月所収。
91) ポール・クルーグマンは、かつて、東アジア各国の全要素生産性が低いことを理由に、東アジアの経済発展は、生産効率の上昇ではなく資本や労働といった資源の投入によって実現されたもので、50年代のソ連経済と同様に遠からず失速するだろうと批判した。確かに、東アジア諸国の全要素生産性は、米国などの先進国と比較した場合、依然としてその格差は大きいが（90年時点でアジアNIEsの全要素生産性は米国の約6割）、その他の発展途上国に比べればパフォーマンスは良好で、米国などとの格差も縮まりつつあるという指摘もある。Paul Krugman, "The Myth of the Asia's Miracle," *Foreign Affairs*, 11/12,1994（日本語訳『中央公論』1995年1月号）、河合啓希「経済成長の国際比較分析」浦田秀次郎〔編〕『貿易自由化と経済発展』アジア経済研究所、1995年所収参照。
92) 「組立型工業化」については、以下の文献を参照した。服部民夫〔編〕『韓国の工業化――発展の構図』アジア経済研究所、1987年、同「組立型工業化の成功と挫折――韓国を中心として――」『アジア研究』45巻2号、1999年。
93) この点を強く指摘する論者に服部民夫がいる。氏によると、韓国の工業化は、先進国におけるME化を前提に「設備機械を常に最新のものに代替してゆくことで、新型機械がそのプログラムのなかに取り込んだ『熟練』を利用することが可能になった」「技術・熟練節約的発展」（132頁）であったという。そのことが、アジア通貨危機の際に韓国が挫折した背景にあり、韓国が先進国化するためには、日本のような「技術・熟練蓄積的発展」の必要性を訴えている。服部民夫「第5章　技術節約的発展の特異性」松本厚治・服部民夫〔共編著〕『韓国経済の解剖――先進国移行論は正しかったのか――』文眞堂、2001年所収参照。
94) 全斗煥政権は、81年8月に日本政府（鈴木政権）に対して初めて援助を申し入れる際、「安保ただ乗り論」を盾に日本の「安全保障の賃料」として巨額の援助（当初、60億ドル）を「要求した」。その後、韓国側の強圧的な姿勢や82年の「教科書問題」の浮上で両国関係は冷却化するが、同年11月に日米韓の軍事同盟を重視する中曽根政権が成立したのを機に、翌年83年1月の中曽根訪韓によって40億ドルの借款供与協定が締結された。ヴィクター・D.チャ〔著〕『米日韓　反目を超えた提携』船橋洋一〔監訳〕／倉田秀也〔訳〕有斐閣、2003年、186〜192頁参照。

第5章　グローバライゼーションの進展と財閥資本

本章の課題

　1990年代の韓国経済は、アジア通貨危機の直撃弾を受けるまでは比較的好調を維持していた。「三低現象」によって二桁成長を記録した80年代後半期には及ばなかったものの1990～96年間の年平均GDP成長率は7.6％を記録し、とりわけ95年度は一人当たり国民所得10000ドル、輸出1000億ドルを達成する記念碑的な成果を上げた。翌年96年に承認された韓国のOECD加盟は、韓国経済の先進国化を印象づける格好のメルクマールとなったのである。

　しかしながら、華やかなマクロ的外観とは裏腹に当時の韓国経済はすでに変調の兆しを見せていた。経常収支の赤字転化、経済成長率や輸出増加率の鈍化、インフレの持続、賃金上昇、対外債務の急増といった主要経済指標の悪化に加え（第5-1表参照）、企業経営の現場では「高コスト・低効率」問題が深刻化する一方であった。こうした経済状況の変容は、一時的な景気変動に由来するというよりも、80年代後半期から引き続く民主化運動の高揚と経済の「開放化・国際化」によって不可逆的にもたらされたものであった。世界史的にみてもちょうどこの時期はポスト冷戦時代の幕開けに相当し、新時代の到来は、長期にわたって冷戦体制に規定されてきた韓国経済に対してパラダイム転換に匹敵するドラスティックな対応を求めるようになったのである。

　その課題に取り組むべく本格的「文民政府」として93年に成立した金泳三政権は「新経済5か年計画」を掲げて軍事政権時代の「5か年計画」と差別化を図ろうとしたが、韓国経済の直面する「総体的難局」を解決しうる処方箋を明

第5-1表　1990年代の主要経済指標（1990～97年）

(単位：100万ドル、％、ウォン)

	1990年	1991年	1992年	1993年	1994年	1995年	1996年	1997年
GDP成長率	9.0	9.2	5.4	5.5	8.3	8.9	6.8	5.0
一人当たり国民所得（ドル）	5,886	6,810	7,183	7,811	8,998	10,823	11,380	10,307
経常収支	−2,003.3	−8,317.2	−3,942.9	989.5	−3,866.9	−8,507.7	−23,004.7	−8,166.7
〔貿易収支〕	−2,450.2	−6,803.4	−1,754.7	2,318.5	−2,859.9	−4,444.2	−14,964.7	−3,179.1
輸出増加率	4.2	10.5	6.6	7.3	16.8	30.3	3.7	5.0
輸入増加率	13.6	16.7	0.3	2.5	22.1	32.0	11.3	−3.8
生産者物価上昇率	4.1	4.8	2.1	1.5	2.7	4.7	3.2	3.9
消費者物価上昇率	8.5	9.3	6.3	4.8	6.2	4.5	4.9	4.5
対外債務	31,699	39,135	42,819	43,870	97,437	127,491	163,489	159,237
〔対GDP比〕	12.6	13.3	13.6	12.7	24.2	26.1	31.4	33.4
失業率	2.4	2.3	2.4	2.8	2.4	2.0	2.0	2.6
対ドルレート	716.4	760.8	788.4	808.1	788.7	774.7	844.2	1415.2

注）GDP成長率：1995年不変価格の前年比増加率。
　　対外債務：1996年以降はIMF基準、それ以前はIBRD基準。
出所）統計庁『韓国主要経済指標 2000.3』各頁より作成。

示するまでにはいたらなかった。民主化とグローバライゼーションの挟撃を受けて、「市場原理の重視」「自由競争の保障」という大義名分の下にいたずらに規制緩和を図るほか対処すべき方途は見つからなかったのである。

　韓国経済の変容はこれまで経済発展の牽引車となってきた財閥資本に対しても変化を促すようになるが、各財閥が経営体制の改革のために注いだ努力は旧弊の枠内にとどまるものであったといわなければならない。財閥側の対応といえば、「世界化」戦略を掲げる金泳三政権の規制緩和路線に乗じてダイナミックな成長は遂げたものの、実態の程は、旧態依然とした「借入経営」や「船団式経営」に傾注するばかりであった。その結果、90年代半ば頃の韓国経済は、いわゆる「財閥問題」の諸矛盾が極限にまで深化する事態を迎えるにいたったのである。

　本章では、アジア通貨危機を迎えるまでの90年代を解放後韓国財閥資本の展開過程における「爛熟期」と位置付け、金泳三政権の財閥政策と財閥資本側の対応、それに90年代における財閥資本の全体的状況と新しい展開を中心に論じ

ることにする。結論部分では、「財閥体制」という用語を援用して韓国経済における財閥資本の問題性を再確認し、その財閥体制が90年代に醸成された環境にいかに適応し、また矛盾を抱えるにいたったのかについて考察を試みる。併せて、ポスト冷戦時代を迎えた分断体制資本主義が財閥体制の変容によっていかなる影響を受けたのかについても言及することにしたい。

1. 金泳三政権の財閥政策と財閥資本

(1) 「文民政府」の財閥政策の内容とその特徴

①金泳三政権の経済政策

　93年2月に成立した金泳三政権は、韓国政治史上初の本格的「文民政府」として新しいコンセプトの経済政策を打ち出した。7月に入って（2日）公表された「新経済5か年計画」(1993〜97年) は、金政権期の経済開発に対する基本姿勢が示されており、盧泰愚前政権期に立案された「第7次経済社会発展5か年計画」(1992〜96年) を放棄して新たに提示された長期計画であった[1]。

　そこでうたわれた「新経済」(the New Economy) とは「政府と民間がつくっていく経済」であり、軍事政権期の政府主導型経済はもちろん民間主導型の経済運用とも一線を画することが強調された。その目標は、①韓国経済の先進国経済化と②南北統一費用の確保のための経済基盤の強化に置かれ、計画の本格化の前にその「踏み石」として景気浮揚政策の色彩の濃い「新経済100日計画」が実施された。「100日計画」で示された重点推進課題は前政権の5か年計画の主要内容と大きくは違わないが[2]、金政権の計画は、大統領選挙公約に掲げたこともあって経済行政規制の緩和をより強調したものになっている。

　こうして規制緩和は金政権の提示した財政・金融・行政規制の主要改革に貫徹する通奏低音となり、そのための諸措置が矢継ぎ早にとられるようになる[3]。政権発足初年度の93年には、「100日計画」の一環として経済分野の規制緩和を担った「経済行政規制緩和委員会」（3月、経済企画院のちに財政経済院所管）、

経済分野から行政全般にわたる規制緩和を網羅する「行政刷新委員会」（4月、大統領直属）、そして企業活動の規制緩和に関しては「企業活動規制緩和に関する特別措置法」（93年6月11日制定）に依拠して「企業活動規制審議委員会」がそれぞれ設置された。また、翌年94年には、WTO発足に際して国際競争力を国家レベルで強化することを目的に「国際競争力強化企画団」（12月、大統領秘書室所管）が設置され、95年にはグローバル化時代に適応した国造りのために行政、外交・統一、経済、社会、教育・文化の六つの分野における課題を取り扱う「世界化推進委員会」（1月、大統領諮問機構）が立ち上げられた。97年に入ってからは、成果が不十分で乱立気味であった諸組織が整理され、経済行政規制緩和については従来の経済行政規制緩和委員会が4月に「経済規制改革委員会」と改称され、管轄も財政経済院から公正取引委員会に移管された。そして、その年8月（22日）には「行政規制基本法」が公布され、規制改革の包括的な法的根拠が形作られることになったのである。

　言うまでもなく、このような規制緩和の努力は韓国経済の「世界化」＝グローバル化を意識して傾けられたものであった[4]。韓国は90年代に入って一気にグローバル化の波に洗われるようになるが、金政権は前政権の取り組んだ自由化措置を受け継ぐ形で様々な分野における開放化・国際化を推し進めた。金融の自律化の一環として金利自由化や銀行業務規制の緩和措置を段階的に実施する一方、90年3月に導入された「市場平均レート制度」に合わせて為替取引に関する一定の自由化を実現するとともに、外国人による対内投資や国内企業の対外投資を促進するために資本取引の面でも自由化措置をとった[5]。特にWTOの発足を目前に控え、80年代より米国との貿易摩擦に苛まれてきた韓国にとって自由化の推進はもはやこれ以上先送りできない政策的課題となった。そこで、金政権は、91年より慎重に続けてきたOECD加盟交渉を一気に推し進め、96年12月に加盟を実現させたのである。そこには、二国間の貿易問題を多角主義的に解決しようという当局の意向が色濃く反映していることがわかろう。

　また、87年の「労働者大闘争」以来かつてなく深刻化した労働問題に対して、96年4月に金泳三大統領自ら「新労使関係構想」を発表した。90年の全労協

(全国労働組合協議会)の結成を機に活発化した自主的民主労組の運動は、95年11月の民主労総(KCTU、全国民主労働組合総連盟)創設に結実するが、韓国労総(韓国労働組合総連盟)に次ぐ第二のナショナルセンターの出現を目の当たりにした政府は、上記の大統領構想を実現するために96年5月に大統領直属の諮問機関として「労使関係改革委員会」(労改委)を設立した。労改委の任務は、新しい時代に見合う労働関係法や制度の改善、労使間の改善、労使行政の刷新など労使関係法案を諮問することであった。それ受けて政府与党は、11月に「労使関係改革推進委員会」(労改推、委員長国務総理)と実務機関の「労使関係改革推進委員会実務委員会」を設置して改革案の作成に当たらせた。当時の労働法改正の焦点は、労組側が主張する「三禁」の解消(複数労組制、労組の政治活動、第三者の労使関係介入の承認)と、経営側の要求する「三制」の導入(整理解雇制、変形労働時間制、派遣勤労者制の承認)であったが、12月11日に国会に提出された政府案は「三禁」の解消と派遣勤労者制の承認を除く「二制」の導入を盛り込んだものであった。労使双方から反対の声が上がるなか、12月26日早朝に同案を与党新韓国党が単独採決するという暴挙に出たため、労組側は一斉にゼネストに打って出た。結局、金泳三大統領は、年明けの97年1月17日に与野党間の対話の再開を指示し、3月1日まで再論議することを決定した。その結果、3月11日に複数労組制の即時承認(指導組織レベルのみ、5年の猶予)などを盛り込んだ再改正案が可決されたが、アジア通貨危機の混乱のなかで金政権期の労使関係改革は迷走するほかなく、最終的な結末は次政権の「労使政委員会」を通じたコーポラティズム的対応に委ねられることになったのである[6]。

②金泳三政権の財閥政策

90年代の財閥政策は、もはや財閥育成策ではなく財閥規制策を明確に意味するものとなった。この時期になると、経実連(経済正義実践市民連合、89年結成)や参与連帯(94年結成)などの市民運動に代表されるように、財閥に対する批判的な世論がかつてなく高まり、いわゆる「財閥問題」が韓国社会の抱え

る最大級のイシューとして浮上してくるようになる。民主化以後の政府は、経済民主化の象徴ともいうべき財閥改革に向けて常に前向きの姿勢を求められるようになったのである。

　金泳三自身の財閥改革に関する基本的な考え方は、①業種専門化と専門経営者体制の構築、②所有分散を通じた国民企業化、の二点に集約できる[7]。改革の要諦は、総帥一族のグループ支配をいかに解消するか、すなわち所有と経営の分離であった。その点では、多くの財閥改革論者の見解とあまり変わるところはない。金泳三は執権当初、総帥の株式持ち分の限度を5％に押さえると表明して財閥に圧力を加えたが、こうした姿勢を最後まで貫くには並大抵の努力では不可能であった。90年代に入り政府をしのぐバーゲニング・パワーを身に付けるようになった巨大財閥に譲歩を迫るには、大統領をはじめとする政府当局者の財閥改革に向けた情熱と不退転の決意が何よりも求められたのである。

　金泳三政権は、当初、80年代後半期より引き続く財閥規制策をさらに強化する政策に打って出た。88年度より体系的に実施されるようになった与信管理制度[8]の維持をはじめ、商品・用役の不当内部取引制度（92年7月）や系列社間債務保証限度制度（93年4月）の導入、それに30大財閥に対する出資総額限度基準の強化（94年12月、従来の自己純資産の40％から25％へ下方修正）などが規制策の代表的なものである。全体的な政策の基調としては競争力集中抑制と支配経営構造および財務構造の改善に重点があり、90年代前半まではどちらかというと前者の競争力集中抑制に規制の軸足が置かれた[9]。

　また、いわゆる金融実名制と不動産実名制の実施も広義の財閥規制策となった。前者の金融実名制は、主に架空名義や他人名義の資金が私債など地下金融に流れて不正な金融取引や相続・贈与の手段に利用されるのを防止するために実名取引を義務化したもので、すでに82年12月に「金融実名制に関する法律」が制定され、86年1月1日以降大統領が定める日から実施されることになっていた。ところが、反対勢力の執拗な働きかけや景気後退などで実施が遅れ、90年4月には実施保留処分となってしまった。同制度の導入に熱心だった金泳三政権は、93年8月12日に「金融実名取引および秘密保障に関する緊急財政経済

命令」を電撃的に発表し、同日20時を期して金融実名制を実施した[10]。後者の不動産実名制は、不動産取引に際して名義信託による投機やそれによる不労所得の脱税を防ぐため、95年5月30日に「不動産実所有者名義登録に関する法律」を公布し7月1日をもって施行された制度である[11]。施行日を期して他人名義の不動産登記の原因となってきた名義信託約定を禁止し、既存の名義信託については1年間の正常化期間を設けて解消するようにし、解消できない場合は課徴金を賦課するようにした。

ところが、金泳三政権の財閥政策は90年代半ば以降の政権後期になると規制色が薄まり、規制緩和への傾斜が目立つようになる。すなわち95年頃までは与信規制や業種専門化など財閥の経済力集中と拡大に対する「実効性ある規制」が行われてきたが、それ以降はもっぱら「競争力強化という名分」の下に財閥規制緩和へ大きくシフトした[12]。とりわけ、韓国経済の世界化の一環として外国資本に対する開放化・自由化政策が推進されたが、規制の多い国内企業の競争力が殺がれてしまう「逆差別問題」も規制緩和の理由の一つとなった[13]。その他、景気浮揚を理由に規制緩和措置をとったり、企業構造調整の反対給付として例外的な措置が設けられたりした。特に金泳三政権の成立当初は、80年代後半期の「三低現象」による未曾有の好景気が90年代に入ると経常収支の赤字転化や成長鈍化など一転して経済的パフォーマンスの悪化に見舞われ、景気対策の必要性が提起されるようになった。そして、96年4月11日の総選挙（第15代国会議員選挙）での勝利に向けて「新財閥政策」を発表し、政府自ら財閥政策の転換を明らかにしたのである。

金政権期によってとられた主な財閥規制緩和措置は以下の通りである。まず、94年1月20日に企業の競争力強化のための規制緩和措置として10大財閥を除いた30大財閥つまり11～30大財閥に対して、企業投資および不動産取得承認の関連制度を廃止した。また、95年4月15日に10大財閥に対する企業投資承認関連制度を廃止し、すべての大企業が主取引銀行の事前承認や財務構造改善のための自救努力義務などの制約なしに自由に投資を拡大できるようになり、10大財閥に対する不動産取得規制も97年8月1日の法改正をもって廃止された[14]。次

に、94年1月20日に30大財閥の業種専門化方針に基づいて業種の専門化を「主力業体方式」から「主力業種方式」に変更したが、一定の基準を満たして主力企業に選定されると当該企業は与信限度管理対象から除外された[15]。主力業種方式への変更は、規制緩和の恩恵を受ける企業の増加を意味した。また、政府は95年4月1日に公正取引法を改正して財閥企業の業種専門化を誘導したが、上場された非主力企業が主力企業の新株を取得・所有したり、上位1～5大財閥に属する会社以外の上場された主力企業が関連業種の非主力企業（専業率70％以下）の新株を取得・所有したりする場合、最長7年間出資総額制限規定の適用を免れることができるようになった。さらに、96年5月には与信限度管理の対象が30大財閥から10大財閥に縮小されたが、10大財閥に対しても「主力業種制度」や「株式分散優良企業体制度」が適用され、97年3月末現在の10大財閥系列会社貸付総額のうち規制対象はわずか36.5％にすぎなかった。銀行側も限度超過貸付が慣習化しており、与信管理制度は有名無実化したという[16]。

　この時期はまた、規制緩和策の一環として公企業の民営化措置も実施された。金政権は94年2月18日に民営化推進対策委員会を開き、政府投資機関や政府出資会社など75社の民営化を決定した。そのなかには、大韓重石、韓国肥料、韓国重工業、国民銀行、外換銀行など有名公企業および銀行が含まれていた。この時期は、韓国の公企業民営化の歴史でいえば第4次民営化期（1993～97年）に相当し、上記の企業以外にもガス公社やたばこ公社などの民営化も検討された[17]。言うまでもなく、民営化の主たる目的は何かと効率性の悪い公企業を民間の創意と工夫で効率化を図り「政府の失敗」を克服することであったが、民営化の推進過程では利害関係者の反発や巨大民間企業の出現による独占深化の問題などが取りざたされるようになり、結局、この時期の民営化の成果としては、韓国肥料や大韓重石などの子会社を中心とする22企業の民営化と5企業の統廃合が行われるにとどまった。それでも公企業の民営化は過去そうであったように財閥資本が自らの勢力を拡大する絶好の機会となったことは間違いない。事実、三星はかつて失った韓国肥料（94年10月、三星精密化学に改称）をこの時の民営化措置で取り戻すことができたし、大韓重石の買収に成功した居平は

経営多角化のチャンスをつかみ、一介の建設業者から一気に30大財閥の隊列に加わることができたのである。

以上のように、金泳三政権による財閥政策の実施過程からは政策基調が規制強化から規制緩和にシフトしていった様子をうかがい知ることができよう。規制を残している場合もそれとは逆行する緩和措置が講じられ、せっかくの規制効果が相殺されてしまう事例が多々みられた。例えば、過度な所有集中と非関連な経営多角化を防ぐために出資規制を施してもその誘因策として出資規制の緩和策がとられたため肝心の規制効果が殺がれてしまったり、業種専門化を誘導するために与信規制を緩和した結果、一部の巨大財閥への与信が集中して独占の深化を許してしまったりすることもあった。当時の財閥政策の本質的性格として、「構造主義的規制（structural regulation）よりは行動的規制（conduct regulation）に重点を置く」[18]傾向にあり、財閥問題の根源的要因である総帥を中心とする族閥支配の解消には遠く及ばないものであったといわざるをえない。

(2) 財閥資本の対応

金泳三政権によって実施された財閥規制緩和の背景には、財閥側の積極的な働きかけがあったことはいうまでもない。かつて政府と財閥との関係は後者が前者に一方的に従属する傾向が強かったが、80年代に入ると財閥は政府の庇護から自立することが求められ、さらに90年代に入ってからは両者の地位が逆転する光景がしばしば目撃されるようになった。92年大統領選挙の際に現代グループ総帥の鄭周永が自ら結成した国民党の代表として立候補したことはその代表的な事例である。当時、財閥がどのような働きかけをしたのか、財界の代表的な全国組織である全国経済人連合会（全経連）の活動を中心に振り返ってみることにしよう[19]。

全経連による金政権への働きかけは、すでに大統領選挙前から試みられていた。全経連は92年10月、傘下シンクタンクの韓国経済研究院と連名で「新政府への政策提言」を発表した。内容は、国家経営の三大原則として①自由市場経済体制の確立、②小さな政府による奉仕行政の実現、③国際競争力の強化のた

め産業経済力の強化を挙げ、産業基盤、金融・財政、行政・公企業民営化など5分野における課題が盛り込まれた。93年2月には崔鍾賢SKグループ会長が全経連第21代会長に就任し、新執行部の下で全経連はより積極的な活動を展開するようになる。

　ただ87年以降の民主化の進展により「財閥改革」が国民的関心事となってからは、全経連が財界側の一方的な主張に執着するだけでは国民の反感を買うばかりであった。当初、文民政府の財閥に対する姿勢にも歴代政権とは違う厳しいものが感じられ、財界側も一定の譲歩を迫られた。その具体的な現れとして、93年5月11日に開かれた全経連の会議では、①系列社の独立経営体制構築、②非専門多角化の自制、③優良企業の公開を通じた所有分散の推進、④専門経営者の経営権の拡大など、ある程度国民の求める財閥改革にそった決議をしたり、新政府に対して財界が経済5団体（全国経済人連合会、韓国経営者総協会、大韓商工会議所、韓国貿易協会、中小企業協同組合中央会）長名義で行った政府建議計画を取り消したりせざるをえなかった。こうして財界と政府は政権発足当初の意見の対立を収斂させながら新たな協力関係の構築を模索していくことになった[20]。

　当時、財閥の前に提起された課題は、何よりも80年代後半期より引き続く高コスト・低効率（具体的には、高金利、高賃金、高物流費、高地価、高規制）の産業構造を改善して産業の国際競争力を向上させることであった。そこで93年10月12日に「国家競争力強化民間委員会」を立ち上げてメンバー企業の競争力向上のために様々な活動を展開した。このような財界側の積極的な取り組みが政府に評価され、12月30日に逓信部（現情報通信部）から第2移動通信事業新規許可申請のための単一コンソーシアムを構成するように要請を受けた。早速、全経連は92年度中に設置していた「企業自律調整委員会」で検討し、全経連事務局内に対策班を設置して事業に当たらせた。94年1月24日にコンソーシアム募集公文の配布を受けた企業は全部で11社に上ったが[21]、2月になって実際に申請書を提出したのは、新世紀移動通信（浦項綜合製鉄）、第2移動通信（コーロン）、錦湖テレコム（錦湖）の3社であった。全経連による調整の結果、

浦項綜合製鉄（現ポスコ）を主動事業者に、コーロンを第2大株主とする単一コンソーシアムが結成する運びとなった。国民やマスコミが注目するなかで行われたこの選定事業は、途中、盧泰愚との情実が取りざたされたSKをはじめ有力視された企業が自主的に応札を辞退するなど公正性と透明性の確保に努めた結果「最初の民間自律調整成功例」となったと評価されている。

　96年の不況局面に入ると、金泳三は同年9月23日に崔鍾賢全経連会長をはじめする代表的財界人37名を青瓦台（大統領府）で催された昼食会に招き、大統領自ら「国家競争力の10％向上運動」を汎国民的なレベルで繰り広げることを提案した。全経連は、すでに95年より国家競争力強化民間委員会を中心に「国家競争力強化のための基本構想」の作成や「競争力大賞」の授与など様々な活動に取り組んでいたが、大統領の呼びかけに応じ96年から97年にかけて競争力向上運動を積極的に展開した。30大財閥の競争力10％向上運動の内容は、賃金および雇用の安定、生産性向上、経費節減、事業構造調整、中小企業支援、貿易収支改善など多岐にわたるものであった。30大財閥レベルにとどまらず、現代グループの「10-10（テン・テン）運動」[22]のように個別の財閥でも呼応する動きがみられた。

　また、金泳三政権期最大の懸案となった96年の労働関係法の改正に向けて、全経連は財界の労使問題専担組織である経総（韓国経営者総協会）とともに全力を傾けることになった。前述のように、金政権は同年5月に労働関係法改正のための大統領諮問機関として「労使関係改革委員会」（労改委）を設置するが、全経連と経総は労改委の使用者（経営者）側代表委員に任命され、同じく労働界代表の韓国労総および結成間もない民主労総との間で激しい論争を繰り広げることになった。財界側の要求は明快で、「三禁」解消（複数労組制、労組の政治活動、第三者の労使関係介入の承認）に反対し、「三制」導入（整理解雇制、変形労働時間制、派遣勤労者制の承認）に賛成する姿勢を最後まで貫いたが、96年12月に国会で採決された政府案は、「三禁」の解消を基本的に確認したのに対し、「三制」については派遣勤労者制を除く整理解雇制、変形労働時間制の「二制」のみを認める内容であった。

労使対立の最大のポイントは、複数労組制と整理解雇制の導入であった。労働者側の主張する複数労組制の導入は民主労総の出現という現実からして財界側も否定しがたい要求であったが、民主労総に所属する労働組合が現代や大宇など巨大財閥（労組の存在しない三星を除く）の中核企業に雇用された組合員によって構成されているケースが多かったので、財閥側としては絶対に受け入れられない事案であった。また、整理解雇制は景気の変動を理由に従業員の解雇を可能にする制度で、グローバル・スタンダードとして要請される労働市場の柔軟化を図る切り札と見なされ、財閥としては是非とも実現したい要求であった。金泳三政権末期に労働関係法改正を巡って繰り広げられた労使の対立は、まさに総資本対総労働の対決の様相を呈するようになった。以前であれば政府が全面的に財閥側に立って強制的仲裁を行うケースが多かったが、政府の庇護能力が減退するなかで財閥自らが一致協力して労働問題に対処しなければならない状況が出現するにいたったのである。

　このように90年代の財閥資本は、政府、労組、そして経済民主化を願う市民運動の諸要求に対していかに自分たちの要求を貫徹させていくか知恵を絞らなければならなくなった。それは一面では政府の庇護から資本としての自立化を図らなければならない歴史的な要求を反映したものであるが、そのために財閥は個々のレベルばかりでなく全経連のような圧力団体を通じて能動的に働きかけるようになる。この時期、しばしば目撃された政府と財閥の力関係の逆転現象は、政治権力の一方的な退歩によってもたらされたというよりも、自立化を促された財閥による自己実現行為のなせる業であったのである。

2．「爛熟期」における財閥資本の様態

(1) 財閥資本の全般的状況

　「爛熟期」すなわち1990～97年間の主要財閥資本の全般的な状況を把握するために、いくつかの指標から分析を試みてみよう。ここでは、資料の関係上、

第5-2表　10大財閥ランキングの推移（1990〜97年、資産基準）

順位	1990年	1991年	1992年	1993年	1994年	1995年	1996年	1997年
1	現代	現代	現代	現代	現代	現代	現代	現代
2	LG	三星	三星	三星	大宇	三星	三星	三星
3	大宇	大宇	大宇	大宇	三星	大宇	LG	LG
4	三星	LG	LG	LG	LG	LG	大宇	大宇
5	韓進	SK	SK	SK	SK	SK	SK	SK
6	SK	韓進	韓進	韓進	韓進	韓進	双龍	双龍
7	双龍	双龍	双龍	双龍	双龍	双龍	韓進	韓進
8	ハンファ	起亜	起亜	起亜	起亜	起亜	起亜	起亜
9	起亜	ハンファ	ハンファ	ハンファ	ハンファ	ハンファ	ハンファ	ハンファ
10	ロッテ	ロッテ	ロッテ	ロッテ	ロッテ	ロッテ	ロッテ	ロッテ

注）LG、SK、ハンファは現グループ名称を使用。LGの旧名称は「ラッキー金星」、SKは「鮮京」、ハンファは「韓国火薬」で、LGは95年、SKは98年、ハンファは92年よりそれぞれ使用。
資料）公正取引委員会『大規模企業集団指定現況』各年度。
出所）李ユノ〔著〕『韓国の財閥2――財閥の財務構造と資金調達』参与社会研究所・仁荷大産業経済研究所共同企画、ナナム出版、京畿道坡州市、2005年、38〜39頁より作成。

　当時、公正取引委員会が毎年4月初めに「大規模企業集団」に指定していた30大財閥を中心に考察することにする[23]。掲載した統計は、現在（2006年8月末）のところ入手できる資料のなかで最も優れていると思われる参与連帯参与社会研究所が仁荷大産業経済研究所と共同企画した『韓国の財閥』（全5巻）（2005年7月発刊）の資料を基に作成したものである[24]。そのほか、参与社会研究所の財閥研究シリーズである『韓国5大財閥白書　1995〜1997』（1999年8月発刊）の統計などからも必要に応じて引用した。
　それでは、まず、財閥ランキングの推移についてみてみよう。第5-2表は90〜97年間の資産基準による10大財閥の変遷を表したものであるが、一瞥して読み取れることは10大財閥のメンバーにまったく変化がないことである。この時期、いかに上位財閥の地位が安定していたかがわかる。上位5大財閥では、三星、大宇、LGの2〜4位圏の間で順位の入れ替えがみられるものの、91年からは現代、三星、大宇、LG、SKのビッグ5の地位が固定化している。同時に6〜10位の下位10大財閥の地位も圏外財閥との入れ替えもなく、91年以降は96年に6位の韓進と7位の双龍の地位が逆転しただけで極めて安定的な状況を呈している。また、11〜30大財閥では、同期間内の順位の安定度を示す指標で

第5-3表　財閥系列企業数の推移（1990～97年）

	1990年	1991年	1992年	1993年	1994年	1995年	1996年	1997年
30大系列社数	539	561	574	604	616	623	669	819
30大平均	18.0	18.7	19.1	20.1	20.5	20.8	22.3	27.4
10大平均	30.8	32.7	33.5	33.7	33.3	32.4	33.9	39.8
5大平均	38.6	40.4	41.2	41.6	41.6	41.4	41.2	52.4
現代	39	42	43	45	48	48	46	57
大宇	27	24	22	22	24	22	25	30
三星	45	48	52	55	50	55	55	80
LG	58	62	58	54	53	50	48	49
SK	24	26	31	32	33	32	32	46
韓進	18	22	23	24	21	23	24	24
双龍	21	22	22	22	23	22	23	25
ハンファ	27	27	27	27	29	29	31	31
錦湖	18	22	25	24	22	14	27	26
ロッテ	31	32	32	32	30	29	28	30

注）各年度4月1日基準、1996年度は4月12日基準。LG、SK、ハンファは現名称。
資料）公正取引委員会『大規模企業集団指定現況』各年度。
出所）宋ウォングン・李サンホ〔著〕『韓国の財閥1――財閥の事業構造と経済力集中』参与社会研究所・仁荷大産業経済研究所共同企画、ナナム出版、京畿道波州市、2005年、52頁、表1-2-1および毎日経済産業部・韓国経済研究院〔編〕『ポスト財閥報告書　韓国財閥未来はあるのか』毎日経済新聞社、ソウル、2000年、84頁、表2より作成。

ある平均集団順位維持率＝$\{(20-x)/20\times100$、xは入れ替え企業集団数$\}$は91.25％で、毎年平均8.75％に当たる1.8個の財閥グループの入れ替えが行われた計算になる[25]。10大財閥と比較すると順位の変動が大きかったといえるが、それでも2個に満たない財閥しか入れ替わっておらず、この圏内の財閥の順位も相対的に安定していたといってよい。とはいえ、アジア通貨危機を迎える97年の夏には財閥ランキング8位の起亜の破綻が表面化しており、98年以降の「淘汰期」の予兆はすでにこの時期に現れていたのである。

次に、傘下系列社数の推移についてみてみよう。第5-3表によると、92～97年間に30大財閥の系列社は全部で539社から819社へ1.52倍（280社増）に増えた。30大財閥の平均系列社数は18.0社から27.4社へ1.52倍、同じく10大財閥は30.8社から39.8社へ1.29倍、5大財閥は38.6社から52.4社へ1.36倍に増えている。これらの数値から11～30大財閥の増加率が最も高いのが推測できるが、10大財閥のなかでは上位5大財閥の増加ぶりがより目立っている。10大財閥の場

合、80年代はほとんど系列社数が増えなかったのに反し（80～87年、1.1倍）、この時期は増加基調に転じたことがわかる。ただ留保すべきは、97年の場合は偽装系列社の摘発による増加という事情があったことである。この点を念頭に置いて各主要財閥の系列社の状況についてみてみると、90年度の系列社数のベスト5のランキングは、①LG58社、②三星45社、③現代39社、④ロッテ31社、⑤大宇およびハンファ27社、97年度は①三星80社、②現代57社、③LG49社、④SK46社、⑤ハンファ31社で、10大財閥のなかで激しい順位の入れ替えが起こっていることがわかる。同期間内に系列社を増やした財閥のベスト5は、①三星35社、②SK22社、③現代18社、④錦湖8社、⑤韓進6社で、80年代に最も系列社数を増やしたLGとロッテは減らしている。ただ、特殊要因のあった97年を除けば、それほど系列企業数は増えていない。背景には、90年代に入って活発化するようになった傘下企業の統廃合が影響しているものと思われる。例えば三星の場合、経済のグローバル化に備えて事業構造の高度化を図るとして、全州製紙や新世界百貨店や第一製糖の分離独立を実現する一方、95年には三星物産と三星建設が統合されている。いずれにせよ、傘下系列社数のランキングはほぼ資産規模での財閥ランキングに一致する傾向にあり、巨大財閥であればあるほど多くの系列社を従えていることがわかる。

　続いて、財閥の営業業種数について確認することにしよう。第5-4表は92～97年間の財閥営業業種数の推移を表したものであるが、時間の経過とともに業種の増える傾向が見て取れる。業種の絶対数については、5大財閥と6～30大財閥の間に期間を通じて大きな差があるのがわかる。例えば92年度は、6～30大財閥平均と30大財閥平均の差が2.6しかないのに比べ、5大財閥平均とは15.6もの差ができている。このような傾向は97年になってもあまり変化はなく（それぞれ2.8と13.0）、巨大財閥であればあるほど進出している業種は多くなっている。そのことを確認するためにさらに10大財閥の業種数についてみてみよう。10大財閥のうち同期間内に業種数を減らしたのは三星、LG、ロッテの3財閥で、残り韓進（同数）を除く6財閥はいずれも増やしている。ただ、三星の場合は減らしたといっても現代とともに常に5大平均を上回っており、業種

第5-4表　財閥営業業種数の推移（1992～97年）

	1992年	1993年	1994年	1995年	1996年	1997年
30大平均	16.0	18.3	19.1	18.5	18.8	19.8
5大平均	29.0	31.2	30.4	29.6	29.6	30.0
6～30大平均	13.4	15.5	16.8	16.3	16.6	17.0
現代	32	33	36	38	38	39
三星	39	39	34	31	30	31
LG	30	31	32	29	29	28
SK	19	24	23	24	24	26
大宇	25	29	27	26	27	26
韓進	26	26	27	27	27	26
ロッテ	26	24	22	25	25	22
双龍	29	31	33	35	36	33
ハンファ	22	22	22	23	25	26
錦湖	16	17	17	17	19	19

注）各年度4月1日基準、1996年度は4月12日基準。LG、SK、ハンファは現名称。韓国標準産業分類中分類基準。
資料）公正取引委員会『大規模企業集団指定現況』各年度。
出所）宋ウォングン・李サンホ〔著〕『韓国の財閥1――財閥の事業構造と経済力集中』参与社会研究所・仁荷大産業経済研究所共同企画、ナナム出版、京畿道坡州市、2005年、56頁、表1-2-3および58頁、表1-2-4より作成。

数の点からみても韓国を代表する財閥であることに違いはない。この期間内に業種数を増やしたベスト3をみてみると、①現代とSKが7業種、②双龍とハンファが4業種、③錦湖が3業種となっている。下位の双龍とハンファの動きも無視できないものがあるが、上位5大財閥に所属する財閥の増加数が下位グループのそれを上回っているのがわかる。系列社数の多さを併せて勘案すると、巨大財閥ほど「タコ足経営」や「百貨店式経営」と称される非関連分野への多角化が盛んで、なおかつ「船団式経営」に走る傾向にある事実が浮かび上がってくる。

(2) 財閥企業の経営実態

今度は視点を変え、財閥の経営状況についていくつかの指標から考察してみよう。最初に、30大財閥の国民経済各分野に占める比重についてみてみると、第5-5表に示されているように90～97年間のGDPに占める付加価値の平均値

第5-5表　30大財閥の付加価値・売上高の比重（1990～97年）(単位：%)

	1990年	1991年	1992年	1993年	1994年	1995年	1996年	1997年	90～97年間平均
付加価値／GDP	12.72	12.50	12.99	13.16	13.53	15.01	13.78	12.73	13.30
売上高／国内総産出	28.01	29.73	31.24	32.94	34.78	38.95	42.41	39.83	34.74
売上高／産業総産出	30.49	32.35	34.13	35.97	38.05	42.68	46.65	43.18	37.94
5大財閥	18.60	21.06	22.04	23.94	25.15	28.40	31.23	29.75	25.02
10大財閥	24.49	26.11	27.44	29.42	31.05	35.08	38.74	36.30	31.08
11～30大財閥	5.99	6.25	6.68	6.55	7.01	7.59	7.91	6.88	6.86
売上高／全企業	41.00	41.36	43.02	42.24	42.63	45.77	48.29	47.06	43.92

資料）韓国銀行『経済統計年報』、同『企業経営分析』、韓国信用評価情報㈱ KIS-Line の財閥別合算財務諸表。
出所）第5-2表と同じ、334頁、表9-30および341頁、表9-37より作成。

は13.30％で、その増減にはあまり変化がなく好景気に見舞われた95年を例外に（15％台）12～13％台で推移している。売上高のほうは、国民総産出および産業総産出に対する比重が96年までは増大し、全企業の売上高に占める割合も前二者には及ばないものの増加傾向を示している。産業総産出高に対する各財閥集団別比重をみると、同期間年平均値で10大財閥の31.08％に対し11～30大財閥は6.86％で両者の間に大きな開きがあり、その差は時間とともに拡大している（90年18.5％P→97年29.42％P）。10大財閥のなかでも5大財閥のウエイトが大きく、5大財閥の30大財閥の産業総産出比売上高に占める割合は65％前後にも達しているのである。

その5大財閥が国民経済に占める地位を表しているのが第5-6表である。5大財閥は、資産、負債、売上高の三分野で国民経済全体の四分の一から三分の一近くを占め、95年から97年までのわずか3年間ながら増加傾向を示している。ただし、従業員数の分野ではたったの3％弱しか占めておらず、他三分野における比重の大きさからすると極めて少ない。背景には、5大財閥の場合、他の国内企業（特に中小企業）に比べ、総じて重化学工業や先端産業などの資本集約的すなわち労働節約的産業に進出するケースが多く、しかも生産現場におけるFA化や事務作業のOA化によって省力化が図られたことなどが考えられる。「財閥問題」に関心を持つ論者がよく雇用面における巨大財閥の貢献度の低さを指摘するが、いわゆる「雇用なき成長」の批判が決して的はずれではな

第5-6表　国民経済各分野における5大財閥の比重

(単位：10億ウォン、%、人)

	国民経済		5大財閥		比重	
	資産総計(A)	負債総計(B)	資産総計(C)	負債総計(D)	資産総計(C/A)	負債総計(D/B)
1995年	615,261	463,570	155,651	117,374	*25.3	25.3
1996年	713,102	549,401	193,800	133,867	27.2	24.4
1997年	910,044	736,584	267,755	221,008	29.4	30.0

	国民経済		5大財閥		比重	
	売上高(E)	従業員数(F)	売上高(G)	従業員数(H)	売上高(G/E)	従業員数(H/F)
1995年	637,275	20,377,000	194,007	557,199	30.4	2.7
1996年	729,764	20,764,000	235,923	600,952	32.3	2.9
1997年	875,156	21,048,000	283,563	619,000	32.4	2.9

注)　金融業除外。従業員数は金融業を含む。＊は訂正値。
資料)　韓国銀行『企業経営分析』各年版、韓国信用評価情報㈱KIS-Lineの財閥資料、毎日経済新聞社『会社年鑑』各年版。
出所)　参与連帯参与社会研究所経済分科［編］『韓国5大財閥白書1995～1997』ナナム出版、ソウル、1999年、50頁、表1-1および表1-2より作成。

いことを示しているといってよい。

　次に、第5-7表より財閥グループの付加価値額の推移をみると、10大財閥の付加価値額は90年の16兆8800億ウォンから97年の46兆1900億ウォンへ2.74倍に増加しているのに対し、11～30大財閥は同じく5兆8700億ウォンから11兆5100億ウォンへ1.96倍の増加にとどまっており、両者の格差は拡大する傾向にある。10大財閥付加価値を11～30大財閥付加価値で除した各年度の値をみても、90年の2.88倍から97年の4.01倍に拡大していることがわかる。ところが売上原価率の方をみると、この時期30大財閥全般にわたってわずかながら低下しており、その低下傾向は10大財閥のほうが11～30大財閥より1％以上大きい。これは、例えばより多くの原材料を使うなど10大財閥の高価な原価構成を反映するものと推定される。このことはまた、5大財閥や10大財閥の付加価値率（付加価値額／売上額）が6～30大財閥や11～30大財閥のそれより低い理由の一つになっているのである[26]。

　続いて、財閥企業の経営パフォーマンスを確認するために収益性がどうなっているかみてみよう。第5-8表は90～97年間の各財閥集団と全企業の売上高に対する利益率の推移を表したものである。まず、売上高営業利益率（営業利

第5章 グローバライゼーションの進展と財閥資本 317

第5-7表 財閥の付加価値額および売上原価率（1990～97年）

（単位：兆ウォン、％）

	1990年	1991年	1992年	1993年	1994年	1995年	1996年	1997年
10大財閥付加価値	16.88	20.12	23.92	27.48	33.66	44.68	44.72	46.19
11～30大財閥付加価値	5.87	6.95	8.00	9.04	10.09	11.97	12.95	11.51
10大財閥付加価値／11～30大財閥付加価値	2.88	2.90	2.99	3.04	3.34	3.73	3.45	4.01
10大財閥売上原価率	87.51	87.32	86.75	86.21	85.25	85.01	87.42	85.24
11～30大財閥売上原価率	85.91	85.12	85.03	84.64	84.06	84.51	84.59	84.73

注）売上原価率＝売上原価／売上高×100
資料）韓国信用評価情報㈱KIS-Lineの財閥別合算財務諸表。
出所）第5-2表と同じ、325頁、表9-21より作成。

第5-8表 財閥の売上高に対する利益率（1990～97年）

（単位：％、％ポイント）

		1990年	1991年	1992年	1993年	1994年	1995年	1996年	1997年	90～97年間平均
売上高営業利益率	30大財閥	5.12	5.53	5.74	5.82	6.54	6.92	5.01	6.45	5.89
	10大	4.99	5.30	5.62	5.81	6.60	7.13	4.80	6.55	5.85
	11～30大	5.63	6.50	6.24	5.89	6.26	5.94	6.06	5.89	6.05
	全企業	5.79	5.88	5.70	5.88	6.34	6.36	5.03	5.60	5.82
売上高経常利益率	30大財閥	1.62	1.35	1.13	1.08	2.09	2.70	0.50	−0.96	1.19
	10大	1.82	1.36	1.46	1.46	2.46	3.32	0.68	−0.33	1.53
	11～30大	0.82	1.32	−0.24	−0.63	0.43	−0.16	−0.39	−4.33	−0.40
	全企業	2.40	2.16	1.84	1.97	2.61	2.73	0.99	−0.21	1.81
売上高純利益率	30大財閥	0.70	0.51	0.46	0.43	1.20	1.87	0.02	−1.12	0.51
	10大	0.93	0.61	0.84	0.77	1.60	2.51	0.23	−0.55	0.87
	11～30大	−0.25	0.10	−1.08	−1.08	−0.59	−1.10	−1.00	−4.11	−1.14
	全企業	1.43	1.47	1.18	1.17	1.85	2.01	0.53	−0.83	1.10

資料）韓国銀行『企業経営分析』、韓国信用評価情報㈱KIS-Lineの財閥別合算財務諸表。
出所）第5-2表と同じ、309頁、表9-10および311頁、表9-12より作成。

益の売上高に対する割合）についてみると、同期間平均値で30大、10大、11～30大のいずれの財閥集団も全企業を上回っているが、三つの集団のなかでは10大財閥が最も低い。同期間における売上高営業利益率の推移をみると、景気回復の基調が鮮明となった94・95年に一つのピークが存在し、96年に大きく低下している。売上総利益（粗利益）から販売費や一般管理費などを差し引いて得られる営業利益は、さしあたり企業経営にとって当面の目的であり、その営業

利益の売上高に対する割合である売上高営業利益率は企業経営の効率性を表す指標の一つである。その値が96年以降下落傾向を見せるようになったことは、97年のアジア通貨危機に先んじて韓国企業の経営業績が悪化していたことを意味する。

　同じく売上高経常利益率（経常利益の売上高に対する割合）と売上高純利益率（純利益の売上高に対する割合）の平均値をみると、共に全企業がいずれの財閥集団を上回っており、しかも30大財閥のなかでは11～30大の財閥集団が両方の数値ともマイナスを計上している。同期間における両数値の変化は、売上高営業利益率と同様に94・95年頃をピークにそれ以降急速に悪化している。営業利益から金融費用など営業外費用を差し引いて得られる経常利益は、韓国財閥企業のように極端な「借入経営」状態に陥っている企業の場合、当然ながら営業利益に占める経常利益は圧迫されることになる。そしてさらにその圧迫された経常利益が企業経営者にとって最大の関心事である純利益にも悪影響を与える負の連鎖がはびこってしまうのである。またもう一点指摘できることは、売上高経常利益率と売上高純利益率の双方について30大財閥のなかで10大と11～30大の間の格差が時間の経過とともに拡大していることである。その格差の絶対値は、前者が90年1.00から97年の4.00へ、後者が1.18から3.56へそれぞれ大きく広がっており、30大財閥の間で二極化が進んでいた事実を確認できよう。

　30大財閥の二極化についてさらにいくつかの指標から分析してみよう。第5-9表の上半分は財閥集団別の付加価値がGDPに占める割合を示したものである。前述のように90～97年間の30大財閥の平均値は13％台であまり変化はみられないが、同期間内に5大と10大が数値を増やしているのに対して11～30大の財閥集団は減らしている。90年度と平均値を比較すると、5大と10大が平均値を下回っていたのに対して11～30大はそれを上回っていたが、97年になると逆に5大と10大が上回っているかあるいは同値なのに対し、11～30大のみが平均値を下回るようになっている（0.58％P減）。また、各財閥集団の付加価値が30大財閥の付加価値に占める比重をみると、期間内に5大の付加価値が30大のそれに占める割合は55％から65％の間、同じく10大の付加価値の比重は74％か

第5章 グローバライゼーションの進展と財閥資本　319

第5-9表　財閥集団別付加価値の対ＧＤＰおよび対30大財閥の比重

(単位：％、％ポイント)

	1990年	1991年	1992年	1993年	1994年	1995年	1996年	1997年	90～97年間平均
30大財閥	12.72	12.50	12.99	13.16	13.53	15.01	13.78	12.73	13.30
5大財閥	7.09	6.95	7.35	7.51	7.82	9.16	8.09	8.15	7.77
10大財閥	9.44	9.29	9.73	9.90	10.41	11.84	10.69	10.19	10.19
11～30大財閥	3.28	3.21	3.26	3.26	3.12	3.17	3.09	2.54	3.12
5大／30大	55.72	55.58	56.60	57.09	57.81	60.99	58.73	64.05	58.32
10大／30大（A）	74.21	74.33	74.93	75.25	76.94	78.87	77.55	80.05	76.52
11～30大／30大（B）	25.79	25.67	25.07	24.75	23.06	21.13	22.45	19.95	23.48
A－B	48.41	48.66	49.85	50.50	53.89	57.74	55.10	60.10	53.03

注）A－Bの値が違うのは四捨五入のため。
資料）韓国銀行『経済統計年報』、韓国信用評価情報㈱KIS-Lineの財閥別合算財務諸表。
出所）第5-2表と同じ、337頁、表9-33および339頁、表9-35より作成。

第5-10表　財閥集団別売上高の30大財閥に対する比重

(単位：％、％ポイント)

	1990年	1991年	1992年	1993年	1994年	1995年	1996年	1997年	90～97年間平均
5大／30大	61.00	65.08	64.58	66.55	66.10	66.55	66.95	68.88	65.71
10大／30大（A）	80.34	80.69	80.41	81.78	81.59	82.21	83.04	84.07	81.77
11～30大／30大（B）	19.66	19.31	19.59	18.22	18.41	17.79	16.96	15.93	18.23
A－B	60.68	61.38	60.83	63.56	63.18	64.42	66.08	68.13	63.53

注）A－Bの値が違うのは四捨五入のため。
資料）韓国信用評価情報㈱KIS-Lineの財閥別合算財務諸表。
出所）第5-2表と同じ、342頁、表9-39より作成。

ら80％強の間をそれぞれ推移し、時間の経過につれて双方とも増加する傾向にある。それに反して、11～30大の割合は期間内に若干の増減はあるもののおしなべて減少傾向をたどっている。ここでも30大財閥においては10大財閥とそれ以下の財閥のパフォーマンスに大きな違いがあることが認められよう。

また、売上高の点からみても両者の間に同様な傾向がうかがえる。第5-10表は財閥集団別の売上高が30大財閥の売上高に占める割合を示したものであるが、10大と11～30大の間に大きな隔たりがあり、90～97年間の平均値でみると10大が81.77％に対し11～30大はわずか18.23％しかなく、その差は63.54％ポイントにも及んでいる。しかも同期間内に5大（61.00％→68.88％）と10大

第5-11表　財閥の負債比率の推移　　　　　　　　　　（単位：％）

	1990年	1991年	1992年	1993年	1994年	1995年	1996年	1997年	90～97年間平均
30大財閥	362.5	377.9	397.2	356.1	362.7	362.0	412.2	536.4	395.9
5大財閥	368.4	364.2	370.8	314.4	315.4	306.9	355.3	473.2	358.6
10大財閥	343.0	358.7	369.7	324.6	330.4	323.7	375.0	502.5	366.0
11～30大財閥	431.7	446.1	501.2	491.5	498.4	541.3	572.3	691.3	521.7
現代	366.8	408.2	431.5	346.0	390.2	381.8	441.9	579.1	418.2
三星	371.8	350.6	348.7	306.4	260.7	213.0	279.2	371.2	312.7
大宇	299.3	356.5	373.0	298.3	281.4	345.5	345.7	473.8	346.7
LG	324.6	356.5	352.7	299.5	315.8	325.2	356.0	510.9	355.2
SK	432.3	315.8	304.2	304.5	343.4	326.4	382.8	458.5	358.5

資料）韓国信用評価情報㈱KIS-Lineの財閥別合算財務諸表。
出所）第5-2表と同じ、165頁、表6-8および166頁、表6-10より作成。

（80.34％ → 84.07％）の比重が増加傾向にあるのに対し、11～30大のそれは減少（19.66％ → 15.93％）しているのである。

　最後に、財閥の負債（債務）状況についてみておくことにしよう。第5-11表は、90～97年間における30大財閥の負債比率の推移について示したものであるが、ここでも10大以上の財閥と11～30大財閥の間に大きな差がみられる。同期間の平均値でみると、10大の366.0％に対し11～30大は521.7％の高率である。推移状況での特徴は、10大以上が経済危機を迎えた97年に急激に悪化したのに比べ、11～30大は景気の良かった95年からすでに悪化傾向（400％台 → 500％台）が認められ、97年には前年の500％台（572.3％）から一気に700％に迫った（691.3％）。97年に入るや否や下位財閥の破綻の連鎖が起こるが、韓国経済が90年代半ばの好景気を迎えていた時からそれら財閥が先行的に経営指標を悪化させていたことが確認できよう。

　また、各5大財閥の負債状況についてみてみると、同期間の平均値では三星、大宇、LG、SKの4財閥は30大財閥の平均値はもちろん5大財閥の平均値（358.6％）を下回っているが、現代のみがそれらの平均値を上回っている（418.2％）。負債比率の推移状況をみても、91～96年間に400％台に達したのは現代のみで、96年以降急激に悪化している。現代は2000年に入って流動性危機

に陥りグループの分裂を経験するが、その経営危機の兆候がすでにこの時期に現れていたといってよい。その他の4財閥の負債比率も危機の表面化した97年には急速に高まり、最もパフォーマンスの良好であった三星も96年から97年にかけて100％近く（92.0％P）悪化しており、LGにいたっては前年96年の300％台（356.0％）から一気に500％台（510.9％）に急増し、最大の負債率を抱える現代を上回る悪化ぶりであった（現代137.2％P、LG154.9％P）。言うまでもなく、負債比率は総資本に対する負債の割合を示し、その比率が高いということはその分自己資本率の低さを意味する財務指標である。負債比率一つとっても、4大財閥を含む韓国の財閥がこの時期いかに財務構造を悪化させていたか、確認することができよう。

　以上の分析から明らかになった事柄を簡単にまとめておこう。「爛熟期」の韓国財閥は、金泳三政権の規制緩和策に後押しされ、グループの勢力拡大に努める。10大財閥はもちろん30大財閥も系列企業数や営業業種数を増やして安定した地位を確立した。国民経済の各分野に占める比重も、付加価値額や従業員数では思いのほか大きくなかったが、売上高や資産などの面ではさすがに存在感を示している。しかしながら、企業経営の内面から財閥を眺めるとまた別の姿が浮かび上がってくる。何よりも、30大財閥のなかで10大財閥と11～30大財閥の間に大きな格差が生じたことであり、しかもその格差が同時期に拡大する傾向にあった。また、収益性の点では10大財閥といえども全企業を下回るケースが多く、11～30大財閥の売上高経常利益率と売上高純利益率はほとんどマイナス状態に陥っていた。企業経営のパフォーマンスの悪さは負債比率の異常な高さとなって現れ、万一、資金の流入が滞るようになると「借入経営」が破綻するのは火を見るより明らかであった。

　それでもなお、当該時期では「爛熟期」に相応しい財閥資本のビヘイビアが確認できた。次節では、この時期の財閥資本がいかなる様態を呈していたのか、5大財閥が見せた新たな展開を中心にいくつか指摘してみることにしよう。

3.「爛熟期」における財閥資本の新展開

(1) グループ体制の再構築と細胞分裂の始動

　最初に、財閥グループ全体からみた新しい動きとして注目できるのは、この時期いくつかの財閥でグループ体制の見直しが行われたことである。背景には、内外情勢に対する財閥首脳部の厳しい認識があった。すなわち、GATTウルグアイ・ラウンドの妥結、EUやNAFTAの発足による地域主義の台頭、韓国のOECD加盟による自由化の進展などが展望されるなか、各財閥は韓国経済の開放化・自由化を不可避なものと見なし、国内外の市場における無限競争を勝ち抜くためには従来の巨大化した財閥組織では不十分であるという認識が共有されるようになったのである。また、文民政府の登場で韓国社会全般の民主化が加速し、財閥に対する締め付けが一段と強まるのではないかといった懸念も、財閥をして経営体制の再構築に向かわせる要因となった。

　90年代の事業再編過程で特徴的なことは、肥大化した経営体制の効率性を高めるためにグループ全体の事業が機能的に再編成され、経営情報の一元的管理と自由な交換を可能にするシステムの情報化が図られたことである。当時どのような見直しが行われたのか、いくつかの事例についてみることにしよう。

《三星の事業再編》

　まず、三星についてである。三星はすでに李健熙二代目総帥が88年のグループ創立50周年記念式で「第2創業宣言」を行い、新たな発展を模索するための基盤づくりに精力を注いでいた。そこで想定された目的は「事業構造の高度化」という一語に集約できる。その目的を達成するための方案としては、①無限競争の席捲する世界化のなかで限界事業や在来事業を整理し、長期的に世界一流となりうる高付加価値の未来志向的な事業を積極的に育成する、②責任ある大企業グループとして軽工業と消費財の企業というイメージを払拭し、国家の産業競争力を強化することのできる国家戦略産業育成に寄与する、③グループ内

経営資源を最適配分し、事業間シナジー効果を極大化させていき、系列化・融合化・複合化・メカトロニクス化・システム化を主導する、④90年代以降強化されている政府の大企業に対する経済力集中緩和および業種専門化政策に呼応していくために中核事業群を明確にしてこれを中心に事業を展開する、の四つが挙げられた[27]。

　そして、事業の再構築は90年代に入ってから本格化するようになる。「第2創業宣言」の5周年に当たる93年3月に李健熙会長自らが「第2創業第2期」の出発を宣言し、グループの経営理念と三星人精神の再定立を図ることを訴えた。翌年94年には、その年10月27日に発表された長期計画に基づいてグループの運営方式が従来の中央集権的な体制から「小グループ体制」へ転換された。新体制の内容は、24の系列社を電子小グループ、機械小グループ、化学小グループ、金融小グループの四つの中核事業群と独立事業群に再編するものであった。

　中核事業群の企業としては、電子小グループに三星電子・三星電管・三星電機・三星コーニング・三星SDS、機械小グループに三星重工業・三星航空・三星時計、化学小グループに三星綜合化学・三星石油化学・三星精密化学・三星BP化学、金融小グループには三星生命・三星火災・三星カード・三星証券がそれぞれ属するようになった。また、独立事業群としては、三星物産をはじめ、第一毛織、三星綜合建設、三星エンジニアリング、三星エバーランド、新羅ホテル、第一企画、中央日報の名が挙げられた。さらに97年には中核企業群に新たに発足した自動車小グループが加えられ、三星自動車および三星商用車をはじめ、三星物産の自動車販売・サービス業務など他系列会社の関連部門がここに組み入れられた。

　それぞれの小グループは該当業種の長期ビジョンや社別戦略などを担当し、責任者の小グループ長には人事権が付与されるなど強力な権限を行使できるようにした。そして、それら小グループ長によって構成されるグループ運営委員会を組織して、グループ全体の事業戦略などグループがとるべき方針や進むべき進路が決定されるなど極めて重要な役割を担わせたのである[28]。もっとも、

小グループ体制が成立したからといって、それが直ちに総帥や経営本部の役割を果たしてきた秘書室の権限が一方的に後退したわけではない。ただ、このような制度の導入で総帥にあらゆる権限が集中する体制からある程度の分権化を志向する体制へ移行していったことは確かである。

　また、経営システムの情報化についてみてみると、80年代半ばより三星SDS（85年設立）を中心に部分的に取り組んできたが、グループ次元での情報化は90年代に入ってから本格化する。戦略情報システム（SIS: Strategic Information System）の構築を目指した三星の情報化は、まず、三星SDSに各系列社の電算部門を統合する作業から開始された。電算機能の移管は関連機器だけではなく部署人員の異動を伴うものであった。次に、情報インフラの整備のために、国内各社間および米国支店を結ぶ超高速情報網（Unitel）が構築されたり、情報量増大への対応と不慮の事故に備えて国内二箇所（果川、亀尾）に情報ネットワークセンターが開設されたりした。そして、グループ全体で情報を共有するために、95年8月に旧来型の「トピックス」（89年）をさらに発展させた「Singles」（Samsung Integrated Global Information System）を開発し、これによりグループ内どこでも文書管理や情報検索などの情報交換が可能になった。また、個別企業レベルでも情報化の努力が傾けられ、例えば、三星のIT分野を牽引する三星電子、三星電管、三星電機、三星コーニングの4社は、CAD/CAM技術を駆使して商品企画からデザイン、設計、金型、試験製作、量産にいたるプロセスを革新させるE-CIM（Engineering Computer Integrated Manufacturing）を構築して、製品の生産効率と品質向上を大幅に改善することができたのである[29]。

《現代の事業再編》

　次に、三星より遅れたが、この時期、現代にも同様な動きがみられた。現代は、創業者の鄭周永が92年の大統領選挙に立候補したことから、金泳三政権から金融制裁を受けるなど事実上の謹慎処分に置かれていたが、和解の成った90年代半ば頃からグループ体制の本格的な再編に乗り出した。96年1月3日に鄭周永の次男である鄭夢九二世総帥体制が発足したのを機に、経営指導体制が一新されたのである。

まず、グループの最高審議機構である「社長団運営委員会」(87年7月発足)が「グループ運営委員会」に名称変更された。これを機に、創業者の鄭周永そして二代目総帥の鄭世永(周永の弟)体制を支えてきた元老専門経営者が第一線から退き、若い世代の専門経営者を採用する体制がつくられた。同委員会は、鄭夢九グループ会長を議長に、運営委員として弟の夢憲(周永の五男)グループ副会長、夢奎(世永の長男)現代自動車会長、李鉉泰現代石油化学会長、金正国現代重工業社長、朴世勇総合企画室長の5人が選ばれた。

新体制は、グループ会長を補佐するために初めて副会長制が導入され、構成委員はそれぞれ、鄭夢憲が電子・建設部門、李鉉泰がエネルギー・石油化学部門、鄭夢奎が自動車部門、金正国が重工業部門、そして朴世勇が総合商社とその他部門を担当するようにした。後ほど金融分野の重要性が強調されるようになり、現代証券の社長が運営委員に加えられた[30]。

現代の経営刷新の努力は新体制発足前より行われていた。95年7月に「現代グループ21世紀長期発展戦略研究報告書」に基づいて21世紀に向けたグループの経営理念が再定立されたのに続き、同年12月には「現代企業倫理綱領」が発表された。内容は、政経癒着の断絶や専門経営者体制の定着などをうたったもので、軍事政権時代や大統領選挙の際の秘密資金問題の発覚に世論の反感を買ったこともあり、現代が再出発するためには、まずは、企業倫理意識の向上を図る必要があった。そして、鄭夢九体制の発足直後の96年1月5日にグループ人材開発院で開かれた経営戦略セミナーで「21世紀一等企業を目指して」という題目で講演を行い、「新しい生活の価値を創造する価値経営を追求する」という新経営理念を提唱した。

「価値経営」の具体的な中身は、顧客の生活の質を高める経営をモットーに、グループの中核事業分野である自動車・電子・機械・造船のさらなる発展を求めるとともに、有望産業として会長自らが切望する高炉方式の一貫製鉄事業や航空宇宙産業および金融産業を挙げた。また、無限競争に見合う経営の効率性や柔軟性の向上や世界化の積極的促進など五つの経営方式を指摘したが、そのなかに注目すべきは「社外理事制度」(社外取締役制)[31]の導入を他財閥に先駆

けて実現するとしたことである。そしてさらに、同年7月に「新IR（Investor Relations）政策」を発表して株主など投資者に対する顧客サービスに努める一方、翌年97年3月にはこれまた韓国財閥では初めて傘下上場企業15社に「常勤監査制度」を導入した[32]。

　現代財閥の場合、創業者の鄭周永をはじめ一族のグループ支配が他の財閥より直接的かつ強力であり、このような措置をとったとしても族閥の支配力が弱まったとは到底思われないが、少なくとも財閥トップが企業経営の透明性を図ろうとした最初の動きとしてはそれなりに評価できるものであろう。

　また、現代もこの時期、経営システムの情報化に動き出した。中心となった企業は現代情報技術㈱であった。この会社は、もともと89年5月に設立された米国のアレンブレドリー社との合弁企業（現代アレンブレドリー）であったが、93年9月に同社の撤退とともに現代情報技術という社名に変更された。現代情報技術は、総合情報システム会社として、グループ電算室統合運営とシステム統合事業を主軸とする情報サービス事業、工場・ビルディング・船舶などの自動化事業、現代電子・現代ロボット・現代アレンブレドリーで遂行されていた既存事業の一部を移管させる形で事業を展開した。94年8月には現代電子の情報通信事業部の組織と人員が移管され、現代技術情報はシステム統合（SI）、システム運営（SM）、情報通信・自動化にいたる幅広い事業体系を整えた。さらに、96年9月に現代ポスシステム、翌年4月に現代メディアシステムからソフトウエア・エンジニア、現代経済社会研究院からは「Cosmonet」事業および人員をそれぞれ移管されて、ソフトウエア機能を拡充していった[33]。現代の情報化は当時まだグループ全体に浸透したものではなかったが、まず、その作業の核となる企業が育成された意義は大きかった。

《LGの事業再編》

　続いて、LGについてである。LGは、90年2月20日に経営理念宣布式を開き、「第2創業意志」として「21世紀に向けた経営構想」を公にした。新しい経営理念として、従来の「人和団結・開拓精神・研究開発」を継承発展させて「顧客のための価値創造」と「人間尊重」が打ち出され、経営憲法に盛り込まれた。

LGの事業体制再編成の取り組みは早く、すでに88年から動きがみられた。その年、電気・電子分野で成果裏に実施された「F-88プロジェクト」を参考に「Vプロジェクト」に取り掛かったのである。企画調整室内に具滋暻会長をチーム長とする「Vプロジェクトチーム」が設置され、米国経営コンサルタント会社からアドバイスを受けていくつかの報告が行われた。

　それらの報告に基づいて社長団は、①組織構造および運営体制改革、②事業文化単位（CU: Culture Unit）による経営、③自律経営および人材育成の三つを改革の基本方針とした。こうしたプロセスを経て、具滋暻会長は11月22日の社長団会議の席上で先の「21世紀に向けた経営構想」を明らかにしたのである。そこでは、LGの事業推進体制を①事業の特性に合うように経営体単位に集めて自律経営を保障し、②事業の経営権を保障し、③ラッキー金星（当時）は社長の内部育成を図り人事の公正性確保のための制度的装置をつくる、の３点が確認され、翌年89年５月９日に会長自ら「第２創業意志」を表明した後に、政策委員会、人事委員会、社長評価委員会の三つの会長諮問委員会が設置されて改革推進体制が整えられていった[34]。

　LGの取り組みで注目できるのは、事業文化単位（CU: Culture Unit）による経営によって自律経営システムを確立しようとしたことである。ここでいう事業文化単位（CU）とは、他の事業とは明らかに区別される事業の経営特性により、その事業組織内に独特に形成される共通のシステムや価値観、組織風土を意味するものである。背景には、政府の支援や市場統制が期待できなくなった状況では、事業成功の鍵は消費者の多様な欲求に対応するための技術と組織の瞬発力にあるという認識が横たわっていた。具体的には、化学、電気・電子、金属・機械、金融、総合流通、建設の各分野でいくつかの事業文化単位をつくり、それぞれの単位を主管する中核企業を配置し、グループ会長の権限を各企業の社長に大幅に譲渡して責任ある自律経営の確立を目指した[35]。

　化学と電子・電気分野を基軸に巨大財閥を形成するにいたったLGにとって、新しい事業システムの導入は、肥大化した各事業の自律化を図るとともに、金融や流通など新たに進出を企図した分野の効率的な事業展開にとって有効な手

だてになると見なされた。こうした経営体制の再構築を経て、95年1月にグループ名を「ラッキー金星」から「LG」に改称するとともに、その年11月には三代目総帥具本茂（滋暻の長男）体制の幕開けを無事に迎えることができたのである。

　LGの経営システムの情報化についてみると、グループの情報処理産業を担ったのは㈱STMであった。同社は90年にラッキー石油化学と経営情報システムの構築契約を結ぶなど、各系列社との取引関係を通じて早くからグループの情報化に貢献した。その後、日立やIBMなど海外の協力社から技術供給を受けながら技術蓄積を図っていったSTMは、92年4月に世界的水準の統合情報処理センター（ITC）を仁川市富平洞に開設した。これを梃子に、93年には地理情報システム（GIS）事業への進出やシステム統合（SI）関連の高機能サービスの提供などに事業領域を拡大したり、民間VAN事業者として最初に衛星を利用したグループ内社内放送サービスを開始したりした。95年になって社名をLG-EDSシステムに変更し、同年5月に電子電気系列研究所を一箇所に集めた通信研究網を構築するなど引き続きグループの情報化に努めていくとともに、グループ以外の事業にも積極的に関わっていった。国税庁の国税統合プロジェクトや大法院（最高裁判所）の不動産登記業務電算課事業などの大規模公共事業や、錦湖や万都機械など他グループ傘下企業のシステム構築にも大いに寄与したのである[36]。

《巨大財閥の細胞分裂》

　また、この時期、いくつかの巨大財閥では事業体制の再構築を機に複数の傘下企業が分離独立して小グループを形成するケースが目撃された。かつて現代財閥のように創業者兄弟間で派生財閥の誕生例はあったが、二世時代になってからの財閥の系列分離はまだ珍しかった。90年代に入ると、主要財閥のなかで最も歴史の古い三星でまず細胞分裂の動きが始まった。

　三星は李健熙体制の発足とともに兄弟姉妹間での財産分与が日程に上ってくるようになるが、上述の事業体制改革の一環として新しい経営方針に添わない系列分野を切り離す必要性に迫られたことも理由の一つとなった。三星は、91

年11月に新世界百貨店と全州製紙、93年6月に第一製糖を系列から分離した。全州製紙の分離は大きな問題なく実現したが、新世界百貨店と第一製糖は公正取引法上の条件（母グループの非上場系列社相互持ち分を10％以上保有することができないという公取法施行令上の条件）を満たすことができずに一時留保されることとなった。その後、97年4月になってようやく法的に承認され（系列社相互持ち分の上限が15％に上方修正）、両社は正式に独立することができたのである。

　長女の仁煕が引き受けた全州製紙は92年10月にハンソル製紙と商号を変更し、企業集団ハンソルグループに成長した。ハンソルは、最大時で19社を傘下に従え、2000年4月には財閥序列11位にランクされたこともあった[37]。また、総帥継承レースに敗北した長男の孟煕が株主であった第一製糖は、彼の岳父である孫京植グループ会長と息子（長男）の李在賢（CJ㈱会長）の二人三脚経営で、かつての砂糖や小麦粉を製造する食品製造会社というイメージから脱却し、現在はホームショッピングや映画産業など幅広い分野を手掛けるCJグループに発展している[38]。また、末娘（五女）の明煕が主人となった新世界百貨店は、旧京城三越の流れを引き継ぐ業界随一の老舗で、ソウル市南大門市場に隣接する繁華街に位置し、近くのロッテ百貨店と並んで韓国を代表するデパートメントストアである。分離後、中核企業の新世界㈱を中心に新世界建設、光州新世界百貨店、朝鮮ホテル、スターバックス・コリアなどを傘下に収め、韓国を代表する割引店のEマートを手掛ける韓国有数の企業集団に成長した[39]。

　現代財閥の方は、この頃はまだ具体的な動きとして系列分離はみられなかったが、鄭周永自身が兄弟たち全員に「暖簾分け」をしてきたことから、自分の息子たち（8男1女）が成長した暁には財産分与による系列分離すなわち親族分離の進展することが十分予測された。96年の夢九へのグループ会長委譲は最初の具体的な現れであったといえる。しかしながら、アジア通貨危機を機に経営危機に陥った現代の系列分離は、後にグループ支配を巡り「王子の乱」と呼ばれる夢九＝夢憲兄弟間の激しい相克が繰り広げられるなかで混迷を極め、図らずも事実上の財閥解体過程をたどる形で実現されることになる。その対立の

芽がすでに鄭夢九新体制の発足とともに育っていたとするならば、すでにこの時期に現代財閥の細胞分裂の胎動がうかがえたといっても過言ではないだろう。

また、LGの場合も、96年1月を期して具本茂グループ会長の弟である本綾（具滋曝の次男）と本植（同四男）が喜星グループ（系列社：喜星金属、国際電線、韓国エンゲルハードなど）を形成した[40]。さらに、今世紀に入ってGS（グループ会長、許昌秀）[41]とLS（グループ会長、具滋洪）[42]が分裂して別途、企業集団を形成するようになるが、もともと具家と許家の二家族による経営体制という潜在的亀裂があったところに前述した自律経営体制の追求という遠心力が加わったため、グループの細胞分裂につながっていったものと思われる。

(2) 巨大中核企業の出現と新産業への進出

次に、産業および企業の視点から財閥資本のビヘイビアについて考察してみることにしよう。当時の動きを一言でいえば、既存中核分野のさらなる発展と新しい産業への進出であった。ここではまず、前者の巨大中核企業の出現についてみることにする。

その際、注目する企業は、グループの中核企業として歴史があり、なおかつ当該時期の成長を担保に今日韓国を代表する大企業に成長している企業である。具体的には、紙幅の関係上、三星では三星電子と三星物産、現代では現代自動車と現代重工業それに90年代に発展した現代電子産業、LGではラッキー（現LG化学）と金星社（現LG電子）の3グループの各社を取り上げることにする[43]。

①主要財閥の巨大中核企業

前述のように、各主要財閥は90年代を迎えるに当たって事業体制の改革に取り組んだが、政府による業種専門化の誘導もあって中核企業の再定立を求められるようになる。そこで、各財閥は一斉にグループ内の資源を集中させてそれぞれ得意とする分野の強化を図った。その結果、いっそう巨大化した中核企業が出現するようになったのである。いくつか具体例をみてみよう。

まず、三星は、既述のように、88年11月にすでに三星電子と三星半導体通信

を合併し、家電・情報通信・半導体・コンピュータの4部門を包括する三星電子を誕生させた。三星電子は、90年代に入って半導体分野や情報通信分野で次々と新製品を生み出していく。特に三星電子を世界的メーカーに押し上げる原動力となった半導体製造分野では、92年11月に64メガDRAMの開発を皮切りに、94年8月256メガDRAM、96年10月には「夢の半導体」といわれる1ギガDRAMをそれぞれ世界で最初に開発した。その結果、92年にDRAM半導体分野で、翌年93年にはメモリー市場で、それぞれ世界の頂点に立った。そのほか、「第2の半導体」と呼ばれるTFT-LCD事業にも乗り出し、92年3月には早くも10.4インチTFT-LCDの開発に成功するなど、世界有数の液晶メーカーに成長する礎がつくられた。

情報通信分野では、93年より携帯電話の製造に取り掛かり、世界で初めてCDMA方式の携帯電話を商業ベースに乗せるなど、後に「Anycall」のブランド名で世界的に有名なる三星の携帯電話事業の基礎が築かれた[44]。また、三星財閥の母企業である三星物産は95年12月に三星建設と統合し、売上高20兆ウォンに迫る「国内最大の巨大企業」に成長した。これにより三星物産は、貿易業ばかりか、衣類、建設、自動車販売、流通業を含む、文字通り総合企業に発展した。特に建設部門を取り入れたことで海外での大型建設プロジェクトを受注する際に人力、整備、金融力、技術力、海外マーケティングなどの面でシナジー効果を発揮することができるようになった[45]。

次に、現代であるが、自動車、重工業、半導体の3分野についてみることにする。まず、自動車分野についてみると、今日世界的な自動車メーカーに成長している現代自動車は、80年代より自社製エンジンの開発に取り組んできた。それまでは、現代を世に知らしめるきっかけとなったポニーをはじめ、搭載されるエンジンは提携先の三菱自動車から供給を受けてきた。内製化を目指す鄭周永や世永（当時、現代自動車社長）の強い意向を受けて、83年9月には社内に「エンジン開発室」が新設された。その時以来、現代自動車は自社エンジンの開発に邁進し、艱難辛苦の末にようやく91年に「α-エンジン」およびトランスミッションの開発に成功する。さらに95年6月には国内最初の独自設計に

よる最先端DOHCガソリンエンジンである「β-エンジン」とトランスミッションが開発され、「自動車技術の花」といわれるエンジン開発が軌道に乗った[46]。

重工業分野では、現代重工業が80年代末から90年代初めにかけて経営体制の再編に取り掛かり、かつて現代重工業から分離された関連会社を再び統合していった[47]。89年12月の現代エンジン工業の吸収合併を皮切りに、現代重電機、現代重装備産業、現代ロボット産業、現代鉄塔産業、現代産業サービス、現代電動機の7社を93年9月までに現代重工業と一体化させ、ここに総合重工業体制が確立されることとなった。この時期、現代重工業の人事の面でも変化がみられ、87年に会長に就任した鄭夢準が88年に政治家に転出したのをきっかけに顧問となり、会長職は空白のまま社長の朴永郁が同社の代表理事に就任した。現代重工業の造船部門は現在、受注量世界一の造船メーカーに成長しているが、当時は従来の石油タンカーや一般貨物船からより付加価値の高い船種の建造に転換する必要性に駆られていた。そこで、LPG船、コンテナ船、超高速船などの建造に力が注がれるようになった。その他、船舶エンジン、重電機、プラント、重装備や、96年に韓国重工業の独占が解除された発電設備の分野でもいくつかの成果が生み出された[48]。

半導体分野の現代電子産業（現ハイニックス半導体）でも、89年3月より経営体制の再編に取り掛かった。年明け早々に発表され新体制は、従来の各事業本部を半導体、産業電子、管理の3部門に大別するとともに、新しい経営理念（豊かな未来創造・頂上を目指す挑戦・和合を通じた共栄）および基本経営方針（技術鮮度・品質優先・顧客本位・合理重視）が示された。そして、92年には87年の鄭周永のグループ名誉会長就任を機に導入された会長制を現代電子も導入することになり、初代会長に鄭夢憲が就任した。これは、現代電子が現代自動車や現代建設などグループのなかですでに会長制を取り入れていた他の代表的系列社と肩を並べるほど成長したことを意味した。91年にはそれまで何かと後塵を拝することの多かったシリコンサイクルに追いつくようになり、果敢な先行投資に打って出る条件が整った。こうして現代電子は、92年7月に64メガDRAM試製品の製造に成功し、同じ時期に1ギガDRAM級の次世代記憶素子

試製品の開発にも成功するという事業成果を上げることができた。半導体での成功を土台にLCD事業やカメラ・複写機事業などに多角化を図っていくが、アジア通貨危機を機に同社の経営は悪化し、系列分離の運命をたどることとなった[49]。

　LGについては、グループ傘下産業の双璧である化学・エネルギー産業と電気・電子産業の二分野を取り上げる。LG化学の前身であるラッキーは、金星社とともにLGグループの中核企業として存在してきた。そのラッキーが、91年11月1日をもって長年の願いであった石油化学産業の垂直系列化を完成させた。すなわち、ラッキー素材とラッキー油化のスチレンモノマー（SM）事業およびラッキー製薬を吸収し、各種生活用品からプラスチック建築資材、精密化学、先端医薬品にいたる「総合化学会社」に変貌したのである。先述のように、LGは80年代末より経営改革に取り掛かり新たにCU制を導入したが、関連企業の統合を機にそれまでの1企業2CU体制を単一CU体制に改編した[50]。そして、95年1月にグループ名の改称に伴ってLG化学に社名を改め、今日韓国を代表する化学総合メーカーに発展している。

　また、電気・電子分野では、50年代末よりラッキーとともにグループの発展を牽引してきた金星社の成長が目を引いた。金星社は、87年から89年にかけて「歴史上未曾有の労使葛藤」を経験した後、89年7月に経営革新のスローガンとして「金星を変えようとするならば私がまず変わらなければならない」を掲げ、「TPC（Total Productivity Control）運動」（総合生産性管理運動）や「自己革新運動」など様々な取り組みを実施した。また、新製品の開発を促進するために各種研究所の整理を行い、家電、電子、LCD、情報システムなどに分類してR&Dの効率化を図った。こうして90年代に入るや否や、洗濯機やVCRや高品位テレビなどファジー理論やカオス理論に基づいた新しいコンセプトの家電製品が多数出荷されて人気を博した。途中、95年に情報通信機器専門企業の金星通信を吸収して隊列拡大を図る一方、90年に冷蔵庫生産1000万台、90年11月に洗濯機生産500万台（95年に2000万台）、91年にはテレビ生産5000万台をそれぞれ国内で最初に突破し、三星電子を押さえて国内家電業界ナンバー1を

証明した。その余勢を駆って、関連部門の液晶事業やマルチメディア産業への積極的な進出が展開され、95年3月には社名を金星社からLG電子に改称した[51]。

②新産業分野への進出事例

　既述のように主要財閥は、80年代末から90年代初めにかけて経営体制の刷新を図ったが、その際、グループ総帥たちは新しい産業分野への進出を異口同音に言及した。ここでいう新産業への進出とは、各財閥がこれまでの事業展開で手薄であった既存分野か、もしくは将来的な成長が見込まれる未来産業への進出を意味した。この時期、それぞれの財閥がどのような分野へ進出していったのか、後述する金融分野以外の事例についていくつか取り上げてみよう。

　まず、三星についてである[52]。当時、三星が進出を企図した分野は、金融を別にすると、化学、映像文化、流通および自動車であった。化学分野では、88年5月に三星綜合化学を設立して91年に忠清南道瑞山郡に民間企業最大規模の石油化学コンビナート基地（三星綜合化学団地）を建設した。94年には一度は政府に献納した韓国肥料（蔚山工場）の落札に成功し、社名を三星精密化学に改称した。こうして三星は、石油化学・化学肥料などの一般化学にとどまらず付加価値の高い精密化学の分野に進出することができた。映像文化分野では、95年9月にグループ内の関連企業を統合して三星映像事業団を設立した。また、流通分野では、96年5月にソウル随一の繁華街である明洞に「UTOO ZOON」を開店し、97年9月に割引店の「Home Plus」[53]を慶尚北道大邱市に、11月には複合ショッピングの「三星プラザ」をソウル市内の二箇所にそれぞれ設立した。そして、いよいよ長年の夢であった自動車産業への進出に向けて三星は動き出すことになる。

　三星の自動車産業への進出意向はすでに70年代後半期からあった。80年代まではトヨタ、VW、クライスラーなど海外自動車メーカーとの提携話が持ち上がったこともあったが、諸般の事情によりすべて水泡に帰した。転機が訪れたのは80年代末のことである。88年4月を期して自動車輸入自由化措置がとられる一方、89年7月には政府による自動車合理化業種指定が解除されたことで自

動車産業への参画が可能となったのである。そこで三星は、まず、商用車（大型トラック）への進出を企図し、90年7月に日産ディーゼルから技術導入する申告書を政府に提出した。ところが、業界や世論の反対に遭い政府からも拒否されてしまう。その後状況が好転したため、92年6月に三星は再び技術導入申告書を政府に提出した。最終的に政府の承認を得ることができたのは92年7月のことであった。

　乗用車分野への進出については、94年4月に同じく日産と技術提携を結び、政府に申請書を提出したものの再び拒否されてしまった。商用車の時よりも激しい反発が業界や世論から巻き起こり、政府側も過当競争の激化を理由に認可しない姿勢を貫いた。それでも三星は倦まず弛まず政府と世論の説得に努め、その年の12月には乗用車と小型トラックの技術導入申告書を政府から受理してもらうことに成功した[54]。こうして、95年3月に三星自動車株式会社が正式に発足する運びとなったのである。工場建設地は、商用車工場のあった大邱と釜山の間で地元住民を巻き込む誘致合戦が繰り広げられたが、周辺に部品工場が多く提携先の日産九州工場にも近いという理由から、最終的に釜山に決まった。95年9月に着工した釜山工場の建設が無事終了したのは1年後の96年10月ことであった。ところが、翌年にはアジア通貨危機の直撃を受け、1年も経たないうちに経営破綻が表面化してしまう。経営が軌道に乗るのは、2000年9月のルノー三星の設立を待たなければならなかったのである[55]。

　次に現代であるが、新総帥に推戴された鄭夢九自らが前述の96年1月の経営戦略セミナーにおいて、これまで携わってきた自動車、電子、機械、造船のさらなる発展を求めるとともに、高炉方式の一貫製鉄事業、航空宇宙産業、金融産業などを将来の有望産業として取り上げた。ここでは、90年代に一定の成果がみられた精油事業と航空産業について触れておくことにする。

　まず、精油事業についてみると、現代が精油事業に取り組むきっかけは、93年7月に現代精油を設立してからである。現代精油の前身は極東精油で、極東精油の設立当初の社名は極東シェル石油であった。ロイヤル・ダッチ・シェルと極東石油工業が69年に設立した合弁企業である。77年のロイヤル・ダッチ・

シェル韓国撤退の際にシェルの株式持ち分（50%）を引き受けたことから、現代と精油事業との因縁ができた。その際、社名を極東精油に変え、傘下の極東シェル販売もセイル石油に改称された。その後、新しい経営体制の下で設備拡大路線がとられ、89年には先端設備を有する大山工場（忠清南道瑞山郡）が竣工したものの、91年の火災や経営悪化に見舞われて破綻してしまう。同社は一時、国有化されたこともあったが、93年になって経営正常化問題を株主に任せる旨の政府方針が出され、80%以上の株式保有に成功した現代が新しい所有者となったのである。現代精油は精油業界で先行する油公（現㈱SK）やLG精油（現GSカルテックス）に大きく水を空けられてからの出発となったが、整備場や洗車場ばかりかコンビニ店まで兼ね備えた新タイプの注油所「OILBANK」を登場させたり、95年5月には傘下の販売店を統合して現代精油販売㈱を設立したりするなどして、徐々に追撃態勢を整えていった[56]。

続いて、航空宇宙産業への進出状況についてみてみよう[57]。現代は、80年代より航空産業に関心を示し、すでにいくつかの事業を手掛けていた。傘下の現代精工は、政府の防衛産業国産化方針に従って戦闘機開発事業に参画する一方、川崎重工業との協力の下にヘリコプター（多目的双発機BK-117）の製作に当たるなど民需用航空機事業にも携わった。90年代に入ると現代は、政府が発表した中型航空機開発事業に素早く反応して94年12月にコンソーシアムの一員となった。この頃にはすでに、航空産業を専担する窓口として現代精工の航空事業部を独立法人化した現代技術開発㈱が設立（94年3月）されていた。

95年になると現代は政府から主要防衛産業の指定を受ける。これを機に現代は宇宙産業へも進出するようになり、多目的実用衛星などの製作に当たった。そして、鄭夢九体制の発足とともに航空宇宙産業が主力事業に位置付けられ、96年2月には現代技術開発が現代宇宙航空㈱に改称されて事業体制が整えられた。また、防衛産業の需要に限界を感じた現代は民間機製作事業への進出を活発化させ、その一つの成果が96年2月に決まったマグドネル・ダグラス社の中型航空機MD-95の主翼製作事業への参加であった。その後、航空宇宙産業はグループの主軸分野として将来が期待されたが、アジア通貨危機の処理過程で

現代宇宙航空はグループから切り離される運命をたどった[58]。

　また、SKについて見逃せない動きは第2移動通信事業への参画である。90年代に入り、各財閥は情報通信産業への進出を活発化させていくが、当面の関心事は第2移動通信事業者の決定であった。SKは、80年代初めより二代目総帥の崔鍾賢会長（73年11月就任）の下で情報通信産業への進出を模索してきた。もともと繊維産業（鮮京織物）から出発したSKであったが、巨大精油企業である油公の買収を機にグループの事業構造があまりにも石油化学に偏ってしまった。今後のグループ経営の在り方を考慮した場合、油公依存からの脱却が切実に求められていたのである。90年代に入ってSKは、91年4月に設立した鮮京テレコム㈱を大韓テレコム㈱に改称するが、その大韓テレコムが92年8月に第2移動電話の事業者に選定された。ところが、当時は、軍事政権時代の「非理」が国会で暴露されるなど政経癒着に対する国民の目がかつてなく厳しくなり、たまたま崔鍾賢が盧泰愚元大統領と姻戚関係[59]にあったことから決定辞退に追い込まれてしまう。しかし、政権交替を機に、一時、事業権まで返納した韓国移動通信を買収して社名をSKテレコムに改めた。94年7月のことである。その後、2000年12月にIMT-2000（インターネットと画像通話の世界単一通話圏）事業者にも選定され、情報通信事業分野の民間の雄としてSKの名を不動のものとした[60]。

　そのほか、国内消費市場の成熟とともに流通業分野での新しい動きもみられるようになる。上述の三星の事例や、すでに80年代より進出を開始していた現代の事例（現代百貨店の店舗網拡大）[61]以外に注目できるのは、LGの流通業進出である。LGは、90年代に入って、LG流通（91年1月、喜星産業から改称）を中心に小売事業部門（生活百貨店、コンビニエンスストアー、スーパーマーケット）、給食事業部門に重点を置いた事業を展開する。96年に予定された国内流通市場の完全開放に向けて同部門への参入が急がれたのである。まず、コンビニ事業として90年12月に「LG25」を設立して第1号店（キョンフィ店）を開店した。当時の韓国のコンビニ業界は、89年にコリアセブン（セブンイレブン、ロッテ系）、90年10月にはファミリーマート（普光系）の外資系の独壇

場であったが、そこに、韓国独自資本のLG25が割り込む形で事業が展開された。経営努力が実って94年には店舗数が300店に達し、96年には国内のコンビニ業界で最初に黒字経営を実現することができた。また、92年10月には生活百貨店の「LGマーキ」（94年にLG百貨店に改称）、96年11月には「LGマート」という割引店（スーパーセンター）を立ち上げて事業拡大に努めた。その他、91年に日本のグリーンハウスと技術提携して給食事業（Food Service）に進出するとともに、95年にはグループ傘下関連会社と協力して「韓国ホームショッピング」を創設（94年12月創設、96年3月にLGホームショッピングに改称）して有線放送を通じたホームショッピング事業にも参入した[62]。

このように、90年代には各主要財閥グループの新しい産業分野への進出がみられるようになるが、上述のほかにも、広告事業、各種メディア文化事業、インターネット関連事業、スポーツチーム経営など枚挙にいとまがない。この「爛熟期」には、当時考えられたあらゆる産業分野に対して主要財閥はほぼ進出し尽くした感すらある。その意味では、この時期に韓国財閥の全方位的多角化の完成期を迎えたといっても過言ではない。なかでも金融業への進出は、資金調達や収益の確保などの点から各財閥が挙って進出していった分野である。次は、その金融分野における事業展開についてみてみることにしよう。

(3) 金融分野の成長と金融財閥の出現

90年代に入ると、金融業の自由化や資本市場の開放化が政策立案のタイムテーブルに乗り、各財閥はそれへの対応を迫られるようになる。財閥側としては、国内金融市場での覇権を目指して80年代より力を入れてきた金融業への進出をさらに活発化させるとともに、目前に迫った外資系金融資本の本格的進出を迎え撃つ体制固めに入らなければならなくなったのである。

また、88年に本格化する与信規制によって各財閥の資金調達パターンは変化を余儀なくされるようになる。市中銀行に対する完全支配がままならないなか[63]、財閥たちは、別途、調達ルートを確立する必要に迫られたのである。第5-12表より銀行貸付に占める30大財閥の比重をみると、本格的規制前の87年が

第5-12表 30大財閥の与信規制と貸付金占有率

(単位:10億ウォン、%)

	1987年	1990年	1991年	1992年	1993年	1994年	1995年	1996年	1997年
与信限度基準比率	n.a.	11.11	10.98	10.65	10.93	10.59	9.88	9.63	12.16
銀行総貸付金	71,337	107,952	137,407	159,786	180,019	218,699	253,572	300,912	363,231
第2金融圏総貸付金	25,505	51,172	55,496	73,803	85,934	102,354	137,210	159,391	182,235
銀行貸付金占有率	26.3	19.4	19.5	19.0	16.6	14.9	13.9	17.5	20.3
第2金融圏貸付金占有率	n.a.	n.a.	36.61	35.97	37.15	37.25	38.53	35.70	32.90

注) 金額は年末残高。
注) 1997年度の与信限度基準比率は10大財閥に対する比率。
出所) 第5-2表と同じ、142頁、表5-35より作成。

第5-13表 30大財閥の資本構成の推移 (単位:%、兆ウォン)

	1987年	1990年	1991年	1992年	1993年	1994年	1995年	1996年	1997年
買入債務	11.5	12.1	12.5	12.4	11.3	11.4	11.1	11.8	10.9
短期借入金	23.6	19.9	21.0	24.0	23.7	23.1	23.5	23.6	26.1
長期借入金	21.1	15.3	13.2	12.6	11.7	11.1	9.9	11.3	13.0
社債	8.8	13.4	15.1	14.7	14.3	14.6	14.9	15.8	16.4
利子発生負債	53.5	48.6	49.3	51.3	49.7	48.8	48.2	50.7	55.5
負債総計	81.2	78.4	79.1	79.9	78.1	78.4	78.4	80.5	84.3
資本総計	18.8	21.6	20.9	20.1	21.9	21.6	21.6	19.5	15.7
負債資本総計	100.0	100.0	100.0	100.0	100.0	100.0	100.0	100.0	100.0
負債資本総計額	63.5	115.5	146.0	168.8	189.6	223.8	275.1	339.9	436.3

注) 社債には流動性社債が含まれている。
注) 95年の利子発生負債の合計値が合わないが、合計値の誤りかそれとも内訳項目の値の誤りか判断しかねたのでそのままにしてある。
出所) 第5-2表と同じ、159頁、表6-2より作成。

26.3%であったのに対し、規制緩和策に転じる95年には13.9%とほぼ半減している。また、第5-12表および第5-13表をみると、第2金融圏からの短期資金借入や会社債の発行が増加傾向にあり、それらが銀行貸付の代替機能を果たしたものと推測される。奇しくも各主要財閥は90年代に入って金融保険業のさらなる発展に力を注ぐようになるが、背景には資金の調達先および調達手段の多様化という切迫した要求があったのである。いくつか主要財閥の事例についてみてみよう。

まず、三星についてである[64]。三星の金融業は97年時点で資産の4割近く(37.2%)、売上高の5分の1強(21.0%)を占め、グループ全体の事業展開に

おいて極めて重要な地位にある[65]。90年代における三星の金融事業をみると、まず、三星カードの成長が注目される。三星カードの前身は88年に設立された三星信用カードで、カード名は「ウィナーズカード」であったが、95年9月に現社名に改める際にカード名も「三星カード」に変更された。三星カードは、折からの消費ブームに乗って業績を伸ばし、97年末時点では会員数700万名、年間利用金額11兆ウォンを超える国内最大のカード会社にまで成長した。次に注目できるのは三星証券である。三星証券は、92年11月に国際証券を買収して設立された証券会社で、買収当時は業界ランキング25位にすぎない弱小会社であったが、97年9月には8位にまで成長した。その間、三星証券は、94年3月に国際業務の認可、95年10月にM&A業務の認可、97年8月にはCP業務の許可をそれぞれ受け、事業領域を拡大していった。様々な顧客サービスの充実やホームトレイディングなどインターネット取引の導入などでも業績を伸ばし、「総合投資銀行」としての地位の確立を目指してきた。

　金融保険系列社のなかで中核をなすのは三星生命保険である。東邦生命保険（57年設立）を源流とする三星生命は63年に三星の傘下に入るが、現社名に変更されたのは89年のことである。同社は、すでに80年代後半期より海外投資の窓口となる投資諮問会社や不動産管理会社それに契約審査の厳格化のためのサービス会社などを子会社として設立し、総合金融会社への変貌を追求してきた。93年1月の店舗事業部の発足や経営慣行の改革などにも力を注ぎ、95年1月に販売された「グリーン幸福年金保険」に代表される人気商品を数多く発表した。対外展開も活発化し、95年の北京および香港事務所の開設など、先進諸国以外での活動もみられるようになった。三星生命は、長い間、グループ内部の資金循環の要となってきたが、本来の保険業でもこの時期積極的な事業展開がみられたのである。

　そのほか、国内最大の損害保険会社である三星火災（93年10月、安国火災から改称）、投資信託の三星投資信託運用（97年7月、三星投資諮問から改称）、割賦金融の三星割賦金融（96年1月に割賦金融認可取得）など、三星の金融分野各社も90年代に入って活発な事業展開を見せるようになる。

次に、LGについてである[66]。LGの金融部門は97年時点の資産面で電気・電子（38.8％）、石油化学（23.1％）に次いで第3位の16.3％を占めており、LGにとって金融業が重要な分野となっていることがわかる[67]。石油化学と電気・電子に依存してきた同グループの事業構成からするといささか意外な気がするが、金融業は第三の支柱としてグループ経営を支えてきたのである。まず、新たな動きとして注目できるのはLG投資信託運用㈱の事業である。同社は、88年にラッキー投資諮問㈱として設立され、95年にはグループ名称の変更に伴いLG投資諮問となったが、96年7月にはさらにLG投資信託運用㈱に改称された。社名変更の背景には、96年4月に実施された証券市場の自由化措置（外国人投資限度18％へ拡大）を機に、従来の投資諮問業務に加えて投資信託運用業務が政府から許可されたことがあった。次に、LG綜合金融の事業についてである。同社は、もともと釜山投資金融という地方の短資会社を80年6月にLGが傘下に収めたもので、94年7月になってLG綜合金融に改称された。93年12月に政府が地方短資会社に対して総合金融会社への転換を許可したことが契機であった。こうして、従来の投資金融業務のほかに国際金融、証券・投資信託業務、リースなど幅広い業務を手掛けることができるようになった。

また、LGの証券業分野でも活発な事業展開がみられた。95年にラッキー証券から商号変更したLG証券は、91年より事業部制を導入するなど自律経営体制の確立と先進的経営技法（OVAプロジェクト）の導入などを駆使して国内営業基盤の拡充を図る一方で、海外営業網の構築にも力を注いだ。後者については、89年にロンドンに設立したKFT（Korea First Investment、第一銀行と韓国投資信託との合弁投資）をはじめ、91年ロンドン現地法人、95年香港法人、96年東京支店、96年5月上海事務所をそれぞれ開設し、途中、94年にLucky Europe Fund（3000万ドル）の設立、96年にはKBF（Korea Bond Fund、1億500万ドル）の発行が行われた。そのほかに、LG火災海上保険やLG信用カードの事業展開にも注目すべきものがあったが、後者の「LGカード」は、最近になって行き過ぎたカード利用者拡大路線が「信用不良者」の大量発生問題を生じさせ、グループの金融部門の持株会社の役割を果たしてきたLG証券を巻

き込む形で不実化してしまった[68]。

　続いて、現代の金融業についてである[69]。現代の金融業は97年の資産面で自動車（28.7％）、建設（16.6％）、電気・電子（13.3％）に次いで第4位の11.2％を占めており、重化学工業偏重の事業構造を持つ現代としては金融業の地位は比較的高いといってよい[70]。現代はすでに70年代より金融業へ進出してきたが、96年鄭夢九体制の確立とともに金融部門強化方針が打ち出され、さらなる展開がみられるようになった。まず、現代の金融業進出第1号となった現代綜合金融㈱についてみてみよう。現代綜合金融の前身は国際綜合金融である。76年12月にクウェート資本との合弁企業（50対50）として設立された国際綜金㈱が、総合金融会社として政府から認可を受けた後、77年3月に国際綜合金融㈱に名称変更したものである。そして、94年6月にさらに改称して現代綜合金融㈱が誕生した。業務内容は、外資導入と国際金融業務を中心に投資信託業務、中長期金融業務、証券業務、リース業務、短期金融業務など実に幅広い。80年代までに着実な成長を遂げてきた同社は、90年代に入るとさらなる事業領域の拡大を目指し、ファクタリング（債券買収業）専門会社（現代ファイナンス㈱、96年2月）、先物会社（現代先物㈱、97年1月）、創業投資会社（現代技術投資㈱、同年4月）の設立に共同出資者として貢献した。海外での事業展開も活発にみられ、88年に香港に進出した韓日合弁金融会社を97年に現代が完全子会社化して現代アジア金融有限公司に改称したのをはじめ、同年にインドネシアでマルチ・ファイナンス・カンパニーの設立計画が立てられた。

　次に進出した証券業分野では、現代証券の事業が注目される。現代グループの証券業進出は77年11月の国逸証券㈱（62年設立）の買収にさかのぼるが、同社は86年6月になって現代証券㈱に改称された。90年7月に汝矣島の新社屋に本社を移転したのを機に、新しい投資情報システム（BULL SYSTEM、94年）の導入や高速通信網の再構築など経営環境の革新に努めた。事業内容としては、新たに先物取引に携わり業界1位になるなど従来の証券業務から事業範囲を拡大するとともに、海外進出も盛んに行った。ロンドンやニューヨークなど先進国に設立した事務所を現地法人化して業務強化を図ったり、株式型カントリ

ー・ファンドである「Korea Asia Fund」に大型出資（35％）を試みたりした。このような海外展開は、海外資金を国内外で事業展開する系列社に供給するばかりでなく、先進国の優れた金融技法を学ぶ絶好の機会を提供する契機ともなった。

そのほかの分野では、現代海上火災保険の事業拡大や国民投資信託の事業展開が注目された。特に、後者の国民投資信託は、97年4月に現代に編入された投資信託会社で、これを機に、従来の投資信託業務にとどまらず総合金融業務や証券業務にまで事業を拡大していった。

また、90年代に入ると、各財閥が金融分野の比重を高めるなかで金融業を専業とする財閥まで出現するようになった。大信証券、教保生命、新東亜などのグループがその典型である[71]。大信証券グループ（創業者：梁在奉）は大信証券（旧重宝証券、75年買収）を中心に80年代後半期にベンチャー企業育成金融（大信開発金融、86年11月設立）、金融資産投資諮問（大信投資諮問、88年3月設立）、生命保険（大信生命保険、89年6月設立）の各分野へ進出し、90年代の事業展開で金融専業財閥として不動の地位を築いた。教保生命グループ（創業者：愼鏞虎）は、58年設立の教育保険を専門とする大韓教育保険を基盤に、途中、住宅建設関連や書店経営（教保文庫、80年12月設立）など多角化を進めたが、90年代に入ると証券業（93年12月、大韓証券の買収、現教保証券）や銀行業（95年5月ハナ銀行株8％所有）への進出を果たし、95年には社名を教保生命に変えて金融財閥としての性格を強めていった。また、新東亜グループ（創業者：崔聖模）は、もともと解放後は製粉業などを営んでいたが、金融業への転機は、69年5月に不実企業整理事業の一環として大韓プラスティックなどとともに大韓生命を買収したことであった。二代目総帥の下で事業拡大を行い、85年5月には本社社屋として汝矣島の金融街に首都ソウルのランドマークとなる「大韓生命63」を建設し、財閥の一員として存在感を示したが、その大韓生命は2002年10月になってハンファと預金保険公社に売却された。

以上のように、各主要財閥は90年代においていわゆる第2金融圏を中心に金融業の多角化を推進してきたが、これは、自由化・開放化に対処するためばか

りでなく、政府に資金面で依存できなくなった今、グループ次元で国際競争力を高めていくには金融力の強化は欠かせない条件となったからでもあった。もともと各グループの金融部門は、本業のほかにグループの資金循環の要として重要な役割を果たしてきた。総帥やその一族の資産管理はもちろんのこと、相互出資や循環出資を通じてグループ全体の支配を可能としてきたのである。その際、内部資本市場を通じて自由な資金の流れをつくり出し、債務保証などによって傘下企業を資金面から支えたが、しばしば法律に抵触する不当な内部取引が行われることもあった。こうしたグループ内の資金配分は韓国経済全体の資源配分を歪めてしまい、そのことがアジア通貨危機を引き金とする経済破綻の一因になったことはいうまでもない。危機後、各主要グループは金融分野の比重をますます高めていくが、今日「財閥の金融資本化」[72]が取りざたされるようになったのは、この「爛熟期」における財閥の活発な金融活動を踏まえてのことである。

(4) 海外進出の本格的展開

①海外直接投資の全般的状況

80年代末に胎動期を迎えた財閥企業の海外進出は、90年代に入って本格化するようになる。背景には、企業経営を取り巻く環境が大きく変化したことがあった。国内的には「三高現象」(高賃金・高金利・高物流コスト)や「3D現象」(3D: Dirty, Difficult, Dangerous)によって厳しい経営状況が生み出されるようになり、対外的には自由化の進展や地域主義の台頭によって国際市場における競争が激化したために、海外進出を促迫されるようになったのである。

またこの時期、政府によって対外直接投資に関する自由化措置がとられたことも財閥企業の海外進出を促す要因となった。政府の基本的な姿勢としては、資本逃避や対外債務増大を警戒しつつも企業の海外進出に対する自由化方針が堅持され、「海外直接投資制度が企業の国際化および市場開拓の支援体制へ転換され、産業構造調整、技術振興などの国内産業政策と連結して推進された」[73]のである。具体的には、まず、94年2月に書類および投資手続きが大幅

第5-14表　海外直接投資の状況（総投資基準）　(単位：千ドル、件)

	1987年	1990年	1991年	1992年	1993年	1994年	1995年	1996年	1997年
金額 (増加率)	409,710 (—)	958,787 (—)	1,116,120 (16.4)	1,219,358 (9.2)	1,263,497 (3.6)	2,303,533 (82.3)	3,136,771 (36.2)	4,419,666 (40.9)	3,652,421 (−17.4)
件数 (増加率)	91 (—)	340 (—)	445 (30.9)	497 (11.7)	688 (38.4)	1,488 (116.3)	1,328 (−10.8)	1,467 (10.5)	1,326 (−9.6)
1件当たり 金額	4,502	2,820	2,508	2,453	1,836	1,548	2,362	3,013	2,754

注）増加率（％）は対前年度比。
出所）韓国輸出入銀行『海外直接投資統計年報』2005年2月、21頁より作成。

に簡素化され、制限業種のみを列挙するネガティブ・システム（禁止業種列挙方式）が採用された。その結果、投資制限業種は17業種から14業種に減らされ、翌年10月にはさらに3業種にまで減少した。また、96年6月には「自動許可制」が導入され、海外直接投資の手続きがいっそう簡素化された。そして、97年8月には、従来の韓国銀行の申告および許可制度が主取引銀行または与信最多銀行への申告受理制度へ転換され、一部の例外[74]を除き企業の正常な海外投資に対する海外投資審議委員会の審議制度が廃止され、同じく海外進出企業に課せられた自己資本調達義務比率[75]が廃止されるなど、財閥企業による自由な海外進出の環境がほぼ整うことになった。

　それでは当時の海外直接投資がどういう状況にあったのか、いくつか統計（総投資基準）をみながらその実態に迫ってみることにしよう。まず、第5-14表から、90年代（90〜97年）の全体的な海外直接投資についてみてみると、90〜93年間の金額の伸び率は緩慢であるが、94年以降急伸していることがわかる（対前年度増加率：94年82.3％、95年36.2％、96年40.9％）。当該時期のピークである96年と90年を比べると絶対額で4.6倍に増え、韓国の海外投資元年となった87年と比較すると10.8倍に増加している。件数については、金額とはやや状況を異にしているが、それでも94年に対前年度増加率が100％（116.3％）を超えており、それ以降4桁の高水準で推移している。1件当たり金額（投資額）をみると、90年代前半期は減少傾向にあるが、95年からは増加に転じ、当面のピークである96年には300万ドルの大台に乗った。

第5-15表　製造業海外直接投資の推移および比重（総投資基準）

(単位：千ドル、件)

	1990年	1991年	1992年	1993年	1994年	1995年	1996年	1997年
金額	485,270	606,460	657,343	559,965	1,489,489	2,049,290	2,820,054	1,859,631
（比重）	(50.6)	(54.3)	(53.9)	(44.3)	(64.7)	(65.3)	(63.8)	(50.9)
件数	196	279	345	520	1,099	953	1,032	884
（比重）	(57.6)	(62.7)	(69.4)	(75.6)	(73.9)	(71.8)	(70.3)	(66.7)
1件当たり金額	2,476	2,174	1,905	1,077	1,355	2,150	2,733	2,104

注）比重（％）は当該年度海外直接投資総額（総投資基準）に対する割合。
出所）第5-14表と同じ、21頁および26頁より作成。

　次に、業種別の投資状況についてみると、第5-15表より明らかなように製造業の比重が非常に高い。90～97年間に金額では93年を除き50％台から60％台、件数では90年を除き60％台から70％台の高率を占めている。韓国企業の直接投資は製造業主体であることがわかろう。また、1件当たり投資額は全体の推移と同じく、90年代前半期は減少傾向をたどったが、94年に増加に転じてピーク時の96年は最高値（273万3000ドル）を記録している。ただ、全体の1件当たり投資額と比べると製造業のそれは総じて小さく、これは、製造業投資のなかには中小企業によるものが多く含まれていることを示唆するものであろう。製造業以外では、卸小売業や鉱業が目立っているが、前者は、総合商社の海外展開を反映したものであり、後者は、石油など資源開発を目的とした投資を意味している。

　製造業のなかの各分野の投資状況についてみると、第5-16表にあるように、ピーク時の96年度の金額で、上位から、電子通信装備44.2％、輸送機械12.9％、繊維9.9％、石油化学6.9％、機械装備5.3％の順となっている。これは、同年の品目別輸出ランキングとほぼ一致し（①電子製品26.2％、②繊維製品11.6％、③機械類7.3％、④金属製品6.6％、⑤自動車6.4％）[76)]、輸出産業であればあるほど海外進出志向の強いことがわかる。また、期間内の推移についてみると、繊維衣服が金額と件数の双方で減少傾向にあるのに対し、電子通信装備は対照的に増加傾向にあり、90年に金額でわずか6.4％だったのが96年には44.2％にまで比重を増やしている。輸送機械と機械設備は電子通信装備ほどではないが、92

第5-16表 製造業各分野の海外直接投資の比重（総投資基準）(単位：%)

分野名		1990年	1991年	1992年	1993年	1994年	1995年	1996年	1997年
電子通信装備	金額	6.4	19.1	15.3	20.6	23.8	31.1	44.2	25.4
	件数	10.2	12.5	8.7	9.0	9.5	11.9	12.2	12.4
繊維衣服	金額	17.1	16.2	24.4	25.4	16.2	11.9	9.9	10.1
	件数	27.6	24.4	29.0	28.1	27.6	19.9	18.5	18.8
輸送機械	金額	21.6	12.2	2.1	4.4	13.3	11.2	12.9	14.2
	件数	2.6	1.4	2.6	2.7	3.5	4.1	5.1	5.1
石油化学	金額	13.6	9.4	7.1	8.8	4.3	7.0	6.9	8.2
	件数	11.7	9.3	8.4	9.4	8.6	10.3	9.4	8.9
機械装備	金額	1.3	4.2	2.5	12.0	4.0	9.7	5.3	15.0
	件数	3.6	8.6	5.8	7.5	6.6	9.1	9.6	13.5

注）各分野の比重（％）は当該年度製造業海外直接投資総額（総投資基準）に対する割合。
出所）第5-14表と同じ、49～50頁より作成。

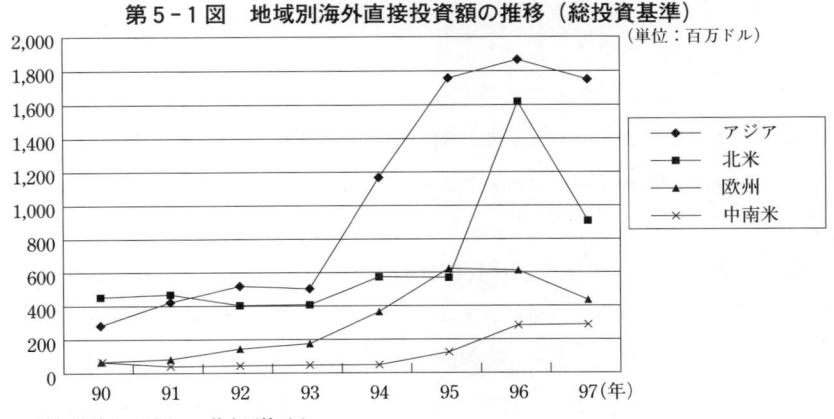

第5-1図 地域別海外直接投資額の推移（総投資基準）
（単位：百万ドル）

注）数値は10万ドルの位を四捨五入。
出所）第5-14表と同じ、32頁より作成。

年以降は金額・件数ともにほぼ増加傾向を示しているといってよい。ただし、石油化学に関しては、毎年一定の割合を占めているものの、明確な増加傾向をたどるものとはなっていない。

続いて、地域別の投資額状況についてみると、第5-1図（総投資基準）から明らかなように、90年代半ば以降アジアと北米の急増ぶりが目立っている。

アジアは90年の2億9041万ドルから96年18億3563万ドルへ6.32倍に伸び、北米も同じく4億3825万ドルから15億9768万ドルへ3.65倍に伸びており、両地域に直接投資が偏重していることがわかる。アジアのなかでも対中国投資の増加が目立っており、別資料によると[77]、同期間内に金額で29.8倍、件数で51.4倍の急増ぶりで、アジア投資額に占める比重も金額で90年の12.6％から96年の67.5％へ、件数で同じく5.4％から50.8％へそれぞれ増加している。言うまでもなく、92年8月の韓中国交正常化が対中投資の急増する大きな契機となったのである。

しかし、地域別の同期間内の伸び率は欧州が一番で、90年の6410万ドルから96年の6億441万ドルへ9.43倍に増加している。また、中南米は、絶対額は小さいものの、同じく6681万ドルから2億7227万ドルへ4.08倍に伸びている。欧州が増加した理由は、西ヨーロッパ各国への進出もさることながら、ソ連を含む共産圏への進出が開始されたためである。大きな契機となったのは中国と同様に90年9月の韓ソ国交正常化であった。ハンガリーやポーランドなどその他の東欧諸国とはすでに80年後半期に関係修復をして部分的に進出を始めていたが、ソ連への投資が可能となったことから欧州全体への投資が増加していったのである。

また、第5-2図より地域別投資件数の状況についてみると、投資額とは異なってアジアが圧倒しているのがわかる。アジアは、90年の185件から96年の1078件へ5.83倍に増え、ピーク時の94年の1214件と比べると6.56倍の伸びになる。続いて大きく水を空けられて、北米が同じく86件から197件へ2.29倍、ピークの97年の228件と比べても2.65倍の伸びにとどまっている。アジア向けが多いのは、韓国に地理的に近いことや、特に中国には多くの朝鮮族が暮らしていることが促進剤となったからである。また、他地域との格差が投資額より件数の方が大きいということは、アジア向け投資の場合1件当たりの投資規模が小さい（96年、170万2807ドル）ことを意味している。それに対して北米や欧州は1件当たりの投資規模は大きく、同じく96年で北米が811万25ドル、欧州が839万4625ドルで、それぞれアジアの4.76倍、4.93倍となっている。このこと

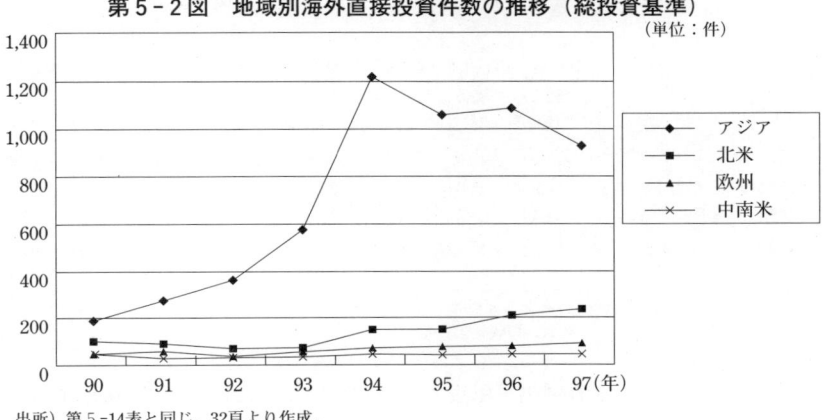

第 5 章　グローバライゼーションの進展と財閥資本　349

第 5-2 図　地域別海外直接投資件数の推移（総投資基準）
(単位：件)

凡例：アジア／北米／欧州／中南米

出所）第 5-14 表と同じ、32 頁より作成。

から、一般的にアジアには中小企業の進出が目立っているのに対し、対北米および欧州では大企業の進出が多いものと推測できる。

　それではここで、財閥企業の海外展開の実態に迫ることにしよう。90年代（90～97年）において30大財閥が対外投資総額に占める割合は79.0％を占めている。また、81～98年間の長期でみると、投資総額226億5844万9000ドルのうち30大財閥によるものは184億6665万5000ドルで、全体の81.5％に達している[78]。海外投資の主体が30大財閥であることがわかろう。企業規模からみると、第5-17表（総投資基準）より、大企業（常用労働者数300人以上）の投資比重は金額で90～97年間に70％台から80％台の高率を占めており、93年までは若干低下したものの対外投資の急増する94年からは再び増加傾向をたどっている。件数の面では90年には40％を超えていたがそれ以降は低下し、93年からは20％に満たない水準にある。このことは、94年から韓国企業の対外投資が大企業ばかりでなく中小企業による投資が急増したことを反映するものである。ただ、金額の面では大企業が圧倒しており、財閥系企業の進出が盛んに行われたことを示すものであろう。大企業の1件当たりの投資規模をみると、90～94年間は500万ドル台から700万ドル台の間で推移し、95年以降急増（940万6000ドル）して96年には大台の1000万ドル（1389万3000ドル）に達している。

第5-17表　各項目別海外直接投資の比重（総投資基準）

(単位：％、千ドル)

		1990年	1991年	1992年	1993年	1994年	1995年	1996年	1997年
大企業	金　額	82.1	82.5	79.3	74.0	75.8	78.0	80.8	82.6
投資比重	件　数	40.3	35.5	25.2	19.9	17.4	19.6	17.5	17.6
	1件当たり金額	5,745	5,828	7,740	6,826	6,742	9,406	13,893	12,955
投資規模	5千万ドル超	24.5	25.0	33.4	26.6	22.4	26.0	39.7	34.9
（金額）	＊1～5千万ドル	31.4	27.3	20.3	23.2	28.5	32.6	27.4	36.2
投資比率	100％	52.6	55.7	58.0	64.0	53.5	49.5	59.0	47.9
（金額）	50％超～100％未満	24.7	24.4	23.4	16.3	22.7	32.4	24.2	30.4

注）＊は1000万ドル超～5000万ドル以下を意味する。
出所）第5-14表と同じ、36頁、40頁、42頁より作成。

　また、財閥企業の海外進出を示唆する指標として、投資規模（金額）の大きなものの割合をみると、最も大きな範疇である5000万ドル超が期間内に4分の1から3分の1程度を占め、次の範疇の1000万～5000万ドルも同じような比重で推移している。前者は、94年をボトム（22.4％）に95年以降は増加傾向を示し、後者の場合は、92年をボトム（20.3％）に93年以降ほぼ増加傾向にあるのがわかる。しかも両者の合計値は、93年にわずかに50％を切った（49.8％）だけであとは常に50％を上回っており、94年以降は引き続き増加傾向を示し、96年には60％台（67.1％）、そして97年には70％の大台（71.1％）に乗っている。このような巨額投資が可能なのは資金（借入金を含む）の潤沢な企業に限られ、それらは総じて財閥系の大企業であると想定しても大過はないであろう。また、韓国企業の海外投資の特徴として、単独投資または合弁投資でも過半以上の投資比率を占めるケースが多い。第5-17表をみても、100％投資が過半を超える年がほとんどであり、50％超～100％未満を含めるとその割合は80％を超える年が多い。このことは、韓国企業は経営支配志向が強く、それなりに企業の生存や成長を考慮した自らの経営戦略に基づいた海外展開を行っていることを示唆するものである。90年代に入り「世界経営」を掲げて大々的に海外進出を繰り広げていった財閥企業が多かったことを勘案すると、当然ながら単独投資もしくは合弁投資の場合は過半を超える投資を選好する傾向が強かったものと思われる。

第5-18表 発展途上国50大多国籍企業のなかの韓国財閥（1995年基準）

(単位：百万ドル、人)

海外資産順位	現地化順位	財閥名	資産		売上高		従業員数		現地化指数[1]
			海外資産	総資産	海外売上高	総売上高	海外従業員数	国内従業員数	
1	9	大宇	11,946.0	28,898.0	8,202.0	26,044.0	28,140	38,910	48.4
5	13	LG	—	15,084.8	7,100.0	12,199.9	14,113	34,961	40.4
10	35	SK[2]	2,258.0	27,729.0	8,635.0	36,085.0	2,083	25,298	13.4
12	34	三星	—	21,894.6	4,807.3	24,083.2	9,177	71,440	14.2
16	40	現代	1,485.2	11,480.0	2,432.7	15,130.7	923	44,736	10.4
34	15	東亜	738.0	4,256.0	1,065.0	2,850.0	8,425	14,619	37.4
50	41	双龍	307.3	4,001.0	207.6	4,170.0	658	4,488	9.1
合計	—	7財閥	—	113,343.4	32,449.6	120,562.8	63,519	234,452	24.8[3]

注) 1) 現地化指数は、総資産対比海外資産の比率、総売上高対比海外売上高比率、総従業員数対比海外従業員数比率の平均値。
2) 鮮京は現グループ名のSKを使用。
3) 現地化指数の平均値。
資料) UNCTAD,*World Investment Report 1997*,1997.
出所) 王允鍾〔編著〕『韓国の海外直接投資　現況と成果——深層報告』対外経済政策研究院、ソウル、1997年、76頁、表Ⅲ-17より作成。

②財閥企業の海外進出事例

　以上のことを前提に、この時期、財閥企業によって行われた海外進出の具体的な事例を取り上げていくことにするが、まず、最初に、海外進出の全体像をとらえておくことにしよう。

　第5-18表は、95年の時点で発展途上国の50大多国籍企業のなかで韓国財閥が占める地位について示したものであるが、ランクインした7財閥のうち、海外資産順位でベストテン入りしたのは、第1位の大宇、5位のLG、10位のSKの3財閥だけである。95年度の国内財閥ランキングでトップ2の現代と三星は、それぞれ16位と12位にとどまっている。現地化の点でみれば、大宇が9位（現地化指数：48.4）と唯一ベストテン入りしているが、残りはLGの13位（40.4）が最高位で、三星は34位、現代は40位で、韓国財閥は低迷している。このことは、発展途上国全体に占める韓国財閥の規模の大きさを考慮するならば、総じて財閥資本の国際化の後れを示すものである。ただ、95年の時点では韓国財閥の海外展開はまだ始まったばかりで、その後ますます海外進出していく余地を

残していたと解釈することも可能であろう。

　90年代における財閥企業の海外進出の特徴としてまず指摘できるのは、投資先が拡大しかつ多様化したことである。かつてアジア、北米、西欧の一部の国に限られていた進出地域が他国にも拡大する傾向を示し、欧州では旧共産圏の中・東欧諸国や旧ソ連圏、アジアの場合は中国、インド、ベトナムなどが有望な投資先として浮上してきた。また、北米や欧州を対象に先進国市場の確保と技術導入を目的とした投資が多かったことも90年代の特徴の一つである。その先進諸国進出の際にとられた投資方法は、主として現地企業に対するM＆Aであった。M＆Aによる企業取得は、手間隙かかる企業の新規設立よりも早期に生産を開始することができる利点があった。すなわち、投資対象となる現地企業がすでに築き上げている生産設備や技術および販売網などを条件さえ整えばすぐにでも活用することが可能であったのである。

　このような諸特徴に則して具体的な進出例をみていくことにするが、最初に、新しい地域への進出の際にパイオニア的な働きをした大宇の事例を取り上げることにする[79]。大宇は、前表（第5-18表）の7財閥のなかで、海外売上高の25.3％、海外従業員数の44.3％を占めており、海外売上高ではSKに次いで2位、海外従業員数では1位となっている。資産の面では、LGと三星の数値がわからないので正確にはいえないが、海外資産順位でLGが5位、三星が12位であることを勘案すると、大宇のウエイトはかなり高いものと推測できる。また、UNCTADの"World Investment Report 1997"によると、96年の時点で世界100大多国籍企業（金融業を除く）にランクインしているのは大宇のみである[80]。これらのことを考慮すると、韓国財閥のなかで最も海外進出に積極的な財閥は大宇であったといえる。

　大宇の金宇中は、グループ創立26周年を迎えた93年3月22日に「21世紀生存戦略」として「世界経営」[81]を打ち出し、西欧、中・東欧、旧ソ連圏（CIS）、アジア、北米およびメキシコ、アフリカなど、文字通りワールドワイドな海外展開を積極的に繰り広げていく。90年代における大宇の海外進出の特徴は、何よりもヨーロッパの旧共産圏進出でパイロット的な役割を果たしたことである。

なかでも、中欧および東欧地域を対象とした自動車生産のネットワーク作りが目立っていた。大宇自動車は、92年に合弁相手のGMとの関係を清算し、その直後から積極的な海外進出に打って出るようになる。その試金石が、EUの拡大を想定したヨーロッパ大陸での自動車生産販売ネットワークの構築であった。そして最優先投資先としては、いまだ先進諸国自動車メーカーの手が及んでいない中・東欧諸国が浮上してきたのである[82]。

まず、最初に自動車工場がつくられたのはルーマニアであった。94年11月に現地のACSA（Automobile Craiova S.A.）社と51対49の合弁でRadae Automobile S.A.社（㈱大宇自動車ルーマニア）を立ち上げて経営権を掌握した。また、販売を担当する現地法人としてDaewoo Auto-Trading SRL.も設立した。次に進出したのはポーランドであった。ポーランドでは95年6月に合弁契約を交わした㈱Daewoo Motor Poland Co.をはじめ、同年11月に現地のFSO社と契約を交わした後96年3月に正式に発足した㈱Daewoo-FSO社においてノックダウン方式の生産が開始された。また、ポーランドでは、ディーゼルエンジン組み立て工場や販売サービス法人などがつくられたが、何といってもポーランドで生産の主軸を成したのはDaewoo-FSO社である。同社との合弁はあのGMとの買収合戦に打ち勝って実現させたものであった。

それ以外の進出事例としては、チェコの商用車工場やMBH-大宇銀行（MBH Daewoo Bank）[83]が指摘できるが、後者のMBH-大宇銀行は89年末にハンガリー信用銀行（MBH）との合弁（50対50）で設立された銀行で（90年7月営業開始）、自動車をはじめとする大宇製品の販売を金融面でバックアップした。こうして、97年末時点で、大宇は、ルーマニア、ポーランド、チェコの中・東欧のほかにウクライナ、ウズベキスタンの旧ソ連圏諸国、そしてインド、中国、ベトナムのアジア諸国に自動車生産の現地法人を設立するにいたったが、フランス国籍まで取得して「世界経営」を目指した金宇中の夢は、無理な投資がたたり、経済危機の渦中で水泡と帰してしまうのであった。

また、財閥企業によるM＆Aの事例としては、まず、現代電子産業による米国マクスター（MAXTOR）社の買収が挙げられる[84]。マクスター社は82年に設

立されたHDDメーカーで、3.5インチ級や2.5インチ級以外に次世代製品の1.8インチ級HDD製造でも優れた技術を持っていたが、ライバル社との過当競争の末に経営危機に陥っていた。メモリー偏重の事業構造からの脱却を狙っていた現代電子は渡りに船とばかりに同社の買収に動いた。93年8月18日に発表した買収内容によると、1億5000万ドル相当の新株買い付けによって40％の持ち分を取得してマクスター社の経営権が確保された。40％の内訳[85]は、現代電子12％、現代重工業10％、現代綜合商事10％、現代商船8％で、文字通り、グループ挙げての買収劇であった。現代電子は、83年の設立当初より、米国に現地法人を設立して設計を担当させ、国内では製品製造に専念する二元体制を取ってきたが、その二元化戦略が限界に直面し、事業体制の再構築を迫られていた。目標として非メモリー事業への進出が挙げられたが、その第一歩がマクスター社の買収によって実現したのである。94年2月には鄭夢憲会長自らがマクスター社の社長に就任し、ここに現代による経営陣が正式に発足することとなった。ちなみに、同社の株式を現代が100％取得したのは96年1月のことであった。

　マクスター社を手中に収めた現代は買収の手を緩めることなく、94年11月11日にはAT＆T-GIS社の非メモリー半導体部門（NCR-MPD）を買収した。この会社は、本社をコロラド州フォートコリンズ（Fort Collins）に置き、工場はコロラド州（Springs）とカンザス州（Wichita）の二箇所にあったが、買収後の95年の2月15日に社名がSYMBIOS LOGIC Inc.に改称された[86]。買収金額は3億ドルに上り、当時「国内企業が実施したM＆A（買収と合併）史上最大規模」[87]といわれた。この3億ドルという金額は、94年度海外直接投資総額の13.0％、同年大企業直接投資総額の17.2％に相当した。いかに巨額であったか理解できよう。

　次に三星のM＆Aについてみてみよう[88]。第5-19表は90年代（96年基準）における三星の主なM＆Aの実績についてまとめたものであるが、わずか3年のうちに米国をはじめとする先進諸国を中心に17件ものM＆Aが実施されている。なかでも目を引くのは、95年に行われた米国のAST社に対する買収である。AST社は米国カリフォルニア州アーバイン市に拠点を置く当時世界第6位のパ

第 5 章　グローバライゼーションの進展と財閥資本　355

第 5-19表　三星の主要海外M&A実績（1996年末基準）（単位：万ドル）

年度	会社名	分　野	金　額	三星持ち分
1992	WF（旧東独）→SEB	CRT製造	380	三星電管100%
	HMS（米国）→SMS	GaAs製造	420	二星電子100%
1994	FGT（旧東独）→SCD	Glass Bulb 製造	570	三星コーニング100%
	CAI（米国）	CAD/CAM S/W 技術	50	三星電子51%
	LUX（日本）	HiFi オーディオ 製造	1,900	三星電子51%
	IgT（米国）	ATM交換機技術	620	三星電子85%
	Entel（チリ）	通信運営事業	1億5,000	三星電子15%
	Jazz Multimedia（米国）	マルチメディア技術	100	三星電子24%
1995	Uion光学（日本）	光学機器製造	6,300	三星電子20% 三星航空20% （後に40%）
	Pinquerez（スイス）	時計ケース製造	140	三星時計100%
	Rollei（ドイツ）	カメラ、光学機器製造	3,700	三星電子80% 三星航空10% 三星物産10% （後に100%）
	AST（米国）	PC製造	3億7,800	三星電子40%
	Integral（米国）	先端HDD技術	500	三星電子5%
	Comm Quest（米国）	DBS用Chipset技術	100	三星電子8%
	Microunity（米国）	マイクロチャンネル技術	850	三星電子1%
	Bethany（ブラジル）	Paging運営事業	245	三星電子49%
	TEC（イタリア）	Keyphone販売	125	三星電子80%
合　計		17件	6億8,800	

注）→は買収後の社名変更を意味する。なお、金額の合計値は訂正してある。
出所）三星会長秘書室『三星60年史』ソウル、1998年、312頁。

ソコンメーカーで、国内と世界に六つの生産拠点と45の販売法人を有する企業であった。三星電子としては自らが得意とするノート型PCや半導体など部品・周辺機器の生産能力とAST社のデスクトップ型PCの製造能力を結びつけるならば、三星のPC事業は飛躍的に発展するものと期待されたのである。

　AST社の買収は95年7月に行われ、三星側の持ち分は40.25%であった。これでもって同社の年産300万台に達する生産能力をはじめ、販売網、ブランド、商品企画力、サービス網、それに海外市場での販売能力を活用することができるようになった。買収金額は、当時、国内企業によるものでは最高額の3億7800万ドルに達した。この金額は、95年度海外直接投資総額の12.1%、同じく

大企業投資総額の15.5％に相当した。当初、同社の経営は現地人に任せていたが、業績が一向に回復する兆しを見せなかったので96年8月に韓国人をCEOに据えた。その後、三星電子は97年4月に残りの持ち分をすべて買収してAST社を完全子会社化した。

そのほかの事例としては、金額面で大きいのは94年11月のチリEntel社（通信運営事業）の買収（スペインのテレフォニカ社から持ち分15.1％、1億5000万ドル相当を買収）であるが、同じ年5月に行われた日本の音響専門メーカー・ラックス（LUX）の買収劇は、金額こそ小さいものの（1900万ドル＝20億円、持ち分51％）、日本経済界では少なからぬ衝撃をもって受け止められた。すなわち、これを機に、成長著しい後発の韓国企業がバブル経済の崩壊に苦しむ日本企業に対して本格的なM＆A戦略を仕掛けてくるのではないかと警戒視されたのである。

また、LGのM＆Aについてみると、まずもってLG電子による米国ゼニス（Zenith）社の買収例が挙げられる。ゼニス社は、RCAやソニーと並んで米国家電業界ではトップブランドを形成していたが、90年代に入りカラーテレビの供給過剰やデジタル部門での無理な投資がたたって経営不振に陥っていた。LG電子がゼニスの買収先として浮上してきた理由は、両者の間には長年にわたる協力関係があったからである。LG電子がまだ金星社を名乗っていた76年に初めてラジオをOEM供給して以来の関係で、91年2月には資本と技術に関する包括的な提携が結ばれ、LG側はゼニス社に対し1500万ドル（持ち分率5％）の資本投資まで行った。買収の提案は95年春にゼニス側から提起され、途中、経営改善計画書を巡り対立する局面や日本メーカーとの買収競争などの困難に直面したが、95年7月には買収契約を結ぶことができた。投資額は3億5119万ドルに達し[89]、三星電子のAST社買収金額に次ぐ規模であった。この金額は、95年度海外直接投資総額の11.2％、同じく大企業投資総額の14.4％に相当した。

こうしてLGは、以前取得した分を合わせて57.7％の持ち分となり、ゼニス社の経営権を掌握するにいたった。その結果、ゼニスの持つHDテレビや平面

ブラウン管などの高度技術やケーブル・テレビなどのマルチメディア分野の先端技術を修得することができたばかりか、ブランド力や市場の確保の点でも大きな利益を得ることができたのである。とりわけ、ゼニス社が米国とメキシコにわたって構築している生産ネットワークと米国内の販売網を利用できるめどがついたことは、NAFTA成立（94年1月）後の米国市場攻略というLGの念願を実現するうえにおいてまたとない機会となった。しかしながら、果敢なリストラクチャリングの実施や4億ドルに上る追加支援にもかかわらず、ゼニス社の経営は一向に好転する気配を見せなかった。そこに、アジア通貨危機による韓国経済の破綻の影響が重なって、結局、90年代のLGによる大規模M＆Aの試みは失敗の烙印を押されてしまうことになる。

　以上のように、90年代に入って巨大財閥は挙って海外進出を本格化していくが、特にこの時期は、既述のように、地域的な拡大（対象国の拡大）に加え、それぞれの世界戦略に基づいてM＆Aという手法でもって巨額の投資が実施されていったところにその特徴があった。ここで取り上げた海外直接投資の事例はほんの一部にすぎず、企業の新設や事務所・支社などの開設まで含めるとそれこそ膨大な数に上る。しかも、例えば、前述の大宇の「世界経営」や三星の「海外本部制」および「海外生産の複合団地化」などにみられるように、各財閥がそれぞれ特色ある経営戦略に基づいて海外展開していったのである。

　しかしながら、多くの事例が失敗に終わったことも事実である。何よりも製造業の海外投資の歴史が浅く経験も乏しかったことが原因であった。本国の経営手法をそのまま植え付けようとしたり、対象国の歴史的文化的背景にそぐわない価値観を強要したりしたことなどが現地の反発を呼び起こした。また、財閥企業の債務依存の進出も財務構造の脆弱性という爆弾を抱えたまま世界市場の大海に乗り出すことを意味した。海外進出に伴う多くの失敗から真の教訓を得るのは、アジア通貨危機というあまりにも犠牲の大きいもう一つの失敗を経験しなければならなかったのである。

4. 小括 ――「財閥体制」の"進化"と分断体制資本主義――

(1)「財閥体制」の進化と矛盾

　これまでみてきたように、本格的なグローバル化時代を迎えた90年代に入ると、5大財閥をはじめとする主要財閥は、韓国経済の各分野において極めて大きな比重を占めるようになる。経済の分野ばかりでなく、政治、文化、言論、イデオロギーなどあらゆる社会領域において財閥のプレゼンスがかつてなく増大したのである。このような財閥の成長は当然ながら政府との関係に対しても影響を及ぼした。60～70年代の開発年代では財閥は常に政府によって育成される対象であったが、80年代に入って財閥政策が規制策へ転じたにもかかわらず、90年代になると政府と財閥との力関係が逆転する現象すら目撃されるようになった。韓国経済は、ここに来て「韓国経済の財閥化」、「財閥共和国」といったレトリックがあながち的はずれではない事態に直面するにいたったのである。

　強大化した財閥を批判的な視点から分析するツールとして、しばしば、「財閥体制」という用語が援用される。そこでは、財閥問題に対して何よりも「体制としての財閥」という視点からアプローチする有用性が喚起される。その意味するところは、論者によって多少異なるが、財閥が単なる大企業の集団ではなく、総帥を頂点に各系列会社が有機的に結びつけられた組織体としての「体制」（レジーム）[90] を形成していることである。各財閥の間ではシェア獲得と利潤極大化を巡って激しい競争が繰り広げられるが、対国民との関係でみれば、各財閥の存在がそれぞれ体制として機能し、それらの体制が互いに影響し合ってより強固な財閥体制を築き上げるという相互補完性を確認できる。

　財閥と国民との関係において、「支配」という用語をキイ・ワードに財閥体制を分析する金基元によると、財閥体制は、財閥内部的には家族経営による総帥の王朝的独裁体制（皇帝経営）が成立しており、財閥外部的には多角化した独占（船団タコ足経営）によって国民経済を独裁的に支配する「二重的独裁体

制」であると定義される[91]。つまり、もっぱら財閥内部の支配構造に注目する一般的財閥論に対し、論者は、国民経済に対する悪影響についても「体制」という視点から把握すべきであると主張しているのである。

ここでいう財閥体制の「体制」とは、「レジーム」（regime）なのか、それとも「システム」（system）なのか定かではないが、財閥内部への支配ベクトルと財閥外部すなわち国民経済に対する支配ベクトルを包括的に捉えようとする視点は重要な問題提起である。しかしながら、韓国の財閥体制は、すでに韓国経済の枠組みを超えて対外的にも拡大しており、この資本の国際化という側面を財閥体制論にどう取り込むかが一つの課題として残されているような気がする。言うまでもなく、財閥の対外進出の目的は利潤獲得にあり、当然ながら投資対象の経営権掌握を目的とした直接投資が志向される。そこでは当該財閥による経営支配が実現され、海外子会社は国内系列社と同じように財閥体制の一部として位置付けられるだろう。その海外子会社あるいは海外子会社を通じた財閥体制そのものが進出先の国民経済に及ぼす影響についてどのように理解すべきか、財閥体制論者の言説からはこれといった回答が見いだせないのである。

また、財閥体制の成立時期についても金基元は言及し、それを80年代前半期と想定している。その理由として、財閥の国民経済に占める比重の増大（財閥付加価値のGDPに占める割合）、系列社数の増加、下請け関係を通じた中小企業に対する支配の強化、市場支配源泉の制度的進入障壁から技術的優位性を土台とした近代的独占利潤の確保への変化、財閥ランキング固定化、財閥の国民経済支配に対する政府認識の変化（80年の公正取引法の制定、86年の出資総額制限を通じた30大財閥に対する規制）などを挙げている[92]。財閥体制の成立時期について議論することの重要性とその理由について首肯できる点は多いが、90年代に入るといくつかの指標（例えば付加価値に占める30大財閥の比重）では財閥の比重も頭打ちとなり、30大財閥の内部では10大とそれ以下あるいは5大とそれ以下の財閥の間で二極化現象がみられるようになる。そのような状態においても財閥が依然として強力な支配力を堅持しかつ行使し続ける事実に対

していかなる評価を下せばよいのであろうか。このことは、財閥体制の行方を占ううえで一つの鍵になると思われる。したがって、筆者の関心は、財閥体制が成立したとされる80年代（特に後半）以降、財閥に対する規制が強化されたにもかかわらず財閥体制が持続し、場合によっては発展する様相すら見せたことに向かうことになる。そのことを財閥の進化ととらえるのか、それとも97年以降の破綻プロセスの一環としてとらえるべきなのか、議論の余地がありそうである。

　これまで財閥は様々な経営環境の変化に応じて自らの姿を変貌させてきた。新しく出現した環境に順応できた財閥のみが激動する時代の荒波を乗り越えて今日まで存続することができたのである。朝鮮戦争、「5.16」時の不正蓄財処理事業、重化学工業化政策の破綻、財閥規制策、そして激震を伴ったアジア通貨危機など大小様々な波濤にさらされるたびに、多くの財閥がその歴史に終止符を打たざるをえなかったのは事実である。しかしながら、他方で、苦境を乗り越え引き続き存続してきた財閥も少なからず存在しており、それら財閥の事業展開過程を環境変化にうまく順応した進化プロセスの事例ととらえる見方があっても不思議ではない。事実、「経済進化論的財閥観」に立つ左承喜のように、「『韓国』の財閥は、政治・経済・社会・文化などあらゆる側面の与えられた『韓国的』環境のなかで、この環境に最も適合した（fittest）形態に進化してきた企業組織」であると評価する論者もいるくらいである[93]。

　財閥進化論の真偽の程を確かめるために、まず、この時期にみられた財閥の進化の局面と思われる事例をいくつか指摘してみることにしよう。最初に、88年から本格化した与信管理制度（与信規制）に対する財閥の対応である。政策金融や市中銀行の与信を規制する措置に対して、財閥は、規制対象外とされた専門業種化政策に呼応する一方、これまた規制外にあった第2金融圏からの短期借入や社債などの直接金融へ依存を高める形で資金調達を可能にした。また、公取法で系列2社間の直接的な相互出資が禁じられると、規制対象外の循環型相互投資を行うことによってグループ内の資金循環を確保した。さらに、「船団式経営」や「タコ足経営」と称される財閥の多角化経営は「範囲の経済」の

メリットを享受するとともに取引費用の節約やリスク分散に寄与する点で財閥組織の進化を示すものといえる。あるいは、本章で取り上げた経営体制の再構築も財閥にとっては新たな環境に順応するための努力の一環であったのである。90年代に入ると財閥と政府の力関係が対等化もしくは逆転する光景がしばしば目撃されるようになるが、これもまた、財閥の進化の結果もたらされた現象の一つである。例えば、第2移動通信事業者の決定を政府が民間に委ねたたことや三星の自動車産業進出に際して政府のイニシアティブが発揮できなかったことがその代表的な事例である。特に92年大統領選挙の際に金宇中と鄭周永両総帥の立候補が取りざたされ、実際に国民党候補として現代の鄭周永が選挙に打って出たことは、財閥に対して「生殺与奪の権」をほしいままにしてきた強権的政府の下ではおよそ考えられない事態であった。

　しかしながら、このような財閥の進化の局面は肯定的な側面を伴うものばかりではなかった。例えば、財閥の新しい資金調達パターンは国内債務ばかりか対外債務（特に短期債務）を激増させ、外資取り入れの窓口となった総金社の経営危機をきっかけに金融不安を生み出した。アジア通貨危機は為替危機と銀行危機の双子の危機であったといわれるが、その危機が韓国に及ぶ際、まさに財閥の傘下にあった総金社が危機伝染のルートとなったのである。また、グループ内の内部市場を通じた資金の貸借や商品の取引はしばしば不正な内部取引を伴うものであったが、このような財閥の自己都合的な行為は、結局、国内資源の非効率的配分を助長することにつながった。さらに、全経連が「最初の民間自律調整の成功事例」と自画自賛した第2移動通信事業者選定作業もSKと盧泰愚の間で情実の介入が取りざたされ、政経癒着の悪弊を繰り返すだけであった。極めつけは三星の自動車産業進出で、鳴り物入りで立ち上げた三星自動車も工場稼働後1年もしないうちに敢えなく破綻の憂き目にあったのである。

　これらの事例からは財閥の進化が新たな矛盾を生み出した事実を確認できる。進化論的には、自然淘汰のなかで突然変異により環境順応に優れた形質を有する種のみが生存を許されることになろうが、財閥の進化は、進化そのものが必然的に新たな矛盾を生み出すプロセスにほかならない場合が多いのである。進

化論自体に対する賛否の程はとりあえず置くとして、ここでは進化論の立論を前提にして述べるとするならば、財閥にとっての進化とは、進化が不断に矛盾を生み出す構造を伴っており、自己完結的なプロセスを経る進化論的な進化とはおよそ様相を異にしているといわなければならない。

(2)「爛熟期」における財閥資本と分断体制資本主義

　90年代の韓国経済は、ポスト冷戦時代の到来によって長年優劣を競い合ってきた北朝鮮との体制間競争にほぼ決着をつけることができた。その意味では、韓国はフランシス・フクヤマのいう「歴史の終わり」の体現者であったが、それはあくまでも経済の側面での話であり、現に北朝鮮の社会主義体制は冷戦の終焉にもかかわらず存在し続けている。一方、この時期、経済発展の牽引車となってきた財閥資本は、グローバル化の波にさらされながら急速に国際化を遂げていった。財閥資本の対外展開は、一面では分断体制資本主義を内面から揺るがす要因として作用しているが、他面では世界資本主義のグローバル化と一体となって分断体制資本主義を固定化させる力学も生み出している。このような財閥資本の行動が90年代の分断体制資本主義の位相にどのような影響を及ぼしたのか、最後に言及しておくことにしよう。

　既述のように、ポスト冷戦時代は韓国財閥に新たな活動空間を提供する効果をもたらした。資本主義市場経済へ移行し始めたヨーロッパの旧共産圏は、市場開拓に苦しむ財閥資本の前に新たなフロンティアとして立ち現れてきたのである。政府側の対応も早く、盧泰愚政権期に打ち出された「北方政策」の下に外交関係の樹立に努め、ハンガリーやポーランドなどとは80年代のうちに国交が結ばれた。90年代に入ってからはソ連（90年）および中国（92年）との国交回復に成功し、ほぼグローバルな（地球的な）規模で財閥資本の活動範囲が拡大するようになったのである。

　ヨーロッパにおける東西対立の終焉はアジアの冷戦構造にも影響を与えずにはおかなかった。今のところ、アジアにおける冷戦体制の克服は共産主義体制の存続を前提に進展しており、この点がヨーロッパとは大きく異なる点である。

背景には、長期にわたって持続してきた東アジアの経済発展があった。東アジアにおける国際分業ネットワークが体制間矛盾を超越して発展し、経済の発展が政治体制の違いを相対化してしまったのである。このような経済融合化のダイナミズムは半世紀にもわたって対立を続けてきた朝鮮半島にも及んだ。前章で触れたように、89年に実現した鄭周永現代会長の北朝鮮訪問は、分断体制資本主義を乗り越えようとする財閥資本のビヘイビアの嚆矢となった。こうした動きは90年代に入ってから本格化し、ヨーロッパの旧共産圏やアジアの社会主義諸国への進出と相まって内外から分断体制資本主義を揺さぶるようになる。

　90年代における南北対峙の雪解けは、最初に、政府間レベルにおいて現れた。まず、91年12月に「南北和解と不可侵の合意書（南北間の和解と不可侵および交流協力に関する合意書）」（12月13日、第5次南北高位級会談）の締結と「朝鮮半島非核化宣言（朝鮮半島非核化に関する共同宣言）」（12月31日）が行われ、72年の「南北共同声明」に匹敵する南北対話の契機がつくられた。その後、北朝鮮の核疑惑の浮上や米韓軍事演習に対する北朝鮮側の反発など様々な障害が生じたが、94年10月の「米朝枠組み合意」によって核危機が回避されると徐々に南北交流の環境は整っていく。ただ、南北朝鮮政府のそれぞれの事情により和解が一直線に進む方向には行かなかった。北朝鮮側は94年7月9日の金日成の死後3年の長きに及ぶ喪の期間に入り、次の執権体制が整うまではしばらく時間を要した。また、韓国側は冷戦勝利のユーフォリアのなかでドイツ式吸収統一に備えるようになり、国民側も専門家が試算した「統一コスト」の巨額さに驚愕するばかりであった[94]。

　一方、民間の経済交流は、朝鮮半島を取り巻く情勢が激変した割には比較的順調に進展したといってよい。政府による「南北協力基金」（90年8月）の設置や「南北交流協力付属合意書」の採択（92年9月）および「南北経済協力活性化措置」の発表（94年11月）などが奏功して、南北間の交易をはじめとする経済交流が着実に進展していった。また、北朝鮮側も84年9月の「合営法」発表以来対外経済政策に関する目立った前進はみられなかったが、90年代に入るとより積極的かつ具体的な政策を打ち出すようになる。91年7月に北朝鮮初の

経済特区である「羅津・先鋒自由経済貿易地帯」構想が発表され、同年12月には正式に決定された。それに関連する法律も整理され、92年12月に「外国人投資法」、「外国人企業法」、「合作法」、93年以降は「自由経済貿易地帯法」、「外貨管理法」、「外国人企業税金法」などがそれぞれ制定された。こうした南北政府の積極的な対応が、経済交流に逆行する事件の多発にもかかわらず民間経済交流を底辺から支える担保となったのである[95]。

当時の経済交流で特徴的なことは、まず、委託加工貿易が盛んに行われるようになったことである。委託加工貿易とは韓国の業者が韓国から機材を北朝鮮に持ち込み商品の製造を委託する貿易のことで、91年にコーロン商事が学生カバンの委託加工を行ったことから始まった。その後、順調に貿易額も増え、委託される製品も衣類、履物などの単純加工品からLGによるテレビ組み立てラインの搬入などへ高度化していった。委託加工貿易に参加する企業は、93年の9社から98年の85社に増加した。また、南北企業による合弁投資の事例も見受けられるようになり、なかでも92年1月に合意された大宇グループによる南浦軽工業団地での衣服製造計画は主要財閥による初めての対北投資であっただけに内外の耳目を集めた。この案件は、㈱大宇と北朝鮮の三千里総会社との間で512万ドルを投じてシャツ・ブラウス・ジャケット・カバンなど九つの製品をソウルに程近い西海（黄海）に面した港である南浦の工業団地で生産しようというもので、96年8月から工場が稼働した。その結果、北朝鮮との経済協力案件はこの時期に急増し、98年末時点で政府承認の協力事業が15件、合作形態による投資に合意を見た企業は40社に上った。前者の事例としては、テチャンの金剛山ミネラルウォーター開発販売事業や現代の金剛山観光開発事業などがあり、後者の合弁事業には、高合物産、韓一合繊、国際商事、東洋セメントの中堅財閥系企業以外に、三星電子、大宇電子、ハンファ、LG電子などの10大財閥系列企業も多く含まれていた[96]。

これら民間経済交流は失敗に終わったものも少なくないが、98年2月の金大中政権成立以降の「包容政策」（太陽政策）の採用を機に進展していった南北経済交流の土台となったことはいうまでもない。ただ、財閥資本による分断体

制資本主義克服の動きは90年代に入ってからグローバル資本主義と共鳴し合う側面が強まってきており、このことは朝鮮半島における冷戦克服プロセスを構想するうえでも決して見逃されてはならない事実である。朝鮮半島に打ち寄せるグローバライゼーションのうねりは、一面では分断体制を揺るがすダイナミズムを生み出しながらも、もう一面では分断体制を固定化する力学をつくり出すという、きわめて錯綜した様相を呈している。いずれにせよ、財閥資本と分断体制資本主義の関係は、様々な矛盾を孕みながらスパイラルに変貌を遂げていくものと思われる。

【注】

1) 大韓民国政府『参与と創意で新しい跳躍を——新経済5か年計画93〜97』京畿道果川市、1993年参照。
2) 金泳三政権の「100日計画」の重点推進課題は、①投資促進による景気活性化、②中小企業の内実ある育成、③技術開発投資の効率性向上、④経済行政規制の除去と企業活動の自律性向上、⑤農漁村構造改善事業の方案作成、⑥国民生活安定のための生活必需品価格の徹底的な管理、⑦国民意識改革運動の公職者を中心とする着手の7点が挙げられている。また、盧泰愚政権の「5か年計画」の主要内容は、①産業社会に呼応する教育および人力養成制度の改編、②技術革新と情報化促進、③社会間接資本の拡充と輸送体系の効率化、④企業経営および産業組織の効率化と中小企業の競争力強化、⑤農漁村構造改善と地域均衡発展、⑥住居および環境問題への積極的対処、⑦社会保障制度の拡充と精神文化の暢達、⑧自律化の積極的な推進と政府機能の再定立、⑨経済開放の拡散・発展、⑩南北交流協力を通じた統一基盤の造成となっている。どちらも重複する部分が多く総花的な内容になっているところは同じである。
3) 規制緩和に関するここでの叙述は、金華東〔著〕『韓国の規制緩和——20年間の歩みと新たなスタート』日本貿易振興会アジア経済研究所、2000年、「第3章 金泳三政権時代の規制緩和（1993〜97年）」を参照した。
4) 金泳三政権の「世界化（セゲファ）」戦略については、次の文献を参照した。Kim, Samuel S. (ed.), *Korea's Globalization*, Cambridge, Cambridge University Press, 2000およびUngson, Gerardo R., Richard M. Steers and Seung-Ho Park, *Korean Enterprise: The Quest for Globalization*, Boston, Harvard Business School

Press, 1997. 後者の文献では、世界化戦略の成功のために金泳三政権と企業の前に提起される課題について、次の事柄が指摘されている。政府の国民経済的目標を支える新しい産業政策の導入、世界市場で競争できるための主要財閥のリストラクチャリング、中小企業のための内実ある政策、国際的プレイヤーとしての国家からグローバルプレイヤーとしての国家への移行、適切な技術の獲得および開発とともに新しい世界秩序を繁栄させる戦略的同盟の形成、荒れ狂う環境のなかの企業の急速な変化を組織し調整し管理できる新しい経営構造の発展、グローバル競争の戦略的財産といえる人的資本の継続的開発などである。

5) 韓国銀行『韓国銀行50年史』ソウル、2000年、530〜542頁および550頁参照。金泳三政権期の外資導入政策については次の文献が要領よくまとめてある。Bishop, Bernie, *Foreign Direct Investment in Korea: The Role of the State*, Aldershot, Ashgate Publishing Ltd., 1997, pp.118-142.

6) 金クムス〔著〕『韓国労働運動史——⑥民主化移行期の労働運動／1987〜1997』韓国労働運動史大全集、高麗大労働問題研究所、知識マダン、ソウル、2004年、377〜408頁および全国経済人連合会40年史編纂委員会『全経聯四十年史』中巻、ソウル、2001年、731〜755頁参照。

7) ソウル経済新聞産業部〔編〕『財閥——その実相と虚像 … 実体をはぐ』韓国ムヌォン、ソウル、1995年、22頁参照。

8) 金融機関による系列企業に対する与信の管理規制は84年から窓口指導の形式で行われてきたが、88年からは総額限度基準率（バスケット）による体系的な管理規制が実施されるようになった。

9) カン・ビョング「第9章 財閥政策および法規」参与連帯参与社会研究所経済分科〔編〕『韓国５大財閥白書 1995〜1997』ナナム出版、ソウル、1999年所収参照。

10) 金融実名制の主な内容は、①93年8月12日20時以降すべての金融機関と金融取引をする際、必ず実名を使用するように義務化し、既存の非実名金融資産を２か月以内（10月12日まで）に実名に転換し、既存の金融実名資産も実名を確認した後にのみ引き出しできる、②実名転換義務期間経過後に実名に転換する分に対しては経過期間により金融実名制実施日から毎年10%ずつ最高60%（贈与税最高税率水準）の課徴金を賦課し、非実名金融資産からの利子・配当所得に対しては所得税および住民税を96.75%まで重課する、の二点にまとめられる。ちなみに同制度の成果をみると、96年末現在で実名預金の実名確認率は99.2%に達し、非実名預金の転換率は98.8%であった。韓国銀行、前掲書、526〜530

頁参照。

11) 不動産実名制が導入された理由の一つに「世界化」の先決課題である物価安定基調を構造的に定着させ対外競争力を強化することが挙げられている。同制度がOECD加盟を目前に控えた措置でもあったことが理解できよう。韓国開発研究院『韓国経済半世紀　政策資料集』ソウル、1995年、711〜713頁参照。

12) 李ユノ〔著〕『韓国の財閥2——財閥の財務構造と資金調達』参与社会研究所・仁荷大産業経済研究所共同企画、ナナム出版、京畿道波州市、2005年、29頁参照。

13) 国内企業の「逆差別問題」は、特に外国資本による敵対的M&Aが許可された98年以降表面化した。

14) 90年5月8日に導入された「不動産投機抑制のための特別補完対策」では、49大財閥の所有する大企業の非業務用不動産を6か月以内に処分するようにさせ、大企業が不動産を新規に取得する際に工場敷地および建物など生産活動に直接使用される不動産のみを取得することになっていた。

15) その基準は、商工資源部（当時）の「大規模企業集団の業種専門化施策推進方案」によると次のように定められていた。専業率（系列企業が営む主な業種の売上高または付加価値額を当該系列企業の総売上高または総付加価値額で除した百分率）が70％以上で、主力業種内で売上高比重が10％以上の企業は、主力企業に選定された。参与連帯参与社会研究所経済分科〔編〕前掲書、505頁参照。

16) 97年度下半期に30大財閥に対する銀行与信残高は20兆1645億ウォンで、そのうちの半分近い9兆6201億ウォン（47.7％）が限度超過の貸し付けであった。李ユノ〔著〕前掲書、141頁、注16）参照。

17) 朴チョングによると、金大中政権成立（98年2月）以前に行われた民営化措置は5次に整理できる。第1次は1968〜79年で大韓航空など12社が民営化された時期、第2次は1980〜86年で市中銀行が民営化された時期、第3次は1987〜92年で浦項綜合製鉄など11社が民営化候補に上った時期、第4次は1993〜97年で大韓重石などの民営化および統廃合が実施された時期、そして第5次が1996〜97年の大規模公企業に対する「管理の民営化」方式が打ち出された時期である。朴チョング「韓国公企業民営化の成果および評価——『国民の政府』公企業民営化を中心に——」金ギテ・李ジョンウォン・李ウィヨンほか〔共著〕『韓国経済の産業組織』ヘナム、ソウル、2003年所収参照。

18) 洪ヒョンピョ「外国為替危機下の財閥政策の成果と問題点」同上書所収、

384頁。
19) 全経連の活動については、全国経済人連合会40年史編纂委員会、前掲書、「第4篇　グローバライゼーションへの対応を先導する」を参照した。
20) ソウル経済新聞産業部〔編〕、前掲書、22頁参照。
21) その11社とは、次の企業である。新世紀移動通信（浦項綜合製鉄）、第2移動通信（コーロン）、錦湖テレコム（錦湖）、大韓テレコム（SK、当時は鮮京）、未来移動通信（双龍）、東洋移動通信（東洋）、東部、亜南、日進、建栄、永豊。
22) 現代の「10-10（テン・テン）運動」は、96年1月にグループ新会長に就任した鄭夢九が同年9月30日に提唱したもので、内容は、生産性、投資、輸出、協力業体資金支援、教育訓練、貯蓄などは10％ずつ高め、経費、エネルギー、納期、会議時間、一回用品（一回の消費で捨てられる用品）およびゴミなどは10％ずつ減らそうというものである。現代グループ文化室『現代五十年史』（上）ソウル、1997年、1033頁参照。
23) 公正取引委員会は、86年12月に行われた「独占規制および公正取引に関する法律」（公正取引法）の改正を機に相互出資や債務保証など巨大財閥による不当な内部取引の規制を目途として87年4月より一定基準を超えた財閥を「大規模企業集団」に指定してきた。当初の基準はグループ資産総額4000億ウォンであったが、対象企業が増えたため93年（92年末改正）からは資産ランキング30位までの財閥が指定された。さらに2002年4月の公取法改正により、同一グループ所属企業の資産総額が5兆ウォン以上の財閥は「出資総額規制企業集団」（相互出資・債務保証禁止、出資総額制限）、同じく2兆ウォン以上の財閥は「相互出資制限企業集団」（相互出資・債務保証禁止）に指定されるようになった。この際、適用除外の条件にグループ負債比率100％未満の財閥が新たに加えられたため、条件を満たす巨大財閥が規制対象から漏れることになり、独占規制という所期の目的は大きく損なわれることになった。
24) 参与社会研究所と仁荷大産業経済研究所が共同企画した『韓国の財閥』（全5巻）（2005年7月発刊）は、目下のところ（2006年8月末現在）財閥活動に関する現存する統計資料のなかで最も詳細かつ包括的と思われる。そこでは、韓国銀行『企業経営分析』など公正取引委員会が用いる政府統計資料のほかに、民間の韓国信用評価情報㈱のKIS-Line財務資料などが使用されており、政府機関資料の限界を補う利点がある。例えば、韓国財閥研究の際に最も引用度の高い資料の一つである韓国銀行の『企業経営分析』は、調査対象を売上高の一定以上（96年の場合は10億ウォン以上）の営利法人に限っており、また、農業な

どの一次産業部門や金融保険業なども対象から除外されている。それに対し、韓国信用評価情報㈱のKIS-Line財務資料は全産業を対象としており、『企業経営分析』の不足分をカバーすることが可能である。もっとも、KIS-Line財務資料は主に大企業（外部監査法人以上の法人）を対象としており全企業を網羅できない難点はあるが、大企業を研究対象とする際には大きな障害にはならないものと思われる。

25) 集団順位維持率とは財閥ランキングにおいてある順位集団（例えば10大財閥、30大財閥など）の当該年度の順位が前年度と比較してどれくらい維持されているかを示す数値である。その数値が100％に近いほど当該順位圏構成財閥と他順位圏構成財閥との入れ替えが少なく安定度が高いことを意味している。李ユノ〔著〕前掲書、320～322頁参照。

26) 例えば90～97年間の5大財閥の年平均付加価値率が16.1％であるのに対し、6～30大財閥のそれは22.7％に上っている。韓国銀行『企業経営分析』各年度、韓国信用評価情報㈱財務資料、宋ウォングン・李サンホ〔著〕『韓国の財閥1――財閥の事業構造と経済力集中』参与社会研究所・仁荷大産業経済研究所共同企画、ナナム出版、京畿道波州市、2005年、105頁、表2-3-10より算出。

27) 三星会長秘書室『三星60年史』ソウル、1998年、293頁参照。

28) 同上書、296～298頁参照。

29) 同上書、282～289頁参照。

30) 現代グループ文化室、前掲書（上）1019～1920頁参照。

31) 現代グループの社外取締役制の導入過程は次の通りである。まず、第1次措置として、現代情報技術と金剛企画にそれぞれ96年1月25日と29日に臨時株主総会を開いて各2名ずつ社外取締役が任命された。前者が李哲洙電算院長と金孝錫中央大学教授が、後者には金政男成均館大学教授と李侑載ソウル大学教授が、それぞれ就任した。また、現代綜合商事には3月2日に魚允大高麗大学教授、李載厚ウニョン合同法律事務所代表、李會晟エネルギー経済研究院常任顧問の3人が迎えられた。同上書、1029～1930頁参照。

32) 同上書、1028～1931頁参照。

33) 同上書、911～912頁参照。

34) LG『LG 50年史』ソウル、1997年、466～467頁および李建憙「第3章　LGグループの発展と経営戦略」李建憙・高承禧・金聖壽・薛鳳植・柳炳冑・崔鍾泰〔共著〕『蓮庵 具仁會・上南 具滋暻 研究』修書院、ソウル、2000年所収、179～183頁参照。

35）LG、同上書、468～470頁参照。
36）同上書、587～588頁。
37）宋ウォングン・李サンホ〔著〕前掲書、423～434頁およびソウル新聞社産業部〔著〕『財閥家脈――誰が韓国を動かすのか（上）』ムハン、ソウル、2005年、117～132頁参照。
38）宋ウォングン・李サンホ〔著〕同上書、400～412頁およびソウル新聞社産業部〔著〕同上書、100～116頁参照。
39）宋ウォングン・李サンホ〔著〕同上書、390～399頁およびソウル新聞社産業部〔著〕同上書、133～150頁参照。なお、Eマートは、2006年5月22日に記者会見を開き、電撃的に韓国撤退を発表したウォルマート（ウォルマートコリア）の国内16店舗を8250億ウォンで買収することを明らかにした。これによりEマートは国内95店舗、中国7店舗を合わせて102店舗を展開する韓国最大の割引店として不動の地位を固めるようになった。『韓国経済新聞』2006年5月23日。
40）李ハング〔著〕『韓国財閥形成史』比峰出版社、ソウル、1999年、543～544頁および同〔著〕『韓国財閥史』大明出版社、ソウル、2004年、593～594頁参照。
41）GSグループは、グループ会長の許昌秀を中心に2005年3月にLGから正式に分離独立した。公正取引委員会が2006年4月に発表した「出資総額制限および相互出資・債務保証禁止対象グループ」の資産順位では第11位にランキングされており、出資総額制限対象のランキングだけをみると、三星など4大財閥に次ぐ高位に位置している。傘下企業には、GS建設（旧LG建設）、GSカルテックス（旧湖南精油）、GSリテール（旧喜星産業、小売業）、GSホームショッピング（旧LGホームショッピング）などがある。父の許準九（故人）は、創業者具仁會の姻戚（岳父の親戚、許萬正の三男）でかつ仁會のすぐ下の弟哲會の女婿（長女の夫）であったことから、グループの母体となった楽喜化学工業（後のLG化学）の創業時よりグループの成長に貢献してきた人物で、半島商事（LG商事）、金星電線（LG電線、LS電線）、LG建設の社長や会長を務め、グループの初代企画調整室長を歴任するなど、LGの経営陣のなかでも輝かしい経歴の持ち主である。事実上、父親の準九がGSグループの基盤を築いたといっても過言ではない。
42）LSグループは、2005年3月に正式の企業集団として成立するが、源流は、2003年11月に創業者具仁會の弟たちである泰會、平會、斗會3兄弟がLG電線グループを立ち上げたところにある。円満な親族分離であったが、彼らのグルー

プへの貢献度を考えるとあまりにも少ない「報償」であった。特に、具滋洪会長の父親の泰會は、まだソウル大生だった頃、同じソウル大生だった弟の平會とともに、創業間もない楽喜化学工業（47年1月設立）のソウル研究所でヒット商品となる「透明クリーム」を発明した。その後、楽喜化学の専務などを歴任して会社の成長に寄与するが、58年には国会議員に転出して側面からLGの発展を支え、82年になってLGグループの顧問に就任する。LSは、彼の長男がグループ会長に就任して正式に独立するが、傘下企業としては、LS電線（旧LG電線）、LS産電（旧LG産電）、LS日鉱銅製錬（旧LG）などがある。公正取引委員会が2006年4月に発表した「出資総額制限および相互出資・債務保証禁止対象グループ」の資産順位では25位にランクインしている。

43) 新産業経営院が発表した2006年度版の『韓国大企業グループ財務分析』を基に各社の成長状況についてみると、金融業種を除く上位50社のうち、売上高順位では、1位三星電子、2位現代自動車、3位LG電子、10位三星物産、11位現代重工業、15位LG化学、総資産順位では1位三星電子、2位現代自動車、7位LG電子、8位現代重工業、11位三星物産、17位LG化学となっている。なお、統計の年度は、2004年度3月決算（2003年4月1日～2004年3月31日）と12月決算（2004年1月1日～2004年12月31日）が混在している。新産業経営院〔編著〕『韓国大企業グループ財務分析』2006年度版、ソウル、207～208頁参照。

44) 三星電子㈱『三星電子30年史』ソウル、1999年、72～87頁参照。

45) 三星会長秘書室、前掲書、294～295頁参照。

46) 現代グループ文化室、前掲書（上）948～955頁参照。

47) 現代重工業関連社の再統合は、むろん政府の業種専門化政策に対応した動きであったが、87年の「労働者大闘争」以来労使関係に苛まれてきた経営側にとって、「多くの数の労組よりは単一労組を相手に対話をすることが労使双方にとってはるかに効率的」であるという労使関係改善の目的もあった。現代重工業は、「兵営的統制」と称されてきた韓国造船業の労務管理方式のため、会社設立当初より労使関係の悪化に苦しんできた。特に74年に起こった蔚山の「現代造船所暴動事件」は放火暴動に発展するなど激烈を極めた。87年の「労働者大闘争」の時も現代エンジンでの労組結成（7月）を機に現代重工業の労働者たちは御用組合を否定して組合を結成した（8月）。そして、いくつかの大企業における労組結成の動きは95年11月の民主労総の結成に集約されていくが、なかでも現代重工業の労働組合は中心的な役割を果たした。現代グループ文化室、前掲書（上）862頁、李ウォンボ〔著〕『韓国労働運動史——⑤経済開発期

の労働運動／1961〜1987』韓国労働運動史大全集、高麗大労働問題研究所、知識マダン、ソウル、2004年、481〜485頁、尹辰浩「第3章　韓国造船業での現場権力をめぐる労使葛藤――現代重工業の事例研究」金元重〔訳〕法政大学大原社会問題研究所〔編〕『韓国労使関係の展開と現状』総合労働研究所、1997年所収を参照。

48）現代グループ文化室、同上書、862〜886参照。

49）同上書、900〜905頁参照。

50）ラッキーの単一CU体制移行によって次のように事業体制が改められた。ラッキーの化成CUと生活産材CU、ラッキー素材CU、ラッキー油化CUをラッキーCUに統合する代わりに、傘下に基礎油化、合成樹脂、精密化学、産業建材、生活健康の五つのSub-CUを置き、所管事業担当Sub-CU長を代表理事副社長として補任し、独自の自律経営が可能になるようにした。株式会社LG化学『LG化学50年史』ソウル、1997年、300頁参照。

51）LG、前掲書、503〜507頁参照。

52）ここの三星に関する記述は、三星会長秘書室、前掲書、295〜296頁、300〜307頁および452〜455頁を参照。

53）三星のHome Plusは、99年5月に英国最大の流通企業であるテスコ社と合弁で三星テスコ（テスコ81％、三星19％）を設立したが、割引店業界ではすでにHome Plusの知名度が高かったので、テスコではなくそのまま同社名を使用している。ちなみに、割引店とはスーパーセンター、ハイパーマーケットおよび会員制ホールセール・クラブなど低価格戦略を採用する業態の総称のことで、割引店業者が海外展開をする際にはウォルマート（米）やカルフール（仏）など先進諸国の代表的小売業者のように資本の一部または全部を投資して直営経営するケースが多い。関根孝・呉世祚〔共編著〕『日韓小売業の新展開』千倉書房、2003年、56頁、4表、207〜208頁および212〜214頁参照。

54）金泳三政権が三星の自動車産業への進出を承認したのは、自らの選挙基盤である釜山地域の経済振興が大義名分となったが、92年大統領選挙で対立候補となった鄭周永（現代自動車）に対する意趣返しでもあったといわれる。

55）三星の自動車産業進出は、これまで手掛けてきた数多くの事業のなかで韓国肥料の国家献納に続く大きな失敗例となってしまった。無理な進出の結果もたらされた過当競争の悪影響は、起亜自動車や大宇自動車の破綻にも及んだといわざるをえない。

56）現代グループ文化室、前掲書（上）918〜928頁および同『現代五十年史』

(下）ソウル、1997年、2298〜2318頁参照。
57）現代の航空宇宙産業への進出については、同上書（上）929〜931頁および（下）2036〜2050頁を参照。
58）その後、現代宇宙航空は、98年に実施されたいわゆるビッグディール（事業交換）の一環として三星航空および大宇重工業の2社と合併することとなり、韓国航空宇宙産業㈱（99年10月設立）に社名を変えて現在にいたっている。
59）崔鍾賢の長男である泰源（現㈱SK会長）の妻盧ソヨンは盧泰愚の娘である。
60）李建憙・高承禧・金聖壽・李承郁・趙東成・韓漢洙〔共著〕『SKグループ 崔鍾賢 研究』修書院、ソウル、2001年、96〜100頁。
61）現代百貨店は、金剛開発産業（会長 鄭夢根＝鄭周永の三男）が81年10月に立ち上げた「総合百貨店設立のための事業推進チーム」の下で構想が練られ、85年12月1日にソウル市江南区狎鴎亭洞に一号店が開店した。先行するロッテ百貨店や新世界百貨店に追いつくために国内で最初にPOSシステムを導入するなど新しい試みが施された文字通り「現代的」な百貨店であった。90年代に入ってからは首都圏ばかりでなく地方にも店舗網が拡大されるようになり、現在、現代百貨店は、鄭夢根会長の下で一つの企業集団を形成するにいたっている。現代グループ文化室、前掲書（上）756〜763頁および（下）2112〜2125頁参照。
62）LG、前掲書、580〜584頁および関根孝・呉世祚〔共編著〕前掲書、204〜221頁参照。
63）ただし、97年末の「銀行法」改正の際に同一人所有限度4％の上限はそのまま維持されたが、実質的な規制力は完全に無力化してしまったという。すなわち、一定比率（10％、25％、33％）を超えるたびに金融監督当局の承認を得れば4％以上の持ち分所有も可能となり、また外国人持ち分率限度内であれば内国人に対しても同一な原則が適用されるようになった。金大煥・金均〔共編〕『韓国財閥改革論――財閥を正してこそ経済が生きる』参与連帯参与社会研究所企画、ナナム出版、ソウル、1999年、255頁参照。
64）三星の金融業については、三星会長秘書室、前掲書、424〜433頁を参照。
65）宋ウォングン・李サンホ〔著〕前掲書、170頁、表4-1-4および171頁、表4-1-5参照。
66）LGの金融業については、LG、前掲書、568〜580頁を参照。
67）宋ウォングン・李サンホ〔著〕前掲書、245頁、表4-7-5参照。
68）2006年8月16日、LGカードの債権銀行団は、優先交渉者として新韓金融持株会社（2001年9月設立）を選定したと発表した。買収額は約7兆2000億ウォン

に上る見込みで、実現すれば国民銀行による外換銀行の買収予定額約6兆9000億ウォンを抜いて韓国最大のM&Aになるという。
69) 現代の金融業については、現代グループ文化室、前掲書（上）601～604頁、1004～1016頁および（下）2368～2388頁を参照。
70) 宋ウォングン・李サンホ〔著〕前掲書、192頁、表4-2-6参照。
71) 金融3グループについては、次の文献を参照した。李ハング〔著〕前掲書（1999年）513～535頁および同、前掲書（2004年）563～585頁参照。
72) レギュラシオン・アプローチによると、97年アジア通貨危機以降の韓国経済の不安定化は、それまでの「フォーディズム的蓄積体制」から「金融主導型蓄積体制（finance-led accumulation regime）」への移行という蓄積様式の構造変化に由来するものであるという。韓国財閥の資本蓄積パターンにおいて金融部門の成長が産業資本部門に取って代わったかどうか、全体の所有構造や資金調達構造の実態分析が求められるところである。梁峻豪・崔仁哲「韓国資本主義の構造変化と混迷――金融主導型蓄積体制（finance-led accumulation regime）への移行であるのか――」経済理論学会第54回大会報告要旨、2006年10月参照。
73) 王允鍾〔編著〕『韓国の海外直接投資　現況と成果――深層報告』対外経済政策研究院、ソウル、1997年、56頁。
74) 一部の例外とは、投資金額が5000万ドル超過時、非営利法人、資本蚕食業体、本社の規模に比べ過大な海外投資については、現行の審議制度が維持された。
75) 自己資本調達義務とは、国内企業が海外進出する際、その海外直接投資総額が1億ドル未満の場合には10％以上、1億ドル以上の場合には20％以上を純粋国内資本で充当しなければならないという規制である。
76) 統計庁『韓国主要経済指標2000.3』270～271頁より算出。
77) 財政経済院『国際投資および技術導入動向』1997.11、王允鍾〔編著〕前掲書、69頁、表Ⅲ-13より算出。
78) Kim, Eun Mee, "CHAPTER 5　Globalization of the South Korean Chaebol," Samuel S. Kim（ed.）, *op. cit.*, p.115, Table5.3参照。
79) 大宇の海外進出の記述については、次の文献を参照した。王允鍾〔編著〕前掲書、240～245頁および250～269頁、金イルス「必ず生かさなければならない金宇中の『世界経営』マインド」李ムニョル・趙東成・韓サンジンほか〔著〕『新聞配達員から世界最高経営者まで　金宇中』イージーブック（EZ-BOOK）、ソウル、2005年所収。
80) 王允鍾〔編著〕前掲書、75～76頁参照。

81) 金宇中は、自らの「世界経営」を「経営戦略の世界化と経営活動の現地化を通じて世界経済の環境変化に能動的に対処し、韓国経済の成長限界を効率的に克服するための新しい次元の統合化（Globalization）戦略」と定義している。李ムニョル・趙東成・韓サンジンほか〔著〕前掲書、188～189頁。
82) 金柱憲は、大宇自動車の海外進出戦略の特徴として、①現地化、②買収方式の選好、③系列社の連繋戦略、④金宇中の経験と決断とともに、⑤発展途上国および社会主義国家中心を挙げている。金柱憲「大宇自動車㈱／自動車——攻撃的世界経営で勝負を掛ける」潘柄吉・河英明・金炯郁・金柱憲〔共著〕『韓国企業の世界化戦略　事例研究』シヌォン文化社、ソウル、1996年所収参照。
83) MBH-大宇銀行は、92年10月に子会社のハンガリー大宇証券、94年10月にはハンガリー大宇リースを設立した後、95年7月にはMBH側の持ち分を大宇が買収して「㈱ハンガリー大宇銀行」に改称された。
84) 現代電子産業のＭ＆Ａについては次の文献を参照にした。現代グループ文化室、前掲書（上）、907～908頁および王允鍾〔編著〕前掲書、133～146頁。
85) 40％の内訳についてはそれぞれの内分率より算出した。内分率は、現代電子30％、現代重工業25％、現代綜合商事25％、現代商船20％である。
86) 現代グループ文化室、前掲書（下）1873頁参照。
87) 現代グループ文化室、前掲書（上）908頁。
88) 三星のＭ＆Ａについては、次の文献を参考にした。三星電子㈱、前掲書、328～330頁および三星会長秘書室、前掲書、311～314頁。
89) 買収資金の調達に関しては、LGがゼニス社買収の政府承認を受ける時には自己資本調達義務規定が復活していたので（同規定は、92年9月にいったん廃止されたが95年10月に復活し、さらに97年8月に再び廃止された）、投資額の20％に相当する7000万ドルを自己資金で充当し、残りの約2億8000万ドルは韓国産業銀行が朝興銀行、フランスのソシエテ・ジェネラル銀行、第一勧銀と共同で形成した借款団を通じて調達された。王允鍾〔編著〕前掲書、123頁参照。
90) 金大煥は「財閥は企業単位ではない一つの体制（regime）をなしている」と述べている。金大煥「序章　財閥問題の認識と財閥改革の方向」金大煥・金均〔共編〕前掲書所収、18頁。
91) 金基元〔著〕『財閥改革は終わったのか』ハヌルアカデミー、ソウル、2002年、96頁参照。また、別論文では、財閥体制を「家族経営＋多角化された独占」企業の二重的独裁体制であり、外的には財閥企業が国民経済を支配し、内的には総帥の世襲独裁体制が支配している、ととらえている。金基元「第6章　財

閥体制の止揚と責任専門経営体制の構築」同上書所収、217頁参照。
92) 金基元〔著〕同上書、103～104頁参照。
93) 左承喜は、続けて「利潤を極大化しようとする経済組織の一つとして自己の置かれた経済的与件に最も適合した生存戦略を駆使し、与件の変化に従って変身を追求する利己的な有機体のような存在である」とも述べている。左承喜〔著〕『進化論的財閥論——経済政策の新たなパラダイム模索』（改訂版）比峰出版社、ソウル、1999年、28～34頁参照。
94) 曺東昊「第Ⅸ章　統一による経済的便益」全洪澤・李栄善〔編〕『韓半島統一時の経済統合戦略』韓国開発研究院、ソウル、1997年所収参照。
95) 朴貞東〔著〕『北韓の経済特区——中国との比較——』韓国開発研究院、ソウル、1996年参照。
96) 洪テキ「12章　南北韓経済協力の評価と拡大方案」北韓経済フォーラム〔編〕『南北韓経済統合論』オルム、ソウル、1999年所収参照。

終章　「淘汰期」における財閥資本と財閥問題の新地平

本章の課題

　解放後韓国財閥の展開過程を追跡してきた長い作業もいよいよ最終段階を迎えることになった。ここでは、アジア通貨危機直後の財閥問題を簡単にデッサンして本書のまとめとしたい。具体的には、当該時期を「淘汰期」ととらえ、財閥資本の破綻状況とその過程からみえてきた財閥問題の新たな展開について言及することにする。

1. アジア通貨危機と財閥資本

　1997年7月のタイ・バーツ暴落を機に始まったアジア通貨危機は、金泳三政権の下で自由化政策を推進していた韓国経済に壊滅的な打撃を与えた。アジア通貨危機の特徴の一つとしてその伝染力（contagion）の強さが認められたが、タイを震源地とする危機は瞬く間にインドネシアやマレーシアなどの周辺ASEAN諸国に伝播し、10月の香港株式市場の暴落を経て、翌月には韓国にまで飛び火した。為替介入で外貨が底をついた韓国政府は、同年11月21日、タイ、インドネシアに続いてIMFへ救済を仰ぎ、12月3日にはIMF史上最大規模の550億ドル（後に583億ドル）に上る緊急支援が決定した[1]。いわゆる「IMF体制」ないしは「IMF統治」の始まりである。

　「6.25（朝鮮戦争）以後最大の国難」といわれた韓国の経済危機の特徴は、アジア通貨危機が伝播する以前から変調がみられたことであった。特に、企業

第１表　財閥の連鎖破綻状況（1997年１月～98年５月）

財閥名	主要業種	処理方法	日　付
韓宝	鉄鋼	不渡り	97年１月23日
三美	特殊鋼	法定管理申請	３月19日
眞露	焼酎	不渡り猶予	４月21日
大農	百貨店	不渡り猶予	５月28日
起亜	自動車	不渡り猶予	７月15日
		和議申請	９月23日
		法定管理発表	10月29日
サンバンウル	繊維	不渡り、和議申請	９月一日
ヘテ	製菓	不渡り	11月１日
ニューコア	流通	和議申請	11月３日
スサン	機械	和議申請	11月26日
漢拏	自動車部品	不渡り	12月５日
ナサン	衣料	和議申請	98年１月14日
極東	建設、証券	不渡り	１月17日
		和議申請	１月19日
居平	鉱業、化学	不渡り処理発表	５月12日
東亜	建設	経営者経営放棄	５月15日

注）法定管理は会社更生法による処理に相当。
出所）関係諸資料より作成。

部門の傷みは甚だしく、連鎖不渡りや連鎖倒産が広範囲に発生した。しかも、企業経営の破綻は単なる個別企業のレベルにとどまらず中小財閥を中心とした財閥グループがドミノ倒しのように次々と破綻する事態にまで発展した。第１表は、アジア通貨危機前後の財閥破綻状況についてまとめたものであるが、97年１月の韓宝の不渡りに始まり、翌年98年５月15日の東亜の経営放棄まで、実に多くの財閥が破綻の憂き目に遭っている。途中、10大財閥の一角を占めた起亜が破綻するにいたると危機の深度は一段と増していった。解放後韓国財閥の展開過程は、アジア通貨危機を前後して大規模な「淘汰期」に突入していったのである。

　連鎖倒産の発端となった韓宝は、96年度財界ランキング（資産基準）14位の中堅財閥で、87年より忠清南道の唐津で進めていた一貫製鉄所建設の無理がたたり、当時最高額の５兆ウォンの負債を抱えて倒産した。しかも、韓宝は製鉄所建設の資金調達に際して政治家との癒着関係が取りざたされ、総帥の鄭泰守

が逮捕されることによってわずか10年余りの短い財閥史に幕を下ろした。また、起亜は韓国第2位の自動車メーカーで財界ランキング8位の主要財閥であったが、傘下企業の経営不振で資金繰りに苦しんでいるところに三星による買収話が噂に上るなどの悪材料が重なり、図らずも経営破綻の道をたどった。起亜は80年代初めに専門経営者による経営体制が確立し、主要財閥としては珍しい「国民企業」としての地位を確立していただけに、その破綻が一般国民に与えた衝撃の程は他財閥の比ではなかった。負債総額は中小財閥とは桁違いの12兆2317億ウォンにも上り、政府自らが乗り出して事態の収拾に当たらなければならなかった[2]。

　その後、金大中政権による「IMF改革」が進展していくなかで「大馬不死」(too big to fail) の神話が脆くも崩れ去る場面が目撃された。すなわち、巨大財閥は国民経済に及ぼす影響の大きさから破綻させられないというこれまでの常識が覆ってしまったのである。破綻の兆候はまず、98年度財閥ランキング（資産基準）第3位の大宇で現れた。大宇は98年末頃から短期債務返済の資金繰り悪化が取りざたされるようになり、翌年99年4月19日に大宇は自動車専門グループへの縮小（41系列社 → 貿易1社、自動車4社、証券1社）を内容とする構造調整方案を発表し、7月19日にはついに債権団との間で「大宇グループ構造調整加速化および具体的実践方案」という「流動性確保方案」が合意された。ここに、大宇財閥の解体が始まることとなったのである。方案の中身は、大宇が約10兆ウォン分の株式や不動産を担保に新たに債権団との間で財務構造改善約定を結んで4兆ウォンの資金供与を実施し、超短期CPの満期を6か月延長するというものであった。その代わりに、大宇自動車以外の系列社はワークアウト（企業構造改善作業）を経て分離独立させ、金宇中会長は大宇自動車の専門経営者になることを約束させられた。この日集まった債権団のなかには一般銀行のほかに7社に上る投資信託会社の代表が含まれていたが、それら投信社は大宇が発行した会社債やCP約21兆ウォンの何と76%を引き受けていた[3]。大宇の財務構造がいかに第2金融圏に依存していたかがわかろう。

　大宇は、アジア通貨危機の最中でも旺盛な海外進出や国内M&A（例えば98

年の双龍自動車の買収）など積極的な拡大路線を展開していた。他財閥がリストラや負債比率削減に取り組んでいるなかで大宇の経営姿勢はあまりにも突出していた。危機も深まった98年12月になってようやく、三星との電子-自動車ビッグディールの合意（12月7日）や系列社大幅縮小（41社 → 10社）などを内容とする構造調整計画を財務構造改善約定（12月28日）に盛り込んだが、その履行状況は98～99年第1四半期までの目標履行率がわずか19％と低迷した[4]。その結果、債務は雪だるま式に膨れあがり（99年6月末で68兆ウォン）、新たな資金調達はCPなどの短期性資金にますます依存せざるをえなくなった。また、「世界経営」と銘打って積極的に海外展開（98年末現在、系列社数37社、海外法人数253社）していった大宇であったが、その実態の程は、イギリスに設立したBFC（British Finance Center）をグループの「資金統制の中心点」とし、一方では偽の輸入書類をつくって銀行から資金を借り入れ、他方では系列社の輸入代金を本社に送金しないでBFCに集中させるという、錬金術のネットワーク作りにほかならなかった[5]。大宇の破綻からは、韓国財閥の特徴の一つである「借入経営」の極みが見て取れる。その後、金宇中会長のもとに最後まで残っていた大宇自動車も、結局、元の主人であったGMの手に落ち、99年11月に退陣表明した金宇中は6年に及ぶ長い海外逃亡生活の果てに帰国し（2005年6月14日）、粉飾会計、詐欺貸出、財産海外逃避の罪で起訴される運命をたどることになる[6]。

　続いて危機に直面したのは、長期にわたり韓国財閥のトップに君臨してきた現代であった。現代は、99年4月23日にグループ構造調整方案を発表し、非核心業種の売却による34兆ウォンの債務削減、自動車、電子、重工業、金融5部門に重点を置く小グループ別の分離、99年内に系列社の削減（61社 → 26社）、2003年度をめどにしたグループ解体などを明らかにした[7]。ところが、このことが創業者鄭周永の二世たちの間で激しい内紛を巻き起こすきっかけをつくってしまう。現代では96年に鄭周永の次男である夢九を会長とする二世体制が成立していたが、アジア通貨危機の最中の98年にそれまで副会長の地位にあった五男の夢憲が夢九と並んで共同会長に選出された。この人事は創業者である鄭

終章　「淘汰期」における財閥資本と財閥問題の新地平　381

周永名誉会長の意向を反映したものであったが、先に総帥の重責を任された兄の夢九としては納得のいくはずのない裁定であった。単独総帥の地位の奪還を画策した夢九は、夢憲が外遊中であった2000年3月14日に夢憲派の専門経営者（李益治現代証券会長）を左遷する挙に出た。いわゆる「王子の乱」の始まりである。これに対して夢憲は、同24日に帰国するや否や部下から報告を受けた後、父親の周永に会って打開策を相談した。そして、その日の夕方に構造調整本部長が記者会見を開き、鄭夢九会長が現代経営者協議会会長職を離職すると発表した。激しいつば競り合いの末、現代の最高意志決定機関である現代経営者協議会は27日になって最終決定を行い、夢憲がグループ会長に、そして夢九は現代自動車・起亜自動車会長に就任する旨を明らかにした。

　こうして13日間にわたる「王子の乱」に終止符が打たれたものの、市場の目は現代財閥の不透明な経営実態に対してネガティブな評価を下し始めた。今回の経営権を巡る現代の内紛劇は、国民はもちろんのこと政府からも批判の声が上がった。事態収拾のために鄭夢憲現代新会長は3月31日になって「現代21世紀発展戦略」を発表し、そこでは、グループ構造調整を引き続き推進するとともに経営者協議会と構造調整本部を解体する方針が打ち出された。ところが市場の方は肯定的な反応を示さず、4月に入ると現代関連の株価が下落し始め、現代建設をはじめとする主要系列社は深刻な流動性危機に陥った。進退窮まった鄭周永は一族の退陣を決意し、5月31日に構造調整本部長によるプレス発表を行わせた。会見の席上で構造調整本部長が読み上げた鄭周永直筆のメモには、経営立て直しのための計画と専門経営者・理事会（取締役会）体制の確立が明記されていた[8]。

　息子たちはこれに反発して何とか自分たちの地位を保ったものの、一度傾いた「グループ解体」の惰性は押しとどめようもなく、各系列会社は一気に分離独立の方向に動き出した。それは、現代グループの「事実上の崩壊（the de facto breakup）」であったといってよい[9]。こうして、周永の息子たちは、夢九が現代自動車、夢根（三男）が現代百貨店、夢準（六男）が現代重工業、夢允（七男）が現代海上、夢一（八男）が現代企業金融の各グループに分裂し、現

代グループ会長の夢憲は経営不振に陥った現代建設や現代電子などの中核企業が次々と離脱した後で現代峨山を中心とする小規模グループを形成することになった[10]。父親の鄭周永は、自らがつくりあげた韓国最大規模の財閥が脆くも崩れ去る光景を横目で見やりながら、2001年3月21日に85年の生涯を閉じたのである。

　このような財閥の連鎖破綻は、アジア通貨危機が韓国にとって財閥体制の危機として現れたことを意味した。海外の危機が国内にいともたやすく波及した背景には、金泳三政権の拙劣な自由化政策の下で展開された無分別な財閥企業のグローバル化があった[11]。とりわけ、財閥企業の短期性外資に依存する財務体質は致命傷となった。国内における危機の波及状況からは、財閥企業の危機が金融機関の危機を誘発し、金融危機がさらに企業危機を深化させるというスパイラルが認められた。そして、同時進行する通貨危機は外資のキャピタル・フライトによってさらに加速化され、為替介入を続けた通貨当局は外貨を涸渇させてしまい対外債務は膨れあがるばかりであった。

　98年2月に危機のまっただ中で成立した金大中政権は、経済危機の克服を「第二の建国運動」と位置付け、政府、金融、企業、労働市場の4大改革に取り組んだ。なかでも財閥改革は、財閥の国民経済に及ぼす影響の大きさから最重要課題と見なされた。金大中政権の財閥改革の原則は、いわゆる「5プラス3原則」といわれた。まず、IMFの求める厳しいコンディショナリティで政策の選択肢が狭められるなか、政権発足前の98年1月13日に金大中自らが大宇を除く4大財閥の総帥と面会し、財閥改革を実施するに際して五つの原則を確認した。その5原則とは、①企業経営透明性の向上、②相互債務保証の解消、③財務構造の画期的改善、④核心部門の設定と中小企業との協力強化、⑤支配株主と経営者の責任強化であった。同年12月7日に金大中は再び5大財閥の総帥と懇談会を持ち、主力業種の選択（各財閥3～5業種）や系列社の削減272社→136社）を約束させるなど財閥改革に不退転の決意を表明した。そして、大宇危機が表面化した99年8月15日の光復節の演説でもわざわざ財閥改革に言及し、①産業資本の金融支配遮断（第2金融圏の経営支配構造改善）、②循環出

第2表 ビッグディールの推進結果（1999年末現在）

業　種	推進結果
精油	現代精油によるハンファエナジー精油部門引き受け完了（99.6.30）
鉄道車両	現代、大宇、韓進による統合法人設立完了（99.7.1）
半導体	現代電子によるLG半導体引き受け完了（99.7.7）
航空機	現代、大宇、三星による統合法人設立完了（99.10.1）
発電設備	韓国重工業、現代、三星間譲渡・受け渡し契約締結（99.11.30）
船舶用エンジン	韓国重工業、三星間独立法人設立合作契約締結（99.11.30）
石油化学	資産売却および国内外資本誘致などを通じて負債比率200％以内に縮小（99.12）

注）各業種分野の具体的な社名は以下の通りである。
　　鉄道車両；現代精工、大宇重工業、韓進重工業の鉄道車両部門。
　　航空機；現代宇宙航空、三星航空、大宇重工業の航空部門。
　　発電設備；韓国重工業、三星重工業、現代重工業の発電設備部門。
　　船舶用エンジン；韓国重工業、三星重工業の船舶用エンジン部門。
　　石油化学；現代石油化学、三星綜合化学。
出所）全国経済人連合会40年史編纂委員会『全経聯四十年史』中巻、ソウル、2001年、861頁などより作成。

資と不当内部取引の抑制、③変則相続の遮断の3原則が追加された。

　財閥改革の当面の課題は、不実化した傘下企業を整理するとともに重複・過剰投資を解消して業種専門化を図ることであった。そのため、5大財閥に対しては、98年6月に財閥間の自律的調整を通じた「ビッグディール」（事業交換）を要請した。要請を受けた財閥側は、9月初め（3日）になってようやく全経連を通じて主要8業種（半導体、石油化学、自動車、航空機、鉄道車両、発電設備、船舶用エンジン、精油）の再編成を明らかにした。また、5大以外の財閥（6～64大財閥）については、同年6月25日に締結された「企業構造調整協約」（企業構造調整促進のための金融機関協約）に基づき債権銀行団との間で「ワークアウト」（企業構造改善作業；企業価値再生のための財務構造改善作業）を実施させた。1999年末現在のビッグディールの結果は第2表の通りであるが、結果的には七つの分野で成果は得られたものの、交渉過程では事業交換する財閥同士で激しい対立が起こり、自動車のように失敗に終わるケースもみられた。

　8業種のなかでその重要性から「スーパーディール」と呼ばれた自動車分野のビッグディールは、三星と大宇の間で三星自動車と大宇電子を交換する内容であった。両社の事業交換は、98年9月初めに全経連が発表した再編計画には具体的に盛り込まれてはいなかったが、現代自動車による起亜自動車の買収が

決定した11月5日以降浮上してきた話であった。起亜の買収に失敗した両グループは、政府の強い意向もあって過剰生産に陥っていた自動車産業の二社体制の確立のために大宇自動車による三星自動車の吸収に合意した。そのための事業交換候補として大宇電子が浮上したのである。しかしながら、実際の交渉過程では利害関係がことごとく衝突し[12]、98年12月7日に金大中大統領主催の政・財界懇談会で両社のビッグディールが確定した後、年明け99年2月15日の了解覚書（MOU）締結期限を過ぎても話はまとまらなかった。3月になって一応暫定合意は見られたものの、最終合意期限の6月15日を経過しても何も決まらず、結局、6月30日に三星自動車は不渡り処理後、法定管理（会社更生手続き）を申請した[13]。大宇の方もその年7月には経営危機が表面化し、ここに、自動車分野のビッグディールは挫折することになった[14]。

　5大財閥間のビッグディールは実質的に政府によって強制された企業構造調整であったが、中途半端に財閥同士の自律的調整に任せたためにいたずらに時間ばかりが費やされ、危機を深化させてしまう結果に終わったといわざるをえない。その過程では、過剰生産設備が約20％、過剰労働力が約15％それぞれ削減されるという傷みを伴い、ビッグディールの内実をみても多くのケースが「交換（swap）」というよりも「合併（merger）」にすぎず、いくつかの事例では過剰生産能力を存続させる結果さえもたらしたのである[15]。

2. 財閥問題の新地平

　アジア通貨危機の際に財閥改革に取り組んだ金大中政権の政策アプローチは、新自由主義的な基調を示しながらも、時として開発独裁を想起させる強権的な介入主義も見て取れた。もともと金大中政権の経済政策が依拠した「DJnomics」（DJは大中の頭文字）には、新自由主義、社会民主主義、秩序自由主義（Ordo-Liberalism）[16]、はたまた強権主義的な要素が混在しており、改革過程や改革分野によって多様な局面を呈していたところに特徴があった。改革の基調を巡り政権内部で一時持ち上がった「民主主義と市場経済の並行発展」

と「民主的市場経済」との論争[17]も、金政権の改革の多面性に由来するものであった。実際の改革過程では、政府の介入を控えて市場原理に委ねるとしながらも、差し迫った崩壊の危機を前に主張の相対立する多くの利害関係者を説き伏せるためには強権的な手法に訴えるほかなく、勢い改革の民主的側面が後景に退く場面がしばしばみられた。この点に、われわれは金大中政権の経済改革が抱える根本矛盾を見いだすことができるのである。ともあれ、「IMF改革」のたがをはめられ、金大中政権の経済改革の基本的な基調が新自由主義的な色彩の濃いものとならざるをえなかったのは確かである。

金大中政権が実施した財閥政策はその多様性ゆえに多くの財閥改革論議を喚起した。それらは、単純な財閥擁護論から極端な財閥解体論にいたるまで実に多岐にわたるものであった。前者の財閥擁護論は、主に全経連（全国経済人連合会）のシンクタンクである韓国経済研究院や自由企業院に所属する研究者によって主張された。例えば、韓国経済研究院院長を務めた左承喜は、韓国財閥の最大の特徴といえる「族閥支配」の「族閥」を「経済的に意味のある言葉だといえない」としたうえで、財閥問題への新しいアプローチとして資源配分に関する「2段階意思決定体系」を提唱して財閥の企業活動を正当化している。この「2段階意思決定体系」とは、政府と財閥間の第1段階配分と各財閥と傘下業種間の第2段階配分を意味し、第1段階は「非経済的または政治的決定」によって資源配分が行われるが、第2段階は「純粋な経済的決定」によって資源配分が行われるとしている。そして、経営支配問題や独寡占問題など財閥にまつわる様々な問題は、第2段階における「資源利用の最適化努力」の結果にほかならないと主張するのである[18]。また、後者の財閥解体論は、主に在野の労働問題研究機関や労働運動圏から主張されており、例えば、民主労総が98年5月に提起した「対政府5大要求案」（『対政府5大要求案政策解説』）では、「財閥総帥の退陣と財閥二世世襲禁止―財閥体制解体」とともに労組の経営参加を要求している[19]。さらに、こうした財閥解体論に対して財閥擁護論の立場から批判が展開され、財閥解体の意味やその利益について疑義が提起されている[20]。

両者の間には、さらに、穏健的財閥改革論の範疇に含められる数多くの論議が存在する。これらは、財閥の存在を前提にした主張であるゆえに、広義の財閥擁護論であると言い換えることもできる。そのなかには、新自由主義的な視点から財閥組織の進化（先進化）を求める意見や財閥の現状を肯定して米国式専門経営体制への移行に否定的な見解もある。いずれにせよ、これら論者は、専門家の立場から何らかの財閥改革の必要性を訴えているのである[21]。

　財閥改革論として特に注目されたのは経済の民主化を求める市民運動からの問題提起であった。市民運動の財閥認識は、80年代までは韓国資本主義論争の影響もあって独占資本という抽象的な概念でとらえる傾向が強かったが、90年代に入ると総帥一族による族閥支配やタコ足経営といったより具体的な財閥の特徴を問題視するようになる。

　市民運動組織として最も早く財閥問題を取り上げた経済正義実践市民連合（経実連、89年結成）は、金融実名制や土地投機問題などとともに財閥への経済力集中の解消を提起した。経実連のイデオローグである姜哲圭（経実連政策研究委員長、経済正義研究所長、常任執行委員長を歴任）は、経済民主化の中心的課題として財閥による経済力集中の緩和を取り上げ、企業経営の透明性の確保や秘書室の廃止など多岐にわたる内容を含む財閥組織改革の必要性を指摘するなかで、特に重要な所有支配構造の改革に関して船団式経営から独立経営制（専門経営体制）への転換を訴える。企業支配（統治）構造のあるべき姿については、現存するタイプを①英国および米国のアングロ・サクソン型である市場中心型（market-based model）、②日本およびドイツの関係中心型（relationship-based model）、③韓国型地代追求型（rent-seeking model）に分けたうえで、競争力や柔軟性などの点で①の英米型が最も優れていると主張する。その際、株主や労働者や銀行など利害関係者の利益を代弁できる統治構造を構築する重要性にも同時に言及している[22]。同じく、経実連の財閥分科に参加した経験を持つ崔廷杓は、「財閥解体」の課題として船団式経営から独立経営への移行を主張し、特に外資系企業との競争を余儀なくされる開放化時代に備えて「独立的専門大企業制度」を確立する必要性を強調している[23]。

また、90年代に入って経実連以上に活発な活動を展開した参与連帯(94年結成)も経済民主化のために財閥改革の必要性を強調し、経実連同様、船団式経営体制から独立経営体制への転換を訴えるとともに、経営支配の問題に対しては財閥総帥の経営権縮小ないし部分的剥奪を主張し、企業の専門化と責任経営の重要性を喚起する。具体的な運動としては、少額株主運動などを展開して、第一銀行や三星に対する株主代表訴訟を起こしてきた[24]。参与連帯の運動に関与しつつ財閥改革に関して独自の見解を提示してきた金基元は、財閥の経営支配構造を「所有─経営」の二層構造ではなく「所有─支配─経営」の三層構造から接近して、それぞれ所有と支配の分離および支配と経営の断絶の方途を示した後に「責任専門経営体制」の確立の必要性を主張する。単なる専門経営ではなく(民主的)責任専門経営を提唱する理由は、専門経営者がその企業のすべての利害関係者に責任を持つべきだからという[25]。既述(第5章)のように、金基元は、財閥体制を財閥内部の支配体制(総帥の王朝的独裁体制)と財閥外部の国民経済に対する支配体制の「二重的独裁体制」ととらえるが、責任専門経営体制の用語には株主や従業員など企業の直接的な利害関係者ばかりでなく一般国民に対しても責任ある経営を求める意味が込められていると解釈できよう。

　これら市民運動およびその関係者の主張は、財閥そのものをまったく否定するものではない。彼らが同工異曲に強調するのは、財閥の「肯定的な面」(姜哲圭)や「長所」(金基元)は活かして財閥の持つネガティブな側面を改善しようということである。また、市場メカニズムの重要性についても認めており、両者の違いはそれに全幅の信頼を置くか条件付きで信頼するかの差でしかない。その限りにおいては、市民運動圏の財閥改革の基本的なコンセプトは自由主義的性格を帯びたものといえる。このことは表裏の関係として政府の財閥改革における役割に対する認識にも関連しており、経実連が政府の介入に否定的姿勢を見せるのに対して、参与連帯は市場メカニズムのメリットを損なわない程度で政府の役割にむしろ期待を寄せる。そのため、コーポレート・ガバナンス(企業統治)の方法に関しても、前者が英米型の株主資本主義(shareholder capitalism) 的な言説に傾斜しがちなのに対し、後者は利害関係者資本主義 (stakeholder capitalism) の志向が強いのである。

　ただ、アジア通貨危機を経て韓国経済のグローバル化が著しく進展したことから財閥問題に新たな意味合いが付与された点を見逃してはならない。いわば、「財閥問題の国際化」といった新しい事態が財閥改革の内容や方法論について再考を求めるようになったといってよい。この点を確認するためにも、最後に、分断体制資本主義としての韓国経済がグローバル化することによって財閥問題にいかなる変化が生じるようになったのか、若干の考察を試みることにしよう。

3. 財閥問題とグローバライゼーションの進展

　韓国経済のグローバル化は財閥問題に新しい意味合いを付与するようになった。資本の自由化に伴う外国資本の進出がそれまで自己完結的に国民経済を支配してきた財閥体制に様々な影響を及ぼすようになったのである。その影響には、一面では財閥体制の改革を促進し、他面では財閥問題に関わる利害関係者間の調整を複雑にする力学が働くという、アンビバレントな様相が見て取れる。グローバライゼーションの貫徹によって財閥問題がいかに変容したか、具体的にみていくことにしよう。

　韓国における財閥問題は、経済力集中の問題から総帥一族による不正蓄財の問題までその意味するところは実に幅広い。前者の経済力集中問題は、財閥に国内の資源や経済力が偏在する一般集中の問題、国内市場における独寡占問題すなわち市場集中問題、それに政経癒着や不正な内部取引など財閥経営の不健全性に伴う諸問題などを含んでいる。後者の問題は、総帥およびその一族（特殊関係人）[26] が傘下企業の支配者として君臨し、脱税や投機行為など不当な手段でもって蓄財行為をしたり、総帥の地位を継承するために変則的な贈与や相続などを行ったりしている問題である。財閥改革が喫緊の課題として提起されるようになるきっかけは97年のアジア通貨危機であった。アジア通貨危機に伴う経済危機が財閥体制によってもたらされたという認識が国民の間に広く流布

するにつれ、数ある経済改革のなかで財閥問題の解消すなわち財閥改革が韓国における経済民主化の最大の課題として提起されるようになったのである[27]。

「IMF統治」下で行われた財閥改革で一定の前進がみられたことは否定しがたい事実である。まず、肥大化した船団式経営を正常化するために、不実企業の整理、系列企業の縮小、業種専門化、負債比率削減（99年末までに200％以下）などの構造調整が推進されるとともに、出資総額制限（98年2月廃止、99年9月復活決定〔純資産の25％限度、01年4月1日施行〕）、既存相互債務保証の解消と新規債務保証の禁止、不当内部取引の取り締まり（不当内部取引状況の調査公表）などが実施された。次に、総帥を頂点とする族閥支配を改善するために、支配大株主の範囲の明確化（持ち分率3％または時価総額100億ウォン以上の持ち分所有者）と法的責任の規定が設けられるとともに、変則相続や便法贈与に対して税制面での規制が強化されたり[28]、少数株主権の向上（株主代表訴訟必要持ち分0.01％ → 0.005％）が図られたりした。総帥を補佐してきた秘書室などの経営本部を廃止して「グループ構造調整推進本部」に改称させたことも族閥支配に対する牽制を意味したことはいうまでもない。さらに、企業経営の透明性を向上させるために、結合財務諸表の義務付け（99年会計年度より実施）、国際会計基準に準拠した企業会計の透明性の向上、外部監査選任委員会の設置の義務化[29]、社外理事（社外取締役）制度の導入[30]などが実現された。これら諸改革は、コーポレート・ガバナンスの制度能力を向上させるなど、財閥体制の改善に一定の効果をもたらしたことは間違いない。

一方、財閥改革と並行して資本の自由化の面でも大きな進展がみられた。98年に入って投資比率の段階的引き上げや対象業種の拡大（特にサービス業）が図られたが、特に、98年5月15日に外国人投資法の改正によって外国人による敵対的M＆Aが許容されるとともに、同月23日には証券投資の外国人限度が、同25日には不動産取得制限がそれぞれ撤廃された。その結果、外国資本に対してほぼ全面的な門戸開放が実現されたのである。周知のようにM＆Aにはコーポレート・ガバナンス能力を向上させて企業経営の改善を促す効果が期待されるが、外資による敵対的M＆AということになるとM&Aを機能面で評価するだ

けでは済まない問題が発生する。すなわち、外資による国内企業の支配問題をどのように理解すればよいかという難題が持ち上がってくるのである。製造業メーカーによる買収など長期安定的な投資であるならばまだしも、企業の短期売却を目的とした投資会社による買収の場合、国内経済に及ぼす否定的影響は決して無視できないものがある。これまで海外投資会社のターゲットとなったのは個別企業にとどまらない。財閥自体が敵対的M＆Aの俎上に載せられたこともあった。2003年の春に浮上した英国投資会社ソブリン資産運用（子会社クレスト・セキュリティーズ）によるSK買収攻勢はその典型例である。いずれにせよ、アジア通貨危機以降、外資による企業買収が活発に行われ、市中銀行にいたっては持株会社への出資まで含めるとそのほとんどが外国資本と深い関係を有するようになっている。

　政府は、資本の自由化に備えて財閥資本への反対給付ともいえる措置をいくつか実施した。出資総額制限の一時的廃止や持株会社の設立許可が代表的なものである。前者の出資総額制限の撤廃は98年2月14日に行われた公正取引法の改正で決定したが、前述のように、99年9月18日には公取法の改正が予告され、2001年4月1日をもって純資産25％を上限とする規制が復活することとなった。後者の持株会社の設立許可は、99年1月6日の公取法改正によって決定されたもので、内容は次の通りである。子会社の負債比率を100％以下にすることを前提に、子会社の持ち分率は50％（上場会社は30％）以上を所有、孫会社に関しては原則禁止で、金融子会社と非金融子会社を同時に所有することも禁止された。また、30大財閥は持株会社と子会社の債務保証を解消することが義務付けられた。さらに、2000年12月には「金融持株会社法」が制定され、金融機関の持株会社の設立も可能となった。

　持株会社制度の導入には、もともと財閥体制の改革を促すために企業組織モデルを提示する政策意図が込められていた。持株会社制のメリットは、限界企業の迅速な整理、新規事業への素早い進出、効率的なリスク管理、リストラクチャリングの活性化など企業集団の付加価値創造に大いに効果があるところにあった[31]。反面、デメリットとしては、経営者の権限濫用などのモラルハザー

ドや子会社に対する市場支配力の濫用などが生じやすく、総帥を頂点とする財閥体制の存続強化に利用されてしまうおそれがある。今のところ、子会社の持ち分率制限などによって純粋持株会社の設立は厳しく制限されているが、自由化推進の政策基調からすると今後緩和されていくことが予想され、財閥体制の強化につながりかねない事態の出来も決して払拭しきれないのである。

　グローバライゼーションの貫徹は、また、経済民主化を推進する市民運動の側に錯綜した影響を及ぼしている。例えば、参与連帯が取り組んできた少額株主権利向上運動は、一面では支配株主の専横を牽制してコーポレート・ガバナンスの制度能力を向上させたが、他面では同じ株主として企業買収に乗り出す外資と利害関係を一致させる傾向にある。すなわち、株主の権利を強調する主張は、株主資本主義の論理と共鳴して外資の敵対的M＆Aに無力なばかりか、挙げ句の果ては、投資先企業の労働者としばしば対立関係に陥ってしまう矛盾を生み出すのである。市民社会の一角からは、このような市民運動と新自由主義の「意図せざる連帯」に批判の声が上がっている。最近設立された「代案（対案？）連帯」という経済学者の運動は、外国資本による敵対的M＆Aがもたらす弊害を指摘し、朴正熙時代の国家による財閥統制システムを再評価さえしているのである。

　こうした議論はさらに、財閥擁護論者の見解と微妙にシンクロナイズする。彼らは、財閥規制措置のなかで財閥側が最も問題視する出資総額制限についておよそ次のように主張する。この制度は、外資による敵対的M＆Aから経営権を防衛する際に障害となるばかりでなく、財閥の投資意欲を殺いで雇用機会を減少させてしまうと批判するのである。彼らの見解からすると、今日韓国経済が直面する「両極化現象」（所得格差拡大問題）は、結局のところ、自由な投資活動を妨げる財閥規制に根本原因があることになる。また、三星経済研究所のような財閥のシンクタンクは、国内における労働運動の激化や経済民主化の進展が「コリア・ディスカウント」や市場による「韓国売り」を招いているといった報告を盛んに行い、三星の危機がまるで韓国経済の危機であるかのようなロジックを展開している。そこには、ナショナリズムをもって反財閥の国民

的情緒を抑制しようという意図が垣間見られるのである。

　国内民主化の進展とグローバライゼーションの貫徹がもたらす矛盾は、昨今、韓国の社会科学界で取りざたされている「87年体制論」の問題意識と相通じるものがある。87年の民主化が韓国現代史の新局面を切り開いたと見なすこの議論は、旧体制（朴正熙時代の発展体制）期に厳しい国家統制下に置かれてきた財閥と民衆部門の双方が新体制への移行を機にそれから抜け出だすようになったと主張する。その後、財閥と民衆部門の対立が激しさを増すようになり、それぞれの内部で新たな展開がみられるようになる。財閥側は、傘下のマスメディアを動員して「企業しやすい国」の実現のためにイデオロギー攻勢を掛ける一方で、企業活動の新天地を求めて海外進出に邁進していった。民衆側は、運動の高揚と隊列の拡大によって多くの成果を勝ち取ったものの、様々な運動体の利害関係が複雑に衝突する局面に遭遇するようにもなった。特に、経営側に対する非妥協的な対決姿勢がしばしば「集団利己主義」と批判された労働組合運動と穏健な改革を指向する一般市民運動との間の溝は狭まる気配を見せなかった。まさにこのような混沌状況に陥っていたところにアジア通貨危機の直撃を受け、それを機に「87年体制」は「新自由主義的体制への移行経路の上に立つようになった」という[32]。この新しい現実は、87年民主化の限界を浮き彫りにし、市民運動側に民主化の再定義と新たな発展戦略を求めるようになった。その歴史的課題に応えるべき発展戦略を提示できるか否かが、今後の市民運動を左右する試金石となっている。

　同様な状況は市民運動の提起する財閥改革論にもうかがえる。いつ抜け出せるともわからない不況のなかで、今日、市民運動の一部から「財閥活用論」まで提起されるようになっている。この議論は、一面では財閥必要悪論のようでもあり、他面では単なる財閥擁護論のようでもあるが、財閥体制の民主化に焦点を当ててきた従来の改革論議からすると明らかに逸脱した側面をのぞかせている。こうした理論的混迷を避けるためには、これまでの財閥改革で何が得られ何が実現されていないのかを整理してみる必要がある。そして、財閥体制の民主的改革という目標を再確認し、それを推進するための諸制度を拡充したう

えで、財閥と政府に対する民衆部門のチェック機能が十分働くような社会体制を確立しなければならない。このことを前提にして、財閥側の声にも率直に耳を傾け、現実的かつ建設的な解決策が模索されるべきであろう。

その際、見失ってはならないのは、分断体制資本主義としての韓国経済が位置する歴史的座標である。冷戦時代の最後の残滓である朝鮮半島にもグローバライゼーションの波が押し寄せるようになり、分断体制そのものが大きく揺らいでいる。そのダイナミズムのベクトルは、基本的には分断体制そのものを克服する方向に作用しているが、その反作用として内外の冷戦志向勢力の活動を刺激している。その影響は、これまで韓国民主化の土壌となってきた市民社会にも着実に及んでいる。最近目につくようになった市民社会の保守化（ニューライト運動の台頭など）は、朝鮮半島に根強く残る冷戦対立を再び激化させる政治力学を生み出すのだろうか。新自由主義の弊害を克服すべく登場した盧武鉉「参与政府」が民衆の期待に十分応えられないまま終焉を迎えつつある今、再度、民衆側の運動戦略の練り直しや課題設定の見直しが求められている。三星の李健熙＝在鎔父子間の便法贈与や現代自動車の秘密資金問題が新聞紙上を賑わす昨今の現実をみるにつけ、「両極化問題」や「少子化問題」などあまたある経済問題のなかで財閥改革の喫緊性が改めて想起されるのである。

【注】
1) 韓国への支援額は、後ほど追加された先進各国による第二線準備まで含めると583億5000万ドルに達した。これはメキシコ通貨危機の際の500億ドルを上回るIMF史上最大規模の支援額であった。資金負担者は、IMFをはじめ、世銀、ADBの国際機関のほかに、日本や米国など13か国で構成された。うちIMFは210億ドル（クォータ比1,939％）を3年間にわたって分割支援し、その資金は、通常のスタンド・バイ・クレジットと、97年11月19日のマニラ合意（マニラ蔵相会議）に基づいて新設された補完準備金制度（SRF=Supplemental Reserve Facility）に沿って捻出されることになった。張亨壽・王允鍾〔共著〕『IMF体制下の韓国経済Ⅰ（1997.12～1989.6）――総合深層報告』対外経済政策研究院、ソウル、1998年、51～55頁参照。
2) 最終的には、98年10月19日に第3回目の国際競争入札で起亜・亜細亜自動車

は現代自動車による買収が決定した。入札過程では、起亜の負債が公表額より3〜5兆ウォン多いという噂が流れたこともあって、海外からは起亜の株主（98年7月時点で約17％所有）であるフォードのみが入札に参加した。そのフォードも、起亜の負債額があまりにも多かったことから、第2回目の入札を手控えたほどであった。拙稿「第Ⅱ部1 IMF管理下の韓国経済改革」土生長穂〔編〕『開発とグローバリゼーション』柏書房、2000年、197頁、注（3）参照。

3) 韓国経済新聞特別取材チーム〔著〕『大宇　自殺なのか他殺なのか――大宇敗亡秘史――』韓国経済新聞、ソウル、2002年、22〜25頁参照。

4) 李チョルファン〔著〕『企業構造調整どこまで行くだろうか？　財閥改革ドラマ――大馬不死からビッグディールまで』チョウンクル、ソウル、2000年、248頁参照。

5) 検察の調査によると、BFCは、㈱大宇が虚偽または二重輸入書類を作成して銀行から借りた25億7300万ドルを手に入れ、また、国内に送金させるべき自動車輸出代金17億8000万ドルを受け取った。ここに、海外法人が政府の許可なく勝手に借りて使った資金が少なくとも20兆7000億ウォンに上り、不法送金まで含めると26兆4000億ウォンの巨額に達したという。韓国経済新聞特別取材チーム〔著〕前掲書、168頁参照。

6) 2006年5月30日にソウル法院（中央地裁）が下した判決によると、金宇中元会長は、懲役10年、罰金1000万ウォン、追徴金21兆4484億ウォンの宣告を受けた。11月3日にソウル高等法院（高裁）が行った控訴審判決では、懲役8年6か月、罰金1000万ウォン、追徴金17兆9253億ウォン（為替レート変動による減価）が言い渡された。『韓国経済新聞』2006年5月31日および11月4日。

7) 毎日経済産業部・韓国経済研究院〔編〕『ポスト財閥報告書　韓国財閥未来はあるのか』毎日経済新聞社、ソウル、2000年、417頁参照。

8) 発表された内容は、①専門経営者・理事会（取締役会）中心の経営体制の定着、②資産3兆7141億ウォンの年内追加売却、③新規投資の縮小と財務構造の健全化、④海外企業との戦略的提携の推進、⑤現代エレベーターの追加整理、⑥企業説明会（IR）活動の強化など市場信頼回復の推進の6項目にわたるものであった。佐桑徹〔著〕『韓国財閥解体』日刊工業新聞社、2001年、43頁および〔韓国語版〕『韓国の財閥解体』尹ソク〔訳〕崔廷杓〔監修〕ドゥナム、ソウル、2003年、46頁参照。

9) Graham, Edward M., *Reforming Korea's Industrial Conglomerates*, Institute for International Economics, Washington DC., 2003, pp. 136–144参照。

10) ソウル新聞社産業部〔著〕『財閥家脈――誰が韓国を動かすのか（上）』ムハン、ソウル、2005年、151〜171頁および210〜264頁参照。
11) 韓国経済の危機を「過渡期の失敗（transition failure）」と特徴づけるJang-Sup ShinとHa-Joon Changは、危機の原因について、基本的には開発国家からの移行の際に提起された金融自由化政策の失敗＝政府の失敗と見なしつつも、民間部門の失敗（the failure of the private sector）すなわち財閥がグローバライゼーションの挑戦に十分応えられなかった点を重視している。Shin, Jang-Sup and Ha-Joon Chang, *Restructuring Korea Inc.*, London, RoutledgeCurzon, 2003, pp. 65-79参照。
12) 三星自動車の負債（純負債4000億ウォン、大宇電子は純資産１兆ウォン）を巡る対立もあったが、最大の焦点は、三星自動車が生産していたSM５の問題であった。三星側は、グループ内の自動車関連事業（三星商用車、三星電機の自動車部品、三星物産の自動車営業）や膨大な数に上る協力会社（三星自動車の外注率70％、協力会社投資資金２兆ウォン）への影響を考慮して吸収後もSM５の生産を望んだが、大宇側は、同級車種（P100）をすでに開発して99年から生産する計画だったので三星側の要求は絶対に飲めない事情があった。もともと両者の間にはビッグディールの内容に対して当初より同床異夢のところがあった。三星は、主取引銀行である韓一銀行と交わした約定にもうたってあるように交換内容を三星の自動車部門と大宇の電子部門の交換と理解したのに対し、大宇側は、あくまでも三星自動車と大宇電子の交換と見なしたのである。最初からボタンの掛け違いがあったといわざるをえない。李栄烈〔著〕『DJ vs 財閥　ビッグディール・ゲーム――密室協商、その息詰まる１年６か月追跡報告書――』中央日報J＆P、ソウル、1999年、155〜182頁および三星会長秘書室『三星60年史』ソウル、1998年、304頁参照。
13) 三星の李健熙会長は99年７月に入って三星自動車の処理のために私財２兆8000億ウォンを出資する旨を発表したが、その資金は会長保有の三星生命株式を売却して調達する予定であった。三星生命は非上場企業で李健熙一族によるグループ支配の要に位置する企業であり、李健熙はこの三星生命の株式350万株を所有していた。法定管理決定後、債権団との間では、負債２兆4500億ウォンを削減する代わりに同社を上場して350万株を株当たり70万ウォンで売却することが合意された。ところが、株売却で李健熙会長の懐に１兆ウォンをはるかに超えるキャピタルゲインの入ることが判明すると国民から強い反感を買うようになり、三星としても身動きが取れない状態に陥ってしまう。結局、三星

側は合意を履行せず、債権団の損失は公的資金によって穴埋めされたのである。三星が当初の約束を守らないことに業を煮やした債権団は、2005年12月になって李健熙会長を裁判所に訴えた。訴訟内容は、三星自動車の負債現金2兆4500億ウォンと延滞利子2兆2880億ウォンを合わせた4兆7380億ウォンの償還を求めるものであった。

14) その後、三星自動車は2000年9月に社名をルノー三星自動車㈱に変更し、また、大宇電子はワークアウトを経て2002年11月に社名を㈱大宇エレクトロニクスに変更して、それぞれ今日にいたっている。

15) Emery, Robert F., *Korean Economic Reform: Before and since the 1997 crisis*, Aldershot, Ashgate Publishing Limited, 2001, p.177参照。

16) 「民主主義と市場経済の並行発展」を改革の基本指針とした金大中政権は、市場経済の秩序維持に関する政府の役割の重要性をドイツ・フライスブルク学派の秩序自由主義（Ordo-Liberalism）に見いだした。同学派は、ナチス台頭の背景をドイツ帝国時代の自由放任的経済体制が私的経済権力（私的独占資本）の成長と政経癒着の恒常化をもたらした点に求め、私的経済権力を抑制して自由競争を保障する経済秩序の確立とそれを実現するための政府の役割の重要性を訴えた。財政経済部・韓国開発研究院〔編著〕『国民とともに明日を拓く――「国民の政府」経済青写真』大韓民国政府、京畿道果川市、1998年、60～61頁参照。

17) 金均によると、金大中政権初期に政権革新勢力内部で起こった両者の論争について、前者の「民主主義と市場経済の並行発展」（金均は前者を「民主主義と経済の並行発展」と表記）は米国式市場経済、後者の「民主的市場経済」は多少曖昧であるが概ねドイツの社会市場経済ないしは緩和されたケインズ主義とそれぞれ解釈されるとしている。論争結果は、後者の廃棄で決着したという。金均「第5章 財閥改革と韓国資本主義の行方」金大煥・金均〔共編〕『韓国財閥改革論』参与連帯参与社会研究所企画、ナナム出版、ソウル、1999年所収、178頁、注6）参照。

18) 左承喜〔著〕『進化論的財閥論――経済政策の新たなパラダイム模索』（改訂版）比峰出版社、ソウル、1999年、21～28頁および73～80頁参照。

19) 張サンファンによると、労働界には財閥改革を巡る見解として、韓国労総の自由主義的立場の財閥行動改革論、民主労総などの財閥解体論、韓国労働理論政策研究所副所長のチェ・スンマンが主張する財閥搾取体制根絶論（＝財閥国有化論？）の三つの立場があり、いわゆる財閥解体論は民主労総やその影響下

にある運動体の国民勝利21などが主張する見解であるという。「第11章　財閥解体と労働運動」金大煥・金均〔共編〕前掲書所収参照。
20) ユ・スンミンは、財閥解体論（財閥改革論を含む概念として使用）に対する批判として、「解体」の意味が財閥総帥の支配・経営権の解体なのか船団式経営組織の解体なのか混乱がみられるとするとともに、「解体」がいかなる利益をもたらすのか取引費用の点から疑問を呈している。そして、財閥の「進化」を期待して、将来の財閥の組織形態が「立憲君主型＋事業持株会社型」、「純粋持株会社型」、「系列分離型」、「グローバル型」などの多様な形態に発展する可能性を指摘し、同時に、「財閥の進化には歴史的経路依存性が重要である点が認められなければならない」として、財閥の現状を肯定するかのような主張をしている。ユ・スンミン「危機以後に備える財閥政策の課題」毎日経済産業部・韓国経済研究院〔編〕前掲書所収参照。
21) 穏健的財閥改革論の一例を挙げると、KDI（韓国開発研究院）の李永琪は、韓国財閥の企業支配構造改革に関して次のように主張している。「わが国で企業支配構造再編問題は、主に、経済力集中問題と関連して論議されており、企業所有支配構造の本質問題に対する深い認識や競争力と効率性の次元における企業支配構造の意義に対する論議は、むしろ粗末に取り扱われている」と批判したうえで、グローバル競争に勝利するためには「革新と技術開発を主導する旺盛な企業家精神を涵養し、これを後押しする金融支援体制を構築する」必要性を喚起し、「米国のように銀行―企業間が疎遠な関係（arm's length relationship）ではなく、より緊密な協調・連携関係を形成することで、これらの間のシナジー効果を創出できる」と述べて、日本やドイツ式の「組織による企業支配および監視（organizational control）」の企業統治方式に共感を寄せている。李永琪〔著〕『グローバル経済時代の韓国企業所有支配構造』（増補版）韓国開発研究院、ソウル、1996年、9頁および140～145頁参照。
22) 姜哲圭〔著〕『財閥改革の経済学――船団経営から独立経営へ』茶山出版社、ソウル、1999年、「第Ⅳ部　改革の方向」239～365頁参照。
23) 崔廷均〔編著〕『財閥解体』比峰出版社、ソウル、1993年、「第2部　韓国財閥の解体構図」281～438頁参照。
24) 張サンファン「第11章　財閥解体と労働運動」金大煥・金均〔共編〕前掲書所収参照。
25) 金基元「第6章　財閥体制の止揚と責任専門経営体制の構築」同上書所収参照。

26) ちなみに特殊関係人とは、証券取引法施行令（第10条の3第2項）によると、本人が個人の場合には、配偶者、6親等以内の血族、4親等以内の血族の妻などの親族関係と事実上の影響力を行使する法人とその役員、本人が法人の場合には、役員、系列会社および役員、そして事実上の影響力を行使する法人とその役員のことをいう。

27) 邊衡尹は、経済民主化の課題について、①民主的な労組・農民組織・消費者組織の結成促進、②実質的な企業公開・株式分散の推進、③独寡占および経済力集中の規制緩和、④金融自律化の推進、⑤経済計画の実質的な伸縮化・柔軟化の五つを挙げている。このうち②と③はもちろんのこと、④も間接的には財閥問題に関わる項目である。邊衡尹「経済民主化の意義と課題」学峴邊衡尹博士定年退任記念論文集刊行委員会〔著〕『経済民主化の道』韓国学術情報㈱、京畿道波州市、2004年所収参照。

28) 99年12月1日に国会を通過した「相続税および贈与税法改正案」によると、最高税率適用基準の引き下げ（50億ウォン→30億ウォン）、最高税率の引き上げ（45％→50％）、最大株主が保有株式を相続─贈与する場合株価より20～30％高く評価、公益法人の総財産価額のうち系列社株式保有比率が30％超過時加算税賦課、公益法人が同一会社株式5％以上保有時時価の5％加算税賦課などが決定した。

29) 98年2月24日「株式会社の外部監査に関する法律」の改正により、上場法人と30大財閥に外部監査選任委員会の設置が義務化された。

30) 98年2月21日の証券管理委員会規定改正により、上場法人の社外理事選任が義務化され、98年10月末現在、上場会社752社で764名の社外理事が選任された。毎日経済産業部・韓国経済研究院〔編〕前掲書、409頁参照。

31) 同上書、48～53頁参照。

32) 金ジョンヨプ「分断体制と87年体制」『創作と批評』創批、ソウル、2005年冬号。

あとがき

　本書は、ここ6年にわたる韓国財閥についての研究成果をまとめたものである。その間、暇を見つけては韓国に赴き、関係する文献や資料の収集に努めた。「在日」特有の煩わしさに手を焼く渡航ではあったが、どうにか初期の目的を達成することができ、本書を上梓する運びとなった次第である。

　収集できた文献や資料が本書の叙述に役立ったことはいうまでもない。目指す文献を入手できたときはもちろんのこと、思いもかけず貴重な資料に出会えたときの喜びは何ものにも代え難かったが、それ以上に、現地の人々や韓国社会のたたずまいに直に触れられたことが筆者にとって何よりの"参考文献"となった。

　本書を構成する各章の論文のなかにはすでに公にしたものがいくつかある。第1章から第4章までは既発表論文を収録したもので、本書に掲載するに当たって誤りを訂正したり部分的に加筆したりした。それ以外の章は書き下ろしである。

　初出一覧は下記の通りである。

　　第1章:「韓国財閥史的展開論 Ⅰ ──分断体制資本主義の成立と韓国財
　　　　　閥──」駒沢大学経済学会『経済学論集』第34巻第2号、2002年
　　　　　9月
　　第2章:「韓国財閥史的展開論 Ⅱ ──『開発年代』の到来と財閥資本──
　　　　　─」駒沢大学経済学会『経済学論集』第35巻第3号、2003年12月
　　第3章:「韓国財閥史的展開論 Ⅲ──重化学工業化時代と財閥資本──」
　　　　　駒沢大学経済学会『経済学論集』第36巻第3号、2004年12月
　　第4章:「韓国財閥史的展開論 Ⅳ ──民主化の進展と財閥資本の新展開
　　　　　──」駒沢大学経済学会『経済学論集』第37巻第2・3・4合併

号、2006年3月

　冒頭でも触れたように、解放後韓国経済の展開過程を財閥形成史の視点から分析するというモチーフで始めた作業であったが、本書を書き終えた今となっては半世紀を超える期間を一冊の本にしたためることがもともと無謀な試みではなかったかと自省するばかりである。また、叙述に関しては正確を期すよう細心の注意を払ったつもりであるが、それでもなお、誤植を含め初歩的な誤りや思い違いなどが多々あるものと思われる。その責任はひとえに筆者に所在するものである。読者からの忌憚のないご批判やご指摘を請うばかりである。

　思えば、筆者が財閥研究の必要性を感じるようになった契機は1997年にアジアを襲った通貨危機であった。GDP世界ランキング11位の国が一夜にして崩落していく様を目撃して、いったい何が原因なのか、韓国経済を長年眺めてきた者としてどうしても究明しなければならない思いに駆られた。研究を進めるうちに、危機の核心部分には財閥問題が横たわっていることに気付かされたのである。

　実際の叙述に際して筆者が心掛けたのは、外国経済研究がはまりがちな陥穽をいかに回避するかということであった。従来の財閥研究は二つの論調に偏る傾向が見受けられた。片や韓国の独自性を強調するだけの論調があるかと思うと、片や先発国の経験から得られた既視感で過度に一般化してしまう論調が屹立していた。このような偏重を避けていかに客観的に論じるかが、方法論上のアポリアとして浮上してきたのである。

　その際、筆者の頭をよぎったのはM.ヴェーバーの「価値自由」(Wertfreiheit)という言葉である。その意味するところは、学問に対する基本的な姿勢として、あらゆる事柄に関して客観性を貫くこと、真実に忠実であることの重要性を喚起したものである。東洋的に表現すると、さしずめ「実事求是」ということになろう。しかしながら筆者は、ある論者の卓見に接したときから、「価値自由」とはただ客観性を貫き通せばよいというものではないことを悟った。すなわち、いかなる学問の立場にも必ず盲点があり、その盲点をしっかり自覚したうえで

自らの見解を開陳すべきではないかと考えるようになったのである。本書も外国経済研究の例外に漏れず多分に特殊性を強調する論述となっているが、筆者としては、上記のような姿勢を堅持して本書の作成に臨んだつもりである。この点の評価に関しても読者の判断に委ねるほかすべはない。

ところで、本書の上梓に当たっては多くの幸運に恵まれた。何よりも、平成16年度駒澤大学特別研究助成金および平成18年度駒澤大学特別研究出版助成金を交付されたことは筆者にとって幸いであった。前者は資料収集や研究環境の整備に大いに役立ったし、後者は本書の刊行になくてはならない財政的支援となった。このような機会を提供して頂いた駒澤大学当局並びに関係者に深く感謝を申し上げる次第である。

また、本書が曲がりなりにも一冊の本として姿を整えるまでには、実に多くの人々の恩恵に与ることができた。いちいち個人名を挙げるのは差し控えさせて頂くが、学部・大学院を通じての恩師たちをはじめ、研究会メンバー諸氏、前任校を含む大学の同僚諸氏、それに院生をはじめとする学生諸君に対して心より感謝しなければならない。これらの人々との出会いがなければ、筆者の研究者としての生活は空疎なものであったに違いないし、本書もこのような形で日の目を見ることはなかったであろう。

そして、出版事情の厳しき折、本書の出版を快諾して頂いた日本経済評論社の栗原哲也社長並びに編集を担当して頂いた谷口京延氏には大変お世話になった。特に谷口氏からは原稿校正の際に的確な助言を数多く頂戴した。この場を借りて謝意を表したい。

さらに、出版社の紹介の労をとって頂いた駒澤大学経済学部小栗崇資教授には格別なご厚意を賜った。記して御礼申し上げる。

最後に、退屈な学究生活に辛抱強く付き合ってくれた妻朋子に本書を捧げることにしたい。

　　　2007年　小寒

駒沢公園を臨む研究室にて

鄭　章　淵

参考文献

【韓国語】

姜萬吉〔編〕『韓国資本主義の歴史』歴史批評社、ソウル、2000年。
姜明憲〔著〕『財閥と韓国経済』ナナム出版、ソウル、1996年。
──〔著〕『韓国の少額株主権』韓国開発研究院、ソウル、1999年。
姜錫寅〔著〕『外資導入と韓国の経済発展──経験的分析と政策──』凡信社、ソウル、1994年。
カン・ジュンマン〔著〕『李健熙時代』人物と思想社、ソウル、2005年。
姜哲圭・崔廷杓・張志祥〔共著〕『財閥──成長の主役なのか、貪欲の化身なのか』比峰出版社、ソウル、1991年。
姜哲圭〔著〕『財閥改革の経済学──船団経営から独立経営へ』茶山出版社、ソウル、1999年。
経済企画院『開発年代の経済政策──経済企画院20年史』未来社、ソウル、1982年。
──『経済白書』各年版。
──『請求権資金白書』ソウル、1976年。
──『韓国統計年鑑』各年版。
高承禧・金聖壽・金新・李建熹・李光鍾・李洪茂〔共著〕『峨山 鄭周永 研究』修書院、ソウル、1999年。
金クムス〔著〕『韓国労働運動史──⑥民主化移行期の労働運動／1987〜1997』韓国労働運動史大全集、高麗大労働問題研究所、知識マダン、ソウル、2004年。
金基元〔著〕『米軍政期の経済構造』プルンサン、ソウル、1990年。
──〔著〕『財閥改革は終わったのか』ハヌルアカデミー、ソウル、2002年。
金ギテ・李ジョンウォン・李ウィヨンほか〔共著〕『韓国経済の産業組織』ヘナム、ソウル、2003年。
金大煥・金均〔共編〕『韓国財閥改革論──財閥を正してこそ経済が生きる』参与連帯参与社会研究所企画、ナナム出版、ソウル、1999年。
金東祚〔著〕『回想30年、韓日会談』中央日報社、ソウル、1986年、〔日本語訳〕金東祚〔著〕『韓日の和解』林健彦〔訳〕サイマル出版会、1993年。
金ソンホほか〔共著〕『韓国の代表企業』大宇経済研究所、ソウル、1994年。
金ソンホン・禹イノ〔共著〕『李健熙改革10年』キミョン社、ソウル、2003年。

金ヨンギ〔著〕『金宇中オデッセイ　世界最大の破産』ホンイク出版社、ソウル、2005年。

金雲泰〔著〕『米軍政の韓国統治』博英社、ソウル、1992年。

金ユンテ〔著〕『財閥と権力』新しい人々、ソウル、2000年。

金正湜〔著〕『対日請求権資金の活用事例研究』対外経済政策研究院、ソウル、2000年。

金正濂〔著〕『韓国経済政策30年史──金正濂回顧録』中央日報社、ソウル、1990年。

金ジョンヨプ「分断体制と87年体制」『創作と批評』創批、ソウル、2005年冬号。

金俊経「銀行不実債権整理方案に関する研究」韓国開発研究院『韓国開発研究』第13巻第1号、ソウル、1991年所収。

金炯基〔著〕『韓国の独占資本と賃労働──隷属独占資本主義下賃労働の理論と現状分析──』カチ、ソウル、1988年。

大韓民国政府『参与と創意で新しい跳躍を──新経済5か年計画93~97』京畿道果川市、1993年。

大韓商工会議所『韓国経済20年の回顧と反省』ソウル、1983年。

大韓商工会議所韓国経済研究センター『重化学工業建設と資本動員』ソウル、1975年。

デジタルネイル〔編著〕『現代自動車グローバルリーダーシップ』Human & Books、ソウル、2004年。

毎日経済産業部・韓国経済研究院〔編〕『ポスト財閥報告書　韓国財閥未来はあるのか』毎日経済新聞社、ソウル、2000年。

毎日経済新聞社『会社年鑑』各年版。

閔ビョンギュン〔著〕『官治金融』自由企業院、ソウル、2002年。

閔丙文〔著〕『財閥、翼を付けよ』東亜日報社、ソウル、1992年。

朴炳潤〔著〕『財閥と政治』韓国洋書、ソウル、1982年。

朴實〔著〕『朴正熙大統領と米国大使館』ペギャン出版社、ソウル、1993年。

朴貞東〔著〕『北韓の経済特区──中国との比較──』韓国開発研究院、ソウル、1996年。

朴正熙〔著〕『国家と革命と私』地球村、ソウル、1997年。

朴玄埰〔著〕『民族経済論』ハンギル社、ソウル、1978年。

──「現代韓国社会の性格と発展段階に関する研究（Ⅰ）──韓国資本主義の性格を巡る従属理論批判──」『創作と批評』創作と批評社、ソウル、1985年10月。

――「解放前後の民族経済の性格」『韓国社会研究』創刊号、ハンギル社、ソウル、1993年6月。
潘柄吉・河英明・金炯郁・金柱憲〔共著〕『韓国企業の世界化戦略　事例研究』シヌォン文化社、ソウル、1996年。
裵秉烋〔著〕『財閥秘話』東光出版社、ソウル、1983年。
――「財閥2世たちの王位継承戦争」『月刊 朝鮮』1983年1月号。
白楽晴〔著〕『分断体制変革の学びの道』創作と批評社、ソウル、1994年。
――〔著〕『揺らぐ分断体制』創作と批評社、ソウル、1998年。
白スンヨル〔著〕『財閥グループ・財閥総帥たち』ムヌォン、ソウル、1995年。
邊衡尹〔編著〕『韓国経済論』（第3版）裕豊出版社、ソウル、1995年。
――「経済民主化の意義と課題」学峴邊衡尹博士定年退任記念論文集刊行委員会〔著〕『経済民主化の道』韓国学術情報㈱、京畿道波州市、2004年所収。
北韓経済フォーラム〔編〕『南北韓経済統合論』オルム、ソウル、1999年。
司空壹「経済開発と政府の役割」韓国開発研究院『韓国開発研究』第3巻第1号、1981年。
三星電子㈱『三星電子30年史』ソウル、1999年。
三星会長秘書室『三星60年史』ソウル、1998年。
ソウル経済新聞産業部〔編〕『財閥――その実相と虚像 … 実体をはぐ』韓国ムヌォン、ソウル、1995年。
ソウル新聞社産業部〔著〕『財閥家脈――誰が韓国を動かすのか（上）』ムハン、ソウル、2005年。
徐ジェジン〔著〕『韓国の資本家階級』ナナム、ソウル、1991年。
鮮京グループ弘報室『鮮京四十年史』ソウル、1993年。
宋建鎬・兪仁浩・陳徳奎ほか〔共著〕『解放前後史の認識』ハンギル社、ソウル、1979年。
宋ウォングン・李サンホ〔著〕『韓国の財閥1――財閥の事業構造と経済力集中』参与社会研究所・仁荷大産業経済研究所共同企画、ナナム出版、京畿道波州市、2005年。
新産業経営院〔編著〕『韓国大企業グループ財務分析』2006年度版、ソウル。
シン・ウォンドン〔著〕『三星のチームリーダーシップ』韓国経済新聞、ソウル、2005年。
安秉直・中村哲〔共編著〕『近代朝鮮工業化の研究――1930～1945年――』一潮閣、ソウル、1993年。

LG『LG 50年史』ソウル、1997年。

LG商事『LG商事50年史』ソウル、2003年。

呉デヨン・沈サンミン〔共著〕『韓国の地下経済』未来社、ソウル、1995年。

呉源哲〔著〕『韓国型経済建設——エンジニアリング・アプローチ』第1巻~第5巻、起亜経済研究所、ソウル、1995年~1996年。

王允鍾〔編著〕『韓国の海外直接投資 現況と成果——深層報告』対外経済政策研究院、ソウル、1997年。

兪光浩・鄭英一・李鍾燻・金栄圭・崔洸〔共著〕『米軍政時代の経済政策』韓国精神文化研究院、京畿道城南市、1992年。

ユ・スナ〔著〕『三星、神話はない』コリョウォン、ソウル、1995年。

尹ギヒャン・朴スンノク〔共著〕『企業集団の内部取引が株価に与える影響』韓国経済研究院、ソウル、2002年。

李建憙・高承禧・金聖壽・薛鳳植・柳炳冑・崔鍾泰〔共著〕『蓮庵 具仁會・上南 具滋暻 研究』修書院、ソウル、2000年。

李建憙・高承禧・金聖壽・李承郁・趙東成・韓漢洙〔共著〕『SKグループ 崔鍾賢 研究』修書院、ソウル、2001年。

李奎億・李在亨〔共著〕『企業集団と経済力集中』韓国開発研究院、ソウル、1990年。

李大根「韓国資本主義の性格に関して——国家独占資本主義論によせて——」『創作と批評』創作と批評社、ソウル、1985年10月所収。

——〔著〕『韓国戦争と1950年代の資本蓄積』カチ、ソウル、1987年。

——〔著〕『解放後・1950年代の経済——工業化の史的背景研究』三星経済研究所、ソウル、2002年。

李度晟〔編著〕『実録 朴正熙と韓日会談』寒松、ソウル、1995年。

李ムニョル・趙東成・韓サンジンほか〔共著〕『新聞配達員から世界最高経営者まで 金宇中』イージーブック(EZ-BOOK)、ソウル、2005年。

李ビョンギ〔著〕『韓国企業の投資行動』韓国経済研究院、ソウル、2000年。

李秉喆〔著〕『湖巌自伝』中央日報社、ソウル、1986年。

李スンフン〔著〕『財閥体制と多国籍企業——経済開発の二つの類型』ソウル大学校出版部、ソウル、2005年。

李永琪〔著〕『グローバル経済時代の韓国企業所有支配構造』韓国開発研究院、ソウル、1996年。

李栄烈〔著〕『DJ vs 財閥 ビッグディール・ゲーム——密室協商、その息詰まる1

年6か月追跡報告書――』中央日報J&P、ソウル、1999年。
李ヨンフン・裵ヨンモク・朴ウォナム・金ソクチン・ヨン・ガンフム〔共著〕『韓国の銀行100年史』ウリィ銀行・韓国金融学会、ソウル、2004年。
李容遠〔著〕『第2共和国と張勉』ポム社、ソウル、1999年。
李ウォンボ〔著〕『韓国労働運動史――⑤経済開発期の労働運動／1961～1987』韓国労働運動史大全集、高麗大労働問題研究所、知識マダン、ソウル、2004年。
李ユノ〔著〕『韓国の財閥2――財閥の財務構造と資金調達』ナナム出版、京畿道波州市、2005年。
李鍾南〔著〕『財閥――経済成長の必要善か必要悪か』ヒョンジェ、ソウル、1985年。
李鍾宰〔著〕『財閥履歴書』韓国日報、ソウル、1993年。
李チョルファン〔著〕『企業構造調整どこまで行くだろうか？財閥改革ドラマ――大馬不死からビッグディールまで』チョウンクル、ソウル、2000年。
李ハング〔著〕『韓国財閥形成史』比峰出版社、ソウル、1999年。
――〔著〕『韓国財閥史』大明出版社、ソウル、2004年。
李憲昶〔著〕『韓国経済通史』法文社、ソウル、1999年。
李弘求〔著〕『外国人直接投資と投資政策』韓国開発研究院、ソウル、1995年。
張デホン・金ウテク・金ギョンス・朴サンス〔共著〕『財閥の効率性――所有支配構造と財務形態、効率性に関する実証的探索』小花、ソウル、2001年。
張パグォン〔著〕『世界が注目する現代自動車、なぜ強いのか』チェウム、ソウル、2005年。
張亨壽・王允鍾〔共著〕『IMF体制下の韓国経済Ⅰ（1997.12～1989.6）――総合深層報告』対外経済政策研究院、ソウル、1998年。
財務部・韓国産業銀行『韓国外資導入30年史』ソウル、1993年。
財政経済部・韓国開発研究院〔編著〕『国民とともに明日を拓く――「国民の政府」経済青写真』大韓民国政府、京畿道果川市、1998年。
全国経済人連合会〔編〕『韓国経済政策30年史』社会思想社、ソウル、1975年。
――『韓国産業史2　韓国の造船産業』ソウル、1997年。
――『韓国主要企業事典』2005年度版、ソウル、2005年。
――『韓国経済年鑑』各年版。
――『韓国財界人士録』2002年版（『韓国経済年鑑』2002年版別冊）ソウル、2002年。
――『韓国財界人士録』2005年度版（『韓国経済年鑑』2005年度版別冊）ソウル、

2005年。
全国経済人連合会40年史編纂委員会『全経聯四十年史』上・中・下巻、ソウル、2001年。
全洪澤・李栄善〔共編〕『韓半島統一時の経済統合戦略』韓国開発研究院、ソウル、1997年。
丁炳烋・梁英植〔共著〕『韓国財閥部門の経済分析』韓国開発研究院、ソウル、1992年。
鄭章淵「『NIEs現象』と韓国資本主義」『創作と批評』創作と批評社、ソウル、1992年秋号。
鄭在景〔著〕『朴正煕思想序説』集文堂、ソウル、1991年。
鄭周永〔著〕『峨山 鄭周永 演説文集——今朝もときめきを抱いて』サムスン出版社、ソウル、1986年。
――〔著〕『この地に生まれて——私の生きてきた話』ソル出版社、ソウル、1998年、〔日本語訳〕鄭周永〔著〕『危機こそ好機なり』金容権〔訳〕講談社、2000年。
――〔著〕『私の人生、私の理想　試練はあれども失敗はない』第三企画、ソウル、2001年。
趙東成〔著〕『韓国の総合貿易商社（上）——制度と管理』法文社、ソウル、1983年。
――〔著〕『韓国財閥研究』毎日経済新聞社、ソウル、1990年。
――〔著〕『韓国財閥』毎日経済新聞社、ソウル、1997年。
朝鮮銀行調査部『朝鮮経済年報』1948年版（1993年復刻版）ソウル。
趙龍得〔著〕『韓国貿易成長論』法文社、ソウル、1996年。
趙容範・鄭允炯ほか〔著〕『韓国独占資本と財閥』プルピッ、ソウル、1984年。
チョ・イルフン〔著〕『三星共和国はない』韓国経済新聞、ソウル、2005年。
チョ・ヒョンジェ・チョン・ホリム・イム・サンギュン〔共著〕『デジタル征服者　三星電子』毎日経済新聞社、ソウル、2005年。
左承喜〔著〕『進化論的財閥論——経済政策の新たなパラダイム模索』（改訂版）比峰出版社、ソウル、1999年。
株式会社京紡『京紡七十年』ソウル、1989年。
株式会社LG化学『LG化学50年史』ソウル、1997年。
朱宗桓〔著〕『財閥経済論』正音文化社、ソウル、1985年。
――〔著〕『韓国資本主義史論』ハヌル、ソウル、1988年。
陳徳奎・金学俊・韓培浩・金大煥ほか〔共著〕『1950年代の認識』ハンギル社、ソ

ウル、1981年。

車東世・金光錫〔共編〕『韓国経済半世紀　歴史的評価と21世紀ビジョン』韓国開発研究院、ソウル、1995年。

参与連帯参与社会研究所経済分科〔編〕『韓国5大財閥白書1995〜1997』ナナム出版、ソウル、1999年。

崔廷杓〔編著〕『財閥解体』比峰出版社、ソウル、1993年。

──〔著〕『先進化のための財閥の選択──所有・経営分離』コウォン、ソウル、1996年。

──〔著〕『財閥時代の終焉』コウォン、ソウル、1999年。

統計庁『韓国主要経済指標2000.3』。

韓国開発研究院『韓国経済半世紀　政策資料集』ソウル、1995年。

──『KDI政策研究事例──過去30年回顧』ソウル、2003年。

韓国開発研究院・ユ・スンミン〔著〕『財閥、やはり危機の主犯なのか──危機以後財閥政策の評価と課題』比峰出版社、ソウル、2000年。

韓国経済新聞特別取材チーム〔著〕『Samsung Rising 三星電子なぜ強いのか』韓国経済新聞、ソウル、2002年、〔日本語訳〕韓国経済新聞社〔編〕『サムスン電子』福田恵介〔訳〕東洋経済新報社、2002年。

──〔著〕『大宇　自殺なのか他殺なのか──大宇敗亡秘史──』韓国経済新聞、ソウル、2002年。

韓国経済研究院〔著〕『韓国の企業集団──30大企業集団の形成と成長要因』韓国経済研究院、ソウル、1995年。

韓国金融研究所〔編〕『韓国経済年表1945〜1983』三文、ソウル、1984年。

韓国貿易協会『韓国経済の主要指標』各年版。

──『貿易年鑑』各年版。

──『貿協五十年史』ソウル、1996年。

韓国社会経済学会〔編〕『韓国経済論講義』ハヌル、ソウル、1994年。

韓国産業銀行『韓国産業銀行五十年史』ソウル、2004年。

韓国輸出入銀行『輸銀年鑑2004』ソウル、2005年。

──『海外直接投資統計年報』ソウル、2005年。

韓国銀行『韓国の国民所得』各年版。

──『企業経営分析』各年版。

──『経済統計年報』各年版。

──『韓国銀行50年史』ソウル、2000年。

韓国日報『激動の時代』ソウル、1992年。
韓国財政40年史編纂委員会〔編〕『韓国財政40年史』第2巻、予備資料（1968～1987）、韓国開発研究院、ソウル、1990年。
ハンファグループ『希望への旅程　ハンファ50年』ソウル、2002年。
許宗〔著〕『反民特委の組織と活動——親日派清算、その挫折の歴史』現代史叢書③、ソニン、ソウル、2003年。
現代建設株式会社『現代建設50年史』ソウル、1997年。
現代グループ文化室『現代五十年史』（上）（下）ソウル、1997年。
洪夏祥〔著〕『李健熙』韓国経済新聞、ソウル、2003年、〔日本語訳〕洪夏祥〔著〕『三星経営を築いた男——李健熙伝』宮本尚寛〔訳〕日本経済新聞社、2003年。
――〔著〕『李秉喆VS鄭周永』韓国経済新聞、ソウル、2004年。
――〔著〕『李秉喆 経営大全』海出版社、ソウル、2004年。
――〔著〕『李健熙、世界の人材を求める』Bブックフォリオ、大韓教科書㈱、ソウル、2006年。
黄祥仁・王允鍾・李晟鳳〔共著〕『IMF体制下の韓国経済Ⅱ（1998.7～1999.12）——総合深層報告』対外経済政策研究院、1999年。

【日本語】
池尾和人・黄圭燦・飯島高雄〔共著〕『日韓経済システムの比較制度分析——経済発展と開発主義のわな』日本経済新聞社、2001年。
今岡日出紀・大野幸一・横山久〔共著〕『中進国の工業発展』アジア経済研究所、1985年。
岩崎育夫〔編〕『アジアの企業家』東洋経済新報社、2003年。
浦田秀次郎〔編〕『貿易自由化と経済発展』アジア経済研究所、1995年。
エッカート、カーター・J.〔著〕『日本帝国の申し子——高敞の金一族と韓国資本主義の植民地起源1876～1945年』小谷まさ代〔訳〕草思社、2004年。
大蔵省財務室『昭和財政史3　アメリカの対日占領政策』東洋経済新報社、1976年。
太田修〔著〕『日韓交渉——請求権問題の研究』クレイン、2003年。
外務省アジア局北東アジア課『韓国における不実企業の実態』1973年。
梶村秀樹〔著〕『朝鮮における資本主義の形成と展開』龍渓書舎、1977年。
加藤健彦・窪田光純〔共著〕『韓国自動車産業のすべて』日本経済通信社、1988年。
カミングス、ブルース〔著〕『朝鮮戦争の起源』第1巻、鄭敬模・林哲〔共訳〕シアレヒム社／影書房、1989年。

韓国史事典編纂会・金容権〔編著〕『朝鮮韓国近現代史事典』日本評論社、2002年。
環日本海経済研究所（ERINA）〔編〕『現代韓国経済――進化するパラダイム』日本評論社、2005年。
菊澤研宗〔著〕『比較コーポレート・ガバナンス論――組織の経済学アプローチ』有斐閣、2004年。
金華東〔著〕『韓国の規制緩和――20年間の歩みと新たなスタート』日本貿易振興会アジア経済研究所、2000年。
コース、R.〔著〕『企業・市場・法』宮沢健一・後藤晃・藤垣芳文〔共訳〕東洋経済新報社、1992年。
小玉敏彦〔著〕『韓国工業化と企業集団――韓国企業の社会的特質――』学文社、1995年。
小宮隆太郎・奥野正寛・鈴村興太郎〔共編〕『日本の産業政策』東京大学出版会、1984年。
高龍秀〔著〕『韓国の経済システム――国際資本移動の拡大と構造改革の進展』東洋経済新報社、2000年。
コンデ、D.〔著〕『現代朝鮮史』全3巻、太平出版社、①岡倉古志郎〔監訳〕1971年、②陸井三郎〔監訳〕1971年、③内山敏〔監訳〕1972年。
榊原芳雄〔著〕『韓国の財閥――海を渡るMade in Koreaの拠点――』日本貿易振興会、1982年。
佐桑徹〔著〕『韓国財閥解体』日刊工業新聞社、2001年、〔韓国語版〕『韓国の財閥解体』（ヂソク〔訳〕崔廷杓〔監修〕）ドゥナム、ソウル、2003年。
司空壹〔著〕『韓国経済　新時代の構図』渡辺利夫〔監訳〕宇山博〔訳〕東洋経済新報社、1994年。
サンケイ新聞〔編〕『'77年版　韓国経済を支える30社』サンケイ新聞社、1977年。
篠原三代平〔編〕『第三世界の成長と安定』日本経済新聞社、1982年。
隅谷三喜男〔編〕『韓国の企業経営』アジア経済研究所、1977年。
関根孝・呉世祚〔共編著〕『日韓小売業の新展開』千倉書房、2003年。
瀬島龍三〔著〕『瀬島龍三回想録　幾山河』産経新聞ニュースサービス、1996年。
――〔著〕『瀬島龍三　日本の証言』フジテレビ出版、2003年。
高安雄一〔著〕『韓国の構造改革』NTT出版、2005年。
谷浦孝雄〔編〕『21世紀の韓国経済――課題と展望――』日本貿易振興会アジア経済研究所、2000年。
谷口興二〔編〕『台湾・韓国の海外投資の展開』アジア経済研究所、1990年。

チャ、ヴィクター・D.〔著〕『米日韓　反目を超えた提携』船橋洋一〔監訳〕／倉田秀也〔訳〕有斐閣、2003年。

朝鮮日報経済部〔著〕『韓国財閥25時』鶴眞輔〔訳〕同友館、1985年。

曺斗燮・尹鍾彦〔共著〕『三星の技術能力構築戦略――グローバル企業への技術学習プロセス――』有斐閣、2005年。

鄭章淵・文京洙〔共著〕『現代韓国への視点』大月書店、1990年。

鄭章淵「第3篇第2章　第3・4次経済開発計画と重化学工業化政策」法政大学比較経済研究所・小林謙一・川上忠雄〔共編〕『韓国の経済開発と労使関係――計画と政策』法政大学出版局、1991年所収。

――「第Ⅱ部1　IMF管理下の韓国経済改革」土生長穂〔編〕『開発とグローバリゼーション』柏書房、2000年所収。

土屋守章・岡本久吉〔共著〕『コーポレート・ガバナンス論――基礎理論と実際』有斐閣、2003年。

永野慎一郎・近藤正臣〔共編〕『日本の戦後賠償――アジア経済協力の出発』勁草書房、1999年。

朴一〔著〕『韓国NIES化の苦悩――経済開発と民主化のジレンマ――』同文舘、1992年。

朴宇熙・渡辺利夫〔共編〕『韓国の経済発展』文眞堂、1983年。

朴根好〔著〕『韓国の経済発展とベトナム戦争』御茶の水書房、1993年。

服部民夫〔編〕『韓国の工業化――発展の構図――』アジア経済研究所、1987年。

――〔著〕『韓国の経営発展』文眞堂、1988年。

――「組立型工業化の成功と挫折――韓国を中心として――」『アジア研究』45巻2号、1999年。

服部民夫・大道康則〔共著〕『韓国の企業――人と経営』日本経済新聞社、1985年。

服部民夫・佐藤幸人〔共編〕『韓国・台湾の発展メカニズム』アジア経済研究所、1996年。

韓義泳〔著〕『韓国企業経営の実態』東洋経済新報社、1988年。

深川由起子〔著〕『韓国・先進国経済論――成長過程のミクロ分析』日本経済新聞社、1997年。

法政大学大原社会問題研究所〔編〕『韓国労使関係の展開と現状』総合労働研究所、1997年。

法政大学比較経済研究所・靎見誠良〔編〕『アジアの金融危機とシステム改革』法政大学出版局、2000年。

松本厚治・服部民夫〔共編著〕『韓国経済の解剖――先進国移行論は正しかったのか――』文眞堂、2001年。
水橋祐介〔著〕『電子立国台湾の実像』ジェトロ、2001年。
宮崎義一〔著〕『新しい価格革命』岩波新書、1975年。
森田芳夫〔著〕『朝鮮終戦の記録』巖南堂書店、1964年。
山田三郎〔編〕『韓国工業化の課題』アジア経済研究所、1971年。
山辺健太郎〔著〕『日本統治下の朝鮮』岩波新書、1971年。
梁峻豪・崔仁哲「韓国資本主義の構造変化と混迷――金融主導型蓄積体制（finance-led accumulation regime）への移行であるのか――」経済理論学会第54回大会報告要旨、2006年10月。
尹景徹〔著〕『分断後の韓国政治』木鐸社、1986年。
吉冨勝〔著〕『日本経済の真実』東洋経済新報社、1998年。
――『アジア経済の真実』東洋経済新報社、2003年。

【英語】

Amsden, Alice H.（1989）*Asia's Next Giant: South Korea and Late Industrialization*, New York, Oxford University Press.
Bergsten, C. Fred and Il SaKong（eds.）（1995）*The Political Economy of Korea-United States Cooperation*, Institute for International Economics, Institute for Global Economics, Washington DC.
Bishop, Bernie（1997）*Foreign Direct Investment in Korea: The Role of the State*, Aldershot, Ashgate Publishing Ltd.
Bridges, Brian（2001）*Korea after the Crash: The Politics of Economic Recovery*, London, Routledge.
Cha, Dong-Se, Kwang Suk Kim and Dwight H. Perkins（eds.）（1997）*The Korean Economy 1945-1995: Performance and Vision for the 21st Century*, Korea Development Institute, Seoul.
Chang, Sea-Jin（2003）*Financial Crisis and Transformation of Korean Business Groups: The Rise and Fall of Chaebols*, Cambridge, Cambridge University Press.
Choi, Young Back, Yesook Merrill, Yung Y. Yang and Semoon Chang（eds.）（2001）*Perspectives on Korean Unification and Economic Integration*, Cheltenham, Edward Elgar Publishing Limited.
Chung, Duck-Koo and Barry Eichengreen（eds.）（2004）*The Korean Economy*

Beyond the Crisis, Cheltenham, Edward Elgar Publishing Limited.

Coase, Ronald H. (1960) "The Problem of Social Cost," *Journal of Law and Economics*, 3.

Emery, Robert F. (2001) *Korean Economic Reform: Before and since the 1997 crisis*, Aldershot, Ashgate Publishing Limited.

Graham, Edward M. (2003) *Reforming Korea's Industrial Conglomerates*, Institute for International Economics, Washington DC.

Haggard, Stephan, Wonhyuk Lim and Euysung Kim (eds.) (2003) *Economic Crisis and Corporate Restructuring in Korea: Reforming the Chaebol*, Cambridge, Cambridge University Press.

Kim, Hyung-A (2004) *Korea's Development under Park Chung Hee: Rapid industrialization, 1961–79*, London, RoutledgeCurzon.

Kim, Samuel S. (ed.) (2000) *Korea's Globalization*, Cambridge, Cambridge University Press.

Krueger, Anne O. (1979) *The Developmental Role of the Foreign Sector and Aid: Studies in the Modernization of the Republic of Korea:1945–1975*, Cambridge, Massachusetts, Council on East Asian Studies Harvard University.

Krugman, Paul (1994) "The Myth of the Asia's Miracle," *Foreign Affairs*, 11/12. 〔日本語訳〕ポール・クルーグマン「まぼろしのアジア経済」『中央公論』1995年1月号。

Kuznetz, Paul W. (1994) *Korean Economic Development: An Interpretive Model*, Westport, Praeger Publishers.

Kwon, Seung-Ho and Michael O'Donnell (2001) *The Chaebol and Labour in Korea: The Development of Management Strategy in Hyundai*, London, Routledge.

Rhee, Jong-Chan (1994) *The State and Industry in South Korea: The Limits of the Authoritarian State*, London, Routledge.

Shin, Jang-Sup and Ha-Joon Chang (2003) *Restructuring Korea Inc.*, London, RoutledgeCurzon.

Singh, Daljit and Reza Y. Siregar (eds.) (1995) *ASEAN and Korea: Emerging Issues in Trade and Investment Relations*, Singapore, Institute of Southeast Asian Studies.

Smith, Heather (ed.) (2000) *Looking Forward: Korea after the Economic Crisis*, Canberra, Asia Pacific Press at the Australian National University.

UNCTAD (1997) *World Investment Report 1997*.

Ungson, Gerardo R., Richard M. Steers and Seung-Ho Park (1997) *Korean Enterprise: The Quest for Globalization*, Boston, Harvard Business School Press.〔日本語訳〕ジェラード・R. ウングソン、リチャード・M. スティアーズ、スンホ・パク〔共著〕『韓国企業のグローバル戦略』奥本勝彦〔監訳〕中央大学出版部、2005年。

World Bank (1993) *The East Asian Miracle: Economic Growth and Public Policy*; A World Bank Policy Research Report, Oxford University. Press.〔日本語訳〕世界銀行〔著〕『東アジアの奇跡――経済成長と政府の役割』白鳥正喜〔監訳〕／海外経済協力基金開発問題研究会〔訳〕東洋経済新報社、1994年。

索　　引

人名、地名(地名・山名の付いた企業名等を含む)、河川名についてはハングル表記の発音で五十音順に配列してある。その他の語句(地域名・旧地名・島名・海名を含む)は日本語の発音で配列してある。

【あ行】

アーノルド少将……………………………21
R&D(研究開発)…………………………139
R&D支出……………………………………251
R&D投資…………………………………248,249
IMF改革………………………………379,385
IMF体制……………………………………377
IMF統治……………………8,196,274,277,377,389
IMT-2000……………………………………337
ICA(国際協力庁)…………………36,49,65,83
亜細亜自動車………95,97,160,183,184,187,275
アジア通貨危機　…………1,5,6,166,191,274,283,
　299,329,333,335,344,357,360,361,377,379,382,
　388,390
アシアナ航空………………………………233
新しい価格革命……………………………129
天津クリーム………………………………51
α-エンジン…………………………………331
UNKRA(国連韓国再建団)………36,37,65,275
安国火災……………………………………340
安定成長路線………………………………214
(李)仁熙〔イ・インヒ〕…………………329
(李)在鎔〔イ・ジェヨン〕………………393
(李)昌熙〔イ・チャンヒ〕………………272
(李)明熙〔イ・ミョンヒ〕………………329
(李)孟熙〔イ・メンヒ〕………………272,329
E-CIM………………………………………324
Eマート……………………………………329
李源萬〔イ・ウォンマン〕………………76
李健熙〔イ・ゴンヒ〕…252,273,322,323,328,393
李在賢〔イ・ジェヒョン〕………………329
李周一陸軍少将〔イ・ジュイル〕………73
李庭林〔イ・ジョンリム〕…………39,47,73,74,80
維新憲法……………………………………130
維新体制………………………7,125,130,131,214

李承晩〔イ・スンマン〕………6,13,24-26,32,39,
　46,50,67,106
委託加工貿易………………………………364
1.21事態……………………………………131
一面建設、一面国防………………………131
一般集中の問題……………………………388
遺伝子工学研究合作会社(ETI)…………253
李秉喆〔イ・ビョンチョル〕………29,34,37,72-
　74,76,80,81,108,109,185,272
李厚洛〔イ・フラク〕……………………97,98
李洋球〔イ・ヤング〕………………37,47,49,73,80
李龍範〔イ・ヨンボム〕……………………41,73,96
仁川板ガラス工場〔インチョン〕………36,37
仁川製鉄〔インチョン〕……95,139,148,160,187,
　273
インドネシア山林資源開発投資…………262
迂回輸出……………………………………263
宇進造船…………………………………161,178,187
売上高営業利益率…………………………316
売上高経常利益率………………………318,321
売上高純利益率…………………………318,321
蔚山艦〔ウルサン〕………………………185
蔚山工業団地〔ウルサン〕………………74,80
蔚山石油化学〔ウルサン〕………………148
蔚山石油化学工業団地〔ウルサン〕……178
蔚山造船所〔ウルサン〕…………139,173,177,187
営業業種数…………………………………313
HFI…………………………………………266
HTC…………………………………………266
AID(国際開発局)…………………83,88,103
AST社………………………………………354
A-501…………………………………………52
SEA…………………………………………265
SEG…………………………………………265
SHWI………………………………………266
SKD方式……………………………………96

SKテレコム……………………………337	海外帰還者……………………………18
SK買収…………………………………390	海外建設業の合理化…………………226
STM………………………………256,328	海外生産の複合団地化………………357
Anycall…………………………………331	海外直接投資………259,261,265,282,345
NPC……………………………………267	海外転換社債…………………………252
FOA〔対外活動本部〕………36,37,49	海外投資元年……………………265,345
M&A…………………94,160,276,340,352-357, 379,389	海外本部制……………………………357
	外貨債券………………………………153
MEI……………………………………254	外向的開発戦略………………………128
ME化…………………………………247	外国援助…………………………6,35,65
M-1弾…………………………………183	外国人投資に関する一般指針………152
M-16弾…………………………………183	外国人投資比率調整に関する原則…152
MBH−大宇銀行………………………353	外国人投資誘致政策…………………152
LG-EDSシステム……………………328	外国貿易規則……………………………28
LGカード………………………………341	外債問題………………………………211
LG化学……………………………330,333	外資導入運営方針………………………80
LG火災海上保険………………………341	外資導入審議委員会…………………151
LG金属…………………………………219	外資導入促進法…………………………80
LG証券…………………………………341	外資導入認可方針……………………153
LG精油…………………………………336	外資導入法…………………………81,152
LG綜合金融……………………………341	会長制…………………………………332
LG電子………………………8,256,330,334,356	会長秘書室………………………………4
LG25………………………………337,338	開発機関……………………………37,146
LG百貨店………………………………338	開発借款…………………………………83
LGホームショッピング………………338	開発独裁………………………………384
LGマート………………………………338	開発年代………63,74,94,128,135,147,245
LG流通…………………………………337	開発利益…………………………245,246
縁故者…………………………………31-33	外部監査選任委員会…………………389
援助経済期………………………………35	解放………………………………………6,15
Entel社…………………………………356	科学技術投資の効率的方案…………248
円ブロック………………………1,13,15-17,28	化学小グループ………………………323
オイル・ダラー…………………163,167	学縁財閥………………………………276
OILBANK………………………………336	革命公約…………………………………71
呉源哲〔オ・ウォンチョル〕…125,131,138,186	過剰・重複投資…………………217,219
王子の乱…………………………274,329,381	過剰投資………………………………211
OEM供給………………………………356	価値経営………………………………325
OECD加盟…………………………299,302,322	㈱SK……………………………………336
OSTT〔外港タンカー停泊施設〕……172	㈱ラッキー………………………256,267
玉浦造船所〔オクポ〕………139,165,183	株主資本主義
穏健的財閥改革論……………………386	（shareholder,capitalism）……387,391
温山銅製錬〔オンサン〕……………219	株主代表訴訟……………………387,389
温山非鉄金属工業団地〔オンサン〕…183	カムラン湾浚渫工事……………………92
【か行】	借入経営………………………300,318,321
	GARIOA…………………………………28
カービン銃弾…………………………183	為替危機………………………………361
海運業の合理化………………………226	為替レート（格）差…………………6,13
海運公社…………………………………94	韓一銀行……………………………96,234

索　引 419

江原銀行〔カンウォン〕……………191,238
韓永工業……………………………161,187
官営貿易………………………………27
関係中心型（relationship-based, model）……386
（韓国）外換銀行……………………174,306
韓国アラスカ資源開発………………266
韓国売り………………………………391
韓国型駆逐艦…………………………185
韓国型軽装甲車………………………184
韓国型戦車……………………………185
韓国火薬……………………………29,182
韓国生糸………………………………160
韓国機械………94,97,98,139,140,165,182,187,275
韓国銀行特別融資（韓銀特融）……222,223,227
韓国軍現代化5か年計画……………132
韓国軍派兵………………………83,87,91
韓国経済協議会………………………74
韓国経済研究院…………………307,385
韓国経済人協会…………………74,76,79
韓国経済の財閥化……………………358
韓国鉱業精錬……………………188,219
『韓国5大財閥白書1995〜1997』……311
韓国産業銀行（産銀）…37,46,80,95,97,146,147,
　149,150,154,160,161,166,191,219
韓国産業銀行法………………………147
韓国自動車保険………………………175
韓国資本主義論争…………14,280,386
韓国社会構成体論争…………………280
韓国重工業…………………218,306,332
（韓国）商業銀行………………34,49,234
韓国綜合金融…………………………190
韓国綜合特殊鋼………………………184
韓国的経営の天才……………………47
韓国ナイロン…………………………76
韓国南方開発…………………………262
『韓国の財閥』…………………………311
韓国半導体……………108,161,178,188,272
韓国肥料………………81,86,108-110,306,334
韓国フランジ……………………177,187
韓国貿易協会……………………29,76
韓国ホームショッピング……………338
韓国民主党（韓民党）………21,24,26,31
韓国輸出入銀行（輸銀）…………146,150
韓国労総（韓国労働組合総連盟）…303,309
漢城実業……………………………164,276
韓進重工業……………………………187
韓進商事………………………………90

間接金融………………………99,194,245
韓ソ国交正常化………………………348
官治金融………………191,233,235-237
韓中国交正常化………………………348
姜哲圭〔カン・チョルギュ〕……386,387
韓日会談…………………………79,82
韓日条約（日韓条約）……………64,76,82
官納事業………………………………39
韓肥（韓国肥料）事件
　（サッカリン密輸事件）……108,109,272
韓米援助協定…………………………66
韓米経済技術援助協定………………71
韓米財政および財産に関する協定…32
漢陽投資金融……………………190,191
元利金償還額…………………………155
元利金償還問題………86,126,127,129,135,151
管理人………………………………31,32
管理人制度………………………17,31
起亜機工………………………183,184
起亜産業……………140,148,160,182,183,187
起亜自動車……………………95,274,383
起亜重工業……………………………183
機械小グループ………………………323
企画総合室……………………………193
企画調整委員会………………………193
企画調整室……………………………327
企業会計の透明性……………………389
企業活動規制緩和に関する特別措置法……302
企業活動規制審議委員会……………302
企業経営（の）透明性……………382,386,389
企業研究開発センター………………248
企業公開…………………………194-196
企業公開促進法…………………134,137,194
企業構造調整協約……………………383
企業指導主義………………………63,106
企業しやすい国………………………392
企業集団………………………………3
企業自律調整委員会…………………308
企業整備令……………………………44
企業買収………………………………164
企業付設研究所……………248,256,258
技術者送金……………………………88
技術導入……………151,152,158,249,252,255,281
技術導入自由化措置…………………153
規制緩和……………………301,305,307
偽装株式発行事件……………………98
偽装私債…………………………136,159

偽装所有 …………………………………242
帰属企業体 ……………………………30,32
帰属財産 …………………………17,30,31
帰属財産処理法…………………………32
帰属財産の払い下げ ………………34,6
帰属農地…………………………………30
基礎形成期 …………………6,63,64,104,105
北からの脅威 …………………………130
北からの送電……………………………17
亀甲船 …………………………………176
規模の経済 ………………………………5
金宇中〔キム・ウジュン〕……218,276,352,353,361,380
金・大平合意……………………………82
金基元〔キム・ギウォン〕………358,359,387
金九〔キム・グ〕……………………24-26
金相浹〔キム・サンムン〕…………275,276
金智泰〔キム・ジテ〕………50,73,80,270
金重源〔キム・ジュンウォン〕……………227
金俊起〔キム・ジュンギ〕………169,173,174
金鍾泌〔キム・ジョンピル〕………82,96,141
金正濂〔キム・ジョンヨム〕…………125,131
金振晚〔キム・ジンマン〕……………173
金昇淵〔キム・スンヨン〕…………227,271
金錫元〔キム・ソクウォン〕………227,271
金成坤〔キム・ソンゴン〕……37,50,98,103,104,268
金性洙〔キム・ソンス〕……………21,23
金善弘〔キム・ソンホン〕…………184,275
金昌源〔キム・チャンウォン〕…94,97,165,166
金喆浩〔キム・チョルホ〕………268,274,275
金大中〔キム・デジュン〕……8,164,364,379,382,384,385
金度演〔キム・ドヨン〕…………………29
金満堤〔キム・マンジェ〕…………224,233
金泳三〔キム・ヨンサム〕…………299,301-305,307,309,310,377,382
金季洙〔キム・ヨンス〕…………………74
金英徳博士〔キム・ヨンドク〕……………172
逆差別問題 ……………………………305
キャッチアップ ………………………247
キャピタル・フライト ………………382
92年大統領選挙 …………………307,361
休戦協定 ………………………………35
9.27措置（企業体質強化対策）………220,246
業界団体 …………………………………36
業種合理化………………………224,226,227

業種専門化 ………………304-307,330,383,389
行政規制基本法 ………………………302
行政刷新委員会 ………………………302
暁星重工業……………………182,187,219
暁星証券 …………………………191,237
暁星物産 ………………89,108,142,162
燦強セメント …………………………103
競争力集中抑制 ………………………304
共同会長 ………………………………380
郷土予備軍 ……………………………131
教保生命 ………………………………343
極東精油 …………………………335,336
巨大化 …………………………………182
巨大中核企業 …………………………330
京仁高速道路〔キョンイン〕………99,100
京釜高速道路〔キョンブ〕………83,99,101-103,245
銀行株式の政府還収……………………73
銀行株払い下げ …………………………34
銀行管理 …………………………95,159
銀行危機 ………………………………361
銀行借款 …………………………84,153
銀行の民営化措置 ……………………231
錦湖実業 …………………142,143,160,162
錦湖タイヤ ……………………………184
金星海運 ………………………………104
金星社 ……51,108,139,140,149,182,256,266,267,271,330,333
均整成長戦略……………………………69
金星通信 …………………………256,267,333
金星電線 …………………………149,182,256
金星投資金融 …………………………238
金星ハネウェル ………………………256
金星半導体 ………………188,219,255,256
金星光通信 ……………………………256
金星日立システム ……………………256
金星紡織 ……………………50,103,104,109
金融機関借入 …………………………153
金融機関に対する臨時措置法 ………144
金融コンツェルン ………………………34
金融財閥 ………………………………238
金融市場の近代化 ………………137,189
金融実名制 ………………………304,305,386
金融小グループ ………………………323
金融の自律化 ……………………233,302
金融百貨店 ……………………………190
金融持株会社法 ………………………390

金融抑圧政策 …………………………146
(具) 貞會〔ク・ジョンフェ〕………………271
(具) 滋暻〔ク・ヂャギョン〕………51,271,272,
　327,330
(具) 哲會〔ク・チョルフェ〕…………50,51,271
(具) 泰會〔ク・テフェ〕……………51,107,271
(具) 本植〔ク・ボンシク〕………………330
(具) 本綾〔ク・ボンヌン〕………………330
光州銀行〔クァンジュ〕…………………191
光州事態〔クァンジュ〕…………………211
光州タクシー〔クァンジュ〕……………233
具仁會〔ク・インフェ〕…………50,51,75,80,107,
　268,271
9月ゼネスト………………………………26
具滋洪〔ク・ヂャホン〕…………………330
具仁商会 …………………………………50,51
具平會〔ク・ピョンフェ〕………………107
具本茂〔ク・ボンム〕………………328,330
組立型工業化 ……………………………281
亀尾電子工業団地〔クミ〕………………183
金剛山観光開発事業〔クムガンサン〕…266,364
グループ運営委員会 ………………323,325
グループ解体 …………………………9,381
グループ企画調整室 ……………………193
グループ構造調整推進本部 …………5,389
グループ構造調整方案 …………………380
グループ本部 ……………………………193
グローバライゼーション ……8,300,365,388,391-
　393
グローバル資本主義 ……………………365
軍工廠 ……………………………………133
軍事革命委員会 …………………………71
軍事クーデター ……………………6,63,106
軍政 ……………………………………21,23
軍納 …………………39,41,51,90,91,103,110,130
軍用トラックK-300 ……………………183
経営管理室 ………………………………193
経営参加 …………………………………385
経営システムの情報化……………324,326,328
経営体制の再構築 …………………322,361
経営本部 ………………………………4,389
経済安定化政策 …………………………215
経済安定化総合施策 ……………………217
経済開発3か年計画………………………69
経済企画院 …………………100,101,125,131,137
経済規制改革委員会 ……………………302
経済規模の縮小……………………………16

経済行政規制緩和委員会 ………………301
経済構造調整懇談会 ……………………264
経済5団体 ………………………………308
経済懇談会 ………………………………76
経済再建促進会 …………………………74
経済自由化政策 …………………………215
経済進化論的財閥観 ……………………360
経済第一主義 …………………………68,69
経済第2秘書室首席秘書官 …………125,138
経済復興特別会計…………………………37
経済民主化 ………2,212,304,310,386,387,389,391
経済力集中（問題）………………194,386,388
経実連（経済正義実践市民連合）…303,386,387
経常収支黒字基調 ………………………262
京城精工 …………………………………274
経総（韓国経営者総協会）………………309
軽歩兵師団化 ……………………………131
系列企業間相互出資の制限方案 ………221
系列企業群に対する与信管理施行細則
　（与信管理規定）………………………222
系列企業の縮小 …………………………389
系列社間債務保証限度制度 ……………304
系列分離 ……………………………328,329
経路依存性 ………………………………15
KNA ………………………………………98
KFT ………………………………………341
K-360 ……………………………………275
K-1500 ……………………………………275
KBF ………………………………………341
血縁財閥 …………………………………276
月間経済動向報告会議 …………………137
結合財務諸表 ……………………………389
月例貿易拡大会議…………………………77
月例輸出拡大会議…………………………77
権威主義体制 ……………………………7
現金借款 …………………………98,152,153
建設軍納 …………………………………89
建設5人組 ………………………………41
建設部 ……………………………………100
建設輸出 …………………………89,130,265
現代アルミニウム ………………………188
現代宇宙航空 ……………………………336
現代エンジン ………………177,187,218,219
現代海上 …………………………………381
現代海上火災保険 ………………………238
現代峨山 ……………………………274,382
現代企業倫理綱領 ………………………325

現代技術開発	336
現代経営者協議会	381
現代建設	40,41,89,91,93,101-103,169,170,172,173,381,382
現代産業開発	274
現代自動車	8,93,97,108,148,182,187,273,274,325,330,331,381,383,393
現代自動車工業社	40
現代車両	177,184
現代重工業	8,177,187,218,325,330,332,354,381
現代重電機	187,219
現代証券	237,238,325,342,381
現代商船	354
現代情報技術	326
現代精工	139,177,184,185,187,336
現代精油	335,336
現代精油販売	336
現代石油化学	325
現代セメント	103
現代綜合金融	191,238,342
現代綜合商事	142,161,162,354
現代綜合木材	266
現代造船	173,177,182,185
現代造船重工業	177,187
現代電子(産業)	254,255,266,330,332,353,354,382
現代投資顧問	238
現代土建社	40
現代21世紀発展戦略	381
現代百貨店	337,381
現代尾浦造船〔ミポ〕	149,177,187
現代洋行	103,139,140,148,164,181,182,218,219
現代ロボット産業	254
興亜化学	51
合営法	363
公企業の民営化	306
公共援助	36
興業銀行	34,49
黄牛作戦	183
公共借款	81,84,151-155
工業生産の萎縮	17
工業発展法	222,223,226
後継者問題	268
「高コスト・低効率」問題	299,308
公正取引委員会	216,220,221,302,311
公正取引法	212,306,390
合成の誤謬	112
構造調整本部	381
構造調整ローン	215
交通ビル	165
合同経済委員会	67
好洋産業	39
高麗皮革	164
高麗貿易	142,162
高麗紡織	46
港湾浚渫工事	91
5.17クーデター	214
5.16	63,68,70,72,214,360
5.29大統領特別指示(5.29措置)	134,195,196
5プラス3原則	382
コーポラティズム	303
コーポレート・ガバナンス(企業統治)	387,389,391
ゴールデンテックス	49
GOLD,STAR	52,267
コーロン商事	364
コーロン綜合機械	219
コーロン綜合建設	163
5共	227
国逸証券	237,342
国際競争力強化企画団	302
国際証券	191,340
国際商事	90,142,143,160,162,163
国際綜合機械	187
国際綜合金融	342
国際綜合建設	163
国産戦車K1-MBT	185
国土開発事業	99,103-105
国土圏域化計画	101
国土建設事業	69
国土建設総合計画	70,100
国防科学研究所	132
国防部6人委員会	185
国民企業	7,106,276,379
国民銀行	306
国民貯蓄運動	79
国民党	307,361
国民投資基金	139,146,149-151
国民の政府	8
国連軍貸付金償還ドル	38
国連臨時朝鮮委員団	26
国家競争力強化民間委員会	308,309
国家競争力の10%向上運動	309
国家再建最高会議	72

国家独占資本主義論（国独資論）………280,281
国家保衛非常対策委員会（国保委）……214,218
国家保衛法………………………………130
国家保衛立法会議………………………214
湖南財閥…………………………………5
湖南精油………………………86,107,108,257
湖南石油化学………………………148,161
5人委員会………………………………132
個別不実企業整理…………………224,227
雇用なき成長…………………………315
Korea,Asia,Fund………………………343
コリア・エンジニアリング………161,178,187
コリア・ディスカウント………………391
コルティナ…………………………97,108
金剛開発………………………………103
金剛スレート…………………………103

【さ行】

財産請求権・経済協力協定………………81
最初の財閥………………………………29
財政経済院………………………301,302
在日韓国人資本…………………………76
罪輕……………………………………109
財閥（Zaibatzu）…………………3,194
財閥（チェボル）………………2,3,194
財閥改革……2,9,304,308,382,383,386-389,393
財閥改革論…………………………386,392
財閥解体………………113,163,196,329,386
財閥解体論……………………………385
財閥活用論……………………………392
財閥企業の海外進出……………259,344,350,352
財閥規制緩和措置……………………305
財閥規制策……………………………303,304,360
財閥規制措置……………………220,229,391
財閥共和国…………………………2,358
財閥形成史……………………………1,104
財閥資本育成策……64,123,124,133-135,137
財閥進化論……………………………360
財閥体制…………301,358-360,382,388,390-392
財閥タウン……………………………243
財閥の金融資本化……………………344
財閥の私金庫…………………237,241,244
財閥の連鎖破綻………………………382
財閥破綻状況…………………………378
財閥問題………2,194,220,300,303,307,315,
　　　　　　358,388,389
財閥擁護論………………………385,391,392

細胞分裂………………………………328
財務構造改善約定……………………380
債務セクター………………………86,158
債務大国………………………………157
債務保証………………………………344
坂本紡績………………………………75
桜島丸…………………………………29
三陟産業〔サムチョク〕…………173,175
左右合作運動…………………………25
傘下系列社数………………………312,313
三煥企業…………………………89,91,168
産業開発委員会………………………69
産業構造調整………………………222-224
産業合理化……………………………136
産業合理化支援基準…………………223
産業合理化資金………………………149
産業合理化審議会議…………………136
産業合理化政策…………………215,216,222
産業資本………………………43,47,49,111
産業資本Ⅰ型…………………………47
産業資本Ⅱ型…………………………50
産業政策審議会………………………224
三禁……………………………303,309
三均主義………………………………24
産銀融資……………………………148,149
3K……………………………………227
三高現象………………………………344
三護貿易………………………………89
30大財閥の二極化……………………318
30年代工業化…………………………14
38度線分割案…………………………21
三洲ビルディング……………………165
三省調整委員会……………………21,22
三制……………………………303,309
三星映像事業団………………………334
三星SDS……………………………323,324
三星エバーランド……………………323
三星エンジニアリング………………323
三星カード…………………………323,340
三星火災……………………………323,340
三星共和国………………………………2
三星経済研究所………………………391
三星建設……………………………313,331
三星航空……………………………253,266,323
三星コーニング…………………188,253,323
三星三洋パーツ……………………253,188
三星自動車……………323,335,361,383,384

三星重工業 …… 139,161,178,181,182,187,218,323
三星商会 ……………………………………………47
三星証券 ………………………………………323,340
三星精密 …………………………………139,184,186,187
三星精密化学 ……………………………306,323,334
三星生命 ………………………………………323,340
三星石油化学 ……………………………139,178,188,323
三星SDI ……………………………………………253
三星綜合化学 …………………………………323,334
三星綜合建設 …………………………………163,323
三星造船 …………………………………………149,187
三星電管 ……………………………………253,323
三星電機 ……………………………………253,323
三星電子 …8,108,110,139,161,178,188,252,253,
  265,272,282,323,330,334
三星電子綜合研究所 ………………………………253
三星電子中央研究所 ………………………………254
三星電子部品 ………………………………………188
三星時計 ……………………………………253,323
三星NEC ……………………………………………253
三星半導体 ……………………………108,161,188
三星半導体通信 ………………………………251,330
三星ヒューレットパッカード ……………………252
三星物産 ………48,89,95,110,142,162,265,313,323
  330,331
三星物産公司 …………………………………29,47
三星プラザ ………………………………………334
三星文化財団 ……………………………………110
三星ユナイテッド航空 ……………………………266
三千里号 …………………………………………275
三低現象 ………………………7,213,242,277,299,305
三白工業 ……………………………………41,65
三美社 ………………………………………………96
三美綜合特殊鋼 …………………………………184,188
三美特殊鋼 ………………………………………139
三粉波動事件 ……………………………………46
三粉暴利事件 ……………………………………108
三養社 ………………………………………………89
山陽タイヤ ………………………………………184
参与政府 …………………………………………393
参与連帯 ……………………………………303,387,391
参与連帯参与社会研究所 ………………………311
GSET ………………………………………………267
GSカルテックス …………………………………336
GSDG ……………………………………………267
GSP（一般特恵関税）……………………………263
GMコリア ……………………………………97,166

CDMA方式 ………………………………………331
CP ………………………………………237,340,379,380
C-100 ……………………………………………275
CU制 ………………………………………………333
事業文化単位（CU:,Culture,Unit）……………327
事業報国 ……………………………………50,106,106
私債 ………………………………………134-136,143,304
私債市場 ……………………………………38,236,278
私債市場の陽性化 …………………………………189
四捨五入改憲 ………………………………………32
自主管理 ……………………………………………30
自主管理運動 ………………………………………31
自主国防 ………………………………7,124,131-133,175
市場開放圧力 ………………………………………230
市場集中問題 ………………………………………388
市場中心型（market-based,model）……………386
市場の失敗 …………………………………………223
市場平均レート制度 ………………………………302
施設貸与産業育成法 ………………………………191
7.7宣言 ……………………………………………264
市中銀行の民営化 …………………………………234
自動許可制 …………………………………………345
指導される資本主義 ………………………………63,235
自動車小グループ …………………………………323
自動車輸入自由化措置 ……………………………334
シナジー効果 …………………………………183,331
支配（大）株主 ………………………4,382,389,391
シベリア資源開発事業 ……………………………266
資本主義的産業化 …………………………………5,43
資本の自由化 …………………………………248,389
市民社会の保守化 …………………………………393
社員持株制度 ………………………………………196
社会民主主義 ………………………………………384
社外理事 ……………………………………………389
社外理事制度 ………………………………………325
社長団運営委員会 …………………………………325
社長団会議 …………………………………………5
社長評価委員会 ……………………………………327
Japa-nies …………………………………………247
ジャンク船貿易 ………………………………27,46
ジャングルシューズ …………………………88,90
重化学工業化政策 …5,7,78,123,124,131,133,134,
  137,139,140,146,149,151,152,155,157,158,175
重化学工業化政策の破綻………163,212,214,247,
  257,360
重化学工業化宣言 …………………………………137
重化学工業建設計画 ………………………………138

重化学工業推進委員会 …………………138
重化学工業推進委員会企画団 ………131,138
重化学工業分野（の）投資調整……216,217,277
10月維新 ……………………………………130
10月人民抗争……………………………………26
自由企業院 ……………………………385
自由企業原理 ……………………………32,106
自由主義 ……………………………………387
重石……………………………………………29
重石ドル………………………………………38
従属理論（新従属学派）…………………280
集団利己主義 ………………………………392
自由党 ………………………………………39,46
重複投資 ……………………………………211
周辺部資本主義論（周資論）…………280,281
重要産業国有化……………………………24
周4原則 ………………………………97,176
儒教 ……………………………………………270
粛軍クーデター ……………………………214
出資総額限度基準 …………………………304
出資総額制限 ………………………306,389-391
ジュベイル海軍基地建設 …………………174
ジュベイル産業港（建設）工事 ………169-172
ジュベイルの奇跡 …………………………173
主力業種方式 ………………………………306
主力業体方式 ………………………………306
循環型相互投資 ……………………………360
循環出資 ………………………………344,382
春窮（ポリコゲ）……………………65,67,70
純粋持株会社 ………………………………391
少額株主運動 ………………………………387
少額株主権利向上運動 ……………………391
小規模事業体………………………………31
商業借款 ………………81,84,86,151,153-155
勝共統一 ……………………………………106
常勤監査制度 ………………………………326
小グループ体制 ……………………………323
証券市場の自由化措置 ……………………341
商工銀行………………………………………48
商工分科委員会 ……………………………218
少子化問題 …………………………………393
情実 ……………………………………34,38
少数株主権 …………………………………389
商人資本 ……………………………………43,47
商人資本主義 ………………………………14
情報の非対称性 ………………………………5
初期基本指令………………………………22

植民地近代化論 ……………………………14,43
植民地半封建社会論（植半論）…………280
所有と経営の分離 ……………………276,304
所有と支配の乖離 ……………………………4
シリコンバレー ………………………252,266
自立経済の実現 ……………………………68,71
仁荷大学……………………………………99,111
仁荷大産業経済研究所 ……………………311
新韓国党 ……………………………………303
新規債務保証 ………………………………389
辛格浩〔シン・キョクホ〕…………………75
Singles ………………………………………324
新軍部………………………………7,211,214
新経済5か年計画 …………………………299,301
新経済100日計画……………………………301
新源開発 ………………………………98,163
新興財閥 ……………………………………105
申告受理制度 ………………………………345
人材第一主義 ………………………………273
人事公募採用制（度）………………………50,273
新自由主義 ……………………384,386,391,393
新自由主義学派 ……………………………215
新植民地国家独占資本主義論……………281
新進自動車 …………………………96,97,148
新世紀移動通信 ……………………………308
新政府への政策提言 ………………………307
新世界㈱ ……………………………………329
新世界百貨店……………………………110,313,329
親族分離 ……………………………………329
申善浩〔シン・ソンホ〕…………………143
信託統治 …………………………………22,25
信託統治反対国民総動員運動委員会……25
新東亜 ………………………………………343
新東亜火災……………………………………95
新東亜損保社……………………………………95
親日派 ………………………………23,24,26,34
新聞登録の自由化措置 ……………………231
人民委員会 ……………………………23,31
人民党 …………………………………25,26
信用貸付 ……………………………………246
信用協同組合法 ……………………………190
信用不良者 …………………………………341
愼鏞虎〔シン・ヨンホ〕…………………343
新羅ホテル ……………………………186,323
新労使関係構想 ……………………………302
人和団結 ……………………………………271
垂直的多角化 ……………………109-111,164,192

水平的多角化	109,110,165,192
スーパーセンター	338
スーパーディール	383
ストック・セール方法	143
３Ｄ	263,344
青瓦台５人委員会	132,185
成均館大学	110
政経癒着	2,6,38,39,42,52,86,98,112,113,217,227,233,276,279,325,337,361,388
制憲国会	24
西江学派	233
政策委員会	327
政策金融	133,138,139,144-147,166,236,250,360
成熟期	7,213,277-279,281
政商資本型	45
生成期	6,13,26,39
生存権の保障	68,71
成長会計	281
製鉄化学	166
政府（系）企業（の）払い下げ	94,213,232
政府査定価格	34
政府資金融資	35
政府主導型開発戦略	63,94,106,162,214
政府特別外貨貸付	48
政府の失敗	306
政府保有ドル（外貨）	38
整理解雇制	303,309,310
世界化	300,302,305
世界化推進委員会	302
世界経営	350,352,353,357,380
責任専門経営体制	387
世銀（世界銀行）	83,94,102,154,215
瀬島計画書	141
絶糧農家	65
セナラ自動車	94,96,97,166
セナラ自動車事件	96
ゼニス（Zenith）社	356,357
セハン自動車	97,166,218,219
セハン綜合金融	191
セマウル金庫	190
鮮京化学	182
鮮京精油	188
鮮京綜合建設	163
鮮京油化	232
全国経済人連合会（全経連）	75,141,231,307,308,361,383,385
戦時インフレーション	19
選択的介入	223
先端産業	212,231,247,251,254,281,315
船団式（経営）	4,109,300,314,360,386,387,389
全評（朝鮮労働組合全国評議会）	31
全方位的（な）多角化	192,231,338
専門化	218,219,223,224
専門経営者	3,5,193,270,271,273-275,308,325,379,381
専門経営（者）体制	304,386
全要素生産性	281
戦略産業	138,182
戦略情報システム	324
戦略部門重点投資	69
戦力増強事業推進委員会	132
全労協（全国労働組合協議会）	302
早期独占化	43,86
総合化学会社	333
総合企画室	193,325
総合金融会社（総金社）	152,190,237,238,340-342,361
総合金融会社に関する法律	190
総合経済再建５か年計画	69
総合投資銀行	340
総合貿易商社	233
総合貿易商社制度	7,141,142,161
総合輸送企業集団	99,111
相互債務保証	5,113,382,389
相互出資規制	221,222
相互出資制限企業	222
相互信用金庫法	189
相互投資（出資）	4,196,221,279,344,360
『創作と批評』	280
総帥	3,4,193,268,388,389
造船公社	94
総投資基準	345,347,349
双龍自動車	166,380
双龍重機	182,218,219
双龍証券	237
双龍洋灰	103,104,148
ソウル・オリンピック	243,264
ソウル証券	237
ソウル信託銀行	234
徐甲虎〔ソ・ガプホ〕	75,270
族閥	192,385
族閥支配	194,385,386,389
祖国の近代化	6,63,70,100

徐廷貴〔ソ・ジョンギ〕……………107,268
租税減免規制法 ……………………………222
宋大淳〔ソン・デスン〕……………………80
ソフトローン ……………………………81,151
ソブリン資産運用 …………………………390
昭陽江ダム〔ソヤンガン〕……………69,83
薛卿東〔ソル・キョンドン〕………29,34,47,73,
　80,268
孫京植〔ソン・ギョンシク〕………………329
宋大淳〔ソン・デスン〕…………………75,76

【た 行】

ターンキー方式 ……………………………248
第一企画 ……………………………………323
第一銀行 ……………………………………234
第1金融圏 …………………………………189
第一毛織 ……………………………37,49,110,323
第1次オイル・ショック …97,125,128,129,140,
　152,162,163,166,167
第1次経済開発5か年計画…………………69
第1次整理事業 ……………………………224
第1次調整措置（5.25措置）……………218
第1次輸入代替工業化………………………78
第一証券 ……………………………………237
第一製糖 ……………………………48,110,313,329
大宇建設 ……………………………………165
大宇財閥の解体 ……………………………379
大宇実業 ……………………142,162,164,166,276,277
大宇自動車 ……………166,187,258,353,379,384
大宇自動車ルーマニア ……………………353
大宇重工業…………165,181,182,187,218,219,258
大宇証券 ……………………………………191
大宇造船 ……………………149,165,183,187,258
大宇電子 ……………………………188,257,383,384
大宇電子中央研究所 ………………………258
大宇の海外進出 ……………………………352
大宇ビルディング …………………………165
大宇文化財団 ………………………………276,277
対外援助法（FAA）………………………83
対外経済協力基金（EDCF）……………264
対外債務 ……………………………8,216,361,382
対外債務総額 ………………………………155
対外従属性 ………………………………44,281
対外投資自由化政策 ………………………263
対外貿易規則…………………………………28
大韓アルミニウム ……………139,160,161,188
大韓運輸 ……………………………………110

大韓教育保険 ………………………………343
大韓航空 ………………7,91,94,98,99,110,184,232
対韓国際経済協議体（IECOK）………83,102
大韓重機 ……………………………………183
大韓重石 ………………………………29,306
大韓商工会議所 ……………………………75,76,80
大韓生命 ……………………………………95,343
大韓生命63 …………………………………343
大韓石油公社（油公）…………107,232,336
大韓造船公社…………………………149,165,187
大韓電線 ……………………………140,149,182,257
大韓独立促成国民会議………………………26
大韓農産 ……………………………………109
大韓プラスティック ……………………95,96
大韓貿易振興公社（KOTRA）……………77
大韓紡織協会…………………………………37
大韓民国上海臨時政府………………………24
大韓民国臨時政府（臨政）………………23,24
大韓洋灰……………………………………37
大規模企業集団 …………………………3,221,311
第5共和国憲法 ……………………………214
第5次経済社会発展5か年計画 …………214
第3次経済開発5か年計画…………………137
第3次調整措置（10.7措置）……………219
第三者の労使関係介入 …………………303,309
泰昌紡織 ………………………………39,46
大信証券 ……………………………………343
大成重工業 …………………………161,178,187
対政府5大要求案 …………………………385
大成メタノール …………………………139,161
対戦車攻撃ヘリ500MD ……………………184
対中国投資 …………………………………348
対中東進出方案 ……………………………167
大東工業 ……………………………………41,96
第7次経済社会発展5か年計画 …………301
第2移動通信 ………………………………308
第2移動通信事業……………………308,337,361
第2共和国……………………………………68
第2金融圏……137,189,231,234,237,238,240,339,
　343,360,379,382
第2次オイル・ショック …211,217,247,263,275
第2次経済開発5か年計画…………………78
第2次整理事業 ……………………………224
第2次調整措置（8.20措置）……………218
第2次輸入代替工業化 …………………78,140
第2精油工場 ………………………………107,108
第2創業意志 ………………………………326,327

第2創業宣言 …………………………273,322
(対日) 請求権資金 ……………82,83,85,102
対日請求権問題 ………………………………82
対日貿易収支の累積赤字 …………………282
第二の建国運動 ……………………………382
第2の半導体 …………………………………331
第2民間航空会社 …………………………232
タイ・バーツ暴落 …………………………377
大馬不死 ……………………………………379
代表民主議院 …………………………………25
太平紡織 ………………………………104,109
大宝証券 ……………………………………238
対満州織物輸出代行業 ………………………45
第4次整理事業 ……………………………224
第4次民営化期 ……………………………306
大林建設 ………………………………………89
タコ足経営……………4,113,221,274,314,360,386
タコ足式 …………………………………8,109,192
多数事業構造 ………………………………193
脱従属化 ……………………………………281
単一CU体制 …………………………………333
単一変動為替(レート)制度 ……………76,129
短期金融業法 ………………………………189
短期債務 …………………………………8,361
唐堤トンネル工事〔タンジェ〕…………102,103
単独選挙 ………………………………………26
担保貸付 ……………………………………245
丹陽セメント(工場)〔タンヤン〕………93,103
崔圭夏〔チェ・ギュハ〕……………………214
崔鍾建〔チェ・ジョンゴン〕………50,232,268
崔廷約〔チェ・ジョンピョ〕………………386
(崔)鍾賢〔チェ・ジョンヒョン〕…232,308,309,337
崔鍾煥〔チェ・ジョンファン〕……………168
崔聖模〔チェ・ソンモ〕………………268,343
崔泰渉〔チェ・テソプ〕…………………37,73
地券 ……………………………………………34
地代追求型 (rent-seeking,model) ……386
秩序自由主義 (Ordo-Liberalism) ………384
知的財産権 (の) 保護 ……………230,247-249
昌原機械工業団地〔チャンウォン〕……178,183
張基栄〔チャン・ギヨン〕…………………90
張俊河〔チャン・ジュンハ〕…………………70
張致浩〔チャン・チホ〕……………………268
張勉〔チャン・ミョン〕……………68,72,99,100
駐越米軍軍需品輸送用役契約 ………………90
中央日報(社)………………………………110,323

中核事業群 …………………………………323
中核部門 ………………………………106,107
(駐韓) 米軍第8軍 ………………………40,90
中小企業系列化促進法 ………………142,162
駐退復座機 …………………………………183
中長期元利金 ………………………………127
中東協力委員会 ……………………………168
中東建設ブーム …………………………7,165
中東建設輸出 …………………………129,163,167
中東財閥 ……………………………………175
中東特需 ……………………………………167
忠州肥料工場〔チュンジュ〕…………………36
(趙) 重建〔チョ・ジュンゴン〕……………90
左承喜〔チョア・スンヒ〕……………360,385
朝興銀行 ……………………………34,49,234
超高速情報網(Unitel) …………………324
長子継承 ………………………………268,270,271
朝鮮共産党 ……………………………………25
朝鮮銀行券 ………………………………19,20
朝鮮建国準備委員会 (建準)…………22,23,30
朝鮮絹織 ………………………………………50
朝鮮醸造 …………………………………47,48
朝鮮殖産銀行 ……………………………46,146
朝鮮人化 ………………………………………25
朝鮮人顧問団 …………………………………21
朝鮮人民共和国 ………………………………23
朝鮮人民共和国の「施政方針」………………24
朝鮮戦争 ……5,6,13,32,34,39,82,87,88,99,133,275,360
朝鮮総督府 ………………………………19,47
朝鮮半島非核化宣言 ………………………363
朝鮮紡織 ………………………………………50
直接金融 ………………………………240,360
直接投資 ………………………81,84,151-153,157,158
趙重勲〔チョ・ジュンフン〕…29,40,90,94,96,98
趙錫来〔チョ・ソクネ〕……………………271
貯蓄銀行 ………………………………………34
趙洪済〔チョ・ホンジェ〕………29,47,80,108
(鄭) 仁永〔チョン・インヨン〕……………273
(鄭) 相永〔チョン・サンヨン〕……………273
(鄭) 信永〔チョン・シンヨン〕……………273
(鄭) 順永〔チョン・スンヨン〕……………273
(鄭) 世永〔チョン・セヨン〕………91,273,274,325,331
(鄭) 夢一〔チョン・モンイル〕……………381
(鄭) 夢奎〔チョン・モンギュ〕…………274,325
(鄭) 夢九〔チョン・モング〕…273,274,324,325,

329,335,342,380,381
（鄭）夢根〔チョン・モングン〕……………381
（鄭）夢準〔チョン・モンジュン〕……332,381
（鄭）夢弼〔チョン・モンピル〕……………273
（鄭）夢憲〔チョン・モンホン〕…274,325,329,
332,354,380-382
（鄭）夢允〔チョン・モンユン〕……………381
井邑宣言〔チョンウプ〕……………………26
鄭載護〔チョン・ジェホ〕………34,50,72,80,159
全州製紙〔チョンジュ〕……………110,313,329
鄭周永〔チョン・ジュヨン〕………40,41,91,108,
173,176,184,218,265,273,274,307,325,329,332,
361,363,380,381
鄭泰守〔チョン・テス〕………………………378
全斗煥〔チョン・ドゥファン〕………7,211,212,
214,227,233,282
通貨改革 …………………………………75,79
通貨濫発 …………………………………19,20
通信ケーブル工場…………………………80
DSR ………………………………………155
DLF（開発借款基金）……………………37
DJnomics …………………………………384
TPC（Total,Productivity,Control）運動 ……333
T-604 ………………………………………52
低穀価政策 …………………………………67
ディシプリン効果 …………………………111
Daewoo-FSO社 ……………………………353
Daewoo,Auto-Trading,SRL. ………………353
Daewoo,Motor,Poland,Co. …………………353
適正利潤 …………………………………140
敵対的M＆A ………………………9,389-391
大徳研究団地〔テドク〕………………248,249
電子小グループ …………………………323
転貸借款 ………………………………152,154
10-10（テン・テン）運動…………………309
天友社 ………………………………………89
ドイツ式吸収統一 …………………………363
東亜建設 …………………………………169
統一コスト …………………………………363
統合情報処理センター（ITC）……………328
東国製鋼 …………………………………188
投資命令 ……………………………64,74,79,80
淘汰期 ……………………………………8,377,378
到着基準 …………………………………153
東南証券 …………………………………110
東部エトナ生命保険 ……………………175,238
東部建設 …………………………………173

東部高速 …………………………………175
東部産業 …………………………………173
東部投資基金 ……………………………175
東邦生命（保険）………………………110,340
東洋火災海上保険 ………………………110,111
東洋証券…………………………165,191,237
東洋セメント ……………………………37,148
東洋TV放送 ……………………………110
東洋電気化学 ……………………………51
東洋投資金融 ……………………………166,191
東洋ナイロン ……………………………81,160
東立産業 …………………………………39,95
東和百貨店 ………………………………110
独寡占化 ……………………179,194,219,220,279
独寡占問題 ………………………………388
特恵措置 …………………………………133,176
特殊関係人 ………………………………196,388
独占化 ……………………………………179,182
独占規制および公正取引に関する法律
（公正取引法）……………8,212,220,221
特定工業振興法……………………………78
特別金融債券 ……………………………135
独立経営（体）制 ………………………386,387
独立事業群 ………………………………323
独立の専門大企業制度 …………………386
土地改革 …………………………………31
土地公概念 ………………………………246
TRISTAR …………………………………265
トリコット金 ……………………………164
取引費用 …………………………………113,361
トリレンマ ………………………………126
トルーマン・ドクトリン…………………25
ドル・ショック …………………………128,129

【 な行 】

内閣責任制…………………………………68
内部取引……………5,113,230,279,344,361,388
NATO弾 …………………………………183
7.4南北共同声明…………………………130
南宮錬〔ナムグン・ヨン〕…………73,80,95,105
南浦軽工業団地〔ナムポ〕………………364
南海化学 …………………………………183
南下同胞 …………………………………18
南農北工 …………………………………16
南北協商運動 ……………………………26
南北協力基金 ……………………………363
南北和解と不可侵の合意書 ……………363

NIEs論······································1,14
二極化現象································359
ニクソン・ドクトリン
　（グアム・ドクトリン）············130
21世紀型金融危機··························8
二重の独裁体制····················358,387
二重の分析····················1,13,15,280
26万トン級大型タンカー··············177
二世総帥······················227,268,272
２段階意思決定体系····················385
日海財団··································217
日韓基本条約······························81
日帝の遺産·····························28,29
日本人来韓禁止命令······················48
ニューライト運動······················393
ヌルクセ··································69
農業貿易開発援助法······················36
農漁村高利債問題························64
（農村）セマウル運動·············70,190
農地改革······················24,26,32,34,67
ノックダウン生産（方式）······275,353
盧泰愚〔ノ・テウ〕······7,212,246,264,282,309,
　337,361,362
盧武鉉〔ノ・ムヒョン〕················393

【は行】

ハーシュマン······························69
バイ・アメリカン政策···············89,92
敗戦国所属財産の凍結および移転制限の件···30
配当金の送金····························158
ハイニックス半導体···············254,332
ハイパー・インフレーション············19
（朴）晟容〔パク・ソンヨン〕········233
（朴）大統領暗殺····················7,214
朴仁天〔パク・インチョン〕··········233
朴・ジョンソン会談················83,87,88
朴承稷〔パク・スンジク〕············268
朴正熙〔パク・チョンヒ〕······6,52,63,76,100,
　101,103,107,124,130,132,137,141,184,185,391,392
朴斗秉〔パク・トゥビョン〕··········268
朴魯禎〔パク・ノジョン〕·········96,166
朴興植〔パク・フンシク〕······5,29,73,105
朴憲永〔パク・ホンヨン〕·········23,25,26
朴龍学〔パク・ヨンハク〕············104
派遣勤労者制····················303,309
派生財閥································328
パタニ・ナラティワット高速道路建設工事·····
　91,93
8.3措置··················7,126,134-137,149,159,194,222
87年体制論······························392
87年民主化······························392
発展期··················7,124,166,175,179,186,196
発展途上国50大多国籍企業············351
範囲の経済···························5,360
汎韓火災海上保険······················191
漢江の奇跡·································2
反共主義················6,13,22,24-26,50,282
反財閥の国民的情緒····················391
反社会的企業人························159
ハンソル製紙····························329
反託運動··································25
半島商事······················51,142,160,162
漢拏建設〔ハンラ〕····················164
BFC（British,Finance,Center）·········380
PL480（余剰農産物援助）············36,65
東アジアの奇跡··························94
非債務セクター····················81,152
非常戒厳令······························130
秘書室················50,193,324,386,389
ビッグディール（事業交換）······9,380,384
美都波百貨店····························110
秘密資金（問題）···················240,393
105mm曲射砲··························183
百貨店式（経営）············8,109,110,192,314
ピラミッド型株式所有構造············196
美隆建設·····························169,173
ファミリービジネス························4
Vプロジェクト··························327
付加価値率······························316
不均整成長戦略··························69
副会長制································325
複数労組制······················303,309,310
複線型工業化······························78
複線的成長メカニズム····················78
富国証券································237
負債比率······················320,321,390
釜山アジア大会〔プサン〕············243
釜山投資金融〔プサン〕············238,341
不実企業································159
不実企業整理事業···········7,96,216,222,224,277
不実企業の整理····················213,389
不実企業の売却························94,95
不実企業の買収····················159,160
不実企業問題················86,95,127,135

索引 431

不正蓄財処理委員会……………………73
不正蓄財処理基本要綱…………………72
不正蓄財(者)処理事業 ……7,46,64,71,73,360
不正蓄財処理法…………………………73
不正蓄財問題……………………………65
双子の危機……………………………361
物価安定および公正取引に関する法律……134,
  220
物価安定化政策………………………215
物価の現実化…………………………127
復興部……………………………69,100
物資借款…………………………152,153
物品軍納…………………………………88
不動産実名制………………………304,305
不動産総合対策………………………246
不動産投機……………………143,243,245
不動産投資…………………240,241,243-246
不動産投資ブーム……………………242
不動産バブル…………………………244
不当内部取引……………………383,389
不当内部取引制度……………………304
ブラウン覚書………………………87,92
プラザ合意…………………………7,213
ブリサ…………………………………275
不良債権………………………………223
BULL,SYSTEM………………………342
不渡り処理……………………………384
分断体制資本主義………1,13,15,64,112,124
  130,280,283,362-364,388,393
分配農民…………………………………67
文民政府…………………………299,301
兵器生産の基本方針…………………133
平均集団順位維持率…………………312
米軍政……………………………………6,13
米軍政庁……………………………28,30
米国援助の肩代り………………………83
米・ソ共同委員会………………………25
米朝枠組み合意………………………363
β-エンジン……………………………332
白楽承〔ペク・ナクスン〕……29,34,45,46,50
白南一〔ペク・ナムイル〕…………73,105
ベトナム財閥………………………7,90
ベトナム商事…………………………91
ベトナム戦争……………7,64,76,83,86,87,91,129
  163,167,265
ベトナム特需……87,89-91,98,103-105,110,
  130,163

変形労働時間制……………………303,309
変則相続…………………………383,389
変動金利債……………………………252
便法贈与…………………………389,393
防衛産業育成会議…………………132,182
防衛産業体……………………133,140,182,275
防衛産業の育成………………………160
防衛税……………………………132,186
防衛誠金…………………………132,186
貿易商……………………………………34
貿易の日…………………………………77
砲架……………………………………183
豊山金属………………………148,183
法定管理…………………………159,384
包容政策(太陽政策)…………………364
邦林紡績…………………………………46
ホームトレイディング………………340
Home,Plus……………………………334
母企業……………………………………5
北進統一………………………………106
保険業法………………………………191
保護貿易主義………………141,247,263,266
許準九〔ホ・ジュング〕……………51,271
許政過渡政府〔ホ・ジョン〕………68,72
ポスコ……………………………………83
ポスト冷戦時代……………………299,362
許昌秀〔ホ・チャンス〕……………330
北方政策…………………213,264,282,362
ポニー……………………………108,187,331
浦項綜合製鉄〔ポハン〕……83,99,139,148,
  161,183,309
ボンゴ…………………………………276
香港貿易…………………………………28

【ま行】

マイナス金利…………………………146
マイナス成長…………………………215
マイヤー協定……………………………67
マカオ貿易………………………………28
マクスター(MAXTOR)社……………353
マッカーサー布告第1号………………21
マッカーサー布告第3号………………20
見返り資金…………………35,37,38,65
見返り資金特別会計………………37,65
密貿易………………………………27,28
南朝鮮過渡政府…………………………25
南朝鮮過渡立法議院……………………25

南朝鮮労働党‥‥‥‥‥‥‥‥‥‥‥26
味豊産業‥‥‥‥‥‥‥‥‥‥‥‥‥110
民営化推進対策委員会‥‥‥‥‥‥‥306
民間主導型‥‥‥‥‥‥‥‥‥‥‥‥214
民間主導型経済体制‥‥‥‥‥‥‥‥‥7
民間商業借款‥‥‥‥‥‥‥‥‥82,151
閔庚重〔ミン・ギョンジュン〕‥‥‥275
民衆部門‥‥‥‥‥‥‥‥‥‥‥‥‥392
民主化運動‥‥‥‥‥‥130,263,280,299
民主主義と市場経済の並行発展‥‥‥384
民主主義民族戦線（民戦）‥‥‥‥‥25
民主的市場経済‥‥‥‥‥‥‥‥‥‥385
民主労総（KCTU、
　全国民主労働組合総連盟）‥‥303,309,310
民族経済論‥‥‥‥‥‥‥‥‥‥‥‥44
民族資本‥‥‥‥‥‥‥‥‥‥‥44,281
無償援助‥‥‥‥‥‥‥‥‥36,65,75,83
無償資金‥‥‥‥‥‥‥‥‥‥‥82,83
無償没収・無償分与‥‥‥‥‥‥‥‥24
聞慶セメント工場〔ムンギョン〕‥‥36,37
名誉会長‥‥‥‥‥‥‥‥‥274,332,381
メカトロニクス‥‥‥‥‥‥‥‥‥‥254
モスクワ外相会議‥‥‥‥‥‥‥‥‥25
モスクワ協定‥‥‥‥‥‥‥‥‥‥‥25
持株会社‥‥‥‥‥‥‥‥‥277,341,390
持株会社制度‥‥‥‥‥‥‥‥‥‥‥390
持株会社設立の禁止‥‥‥‥‥‥‥221
持ち分問題‥‥‥‥‥‥‥‥‥‥‥108
持ち分率‥‥‥‥‥‥‥‥‥‥390,391

【や行】

闇ドル市場‥‥‥‥‥‥‥‥‥‥‥‥38
梁在奉〔ヤン・ジェボン〕‥‥‥‥‥343
梁正模〔ヤン・ジョンモ〕‥‥‥‥‥217
柳一韓〔ユ・イルハン〕‥‥‥‥‥‥274
UMI‥‥‥‥‥‥‥‥‥‥‥‥‥‥267
有償資金‥‥‥‥‥‥‥‥‥‥‥82,83
有償借款‥‥‥‥‥‥‥‥‥‥‥‥102
UTOO,ZOON‥‥‥‥‥‥‥‥‥‥334
輸出インセンティブ政策‥‥‥‥‥‥64
輸出産業育成策‥‥‥‥‥‥‥‥‥‥75
輸出産業工業団地‥‥‥‥‥‥‥‥‥77
輸出支援金融‥‥‥‥‥‥‥‥‥‥144
輸出指向工業化政策‥‥‥‥‥7,128,140
輸出振興総合施策‥‥‥‥‥‥‥‥‥76
輸出の日‥‥‥‥‥‥‥‥‥‥‥77,164
輸入インフレ‥‥‥‥‥‥‥‥‥128,129

輸入クォーター制‥‥‥‥‥‥‥‥‥164
輸入代替工業化‥‥‥‥‥‥‥‥‥6,75
夢の半導体‥‥‥‥‥‥‥‥‥‥‥‥331
用役軍納‥‥‥‥‥‥‥‥‥‥88,90,91
呂運亨〔ヨ・ウンヒョン〕‥‥21,22,24-26
与信管理‥‥‥‥‥‥‥‥‥‥221,222
与信管理制度‥‥‥‥‥‥‥‥304,360
与信規制‥‥‥‥‥‥‥305,307,338,360
麗川石油化学工業団地〔ヨチョン〕‥‥183
予備会談‥‥‥‥‥‥‥‥‥‥‥‥‥82
4.19‥‥‥‥‥‥‥‥‥‥‥46,67,68,70-72
4大江流域総合開発‥‥‥‥‥‥‥‥100
4大改革‥‥‥‥‥‥‥‥‥‥‥‥9,382
4大核工場‥‥‥‥‥‥‥‥‥‥‥‥182
4大疑獄事件‥‥‥‥‥‥‥‥‥‥‥96
4大工場‥‥‥‥‥‥‥‥‥‥‥‥‥131
4.6措置‥‥‥‥‥‥‥‥‥‥‥137,159

【ら行】

楽喜化学‥‥‥‥‥‥‥‥‥51,107,271
楽喜産業‥‥‥‥‥‥‥‥‥‥‥‥‥51
ラジオ寄贈運動‥‥‥‥‥‥‥‥‥‥52
羅津・先鋒自由経済貿易地帯
　〔ラジン・ソンボン〕‥‥‥‥‥‥364
ラッキー‥‥‥‥‥‥‥‥‥‥330,333
ラッキー海外建設‥‥‥‥‥‥‥‥163
ラッキー開発‥‥‥‥‥‥‥‥‥‥163
ラッキー金星‥‥‥‥‥‥‥‥257,328
ラッキー証券‥‥‥‥‥‥‥237,238,341
ラッキー中央研究所‥‥‥‥‥‥‥256
ラックス（LUX）‥‥‥‥‥‥‥‥356
爛熟期‥‥‥‥‥‥‥8,300,310,321,338
利害関係者資本主義
　（stakeholder,capitalism）‥‥‥‥388
栗谷事業‥‥‥‥‥‥‥‥‥‥132,186
栗谷執行団‥‥‥‥‥‥‥‥‥‥‥132
栗山建設‥‥‥‥‥‥‥‥‥‥‥‥163
栗山実業‥‥‥‥‥‥‥‥‥‥142,162
栗山重工業‥‥‥‥‥‥‥‥‥‥‥161
リバース・エンジニアリング‥‥‥‥248
リベート問題‥‥‥‥‥‥‥‥‥‥‥86
柳韓洋行‥‥‥‥‥‥‥‥‥‥‥‥274
流動性危機‥‥‥‥‥‥‥‥‥320,381
了解覚書（MOU）‥‥‥‥‥‥‥‥384
両極化現象（問題）‥‥‥‥‥391,393
臨時土地収得税‥‥‥‥‥‥‥‥‥‥67
臨政グループ‥‥‥‥‥‥‥‥‥‥‥25

類型化 …………………………………14,44
累積債務問題 ………………………………157
ルノー三星 ………………………………335
隷属資本…………………………………44
隷属的国家独占資本主義論 …………………281
錬金術のネットワーク ……………………380
連繋資金事件 …………………………39,46
聯合建設 ……………………………163
聯合鉄鋼 ……………………………161,188
連鎖倒産 ……………………………378
連鎖不渡り …………………………………378
レント・シーキング …………6,42,112,279
ロイヤルティ ………………………158,249
労使関係改革委員会（労改委）…………303,309
労使関係改革推進委員会 ……………………303
労使政委員会 ………………………………303
労組の政治活動 ……………………303,309
労働市場の柔軟化 …………………………310
労働者大闘争 ………………………212,302
6.29民主化宣言 ……………………………212
6.25（朝鮮戦争）…………………………377
ロッテ建設 …………………………………164
ロッテ電子 …………………………………188

【わ行】

ワークアウト（企業構造改善作業）…9,379,383
（わが国経済の）長期展望 ……………125,138
割引店……………………………329,334,338

【著者略歴】

鄭　章淵（チョン・ヂャンヨン）

1952年	佐賀県に生まれる
1976年	法政大学社会学部卒業
1988年	法政大学大学院社会科学科社会学専攻博士後期課程単位取得満期退学
1992年	岐阜経済大学経済学部助教授
1996年	同大学教授
2000年	駒澤大学経済学部教授
	現在にいたる

〔主な著書〕

『現代韓国への視点』大月書店、1990年、『韓国の経済開発と労使関係』法政大学出版局、1991年、『近現代史のなかの日本と朝鮮』東京書籍、1991年、『開発とグローバリゼーション』柏書房、2000年、『朝鮮半島と日本の同時代史』日本経済評論社、2005年（いずれも共著）など

韓国財閥史の研究──分断体制資本主義と韓国財閥──

2007年2月28日　第1刷発行	定価（本体5200円＋税）

著者　鄭　　章　　淵

発行者　栗　原　哲　也

発行所　㈱　日本経済評論社

〒101-0051　東京都千代田区神田神保町3-2
電話　03-3230-1661　FAX　03-3265-2993
E-mail: nikkeihy@js7.so-net.ne.jp
URL: http://www.nikkeihyo.co.jp/
印刷＊モリモト印刷・製本＊山本製本所
装幀＊奥定泰之

乱丁落丁本はお取替えいたします。　Printed in Japan
©JUNG Jang-yeon, 2007　ISBN978-4-8188-1920-7

・本書の複製権・譲渡権・公衆送信権（送信可能化権を含む）は㈱日本経済評論社が保有します。
・ JCLS <㈱日本著作出版権管理システム委託出版物>
本書の無断複写は著作権法上での例外を除き禁じられています。複写される場合は、そのつど事前に、㈱日本著作出版権管理システム（電話03-3817-5670、FAX03-3815-8199、e-mail: info@jcls.co.jp）の許諾を得てください。

役員ネットワークからみる企業相関図

菊地浩之著　四六判　2000円

日本の大企業では、役員の兼任が多く行なわれている。グループ企業同士のみならず、縦横無尽の兼任実態を明らかにすることで、日本企業の相関関係が鮮やかに図解してみせる！

企業集団の形成と解体
――社長会の研究――

菊地浩之著　A5判　5800円

財閥を超えての銀行再編が進む今日、「社長会」の検証を通して三菱・三井・住友・安田（芙蓉）の四大財閥から一勧・三和を含めた六大企業グループを中心に、企業集団の全貌を明らかにする意欲作。

日本カメラ産業の変貌とダイナミズム

矢部洋三・小暮雅夫編　A5判　3500円

技術革新、生産・流通過程の構造調整と経営多角化を推進し、貿易摩擦を招くことなく世界市場を制覇した産業の実態を解明する。

アジア通貨危機とIMF

荒巻健二著　〈オンデマンド版〉　A5判　3500円

アジア危機の原因は各国の構造問題にあったのか、それともグローバル化した金融市場の不安定性の現われだったのか。IMF、米国と日本の対応の違いを検証する。

ドル円相場の政治経済学
――為替変動にみる日米関係――

加野忠著　A5判　5500円

米国金融覇権の基盤は何か。日本はそれに対抗して国益を守れたか。アジアでの指導力維持・拡大に何が必要か。政治経済学的視点から為替政策の変遷を吟味し、提言を試みる。

（価格は税抜）　日本経済評論社